U0691474

ZHENGMIANZHANCHAN

YUANGUOMINDANGJIANGLINGKANGRIZHANZHENGQINLI

# 正面战场

# 闽浙赣抗战

原国民党将领抗日战争亲历记

薛　岳　　岳星明等著

中国文史出版社

图书在版编目（CIP）数据

闽浙赣抗战/ 薛岳，岳星明等著. —北京：中国文
史出版社,2013.1

（正面战场：原国民党将领抗日战争亲历记）

ISBN 978 - 7 - 5034 - 3699 - 4

Ⅰ. ①闽… Ⅱ. ①薛… ②岳… Ⅲ. ①国民党军 - 抗
日战争时期战役战斗 - 史料 - 华东地区 Ⅳ. ①K265.210.6

中国版本图书馆 CIP 数据核字（2012）第 286392 号

责任编辑：马合省　卢祥秋

出版发行：中国文史出版社

社　　址：北京市海淀区西八里庄 69 号院　邮编：100142

电　　话：010 - 81136606　81136602　81136603（发行部）

传　　真：010 - 81136655

印　　装：北京新华印刷有限公司

经　　销：全国新华书店

开　　本：720 × 1020　1/16

印　　张：25.25　　字数：400 千字

版　　次：2013 年 1 月第 1 版

印　　次：2020 年 9 月第 4 次印刷

定　　价：83.00 元

文史版图书，版权所有，侵权必究。

文史版图书，印装错误可与发行部联系退换。

# 目　　录

1

# 前　言

　　抗日战争是中国人民一百年来第一次彻底打败帝国主义侵略的民族解放战争，是反法西斯第二次世界大战的重要组成部分，在中国和世界的历史进程中都占有重要地位。为取得抗日战争的胜利，全国军民浴血战斗，英勇牺牲，为国家、为民族立下了不朽的功勋。为了全面反映抗日战争的概貌，为史学工作者提供研究资料，特将全国政协和各地政协征集的原国民党将领回忆抗日战争的文章，经审慎选择和核实，汇编成《正面战场·原国民党将领抗日战争亲历记》丛书。本书是丛书中之一部。

　　闽浙赣抗战，指抗日战争时期，在福建、浙江、江西三个省（区）内所进行的各项战役。本书所包括的作战内容有：在福建省抗战八年一直未曾间断的闽海抗战；在浙江与江西两省浙赣铁路线上及其两侧于一九四二年五月中旬至八月下旬进行的浙赣会战；在浙江省境内所进行的各个大小战斗；在江西省境内于一九三九年三月中旬至五月中旬所进行的南昌会战和于一九四一年三月中旬至四月上旬所进行的上高会战；在湘粤赣边区于一九四五年元月上旬至二月上旬所进行的湘粤赣边区作战。

　　闽海抗战是一九三七年九月至一九四五年八月进行的。福建位于我国东南沿海，濒临东海，海岸线长达三千三百公里。自抗日战争爆发后，在福建沿海进行的大小战斗未断。有三次日军入侵的大的战斗：一是一九三八年五月入侵厦门，二是一九四一年四月第一次入侵福州，三是一九四四年九月第二次入侵福州。

　　南昌会战自一九三九年三月中旬至五月上旬，可分为两个阶段：第一阶段从一九三九年三月中旬至下旬，是日军进攻和占领南昌阶段；第二阶段从四月下旬至五月上旬，是中国军队反攻南昌阶段，由于进攻受挫，第二十九军军长陈安宝殉国，而未能攻克南昌，遂停止战斗。

上高会战是一九四一年三月中旬至四月上旬在江西上高进行的。日军为了利用第三十三师团离开江西安义调往山西中条山一带作战之前，以短切突击为主的作战方针，向南昌西南锦江两岸的高安、上高一带中国驻军进行突击，以巩固南昌外围的占领地区。结果日军被中国军队以第七十四军为主力，加上第七十军、第四十九军，打得一败涂地，伤亡惨重，第十一军司令官园部和一郎被免职。日军从此认为今后对第七十四军作战须特别慎重。

浙赣会战是一九四二年五月中旬至八月下旬在浙江、江西两省浙赣铁路沿线及两侧进行的。日军进行这次作战的目的是为了防止盟军使用这个地区的衢州、丽水、玉山等机场，对日本本土进行轰炸，确定由地面部队予以占领后彻底破坏，然后撤回。浙江方面日军于五月十五日开始进攻，赣东方面日军于五月三十一日开始策应进攻，两个方面日军于七月一日在浙赣铁路线横峰会合，将几个机场破坏后便下令撤退，仅以一部留置金华地区。到八月底，除浙江金兰一角外，恢复战前原态势。

浙省诸役是指整个抗日战争期间内，除浙赣会战外在浙江省境内发生在浙西、浙东的各个大小战役，以及在衢州进行的第二次战役。

湘粤赣边区作战是一九四五年元月上旬至二月上旬在湖南、广东、江西三省边界地区进行的。日军以打通中国大陆交通线攻占粤汉铁路南段及摧毁江西遂川、赣州、新城机场为目的，以第四十师团、第一〇四师团、第二十七师团、第六十八师团之第五十七旅团、独立第八旅团，向湖南南部、广东北部、江西西南部分三路进攻。到一九四五年二月九日，日军第四十师团与第二十七师团在赣南大庾县东南新城会合，占领了一直是抗战后方的湖南的郴县、宜章，广东的乐昌、韶关、始兴、南雄，江西的大庾、南康、赣州、遂川、永新、莲花等地。至一九四五年五月，日军决定逐步撤离这些地区，在撤退中遭到中国军队的截击、追击。

这里收入的文章，均为参加上述各次战役的原国民党将领的亲身经历，反映了我军将士基于爱国热情，同仇敌忾、前赴后继、奋勇抗敌的英雄业绩，成千上万的中华优秀儿女为之壮烈殉国，他们可歌可泣的事例不胜枚举；也反映了战地人民不怕牺牲，探敌情，送粮秣，救伤员，捐钱物，出生入死，配合作战的抗敌热情。这种高度的爱国主义精神和坚决的抗战行动，不啻向全世界宣告：中华民族不可侮，炎黄子孙宁死不当亡国奴！

因时间仓促，能力所限，不妥之处，在所难免，恳请读者不吝指正。

编　者

# 第 一 章

## 闽海抗战

# 综　述

（一九三七年九月至一九四五年八月）

　　福建位于我国东南部沿海，濒临东海，大陆海岸线长达三千三百公里。抗日战争爆发后，自一九三七年九月初，日本海军舰只炮击厦门，至一九四五年八月日本投降止，在福建省虽没有进行过像淞沪、武汉那样大会战，但在沿海进行的大小战斗从未中断，其主要战役有三次。

　　第一次是一九三八年五月入侵厦门。日本海军为了对我国沿海地区进行封锁，于五月十日，日本海军第五舰队，以"妙高"重巡洋舰，"苍龙""加贺"航空母舰等三十一艘作战舰只，载海军陆战队两千余人，在三十余架飞机掩护下，由宫田喜一海军少将指挥四个海军陆战大队，在厦门五通、泥金、浦口登陆。中国军队第七十五师第二二三旅等部队奋勇抗击，副师长韩文英、团长水清浚负伤，警备司令部参谋长楚怀民、营长宋天成阵亡。厦门于十一日失陷。从此日军长期占据厦门，直至日本投降。

　　第二次是一九四一年四月入侵福州。日军大本营为进攻东南亚及太平洋地区，此次入侵福州是为攻占东南亚实战练兵。华南方面军司令官后宫淳指挥第四十八师团，于四月十九日在福州琯头、东岐、亭江、黄岐半岛登陆，第十八师团之第二十三旅团在长乐县登陆，当日占领长乐，次日占领连江、福清，二十一日占领福州。占领福州地区日军抢劫这个港口输入输出大量物资，有些物资还被推入江中抛到海中，以达到其破坏与封锁的目的。中国军队与日军在福州附近进行了大湖战役。九月三日日军第四十八师团撤至马公，中国军队收复福州、长乐、连江、福清。另第十八师团、近卫师团一部占领福州后，不久即撤回广州。

　　第三次是一九四四年九月入侵福州。根据当时太平洋上反法西斯盟国的反攻形势，日军大本营预计美军将在中国沿海广东、福建、浙江、长江口、连云港登陆。根据此项任务，驻上海第十三军永津佐比重中将指挥独立混成第六十二旅团于九月二十七日，再次在福州地区连江镇登陆。中国军队第八十师在大、小北岭进行了拦击战。十月四日，日军占领福州，仅留下一个大队在福州地区，主力部署在马尾对面的闽江南岸，防止美军在该地区登陆。一九四五年五月，德国法西斯投降，太平洋上作战形势对日军更加不利，福州地区日军北撤浙江，在闽东福安县白马河与中国军队发生激烈战斗。厦门地区日军亦南撤广东，中国军队于五月十八日收复福州。

自日军占据厦门后，整个抗日战争期间在福建沿海地区较小战斗从未中断。平潭、东山、韶安、海澄等沿海城市，中日双方是你占我夺，我占你夺，失而复得，得而复失，这种拉锯战不下数十次，一直延续到日本投降为止。中国军队还不时组织突击队袭击厦门、鼓浪屿等日军占领区，每次都颇有斩获，在袭击湄州湾乌丘屿还缴获其大批海洋资料，以备盟军反攻登陆时所用。最后日军从福州、厦门地区撤退途中，遭到中国军队的不断拦击和追击。

# 抗战期间福建之军事部署与作战概况

唐精武<sup>※</sup>

## 最初之军事机构与作战部署

抗日战争开始时，国民政府最高统帅部以福建地区尚非日军急欲攻占之所，故未配置重兵，仅以原有驻闽之部队，划为第四战区福建分区，以担任该方面之抗日作战；其指挥机构为驻闽绥靖主任公署，正规部队仅陆军第七十五师、陆军第八十师与陆军第一五七师三个师。

其最初之作战部署，则以第一五七师担任金门、厦门一带之防守，置主力于厦门方面；从闽浙边境至闽粤边境沿海一带之防守，由第八十师与第七十五师担任之，第八十师置主力于福州，第七十五师置主力于漳州。

除正规部队外，尚有保安团队可资利用。福建保安团队始建于一九三四年陈仪入闽主政之后，由受抚之民军与编训之壮丁组成。初成立十五个保安团，后缩编为十个保安团，并逐次成立五个保安旅。保安部队原只担任后方防务，一九三八年作战指挥机构及部队调整后始编入战斗序列，用为作战部队。

省保安司令部司令由省政府主席陈仪兼任，各行政区保安司令由各行政督察专员兼任，省有保安旅、保安团，县有保安队。省保安司令部仅设一编制庞大的保安处负实际全责。保安处处长原由绥靖主任公署中将参谋长赵南兼任，一九三七年由副处长叶成升充。一九三八年叶成因

---

※ 作者当时系第三战区少将炮兵指挥官、第二十五集团军总部少将参谋处长。

案去职，改由黄珍吾专任中将处长，从事本省保安团队之整编训练。

福建省整编保安团队之初，同时设立有保安干部训练所，培养初级干部。所长由保安处处长兼，少将教育长负实际专责。考录中学毕业生及可深造之青年行伍军官，施以军官养成之速成教育，毕业后在团队服务，经过相当时间，再依次按期保送军校，受正式或补习军官教育。

抗日战争开始后，国民政府颁布兵役法，施行义务兵制。各省均设立军、师、团管区及补充团，以办理征训拨补等事宜。福建省军管区司令由陈仪兼任，未设副司令，嗣刘建绪继主闽政后，始设中将副司令。闽军管区辖建延、福闽、永泉、汀漳四个师管区。师管区下视其征兵管区县份之多少，设立三至四个团管区。师管区及军政部驻闽的第十三补充兵训练处下，各设三至五个补充团，直接办理征集壮丁、训练新兵、拨送补充等事宜。

各师管区、团管区司令及补充团团长，多系军政部或战区司令长官部选派，间亦有由军管区司令部调用相当将校充任之。军管区司令部有教导团、警卫团两个直属团，并设有军官队，考录年龄学历相当之学生及军士，施以一年（或半年）教育，使成为补充兵训练之初级干部。师管区司令部设有军士教导队，招收学生及选拔可造之兵员，施以六个月之教育，结业后充各补充团之军士。

## 金、厦失守后部队之调整编补及
## 第二十五集团军总司令部的成立

一九三七年十月二十六日，仅有一个县保安中队（二分队制）防守的金门岛为敌所陷。当日军登陆时，县保安中队大部叛变投敌，县长邝汉逃回大陆，被陈仪按"战时军律"枪决。一九三八年一月，因第四战区广东方面战局紧张，驻防厦门、漳州一带之第一五七师黄涛部奉令调粤增援。闽绥署即令第七十五师接防，由该师副师长兼第二二三旅旅长韩文英率第四四五团及师属炮兵营之一部接替厦门防务，韩文英并兼厦门警备司令，此时漳、厦一带，益感兵力单薄。

一九三八年五月十日凌晨，日海军少将宫田喜一率领舰艇及陆战队并以飞机配合，突然进攻厦门，先以飞机投弹，兵舰开炮猛烈轰击，然后掩护陆战队强行登陆。我海军厦门要港司令高宪申指挥所属部队及炮台，配合第七十五师之部队，由韩文英亲自指挥，与敌展开激战。我军终以伤亡过重（韩文英亦负伤），后援不及，被迫撤离厦门，厦门遂于十一日沦陷。

## 部队之调整编补

陆军第七十五师中将师长宋天才因金、厦失守，负调援失时之咎，被解往重庆惩办，并先予撤职；副师长兼旅长韩文英以力战负伤，得免议处，并升任第七十五师中将师长；第二二五旅旅长史克勤升任副师长仍兼旅长。调整后之第七十五师迅速补充部队，积极整训。

宋天才、韩文英与史克勤等，均为河南嵩县人，为河南樊钟秀之旧部。第七十五师系由西北军第二集团军暂编第三师改编而成，其各级干部多在中央军校驻豫军官团或中央军校特训班、高教班受过补习教育（宋、韩等亦曾先后经陆军大学将官班短期调训），受军校正式养成教育者极少。官兵多为行伍出身，宗派门户之观念颇深，唯自知非蒋嫡系，非自强无以自立，因此作战相当努力。

金、厦失守后，随敌情之变化与实际之需要，兼驻闽绥靖主任陈仪深感本防区国防兵力过于薄弱，不足以应战机，乃请准抽调福建省保安团四个团，编成陆军新编第二十师（辖两个步兵旅及直属部队），调升陆军第八十师少将旅长王继祥（浙江诸暨人）为该师中将师长，在龙岩附近整训，待命使用。旋又请准由各师管区抽拨补充团，编成陆军预备第六师，保升宪兵第四团少将团长吉章简为该师师长，在漳平、龙岩附近编训（约在当年秋后，该师经战区调赴其他战场参加作战）。

新编第二十师编成后不久，即奉命以陆军第八十师、第七十五师和新编第二十师等编成陆军第一〇〇军，以陆军第八十师中将师长陈琪（字凹居，诸暨人）升任该军中将军长，调新编第二十师师长王继祥为第八十师师长，以第八十师少将旅长钱东亮（字子皎，江苏人）升任新编第二十师中将师长。在预备第六师他调后，此一时期，在闽之正规陆军仅第一〇〇军之部队。

## 第二十五集团军总司令部之成立

编成陆军第一〇〇军之同时，兼驻闽绥靖主任陈仪奉命兼任第二十五集团军总司令，陆军第一〇〇军，海军马尾要港司令部所属各（炮）台、队和海军陆战队第二独立旅，以及福建省所有保安旅团及警察，统归第二十五集团军调遣，受第三战区司令长官顾祝同指挥，担任福建方面的防守与作战。

陈仪奉命兼任第二十五集团军总司令后未另组总司令部，仅以第二十五集团军总司令部名义与驻闽绥靖主任公署合署办公,除添设二三高级参谋及将参谋处第四科(党政科)撤销,改设军队特别党部(原党政科上校科长李培荫改任特别党部上校总干事)外,另又成立了第二十五集团军兵站分监部(原绥署少将参议蒋伯雄改任少将兵站分监)。绥署系受军事委员会指挥,一向直接办事;而集团军总司令部则系归战区司令长官部之指挥,不得僭越。两者既同属军事指挥机关,且又同在一地,而更由一人兼任,故陈仪在闽时,在有关军事问题上,有形无形之间,有意无意之中,不免与战区长官部产生矛盾。

第二十五集团军总司令部成立后,福建方面的初步作战部署大略为:划整个海岸正面之守备为福州、兴泉、漳州三个地区,以第八十师担任福州地区与兴泉地区之守备,以第七十五师担任漳州地区之守备,新编第二十师驻福州附近为总预备队,机动使用。海军马尾要港司令所属及海军陆战队,尽力自行巩固马港之防守,并协同福州地区守备部队作战。至于保安团、队等,最初未予使用,仅以之为第二总预备队,仍担任本省之保安勤务。

## 作战计划与军事部署之调整

### 白、顾来闽与陈仪决定内迁

第二十五集团军编成不久,约在一九三八年春某日,军事委员会上将副参谋总长白崇禧偕第三战区上将司令长官顾祝同前来福州视察,向陈仪等高级将领传达最高统帅部之意旨,说明整个战局之演变与尔后抗日作战之要略,并针对当前形势授以机宜。两人于次日拂晓即匆匆离去。

白、顾方离,陈仪即决定:除作战部队及必要之地方治安机关外,其余一切机关、学校、工厂等,均立即疏散,由福州向闽中、闽北适当地点迁移。驻闽绥靖主任公署兼第二十五集团军总司令部(简称"绥署兼总部")率第二十五集团军兵站分监部与宪兵第四团团部,移驻南平县。以南平为闽省后方水陆交通之中枢,在闽之中(央)、中(国)、交(通)、农(民)各银行和官营、民营之大公司、工厂及私立华南女子文理学院、公立高工等学校亦均移设南平。省保安处及其所属机构移驻三明,省军管区司令部移驻沙县,省政府及其所属各机关均移永安县。成立福州警备司令部,派第一〇〇军军长陈琪兼任中将司令。省会警察局仍留福州,改称福州警察局,负原有之公安职责。由福州警备司令部统一指挥该管警备地区内之军警宪团队,负责福州一带之警备与治安。

自白、顾到达福州之次日下午起，敌即以小队飞机轮番飞至福州投弹轰炸，更低飞扫射内河汽艇及大木船，连续三日。城内及南台之高大建筑物大多遭轰炸，居民伤亡颇重，被毁伤之汽船、汽艇和渔船甚多。判断必系敌获得白、顾来榕情报，是以出此。敌之情报如此迅确，证明潜伏之敌谍及汉奸活动之猖獗，我方因之引起警觉，遂加强侦防查究；且敌之残暴，既促使疏散之迅速顺利完成，更增强军民敌忾同仇抗日卫国之意志。

## 作战计划与军事部署之调整

闽绥署兼第二十五集团军总部在迁移南平之同时，根据对当面敌情之判断及尔后可能演变之估计，就我军在本战场应做之准备及兵力部署等作了进一步的策划。

当时首要问题是，本战场只有一个正规军——第一〇〇军，计三个师，实不足以担任本省如此绵长之海岸正面的守备。战区既无力增拨部队，以资加强；本地又不能轻易请准编练新军，势必就现地可用之有限兵力灵活运用，巧妙部署，以达成固守国土之责。遂决定抽调一部分保安部队参加作战，借补不足。当即令保安处抽出第三、第六、第八、第十共四个保安团，先就原驻地积极整训，听候校阅，待命调为第二线兵团。一面又根据"全面战争，全民作战"的最高战略原则，本"力保福建大陆之完整，并尽一切可能确保沿海岛屿"的决心，迅速制订并颁布了"福建省游击作战指导方案"。该方案大要为：沿海各县以及邻近各县，立即着手于游击作战之准备，按指导方案所划分之前进游击地区、主游击地区，以所属地方武力及临时配置之正规军为基干，积极组训民众，严密保甲组织，在各县选定偏僻险要、易守难攻之地点，分期依限建立游击根据地。在根据地内屯集粮食，储存枪弹，收藏物资；迁入商肆，举办各种小型制造厂、修理厂及手工业作坊；预储或购备必要之交通和通信器材等，尽量做到战时之自给自足。遇有敌军在该县或邻县地方登陆时，各该县县长即为该县游击队指挥官，受该属守备地区指挥官之指挥，率游击队配合正规军与敌作战。若正规军转移他去，该县县长即以游击队掩护沦陷地方之民众及力能抢运之物资，一同进入游击根据地，极力做到坚壁清野；一面派遣游击队，用各种方法袭击敌军，耗其兵力，损其战力，使其无法立足，制造有利反攻之条件；而后视情况之许可，配合正规军或邻近县之游击队，举全力将敌驱逐出海，或捕捉战机而歼灭之。县游击队指挥官在情况许可时，应竭力加强与充实根据地；

在情况恶化时，尤须力保及巩固根据地，并实行其游击任务，非至万不得已而又经请准后，不得擅自离开或放弃根据地。各县还可视敌情并据地形、人力、物力等条件，在建立根据地时，同时建立预备根据地，以资灵活机动，等等。在颁布指导方案时，附发进度月报表，各县依己之所施，按期填表向绥署兼总部报告根据地之建立与加强情况，以便后者随时明了其实力，而有助于适时之处置。

约在一九三九年春末夏初，闽绥署兼总部以作战参谋为主，附以上、中校参谋及保安处派来之中、少校幕僚，组成校阅组，前往正在整训、待命调为第二线兵团之四个保安团的驻地，举行校阅，认为尚可使用。校阅组回报后，此四个保安团即被列为第二线兵团并编为福建保安纵队（以后均称为"闽保纵队"），派省保安处处长黄珍吾兼任纵队中将司令官，并令其即行组成司令部及编成其作战所必要之交通、通信、补给、卫生等之直属部队，准备待命。

绥署兼总部旋又修正作战计划之指导并重作兵力之部署，大要为：

一、指导方针

本集团军当运用有限兵力，防守闽海岸线之广大正面，力保陆地领土之完整（尤须确保福州），兼及濒海必要之岛屿。敌如登陆来犯，应即逐次抵抗，以耗其兵力，损其战力，并适时捕捉战机，乘其立足未稳，一举而歼灭之。

二、兵力部署

（一）第一守备地区队：指挥官为第一〇〇军中将军长陈琪，指挥陆军第八十师与第一〇〇军之直属部队，以及该地区之地方武力，担任原划为福州地区之守备。

（二）第二守备地区队：指挥官为闽保纵队中将司令官黄珍吾，指挥闽保纵队及该地区之地方武力，担任原划为兴泉地区之守备。

（三）第三守备地区队：指挥官为第七十五师中将师长韩文英，指挥第七十五师及该地区之地方武力，担任原划为漳州地区之守备。

（四）海军马尾要港少将司令李世甲指挥其所属各（炮）台队及海军陆战队第二独立旅，自行巩固要港之守备；敌如来犯，适时轰射敌舰，予以痛击，并与第一守备地区队协同作战。

（五）各守备地区队间及守备地区队与邻境之守备部队友军间，应有紧密之联络，以协同作战。

（六）总预备队：第一总预备队，指挥官为新编第二十师中将师长钱东亮，指挥该师驻于福州附近，机动使用；第二总预备队，包括闽保纵队除外之保安团队、省军管区所属之教导团、第十三补训处之补充兵装备团、福建省水陆警察及各自卫队、宪兵第四团等，暂仍执行其原有之勤务，原地待命。

## 福州第一次沦陷前沿海作战概况及兵力部署之调整

### 敌机肆虐

自一九三八年春起，敌机即频频飞扰福建各地，且时常投弹轰炸或开枪扫射，尤当其在与福建毗邻之战场发动攻势之前与被攻击之际，或将进扰本省沿海之时，更必大肆其虐。由于《马关条约》订定台湾被割，金、厦今又陷敌手，以咫尺之隔，敌机起飞之后即达闽境，往返不过瞬息之间；而福建我军方面，既未配属航空队与高射炮部队，部队亦殊少对空射击之技能，故直至日军南进失败之前，福建上空一任日机来往自如，毫无阻碍，日可往返数次。各大城镇如福州、泉州、漳州等——尤其南平与永安，曾多次受其轰炸。我军因装备处于劣势，仅能消极防空，但做有相当之准备，军政机关均散在郊外办公，故除建筑物被炸毁、物资蒙受损失及水陆交通时常被迫中断外，军民伤亡不大。

### 沿海小战与诏安、东山之战

抗战开始后，日军每依战况之进展或为适应其随时之需要（如补给饮水，掠夺鱼、盐、粮食等物资，安置收编伪军，建立临时站所等），时常侵占福建沿海各岛屿（如平潭、川石、南日、东山等）；当其侵占各岛屿之际，亦必同时侵扰岛屿附近之大陆地区，以便阻我援应。计至抗日战争胜利，因沿海岛屿（多系以地方武力担任防守，而以正规军临时支援之）时失时克而发生之沿海小战，总计不下数十次，我闽南守军（炮台）曾先后击沉击伤敌舰数艘。这些战斗既非大战，次数又多，已记忆不详；唯诏安、东山曾有较著名之战斗，举述如下：

一、一九三九年十一月三十日，日军两个大队和汉奸黄大伟（字子荫，湖北人）的伪"和平救国军"一个团，从广东饶平黄冈镇出动，在飞机掩护下突袭诏安县城。我守军第七十五师第四五〇团奋起抵抗，激战一日，副团长张鹤亭阵亡，被迫撤出，诏安县城沦陷。绥署兼总部严电韩文英限期收复，韩文英即率第七十五师直属部队亲赴前线指挥该师第二二五旅主力会同新编第二十师派出之部队部署反攻。十二月七日（另说六日）拂晓，反攻开始，在我步炮协同猛击下，敌伪军不支，且战且退，当日下午即全部撤出诏安县城。新二十师追击向广东南澳方向溃逃之敌，与广东方面我军协同夹击，将溃逃的伪军残部缴械。伪总指挥林知渊（福建闽侯人，曾任福建省政府委员）也在柘林乡被俘获，送往广东韶关，后由军事委员会电令将其解往重庆处理。

二、一九四〇年二月十二日晨，敌兵舰与运输舰各一突然出现于我东山县（岛）附近海面，旋即直向东山急航。东山守军第七十五师第四四六团（团长焦克功）的一个营立即进入既设阵地，准备应战。敌舰驶至相当距离，遂即停止，以舰炮向我军阵地猛烈轰击，同时以汽艇运载海军陆战队约一个大队，分批强行登陆。我守军奋勇迎击，激战数小时，终以阵地在敌舰炮及陆战队重武器之轰击下被毁，且人员有相当伤亡，我军不得不放弃前进警戒阵地，退入主阵地继续抵抗。敌陆战队占领滩头阵地并逐次占领盐滩后，不再继续进攻，一面与我守军保持战斗接触，一面开始抢运滩盐，敌舰亦同时驶近海岸。闽绥署兼总部得报后，判断敌来犯之目的乃为抢盐，必须立予驱逐。当即严电韩文英，大意谓："你师守兵既不能竭力拒止日军在东山登陆，事后又未急图挽救，竟坐视敌在阵前任意抢盐，实为军人之耻，且亦法所不容。仰即严饬所部，立将东山之敌驱逐出海，不得再行延误干咎……"接着以长途电话督促韩文英并加指导。韩文英即令焦克功率本团精锐一个营，连夜渡海增援。十五日凌晨，焦率部乘着夜暗登岸，出敌不意地举全力予以痛击，遂即发生混战。敌猝不及防，敌舰又无法开炮支援，敌伤亡颇众，乃纷纷逃回敌舰上，随即驶逸海外，战事于是结束。我军民伤亡数十人，损失滩盐颇多。

### 袭击金厦之敌

敌于占领金厦之后，深以我军无力反攻，故除做必要之防守外，兵力多用于别处。绥署兼总部令我金厦附近守军选拔组训小部队，伺机渡海袭敌，以消耗、牵制其战力兵力。第七十五师所部漳州地区守军依照指示，于一九三八年秋至一九四〇年春，曾先后袭击金厦四五次。实施方法：利用暗夜或风雨之夕，乘潮涨之时，以十余或二十余人组成之奋勇猝击队（划为小组），分乘小木船，悄悄接近敌岸；伺隙登陆后，不动声色地先迅速消灭敌之警戒哨兵，继之潜至敌营或敌之仓库、飞机场，用手榴弹及炸药等予以杀伤破坏，然后即退乘木船，急速归还。袭敌之战中以一九三九年春袭击厦门之一次战果较丰，此次炸毁敌机场油库，消灭敌兵十余人，并夺得三八步骑枪数支，全队悉数返还。对金、厦之袭击，后以敌我情况均有变化，遂无形停止。

### 围击进犯港尾之伪军黄大伟部

一九四〇年二月十七日，敌以兵舰三艘，掩护运输舰数艘，运载汪伪黄大伟部三个团，在海澄县港尾登陆（黄大伟本人未来）。敌舰旋即离去，伪军则逐次进犯，第七十五师驻守部队郭殿荣一个营立即迎战。第七十五师师部飞报闽绥署兼总部，绥署兼总部当即以汽车将新编第二十师各部急速运送至平和方面，命其接替守备闽粤交界沿海地区的第七十五师部队之防务；并将平和及其附近地区划为第四守备地区（以平和为主），令新编第二十师师长钱东亮为指挥官，指挥本师及该地区内地方武装，担任守备，并对邻接地区第七十五师方面的作战予以适时有力之支援。同时复电指示第七十五师，一面着迎战部队逐次抵抗，诱敌深入；一面抽派有力增援部队，务将该敌压迫、包围于附近有利山地中，彻底解决之。闽绥署兼总部随后更派少将作战科长崔广森偕同二三必要之人员，前往漳州第七十五师司令部协助师长韩文英指挥。但崔广森尚未到达，第七十五师已将伪军全部包围，经喊话与派人劝降（伪军亦因不堪日军之压迫正欲投降），伪军团长派人来我部洽降。十九（或二十）日，经就地洽谈，达成协议。嗣报陈仪许可，再请准军委会，将三团伪军编为陆军暂编第十三师，除升第七十五师副师长史克勤为该师中将师长，调第七十五师少将参谋长陈应瑞为该师少将副师长兼参谋长外，其原来之团长胡耐甫、陈光锐、张步楼仍各率原团，编为该师之团长，全师调驻瑞金附近整训（不久，该师调浙江衢县归第十集团军副总司令王敬久督训指挥）。

### 作战指导之修正与兵力部署之调整

在收编反正伪军、成立陆军暂编第十三师之后不久，闽绥署兼总部参谋处主要参谋与幕僚人员又有局部调整，并为适应全面战局及本战场当前之情势，对作战指导加以修正并据此对兵力部署作了局部调整。兹扼要举述于下：

一、补给指导之大要

（一）兵站分监部应按既定计划之指导，对设在各守备地区队的兵站粮弹储存加以充实，对已存之弹药加以检查，遇有失效者迅即换补，其已存之粮食，迅速作出陈换新之处置。

（二）兵站分监部应立即加强各守备地区队指定补给重点之设施，须预储一个师一日份之粮食与一个基数的各种弹药，并经常保持之；对福州方面第一守备地区队之补给，应置重点于霍口，速即加强其设施，并经常确实保有两个师两日份之粮食及两个携行基数之弹药。

二、部署之调整

（一）第四守备地区（以平和为主）撤销，仍划归第三守备地区（漳州地区）。

（二）以新编第二十师接替第七十五师为第三守备地区队，并以新编第二十师师长钱东亮为第三守备地区之指挥官。

（三）以第七十五师为第一总预备队，立即开往福州附近，控置待命。

闽绥署兼总部鉴于尔后局势之必要，特别注重于福州地区方面之守备，对此作有积极充实之布置，兹不一一赘述。

## 福州第一次失守与收复之概略

一九四一年四月十九日，敌突以兵舰数艘，掩护第四十八师团及第二十三旅团，在福建连江沿海地区强行登陆进犯，与该地守军发生激战。第八十师逐次增援，逐次抵抗，终以战斗失利，退守福州附近山地。敌在分兵攻取马尾要港之同时，仍以主力进攻福州。闽绥署兼总部严令第一〇〇军军长陈琪以第七十五师就近增援，务必确保福州，并急电新编第二十师师长钱东亮，除留必要兵力守备漳州地区外，其余由钱率领，间道驰援福州（尔后福州方面之作战部队，均归陈琪统一指挥）。四月二十日，马尾港失守。二十一日，敌未经激战即进入福州市区。我所有作战部队均转移福州北面山地大小北岭间，继续抵抗，后又向古田方向败退。敌军进至闽侯县之江洋后，停止追击，撤回福州。

福州沦敌如此之速，闽绥署兼总部非常振奋。适此时钱东亮所率新编第二十师之驰援部队已到达大小北岭附近，当即严电第一〇〇军军长陈琪，令即督饬该方面之陆海军作战部队，乘敌立足未稳，尽全力克复福州，并令第二守备地区指挥官、闽保纵队司令官黄珍吾，抽率精锐部队，向福州方面协击，定期共同反攻福州。陈琪受命，稍加部署，即开始反攻。初颇顺利，分进部队曾分别占领福州北郊附近之山地及仓前山附近之后山；助攻方面，闽保纵队之部队亦进至永泰附近，形势极为有利。不料福州方面第一〇〇军突遭敌迂回截击，各部各自为战，顿呈混乱，旋即纷纷溃退，即大小北岭亦不能再行保有。第一〇〇军军部竟撤至福（州）、古（田）道上之大目溪、大目埕附近，形势较反攻前更为糟糕。

前此，福州失守后，第三战区司令长官顾祝同曾派战区苏联军事顾问团中校顾问前来南平视察指导，并告以战区正致力于赣南方面对敌之反攻，恐暂时不能抽调部队来闽增援，故须以现有之兵力巧妙运动，尤应迅速设法克复福州，以减少战区侧顾之忧，且壮其反攻之声势等语。苏联顾问回转战区之后，闽绥署兼总部立即部署此次之反攻，充满希望一举而下福州，即使未达目的，亦可将敌围困，待机以击破之，不意竟招致挫败。敌入据福州后，曾以快艇数艘，沿闽江向南平方向施行威力搜索，直达古田县的水口附近。闽绥署兼总部直接派遣交通补给站之警卫部队，协同守备水口临时封锁线之闽省水上警察总队（一部），在两岸予以夹击，敌艇始行退去。此时南平甚感空虚，而第一〇〇军之指挥所又突遭敌夜袭，仓促退至古田附近收容，敌颇有沿闽江左岸长驱上迫之势，南平形势异常吃紧。对此，闽绥署兼总部不得不作紧急之处置，一面将省军管区司令部的教导团、警卫团调至南平，以应非常，并施行紧急疏散，以备万一；一面直电第一〇〇军各师，应就福州附近之山岳地带，尽力进攻福州，并须设法对正向古田方面出击之敌侧背实施反击，务须将其驱除。适此时第十三补充兵训练处少将处长李良荣请缨杀敌，愿率其所属之装备团参战。经陈仪嘉许，即以李良荣所部为第一纵队，派李为纵队司令官，立即开往古田附近，迎击从福州出击之敌。李用汽船多艘，一次将其部队运送至闽侯县大目埕上陆，未曾休息，即向出击之敌施以猛烈迎击与侧击。李部士气旺盛，作战勇敢，在闽侯县的秦洋、大湖一线将出击之敌击退，杀伤敌军三百余人。陈琪亦率其军部及直属部队随同协击前进，在福州附近之山地与第七十五师、第八十师及新编第二十师等部队取得联络，乃得重行掌握各部队，与敌激战，于是战局稍趋稳定。

当此大军与敌激战之际，由于兵站追送不及，以致发生补给缺乏、粮食恐慌的情况。闽绥署兼总部遂一面派出人员船舶运载粮食、弹药与通信器材等，直接追送至大目溪附近，由部队使用当地组成之运输队直接接运，一面令各部队就近向霍口之既设兵站重点先行取给。不料兵站分监陈颂文贪顽蒙蔽，麻痹敷衍，并未遵照指示确实完成兵站补给重点之设施，各项物资仍不能供应。部队无法枵腹作战，一时竟造成转而就食于民、以致影响战局之现象。幸闽绥署兼总部直接派出之补给追送适时运到，方得挽回颓局。陈仪遂将陈颂文撤职，并扣留于分监部听候讯办（军委会以其罚不抵过，令解重庆讯办，后陈逃逸，军委会曾严电各战区通缉之），另以闽保安司令部少将指挥官兼延瓯警备司令郑庭溪接充兵站分监。此时敌我忽进忽退，战局并未好转。

不久，敌将第一〇〇军及李良荣部吸引胶着于福州附近山岳地带后，另以出击部队指向古田附近，试图进攻。陈琪乃率领指挥所撤至古田近郊，其直属部队则在古田附近勉力防守。闽绥署兼总部遂又以省军管区之两个装备团推进至古田附近，暂归陈琪指挥，以增强该处之防守。闽绥署兼总部认为，时下不但有南平被敌攻占之虞，且有敌以快速有力之支队突越古田以威胁战区侧背之忧，陈仪乃亲用电话向战区司令长官顾祝同说明利害，听待指示。顾乃允以陆军预备第九师（师长胡琏）增援来闽，并由战区用汽车连夜将该师全部运送至闽边之连城朋口镇，然后由闽派车接运。闽绥署兼总部乃以兵站汽车四十辆、闽省运输公司汽车六十辆星夜开往朋口，更以闽江轮船公司汽船三十艘集泊南平延福门码头，随到随运；如此，仅以一日夜，就将预备第九师全部运至古田附近之闽江左岸码头上岸。胡琏旋率领该师，以急行军之速度向敌迎击，经激战将敌击退，并乘势紧跟追击，遂又与第一〇〇军及李纵队协力将敌压迫于福州附近，战局乃渐呈好转之象。

福州失守后，第八十师师长何凌霄以作战不力被撤换，改调新编第二十师师长钱东亮接任第八十师师长。在预备第九师增援反击而使战局稍有好转之后，陈仪借此机会对作战部队予以必要之调整与补充。当以第八十师作战仍属不力，且部队缺额与伤亡过巨，乃直接请准军委会，将钱东亮撤职，令李良荣接任第八十师师长，并将其第十三补充兵训练处之装备团，拨交第八十师补充，另调闽省保安处少将副处长严泽元接任第十三补训处少将处长。对其他各部亦予以整理充实，使此一方面之战力与阵容均有所改善。军管区之两个整备团，仍调回军管区整训。

经此番整理后，闽绥署兼总部遂又详细指导与部署第二次之反攻，用游击战与正规战配合之打法，并以积小胜为大胜之战术，尽量先行消耗、损失、疲劳敌之兵力战力，以待适时一举歼灭之。经过相当之时间，敌果困惫而呈劣势，遂以第一〇〇军及预备第九师配合附近其他全部武装，于同年九月二日对福州之敌施以包围痛击（闽保纵队协力侧击）。经一日夜之激战，我军分路攻入市区，当即发生巷战，敌不支溃败，我军以全力追击，敌伤亡颇多，仓皇窜至连江附近沿海，登舰驶出海外。于是沦陷四月余之福州，至此乃告克复。

在此次围攻福州之前不久，顾祝同曾亲临位于南平与古田间之某乡镇（忘其地名）召集福州作战检讨会，陈仪率同必要之参谋幕僚参加，约二三日会毕，各回原防。当决定将第一〇〇军军长陈琪撤职，解送重庆军法讯办（后闻判处十年监禁），以到任不久之该军中将副军长刘广济升任军长；原新编第二十师师长钱东亮亦以作战不力，撤职送渝审讯，以第三战区干训团中将教育长温鸣剑接任该师中将师长；予第一〇〇军直属第一野战补充团上校团长陈安邦以撤职处分，其余无甚惩罚。

## 部队部署之变更及指挥机构之两度调整

### 部队部署之变更

顾祝同回至战区司令长官部后不久，福州即告克复，遂发表部队调动之命令：将第一〇〇军调往江西战场，另以陆军第七十军接替福建防务；但第八十师仍留守闽防，守备福州地区，编入第七十军建制。第七十军中将军长李觉当即来闽，该军第一〇七师（师长黄华国）随亦开驻漳州一带，接替原由新编第二十师担任之防务；此时，预备第九师亦已开驻漳州附近，控置待命。如此，第七十军属下之部队为第八十师、预备第九师、第一〇七师，计三个师。第一〇〇军军部及第七十五师、新编第二十师，随即陆续离闽。

### 指挥机构与人事之两度调整

一、第一度之调整

当部队正在调动之际，陈仪于一九四一年九月由闽调渝任新职，驻闽绥靖主任公署亦撤销，另以第三战区上将副司令长官兼第十集团军总司令刘建绪调任福建省政府主席。同时，以第七十军军长李觉升任第二十五集团军中将副总司令，另以中央训练团中将教育组长陈孔达（浙江黄岩人）接任第七十军中将军长。

刘建绪来闽接任后，以原任闽绥署兼总部中将副参谋长之陈浴新（湖南安化人）为第二十五集团军总司令部中将参谋长，负责改组总部。新总部由原闽绥署兼总部与第十集团军总部之留用人员，以及李觉随带之部分军部人员合编而成。原闽绥署兼总部情报处撤销，改为总部情报室，设上校主任，其余仍照旧编制。

此时第七十军军部设于南平附近，以第七十军少将参谋长黄素符升任军所属之福州警备司令部中将司令；第二十五集团军少将兵站分监郑旌溪撤职，调第七十军少将部附庄廷枢继任；原闽绥兼总部警卫连拨交闽省保安处编补，以第十集团军总部警卫团为总部警卫团。

不久，增设漳码警备司令部，以总部少将高级参谋刘建常为司令。

二、第二度之调整

约在一九四一年底、一九四二年初之间，刘建绪以驻闽国防军仅有一个正规军，实无设置总部之必要，经请准战区长官部将第二十五集团军总司令部撤销，改设第三战区副司令长官办公室（简称"南平副长官室"），负福建方面作战督导之责；其作战指挥，则由第七十军军长直接秉承战区长官部担负全责；兵站分监部撤销，改为兵站支部，设立上校支部长，归第七十军军部指挥。

南平副长官室编制较原总部大为简化，以原总部中将参谋长陈浴新任主任，另设少将副主任与少将高级参谋二三人，自上校以至准尉各级幕僚官佐与士兵共数十人。原总部警卫团拨归闽省保安处，编为一个保安团，并从拨编后之该团中调一个中队担任副长官室之警卫。嗣因原总部人员无法安插者颇多，遂将原曾设置之建瓯警备司令部和南平警备司令部合而扩大为延建警备司令部，以副长官室中将主任陈浴新兼司令，原总部人员得以编入一部分，但待安插者仍不少。

总部撤销后，原副总司令李觉被调为第十集团军副总司令，但迟不赴任；旋经大本营之酝酿，将其升任第二十五集团军中将总司令，重新成立总部，由第三战区长官部拨调部队归其指挥，调往浙江战场参加作战，原总部属李觉之人员均随之而去。

嗣后又成立闽东警备司令部，划福鼎等数县为其警备地区，以南平副长官室额外少将高级参谋石西卓（字成达，湖南宝庆人）为司令。于是随刘建绪来闽之军事人员，大多得到安置。

## 福州第二次失守与收复之概略

一九四四年九月二十七日，敌以兵舰数艘掩护混成第六十二旅团，在福建沿海连江、长乐海岸登陆急进袭击，守军兵力单弱，一面迎战，一面逐次抵抗。不两日间，敌即进抵福州近郊，与第八十师发生激战，经数次往返博斗，福州市区于十月四日被敌占领；但第八十师部队始终保有市区近郊，并依托大小北岭竭力抵抗。第八十师师长李良荣力请不需增援，限期自行克复福州，第七十军军长陈孔达不同意，严令李良荣秉承战区司令长官的意图，退守小北岭、大湖一线，待机行动。此次占领福州之日军，由于第八十师防守严密、激战不懈，是以始终未敢亦不及出击；更以第八十师不断以小部队不时向日军突击、猝击、袭击或爆破、偷营，使之苦于奔命，疲惫不堪，不得不龟缩于福州市内。

一九四五年五月十七日，第八十师向占据福州之敌发起全线反攻，敌迅速放弃福州，往连江方向窜逃，我军遂于十八日克复福州。第八十师紧追逃敌，直追至霞浦海岸，敌伤亡颇众，遗弃辎重甚多，仓皇登舰，急驶出海逃去。由于作战指挥归第七十军军部负责，副司令长官室仅作督导，故对克复福州及追敌情况知之不甚详尽也。

## 接收金厦与军事复员略述

一九四五年八月抗战胜利，九月，第七十军奉命集结福州附近，准备随同陈仪接收台湾。第三战区司令长官顾祝同电令，由副长官室派出高级幕僚督导，以福建省保安司令为主，随带闽保纵队进驻漳州，待命接收金门、厦门。刘建绪遂以福建省保安副司令兼保安处处长兼闽保纵队司令官严泽元为主，率闽保纵队两个团以及厦门市各机关人员，暂住漳州，准备接收。第三战区司令长官部亦派少将组长李致中率领接管组前来漳州。海军厦门要港少将司令刘德甫亦率陆战队一部到漳。不久，军委会通令规定，厦门、金门属海军接收范围，刘德甫遂不待其他命令，竟自率其陆战队进入厦门，单独接收日海军机关及部队；属军统系统之中美合作所华安训练部队，更不与他人联络协同，即自行开驻厦门，致接收之步伐一开始即遭破坏。最后，严泽元以本省最高保安机关主持者之身份，率同各机关进入金、厦，即时设立福建省保安司令部厦门保安指挥部，以闽保纵队少将副司令阙渊为指挥官，指挥保安部队负责当地之保安事宜。

一九四五年十月，陆军第七十军及宪兵第四团等，均拨归台湾省行政长官兼台湾警备总司令陈仪指挥，开往台湾。第三战区副司令长官办公室、各警备司令部以及有关军事机关等一律撤销。各级官佐，除另有任用或自行转业者外，将级人员赴中央训练团将官队报到，校尉级人员分往指定之军官总队报到，听候办理退役或转业。于是各军事机关立即结束，人员则分道扬镳，各奔前程矣。

# 第一五七师驻厦期间之防务

黄　涛[※]

第一五七师是由广东部队李扬敬军的黄质文、黄延祯两个师合并编成的。我任师长，下辖两个旅（旅长练惕生、李崇纲），六个步兵团，师直属部队有一个特务营、一个工兵营、一个通信营、一个炮兵连和担架医疗卫生队等，全师约八千人。一九三六年九月，第一五七师在广东海丰集结，十月沿陆路开至闽南漳州接防，归福建省主席兼绥署主任陈仪指挥。师部驻漳州芝山，所属各部分驻海澄、漳浦、云霄、南靖等县，任务是"绥靖"地方。

抗战爆发后，军事委员会为开辟华南战场，牵制日军，于一九三七年八月底电令我师派部进驻厦门，电文中有"着该师长即派兵一旅进驻厦门，竭力固守，并委该师长兼任厦门警备司令，仰即遵照具报为要"等语。我在八月二十七日深夜接到军事委员会的电令后，即决定抽调驻海澄的陈浚团先行出发。第二日（星期六）晚上陈率全团乘车到集美渡海，翌日拂晓前即进抵厦门市区。

当时日本帝国主义驻厦领事在厦门设有警察厅。当地的汉奸、流氓、台湾浪人等，在日本警察厅庇护下，勾结贪官污吏、地痞流氓，走私漏税，贩卖毒品，无恶不作。中国当局在厦门虽设有市政、公安等权力机构，但一切地方事务须按日本驻厦领事旨意办理，厦门成了日本帝国主义的势力范围。

---

※　作者当时系第一五七师师长。

鉴于厦门情况复杂，且沿海形势紧张，随时可能发生战事，我迅速增调一团兵力至厦加强防卫，并派旅长练惕生兼任警备司令部参谋长，负责该部一切事务。我则来往漳州厦门间，负全面防务责任。

九月一日，厦门警备司令部成立，我亲自到会主特。司令部人员大多由师部调拨，下设参谋处（处长由中校参谋黄耀兼代）、副官处（处长由少校副官叶秉南兼代）、军需处（处长由科长黄耀南兼代）、军法处（处长黄启桐）、政务科（科长陈伯麟）、侦缉队（队长由黄耀兼代）。司令部一成立，就着手各项工作。

第一五七师入驻厦门以后，形势日趋紧张。我以厦门为东南海防要地，日本帝国主义必不以厦门仅为其势力范围而满足，终有一日要攻而占之，加强厦门防务至为紧迫，于是采取了如下措施：

一、积极构筑防御工事。从九月初开始，日机不断对厦门进行侦察和轰炸，日舰亦时常炮击，军情异常紧张，构筑防御工事刻不容缓。我除在厦门征购一部分建筑材料，并令将漳州与嵩屿间的铁路路轨拆除一部分运到厦门利用外，又派员赴香港购买水泥一千桶（后因香港无货，改在菲律宾购买），用轮船运到厦门。我还请第四路军总部（总指挥余汉谋，驻广州）派上校工兵科长郑兰鹤前来帮同筹划构筑事宜。防御工事由胡里山起一直向东延伸十五华里，沿海一带共筑有半永久性的钢筋水泥轻重机枪掩体一百多个，炮兵阵地两个（下文叙及的升旗山炮台不在内），从胡里山旧炮台拆运了两门大炮安装在阵地上。另外，还筑有坚固的散兵壕。为加强炮兵火力，除新建炮兵阵地外，还着力修复旧炮台。厦门原有两座旧式炮台（台长姓龙），是与广东虎门炮台同时兴建的。每座炮台装有旧式大炮两门，共四门。其中两门的口径为二十四厘米，射程可达万米以上；另外两门约十四厘米，射程可达八千米以上。共有炮弹五百余发，均可使用。但炮台因日久失修损坏，已不堪应用，我遂对其加以修复，盖好炮塔，费了很多人工和材料。

构筑厦门防御工事的经费是由厦门警备司令部上报国民政府，再由国民政府转福建省府核准交厦门市府筹拨的，总计有六七十万元（确数已忘）。后没用完，余二三十万元，均拨作师部公积金。

防御工事尚未竣工，敌舰已多次驶近厦门袭扰。九月三日，三艘敌舰骄横地向厦门驶来，我胡里山和屿仔尾炮台守军突向敌舰开炮，将其中一艘击中。敌舰尾部冒起滚滚浓烟，狼狈逃去。敌舰经此一击，不敢再行靠近，只在远处停泊。但数日后，敌舰又复蠢动，用密集炮火向我炮台射击，我守军亦开炮还击，彼此互射约半小时之久。惜我旧式大炮射程有限且射速小，最后被敌炮击中（炮身炸坏，炮座亦完全被毁），数名炮手牺牲。

二、组织和训练禾山地区壮丁。厦门的禾山是个人烟稠密的地区，当时常受日机轰炸与日舰炮击，当地居民对日帝极为痛恨。为发挥民众力量以配合军队日后作战，我把当地壮丁组织起来，编为两个民兵大队九个联队，共五百六十余人，把师里多余的枪支发给他们，并对他们施以训练。我曾检阅过这支民兵队伍，他们纪律良好，精神焕发，显示有决心保卫家园，给我留下深刻印象。

三、布设疑兵。由于防线长、防区阔，兵力配备实感不足，一旦战事发生，从后方调兵增援有困难；加以厦门环境复杂，我方兵力虚实若为敌探侦知，当后患无穷。我乃命一部分部队于夜间乘船过海在集美登岸，白昼再由嵩屿渡海回市，如此明来暗去多次，造成疑兵，以迷惑敌人。我还通知所有商民，在必要时将实行焦土抗战，要他们为此做好准备。目的也在于迷惑敌人，使敌人知道即使占领厦门，也将一无所得。

四、设升旗山炮兵阵地。厦门市鼓浪屿有一升旗山，标高约三百米，可俯瞰全市，地势重要。我将师部炮兵连（有四门七十五厘米榴弹炮，射程达八千米以上，德国克虏伯兵工厂所造）调来厦门，在升旗山顶构筑炮兵阵地，以支援步兵作战。

九月下旬，厦门形势更加紧张，数十艘敌舰集结在外海，日夜升火待发。一日，第四路军总部转来情报称，敌将于是月三十日进犯厦门，嘱严加戒备；并令驻粤东蕉岭的第一五八师兼程赶到闽南的南靖县待命。该师师长曾友仁与团长曾繁凯均来厦共商作战计划。该师在南靖约驻一星期，即被匆匆调回广东。

九月三十日晨，敌舰向我猛烈射击，敌机也频频出动侦察，扫射轰炸，似有大规模进犯模样。对此，我军各部早有准备，各就其位，严阵以待。当日，敌只从海空向我军盲目猛烈轰炸射击一阵，未作进犯便退走了。

福建人民对第一五七师进驻厦门抗敌是欢迎支持的，曾组织慰问团来厦门慰问部队。某次，我请慰问团到警备司令部吃饭，正在酒酣之时，敌舰突然发炮，炮弹越屋顶而过，声震屋瓦。我镇静地对他们说："这是敌人代我放的礼炮，表示欢迎各位。大炮送酒，今天的宴会可说是很有意思。"他们很高兴地说："来，大家干一杯！"在菲律宾的福建籍华侨特别关心厦门的抗战，从海外捐赠许多物资慰劳我师，其中有一辆大卡车，我把它命名为"闽侨"号，以志纪念。

一九三八年一月十二日，第一五七师调离福建，由从南平前来的第七十五师（师长宋天才）接防。

# 厦门保卫战

赵康侯[※]

## 第七十五师沿革

厦门保卫战的参战部队是第七十五师的一个团和部分炮兵。我军官兵以勇敢为国牺牲的精神与优势兵力之敌鏖战二日，终以敌强我弱，致不能守。在记叙厦门保卫战经过之前，在此先对第七十五师的沿革情况做一概述于下：

第七十五师是由原西北军第二集团军属下的暂编陆军第三师改编而成的。一九三四年，第七十五师进驻闽赣边界，所辖三个旅分驻将乐、邵武、顺昌、建宁、泰宁一带和江西黎川及其附近地区。每旅辖三个步兵团，师有直属骑兵、炮兵、工兵、通信兵、辎重兵及特务六个营。抗战开始后即进行缩编，每旅裁撤一个团（兵力减少了三分之一），归入第二十五集团军第一〇〇军建制，担任从泉州附近的马巷起，经同安、厦门、漳浦、云霄、东山直至闽粤交界之诏安的闽南沿海一线防务。那时，第七十五师虽隶属第一〇〇军，但归第二十五集团军总司令陈仪直接指挥，其后勤补给与经费由第三战区后勤机关及军需局直接拨给，公文与人事管理则直归重庆军事委员会，与第一〇〇军军部不直接发生关系，所以不少官兵竟不知本师隶属第一〇〇军。厦门保卫战前，第七十五师再次缩编，由三旅六团缩编为两旅四团。一九四〇年，第七十五师从闽南调驻莆田、福清、福州、连江、宁德直至闽浙交界处之海防第一线。

---

※　作者当时系第七十五师第四四六团第三营营长。

23

一九四一年第三次缩编，撤销旅一级建制，全师只剩三个步兵团。同年八月，全师离闽移驻江西。此时，由于第一〇〇军已直归第三战区司令长官顾祝同指挥，师与军之间的正常关系得以恢复，军需、经费均由军部拨发，公文与人事管理亦归军部，改变了昔日师军之间不相闻问的局面。一九四二年，第七十五师在江西参加了阻击南昌日军向上饶进犯的战役。一九四四年回驻福建建瓯，其时已改为后调师，只有干部没有兵，专事征训新兵，师长兼建延师管区司令。抗战胜利后第七十五师离闽。

## 厦门保卫战

一九三八年一月十二日，原驻闽南地区的第一五七师（师长黄涛）调离福建，防地由第七十五师接管。第七十五师接防后，以漳浦、云霄、东山、诏安沿海一带地区为右防御区，派第二二五旅第四五〇团和第四四九团驻防，由该旅旅长史克勤指挥；以马巷、同安、灌口、龙溪、海澄沿海一带地区为左防御区，派第二二三旅第四四六团驻守，由师部直接指挥；以厦门岛为独立前进守备区，派第二二三旅第四四五团及师属炮兵营之一部为守备部队（第四四五团团部驻南普陀），由副师长兼第二二三旅旅长韩文英指挥（厦门要港司令部及所属陆战队一个团协同守备，但不相隶属），师司令部驻漳州。

厦门守备部队确定后，韩文英认为，厦门东北方向一带面对金门的地区应是全岛的重点防御地区，须选择一个战斗力强且较有战斗经验的营担任该地区的防御。为此，韩与第四四五团水团长商讨并征求第四四六团焦团长的意见，大家都认为由第四四五团第三营承担此任最为适宜。因为该营素著战绩，且营长王建章执行上级命令坚决，对部下要求严格，足可胜任。遂决定以第三营负责防御五通、禾山、何厝一线，从第四四六团的直属通信排拨出半个班（有八个通信兵、五部电话机，由班长王心诚率领）和一部交换机配属第三营，派第四四六团卫生队的上尉军医杜镇砧专驻第三营。除此，还决定师直属炮兵营一部的阵地设在胡里山海神庙附近，以第四四五团第一营为预备队。

不久，陈仪在福州召见韩文英（师部中校参谋骆永亮陪同前往），令他即回厦门成立厦门警备司令部并担任司令。韩一返厦即成立警备司令部，以第二二三旅参谋长楚怀民兼司令部参谋长，以骆永亮兼作战科科长，以某营副营长张景楼兼通信后勤科科长（其他成员姓名已遗忘）。警备司令部一经成立即着手筹划构筑工事事宜。实施时，以守岛部队为军工，再征集一部分民工，在重点防御地区先构筑简易工事，而后逐步加固并扩建。地堡及其他工事的掩盖物均为土木结构，只具半永久性工事的雏形。

一九三八年五月十日凌晨，在日海军少将宫田喜一指挥下，日军第五舰队出动巡洋、驱逐、运输舰三十余艘乘暗夜从金门出发驶近厦门岛东北海岸（我要塞炮台未能发现），突以舰炮向我禾山、泥金、五通一带阵地猛烈轰击，日机三十余架亦由航空母舰起飞临我阵地上空滥施轰炸。敌强大火力制压了我炮台的还击，破坏了我野战工事。轰击持续了数十分钟后，敌炮开始向厦门岛内地作延伸射击；与此同时，敌艇数十艘载海军陆战队山冈志贺、福岛等部共两千余人在五通附近强行登陆，向王建章营阵地猛扑。王营长指挥所部奋勇迎击，登陆敌军未能得逞，被迫退回艇上，战场暂时沉寂下来，只听见敌艇发动机渐渐逝去的声音。拂晓，敌机又来，对我阵地反复轰炸扫射，将我火力点逐一炸毁。当时，我步兵连每排仅有一挺轻机枪，机枪连的重机枪又无高射装置，更无一门高射炮，在敌机狂炸滥射下，我军官兵为保存力量，只得伏卧在工事里隐蔽，即使如此，也遭到很大的伤亡。敌机离去后，敌步兵又向我阵地发起进攻。敌每次进攻时，除从正面攻击外，还向我两翼延伸作钳形包围，并向我军发射大量枪榴弹（一种以步枪发射的小型炸弹），攻势甚为猛烈。王营长率部英勇抵抗，在打退敌人数次进攻后，我军战斗人员剧减，弹药亦将耗尽，敌得以攻占我主阵地。但在我军顽强抗击下，敌军也伤亡惨重。午后，王营撤至云顶山、金鸡岩、江头一线继续与敌作殊死战，由副师长兼第二二三旅旅长韩文英亲率增援的预备队也投入了战斗。预备队在增援途中遭敌机轰炸，与王营会合时人员已损伤近半。韩文英腿部受伤，第二二三旅参谋长楚怀云被炸身亡。卫士将楚的尸体推入弹坑，把一内装五节电池的军用手电筒置于其后枕部下（作为日后识别标记），然后草草掩埋。

我军退至第二线阵地后，敌又屡屡来攻，进攻前敌机总是先来轰炸一番。我军在敌机轰炸时均掩蔽起来，待敌机离去敌步兵进攻时则奋起反击。韩文英虽已负伤，仍坚持不退出阵地，在后督战；见此，其他负伤军官也不肯退下火线。如此，敌军数次进攻均被我军打退。入夜，敌机不能出动，敌步兵停止攻击，双方进入对峙状态。十一日晨，敌又发起攻击，整个上午，第三营与第二营（在厦门的东部和东南部据守）与敌鏖战不息。我军伤亡惨重，第四四五团团长水清浚负伤（副团长张人青在武汉珞珈山受训未回），第一营营长宋天成阵亡，第二营营长杨永山、第三营营长王建章、警备司令部通信后勤科科长张景楼及第三营营部书记黄某（忘其名）等人均负伤，各营副营长以下军官非死即伤，士兵伤亡更为严重。韩文英在激战中胸部又被敌炸弹弹片所伤，不得已退出战场，临离厦门时，在码头上嘱警备司令部作战科科长骆永亮代其指挥作战（水清浚已负伤撤出）。此时我军通信设备在敌机轰炸下已大部被毁，配属第三营的八个通信兵除班长王心诚外已全部牺牲，骆永亮（当时在市区的警备司令部里）只能与第四四五团团附郭殿荣通话，郭只能与第三营副营长马连馨通话。韩文英未离开前督战甚严，离开时亦未命令可以撤退；所以我军在敌猛烈攻击下连续奋战，无人敢退。当日下午，敌军一部突入厦门市区，我军退往市区的后路被截断。除距市区较近的少数部队撤出外，大部无法撤退，于是返回与敌死战。直至深夜，我军余部才北向澳头、集美，西向靠近大陆的排头、东屿分散撤出，撤退中遭敌截击，又有伤亡。至此，驻守厦门岛的陆军部队已全部撤出；我炮兵因火炮射程近，未能射及敌舰，已先期撤退。第四四五团原有官兵约一千五百人，据骆永亮回忆，在厦门之战中，该团阵亡官兵在八百人以上（撤退时的牺牲未计在内）。中以第三营损失最为惨重，据王心诚回忆，该营副营长和四个连长全部阵亡。战后，营长王建章在角尾一家旅馆收容该营官兵（王的勤务兵已阵亡，副营长马连馨的勤务兵李锁和他住在一起），经过二十余天才收容六个人。

厦门战后，新任师少将参谋长陈应瑞曾召集有关人员开会（我亦与会），研讨此战的经验教训。就战前与战时情况而言，厦门确难固守。日军以厦门为优良港口，占其为海军基地，南可与台湾相呼应，北可断我海上交通，故凭恃其海空优势，力在必取，势在必得，此其一。我省海岸线长达三千多公里，我仅以第七十五师和第八十师两个陆军师七个团的兵力防守，派驻厦门岛的仅得一团之众（据当时任厦门常备大队副大队长的朱文质回忆，附属第七十五师指挥的地方部队有：常备大队四个中队约六百人，主要布置在胡里山右翼自飞机场至招商码头一线；由厦门警察局局长杨立所辖的三个保安中队约四百人，主要任务是维持市内秩序；社训教官程起凡所率的补训壮丁，有一二百枪支），既无飞机、舰艇支援，又无一门高射炮，在敌陆海空的联合进攻下，虽作顽强抵抗，亦难免失守，此其二。厦门岛孤悬海上，战时若予增援，非渡海不可，而从十日凌晨起，大批敌机即临空轰炸，临近厦门的大陆沿海一带，百里内的公路、桥梁、渡口、船只、电线杆均被炸。在敌居高临下的火力封锁下，渡海增援几不可能，致连原来就在岛上的预备队于赶赴第一线阵地途中也伤亡近半。如此，既无援兵，弹药又不继，岛上部队确难固守，此其三。战时笔者正在同安，曾亲见我团（第四四六团）团附胡之津日夜守在电话机旁（团长焦克功与副团长均在外受训未回），等候师部的增援命令。电话线屡接屡断，终未接得命令。

厦门虽未能守住，但我守岛部队在极其不利条件下确曾英勇抗击日军。有些人临战前不在岛上，但一闻战事爆发即赶回部队参战。配属王建章营的第四四六团通信班长王心诚和上尉军医杜镇砧，九日下午请假回同安团部领饷。十日凌晨敌舰发炮时，王营长以电话通知他们回营。杜说："就是死也要回去。"两人即乘团部汽车至集美，时已拂晓，请渡船将他们载往高崎。渡船驾驶员说："你们看，敌机已经飞来，正在寻找目标，我船一开，就有被炸沉的危险。"两人说："抗战不能怕死。"驾驶员深为感动，便说："你们为国家不怕死，我们陪你们！"即与另一司机脱下衣服，背上救生圈（王、杜二人也各抱一块木板），毅然将船往对岸开去。未至中流，船即被敌机炸沉，杜镇砧负伤下沉，王心诚幸泅至高崎岸边，未息，即奔赴战场。王建章营某连连长张永泰于九日回到同安探亲，战事爆发后，家人劝他不要回连，他执意不肯，当时汽车已停驶，他便徒步百里赶回部队参战，在战斗中英勇牺牲，后被其部下葬于嵩屿。

按军中规定，负轻伤的官兵住师野战医院治疗，负重伤的转后方医院。转后方治疗者免去官职（主要是对下级军官而言，中级以上军官则须加以研究），兵开缺，以免影响战斗力。韩文英历来勇敢善战，平素对宋天才不大恭敬，故被送往龙岩后方医院后，即被免去副师长兼旅长职，以师政治部主任范宏亮（黄埔三期）升充副师长；以卢天福调充旅长。厦门沦陷后一个多月，宋天才被撤职，调往重庆讯办。韩文英以力战负伤，得免议处，遂升任中将师长。师部仍驻漳州芝山。

为防驻厦日军突袭我防区，韩文英令所部严密监视厦门方向日军动静。适厦门要港司令部观测员林某（忘其名）于厦门失守时携高倍望远镜只身逃出，来依我部，遂为其在靠近厦门的某山上建一观测所，林某日居其中，将过往日舰的型号与行踪随时以电话向师部报告（师部有一上尉参谋专接他的电话），师部再转报重庆军事委员会和第三战区司令长官部。敌航空母舰上的飞机一起飞，师部即发空袭警报。除阴雨天外，敌机几乎每日都飞临漳州上空轰炸扫射。

# 澳头防御战

连祯祥[※]

　　一九三九年初，我在福建省保安第六团（团长沈翘，浙江人）第一大队（大队长李清波，福建云霄人）第三中队（中队长胡其鲁，浙江人）任中尉分队长，驻福州南台。一天夜里九点多钟，忽接上级紧急命令，着我部"立即轻装出发"。原来厦门海防前线来电告急：厦门港内麇集日舰九艘，有载运陆上部队径趋我大陆海岸、窜犯内地的企图。接令后，全大队官兵即按战斗序列，连夜整装上车，离榕南下。我分队搭乘最后一辆军车，于次日凌晨两点出发。

　　上午，车过南安县的水头和同安县的马巷时，一幅触目惊心的景象扑入眼帘：走在我们前头的车队不幸遭到敌机的袭击，人员伤亡惨重。汽车残骸，散乱满地；死者血肉模糊，未及掩埋；伤者呻吟道旁，尚在抢救，血迹斑斑，惨不忍睹。斯情斯景，激起我们对敌人的愤恨，增强了杀敌报仇的斗志。但也有一些新兵神色颇为紧张。我就抓住时机，和他们亲切谈话，晓以民族大义，申明军中纪律，引导他们认识：只有奋勇战斗，坚守海防，才能确保家乡和父老亲人的安全。一些老兵也从旁帮助开导，这些新兵的情绪有所扭转。结果，行车途中，我队士兵没有一人逃亡。

　　车过小盈岭，空中传来嗡嗡马达声，接着，三架敌机迎面扑来。我接受先头部队的惨痛教训，立即命令停车疏散。士兵迅速下车，奔向路旁的田野或树荫下卧倒隐蔽。敌机盘旋数匝，盲目投下几个炸弹，悻悻

---

　　※　作者当时系福建省保安第六团中尉分队长。

向海上飞去。我队走走停停，晌午过后，才抵达同安县的澳头。

上级命令我们在澳头沿海阵地抢修防御工事，做长期固守的准备。

当时盘踞厦门、金门的日军，依仗飞机舰艇，拥有制空权和制海权。我军要在敌人严密监视下修筑国防工事，只能采取"昼伏夜动"的策略。但就是在夜间施工，也常遭到日军巡逻艇探照灯搜索和机枪扫射的干扰。我向弟兄们说："一见敌艇探照灯向我搜索，立刻卧倒隐蔽，不要活动。"同时，为避免在阵地附近冒出炊烟，我安排炊事兵到远离前沿的山村里去做饭。但是，这样一来，每天凌晨四点钟早饭以后，要到夜里八点钟才开晚饭，两餐相隔十六小时，忍饥挨饿之苦，自不待言。

在友邻部队的密切配合下，经过几个月的彻夜奋战，从集美经刘五店（属同安县）达澳头的前沿阵地防御工事，终于修筑完成（全线用水泥加固）。

一九三九年四月十四日下午两点钟左右，厦门日军派出几艘军舰，掩护满载海军陆战队的大批汽艇，向我澳头阵地窜进。我命令全体士兵立即进入阵地，做好战斗准备，并交代：射击要听指挥，敌若企图登陆，待我下令才可开枪猛击。不久，敌机飞临阵地上空，俯冲轰炸、扫射；同时，敌舰开炮向我阵地轰击。顿时，枪声、炮声震耳欲聋，阵地上硝烟滚滚。敌艇见我军阵地毫无动静，乘势加速逼近海岸。等到敌舰进入有效射程，我才下令射击。全队步机枪一齐向艇上敌人猛烈射击。只见敌兵纷纷中弹倒在甲板上，有的死，有的伤，有的栽入海中。看到我军阵地坚固、火网炽烈，敌艇被迫后退。以后，敌人又反复多次组织进攻，都遭到我军的迎头痛击。战斗持续了四个钟头，我队近半数战士先后负伤，但阵地仍屹立无恙。直到太阳西沉、夜幕低垂，敌见登陆企图不能得逞，其艇、舰始掉头而去。记得在激战中有颗炸弹落在我附近，幸未爆炸。过后捡起来看，上有"昭和六年制"的印记。

我大队在澳头守了四个多月后，将阵地移交给保安第三团防守，敌始终未能在澳头登陆。

# 闽南三战三捷

赵康侯[※]

一九三九年十二月上旬某日，第七十五师师部突接第二二五旅史克勤旅长来电，电谓：日军约两个大队在飞机掩护下于十一月三十日突袭诏安，我驻诏安之第四五○团（缺一营）副团长张鹤亭率部抵抗（团长受训未回），激战一日，张鹤亭阵亡，我军寡不敌众，被迫撤出，诏安县城沦陷，该旅正待命反攻。师部将情况转报上级，即接第二十五集团军总司令陈仪来电，责令限期收复。韩文英决定亲往诏安指挥反攻，遂率师直属特务营、炮兵营、工兵营及通信兵连各一部连夜出发，向南急行（师参谋长陈应瑞、师部中校参谋温桓、少校参谋赵康侯及师部其他人员随行）。为避开敌机轰炸，多在夜晚行军，很快就赶到诏安附近。韩一到，即集结史克勤旅第四四九团及第四五○团的主力部署反攻。正在部署中，又接陈仪来电，严令"即日反攻，不得畏缩不前"。韩文英被催，心中不安，即要开始攻击。陈参谋长说："不要管它（指命令），我们一定要在部署完毕、炮兵做好射击准备后才开始攻击。敌原以为我没有炮兵，至我炮兵突然发炮，始知我有大部队来援，仓促间无计可采；而我则可打它个措手不及，一战而胜之。"在陈参谋长的坚持下，不管陈仪电催切责，直到一切部署完毕才向敌发起攻击。十二月七日拂晓，我军先以一百五十毫米口径的重迫击炮和榴弹炮向敌猛烈轰击，而后步兵发起攻击。激战至上午十一时，敌力不能支，在飞机掩护下全部撤退，我遂克复诏安县城。战后，韩文英原拟第二天在诏安休息一天，第三日再返

※　作者当时系第七十五师师部参谋。

漳州。陈参谋长以漳州防务空虚力劝，乃决定第二日返漳。同日，第二二五旅旅部和旅直属部队及第四四九团也各回原防，以防不虞。

韩文英率部回到漳州时，各机关人员及市民群众夹道欢迎，鞭炮声声震耳，五彩纸屑盈街，直至芝山师部。

一九四○年二月十三日，师部接史克勤旅长急电，电谓：二月十二日拂晓时敌军舰、运输舰各一艘突驶近我东山岛，以舰炮向我驻守该岛的第四五○团第一营阵地猛轰，旋即以汽艇载海军陆战队约一个大队强行登陆，向我阵地攻击，第一营予以阻击。激战至上午十时许，敌又以数百兵力登陆增援，占领我滩头阵地。第一营退守主阵地后，因敌我距离太近，敌舰未能炮击，至下午仍在对峙中。已电令第四四九团张灵修团长迅率该团赶往增援。十五日，又接史旅长来电，电谓：张灵修团于凌晨四时赶至东山，出敌不意，突然加入战斗，战至中午，敌仓皇乘艇分批登舰逃去。此战双方伤亡各约数十人，详容续报……

继克复诏安县城之后又获东山驱敌捷报，漳州各界为此举行盛大规模的庆祝胜利活动，并赠韩文英匾额一块，上书"韩范风高"四字。不特韩文英高兴，师司令部的官员们也很有些飘飘然起来。参谋长陈应瑞（字良玉，南昌人，曾在黄埔三期任队长，先后毕业于陆军大学特三期和陆大研究院，毕业后留校任战术教官，厦门沦陷后，重庆军事委员会派他为本师参谋长，外号"陈疯子"）军事素养较高，见此心甚不安。他很郑重地对韩文英说："诏安、东山两地并无军事价值，又无物资可掠，敌军有何必要占诏安、打东山呢？若说是来抢滩盐的，为此竟要出动军舰，岂不笑话！敌军之教育、训练与装备，优于我不知多少，而我未经苦战，一战即克诏安，再战又驱东山之敌，天下有这样便宜的事吗？据我判断，敌人用的是声东击西之术，先将我主力诱至无用之地，然后乘漳州正面空虚，乘隙一举而攻占之；继而趋龙岩，过曲江，切断我后方联络线，再沟通广州以威胁我西南。这才是敌人的真实意图。我建议立令第四四九团星夜向漳州正面集中，第四四五团也放弃沿海据点集中待命，以对付敌之突然袭击。希望师长采纳。"韩听后笑而不答。陈又再说，韩始应之："陈参谋长沉着一点，我们不必顾虑太多。"陈不便再讲，就到参谋处来高声诉说他的判断和建议，还说如果不采纳他的建议，他只好吊颈子啦。参谋处处长毛之衔（黄埔三期）是他的学生，劝他不要太激动，他反把毛大骂了一顿。参谋处的人都说参谋长的疯病发了。当日晚上，我去见韩文英，对他说："参谋长的建议是有道理的，不采纳他的建议，万一敌人真的来袭击，而我未及部署，后果不堪设想；如果采纳了他的建议而敌人不来，就算是作了一次行军演习也无大妨碍。"经我一说，韩乃首肯。于是急电第四四九团星夜撤至港尾以北地区集结待命，第四四五团（该团在厦门之战中损失殆尽，其时刚重新补充装备起来，新兵多，战斗力差，团长为张辉曾）即放弃原防地赴港尾以东地区集结待命。将师直属炮兵营置于港尾东北，战时以炮火封锁港尾小港，不让敌舰艇靠近。继又命两团长来漳听陈参谋长面授机宜。第四四九团团长张灵修（我在军校八期时的同学）来漳后，我见他头缠绷带，便问是否在东山负的伤。他说，他率部增援东山后行装甫卸，又漏夜赶来漳州，疲倦至极，骑在马上却以为坐在床上，便向后仰倒，结果坠于马后，头后部因此受伤。

二月十七日凌晨，观测所发现敌三艘军舰、还有运输舰泊于厦门港内，似有所动。拂晓，两架敌机飞来，在港尾及其附近地区低飞侦察，漫无目标地扫射并投弹数枚而去。敌军舰旋即驶近港尾，以舰炮掩护运输舰上的汪伪军黄大伟部三个团登陆。一个多小时后，伪军登陆完毕，开始经浮宫向漳州方向搜索前进。我步兵从两侧夹击伪军，并以一部尾随其后，将其后路截断。战未几，伪军知后路被断，舰队离去（在我炮兵射击下，敌舰已驶泊厦门港外），急掉头向后，企图突围，但未能得逞。我军一面喊话，"中国人不打中国人，欢迎共同抗日"，一面派人劝降。伪军走投无路，十九日推派代表前来接洽投诚。第二天，伪军即开来漳州，听候改编。经报得陈仪许可，再请准重庆军事委员会，投诚伪军被编为陆军暂编第十三师，升史克勤为该师中将师长，调陈应瑞为该师副师长兼参谋长。不久，史、陈率该师开往浙江衢县归第十集团军指挥。

# 一九四一年福州外围之战

赵康侯[※]

一九四〇年冬，第七十五师奉命将闽南防务移交新编第二十师（师长钱东亮），转任自福清以北至闽浙交界一线之沿海防务。第二二四团担任福清、长乐海防，第二二三团担任福州正面防务，第二二五团担任宁德及其南北一带海防，师部驻福州。第二十五集团军总部除对第七十五师及新编第二十师作此部署外，还以第八十师（辖三个步兵团）为总预备队，命其将主力置于福州外围大北岭地区，其一部及海军陆战队一部亦担任福州正面防务。

一九四一年四月上旬，第七十五师师长韩文英、参谋处处长张树梅、参谋温桓及第二二四团团长焦克功等人奉召赴上饶第三战区将校研究团受训，副师长范宏亮在福州警备司令部工作（警备司令部司令由第一〇〇军军长陈琪兼任，副司令兼参谋长由第一〇〇军参谋长李鼎彝兼任），师参谋长崔广森（辽宁人，陆军大学第九期）病重住福州协和医院，如此，师部负责人只剩下少将步兵指挥官卢天福一人了。

四月十九日拂晓，日本华南方面军第四十八师团及第二十三旅团所部在海空掩护下，在我长乐、连江等地登陆。日军先以大队飞机对登陆点之我军阵地反复轰炸扫射，嗣以数量上占绝对优势之步兵登陆，向我军两翼作迂回包围，企图截断我军退路并进而聚歼之。在战斗开始后的一段时间里，师部尚能收到前线各部守军以电话传来的敌情报告，但不久电话不通，师部与前线的联系中断。午后二时许，卢指挥官对我说：

---

※ 作者当时系第七十五师师部参谋。

"前线电话不通，无法指挥，我现在就乘车到前线去，随时同你在电话里联系。"说毕，即带上几个卫士和电话兵走了。但卢去后久无消息，我以战时军中岂能无主，急带担架赶赴协和医院将崔参谋长接回师部。崔听我陈述情况后，即决定以汽轮载运病员及师部笨重物品先行溯江北撤。至晚，崔一面向陈仪请示，一面令师部人员及师直属各部队到北门外集合。午夜十二时，各部撤至甘蔗。二十日凌晨，师长韩文英黉夜乘船来到甘蔗（刚由江西赶回），弄明情况后即问今后准备如何行动。我答已接陈总司令（陈仪）复电，着我部即向罗源的霍口退却待命。韩文英说："去霍口干什么？难道前线的部队不要啦？不去！我们要趁夜暗无敌机，即刻出发转向福州外围的山区，一面收容从前方退下来的部队，一面调福清第二二四团、宁德第二二五团来山区集结，准备打游击。"我问是否要先向总司令请示，韩说到达后再去电报告。于是驻甘蔗的各部队即刻出发，向位于甘蔗以东的点洋、汶洋行进。部队临出发时，韩师长命我带上特务营的一个班沿通往古田方向的道路前进，设法找到第八十师师长何凌霄，将该师的兵力部署及今后的行动计划电报本师师部。我当即率队出发。午前行至山间，时值暴雨倾盆、山洪大发，为不误军机，乃冒险徒涉，继续急行，沿途未遇我军岗哨。经数小时夜行寻找，终于在一个半边临街的村子（村名已忘）的一座民房里找到了第八十师师部。向何师长说明来意后，何即把地图摊于庭中桌上，向我指点其所部各团位置。何正解说间，忽一炮弹落于庭前爆炸，顿时烟雾弥漫，何身旁的收发报机被炸翻。此后又闻数声弹炸，我和何师长急冲出大门，见师部人员都已涌向大路北逃。我所带的一班人幸无损失，乃绕道回师。

我回师部后，始得悉第二二四团在长乐、福清作战的情况。十九日拂晓，敌之一部在长乐的漳港及梅花登陆，包围攻击我守军（两地各驻第一营的一个步兵连）阵地，继而又向金峰的该营主阵地发起进攻。我官兵在营长胡广平指挥下奋起抗击，终因损失惨重，被迫逐次后撤，敌乘胜追击。预先设伏于观音洞的我重机枪连在连长周桐轩率领下，突起向追来之敌袭击，敌遭此不意之损失，极为恼怒，便将该连团团包围起来。敌机反复轰炸扫射，敌步兵频频发起攻击，致该连官兵全部阵亡。敌在长乐登陆的同时，其近卫师团步兵第三联队第二大队在飞机的掩护下，在福清海口强行登陆，驻守海口及其附近地区的我第二二四团第二营奋勇阻击。战至九时许，第二营逐次后撤。二十日中午，敌入据福清县城，第二营与团部一起由李梅退至东张。是夜，中校副团长司马良（团长焦克功尚在上饶受训未回）率团直属步炮连、第二营机枪连、第三营及团部杂兵排（由团部传令、勤务、炊事等员兵临时组成，以增强战力）往福清县城方向进发。拂晓前到达县城西郊，部署完毕后即向敌发起进攻，以步炮和重机枪向敌各据点猛射。敌步兵约一个营由城内出来，依托一个高地向我猛烈还击，数架敌机亦飞来助战。敌火力凶猛，我伤亡很重，欲退不能。杂兵排排长马清山（原传令班班长）对全排说："我们不能在这里等死，有种的跟我来，'稀屎皮'（指怕死的人）不要来！"说毕，即有多人响应，通信排排长王心诚说："我也去！"于是十几个人跟着马清山俯身绕向敌后，出敌不意，将手榴弹投向敌群。敌遭此突袭，惊叫着争向城内逃窜，遗尸十几具。马清山等拾起八支步枪后赶紧退回，无一伤亡。部队亦趁机撤回。此次战斗，我机枪连官兵伤亡过半，步枪连也损失很大，主要由敌机的轰炸扫射而致。部队回到东张后，司马良对马清山说："还是老兵好！你能看准时机，主动打击敌人，功劳不小。但事前没有得到我的许可就这样做，是不对的。不论怎样，有功就该赏，你到营里当排长去吧！"

长乐、连江、福清等地沦陷后不久，第二二五团自宁德，第二二四团在团长焦克功（已回团）率领下自长乐、福清，相继来到福州外围地区与第二二三团会合。此时，除第二二五团尚属完整外，另两团因战时损失减员严重。一周后，步兵指挥官卢天福也自沦陷区便服逃回。师部非战斗人员暂住小沧，师指挥所则时常更换驻地，一度驻在降虎、岭头门及点洋、汶洋等地。师部规定各团应时常在福州东面及东北面活动，尽量靠近福州，伺机袭扰敌人，以使敌人不敢轻离市区，并在福州附近的山头或高地上多设瞭望哨以监视敌人。

五月七日拂晓，第二二四团在柯岭（位于徐家村北面约二十四里，大湖东南面约二十二里）附近发现东边山头上似有少数敌人活动，焦团长即派该团第一营第二连连长韩源礼率部前往进行火力侦察。该连与敌接触后，未及回报即被敌包围，苦战之后，全体官兵阵亡（负伤者皆被敌以刺刀戮死，无一幸免）。第二营第四连继第一营第二连之后跟进，在与敌激战中，连长谭明治首先阵亡。该团主力迅即赶到，与敌在柯岭展开激战。第二二四团经长乐、福清两地之战，兵员不足千人，而当面之敌却有两千余人，在敌众我寡的情况下，该团官兵仍奋力与敌鏖战。敌倾全力猛攻第二二四团，企图在歼灭该团后乘胜突袭我师主力，以扫清其北犯古田、南平之侧面威胁，所以战斗甚为惨烈。副团长司马良（字浩生）率部英勇抵抗，在战斗中腿被打断，坚不撤下火线，终因流血不止牺牲（战后焦团长将其遗体葬于古田公园，墓前立有石碑）。午间，韩师长率第二二五团主力及师直属炮兵营赶至参战。激战至晚，战斗稍停。是日阴霾密布，至夜细雨蒙蒙，师长趁机率主力向敌左翼迂回。山高、路滑、夜暗，为免彼此失去联系，步兵均解下绑腿互相牵引，把正路让与炮兵。一夜登山越岭，至拂晓才走了五里路。停止行进后俯首下望，正是敌阵地左翼。稍事部署后，韩师长即命炮兵猛烈向敌射击，发发命中，一百五十毫米口径的重迫击炮尤显威力（这种炮的射程仅数千米，在当时已是落后的武器，但近战时其威力胜于远射程的平射炮），打得敌人乱窜。遗憾的是有些炮弹未炸，士兵们高呼"张营长是汉奸！"（战后炮兵营营长张树斌函向师长请罪，问其故，说未炸者是抗战前发的炮弹。或因贮存过久失效，或因原来质量就有问题。）乘敌惊乱之际，我步兵发起总攻，敌损失惨重，向后撤去，我军占领了柯岭并尾追逃敌。在以往的每次战斗中，我官兵常被敌机炸得抬不起头来，而此次战斗敌未出动飞机，我官兵士气格外旺盛，越战越勇。在战斗中，韩师长、卢指挥官、温参谋及各团团长均在第一线督战，韩师长还负了轻伤。下午，敌再后撤，我又乘势占领其阵地，并以一部兵力迂回到敌右侧与之续战。至晚，双方停止战斗。此时，部队已两天多未进饮食（记得第二二五团张灵修团长曾为师长送来半茶缸番薯米饭，师长吃了几口就让给我，饥者甘食，其味之美至今不忘），而夜间又不敢点火烧饭，只能强忍饥饿等待天明。估计明日将有更激烈的战斗，设于黄村的师野战医院通宵忙碌，积极准备收治伤员。及至拂晓，发现敌已退去，各团遂离柯岭返回驻地。此战敌我伤亡均在三百人以上。

柯岭战后，韩师长对各团团长说，我们打的是游击战，不能与敌硬拼。今后作战，应估计敌人来路，预选阵地设伏，这样，不论敌人从何处来，都可打它个措手不及，以较少代价换得胜利。此后七八天，韩亲率各团长观察地形，定下数处埋伏地点并规定了战时的通信联络方法。

六月十五日拂晓，敌步兵七八百人，骑兵百余人，由宦溪向降虎搜索前进。当敌人从宦溪出发时，我军已得到情报，急做应战准备。敌至降虎时，我军已严阵以待。其时，韩师长和崔参谋长正在吃饭，忽接前方电话报说敌已至降虎，韩说了句"我马上就到"，撂下电话就走。崔见师长未作交代即匆匆离去，也赶忙率部队跟上，并于途中指示各部做好合击敌人的准备。敌过降虎后沿溪侧小路前进，约行十里，进入了一道浅谷。浅谷的两侧是不易攀登的小山，我军即埋伏在两侧山上。敌全部进入伏击圈后，我轻重机枪齐鸣，步炮亦向敌猛烈轰击。敌为夺占制高点，向我山上阵地发起了几次冲锋。田梦学营与郭振刚指挥的一个营在敌猛冲下几不能支。正危急时，韩师长赶到阵地，增援部队也迅即到达，我军士气大振，各部合力冲下山去与敌鏖战。战约一小时，敌伤亡惨重，急往降虎方向退去。此役俘日军官两名，获敌战马二匹、战刀十余把、六点五毫米口径步枪三十余支。我伤亡百余人，敌伤亡更多。被俘的两名敌军官在我师政治部人员以日语审问时缄口不语，并拒绝进食，只好将其急送南平集团军总部（后闻由总部转送上饶战区长官部）。所获军刀与步枪均上缴。此役本可消灭更多敌人，但因负责封锁敌退路的加强连未及赶到，致敌逸去。该加强连由一个特务连及若干卫士组成，官兵所配武器均是驳壳枪或冲锋枪，连长是师部少校附员吉连价（原系第二二四团第一营营长，新调为附员）。战后，韩师长问吉何故未能及时率部赶到，吉答以"腰痛"，韩即命将其枪决，再报集团军总部备案。

柯岭之战与此次伏击战均获总部及三战区嘉许（两役均在山地进行，当时所用的军用地图上没有标明有关的山名；虽有标高，其数字也早已忘记）。七月，我师曾有收复福州的打算，但以军力不足、时机未至而作罢。但至我师调离，敌未再出兵进犯我部，只在福州郊外增设据点，加强防卫。八月初，第七十五师调离福建。

# 大湖战役

## 许祖义※

　　一九四一年四月，日本帝国主义从准备发动太平洋战争的需要出发，为巩固和扩大其在台湾海峡这一重要战略交通线两侧的"安全范围"，决定扩大对我省的占领区。是月十九日，日本华南派遣军第四十八师团和第十八师团第二十三旅团组成，是从天皇家乡四国调来的原属"四国师管区"的部队，代号"晋町部队"，是日军的精锐部队之一，在福建的连江、长乐两地登陆。日军登陆后，立即向省城福州进犯。福州守军是陆军第一〇〇军（军长陈琪）所辖的第八十师（师长何凌霄），该师未与日军激战，即放弃福州。福州遂于二十一日陷落。日军气势汹汹，竟企图以少数部队深入腹地，直捣闽北战略要地南平。四月二十三日，军政部第十三补充兵训练处处长李良荣毅然向福建省主席兼第二十五集团军总司令陈仪电陈请缨，愿率第十三补训处仅有的一个刚装备起来的补充团（成立于邵武，以下称装备团）开赴前线阻截敌人（李部为新兵训练机构，直属军政部，本没有直接参加第一线作战的任务）。数日后，陈仪请得第三战区司令长官顾祝同批准，命令李率装备团开赴福州前线，并按战斗序列派李担任第二十五集团军第一纵队司令，有权指挥闽江左岸所有部队（主要是原第一〇〇军的部队）。

　　李良荣（福建同安人，黄埔一期）在抗战初期曾参加过几次战役，但都失利；特别是在一九三八年五月的河南兰封一役中，在与日军第十四师团（师团长土肥原贤二中将）所部交战时，李率领的第四十六师苦

---

　　※　作者当时系军政部第十三补充兵训练处装备团第三营第七连连长。

战七昼夜，全师损失殆尽，李因而去职。此后李入陆军大学肄业，一九四〇年调为第十三补充兵训练处处长，来到福建。经近一年半的苦心努力，训练工作初见成效，组建了五个补充团和一个装备团。装备团是由刚从福建及江西、湖南等省农村征集入伍，只受过几个月训练的新兵组成的步兵团。该团的军士全是仅比新兵早几个月从福建各地招考入伍，由李良荣亲自督训，毕业于"学兵队"的知识青年。其中一部分是陈嘉庚、秦望山、桂华山诸先生从南洋各地招考或保送回国受训的爱国华侨青年。团长萧兆庚（福建长汀人）系黄埔六期工科出身，副团长郭志雄（福建惠安人）系军校七期炮科出身，其他军官也多是军官学校的毕业生。全团约一千五百人，辖三个步兵营（第一、二、三营营长分别为陈维金、庄子卿、骆维藩）和一个迫击炮排，每营辖三个步兵连和一个重机枪连（只有两挺机枪），每个步兵连只有六挺捷克式轻机枪和一些德制步枪（不配刺刀，全团仅五百支）、汉阳造步枪。下级军官未配备手枪、望远镜，打仗拿步枪。

　　一九四一年四月下旬某日，装备团在南平誓师，李率全团官兵宣誓："……如不获胜，无颜见福建父老，无颜见先烈于地下！"南平各界热烈欢送。接着，装备团乘十余艘轮船沿闽江东下，在距闽侯县白沙二十里的大目埕登陆后，即向大湖的兰田乡推进。到达兰田一星期后又向江洋推进。李良荣将纵队司令部设在江洋。

　　五月二十一日晚，侵入福州的日军派出一个加强联队，兵分两路进犯大湖。一路从大小北岭沿陆路前进；一路乘橡皮艇由福州溯江而上，在白沙登陆后向北推进。另有汽艇数艘在白沙与大目埕的江面上执行警戒巡逻。日军计划在大湖会合后再向古田挺进，继而进取南平。大湖是福州、古田之间的一个山间小盆地，四面环山，散落着几个村庄，有石路北通古田、南达福州，东南方的山下有一条已被破坏的公路通闽江左岸的白沙镇。装备团获悉敌情，即南下迎敌。二十二日晚，装备团的尖兵连（即第三营第七连，我任连长）到达大湖东南的秦洋村（离大湖二十多里）。秦洋也是群山中的小盆地，附近有一高峰叫漈头顶，海拔约七百米，是该地的制高点。此时从白沙来的日军先头部队也到达秦洋，于是两军遭遇，战斗打响。装备团尖兵连以迅速勇猛之势抢先夺取了漈头顶，迫使日军处于挨打地位，杀伤了许多敌人。日军乘尖兵连只有少数兵力到达峰顶，立足尚未稳妥，集中全力数次向峰顶发起猛攻，但都未得逞。激战数小时后，日军再以一个大队投入战斗，把漈头顶包围起来，并以四门山炮、六架飞机向漈头顶轰击，掩护步兵冲锋，但在我尖兵连奋力抵抗下，仍未能得逞。此时尖兵连与前卫本队已失去联系，我自行决定冲下山到敌人后方去。于是命两个排（其中一个排的排长是陈维廉，军校十六期）固守濠头顶，我自己则带一个排向山下冲去。我军这突如其来的行动使敌措手不及，敌只是胡乱射击，我军冲下山来竟无一人受伤。下山后，我即率这排人向白沙扑去。日军着了慌，忙从围攻濠头顶的兵力中抽出百余人，转头追赶我这一排人，但始终没有追上。日军分兵后，留守濠头顶的两排人没有受到攻击。最后，日军放弃了夺取濠头顶的计划，在夜色掩护下，绕道窜往大湖方向。

秦洋发生遭遇战的时候，李良荣和装备团团长萧兆庚等几个指挥人员在离濠头顶战场不远的一个高地观察战况。根据战场情况和当时敌我的总态势，李良荣决心让日军倾全力去对付尖兵连，待彼精疲力竭后再诱其往大湖扑空，然后抓住机会，将其各个击破。于是，李把装备团的绝大部分兵力隐蔽在战场后方，并指示正与敌军对阵的前卫营营长（即第三营营长骆维藩）不要暴露主力，让尖兵连单独去打。但骆营长在接到指示前已派出第八连占领另一高地，该连由于过早暴露，致被日军杀伤三分之一。可是日军却误认该连为我军主力，已被其击败，因而骄傲大意起来。此时李良荣已把主力秘密向大湖东南面山中转移，前卫营向大湖西面转移，并在各个山头、道路、村落设置疑阵。此时，已撤退到福州北面山区的第八十师闻日军沿闽江左岸进行大包围，又急忙向古田转移。种种情况都诱使日军向大湖推进。白沙来敌因被阻击数小时，已极疲惫；又自认为当面之敌已被击溃，急向大湖集中，企图休息整顿。自大、小北岭来犯之敌，一路未遇抵抗到达大湖。两路日军会合后就散住在大湖各村。李良荣得到这个情报，知道敌人已进入口袋里，待装备团主力在大湖东南面的崇山中埋伏好之后，就连夜制订作战计划，调遣部队，指示各部务必在拂晓前进入攻击准备位置。

二十五日，东方刚露曙光，一颗信号弹腾空而起，副团长郭志雄（刚在香港结婚，闻战事发生即回队参战）率领二十余人的突击队，首夺江洋通大湖要道上的寨上关，继而占领寨上村，并随即向东北面双髻山下的敌哨所攻击，不幸被敌重机枪击中，壮烈牺牲。突击队员见副团长牺牲，高喊"为副团长报仇"，勇猛地向敌机枪阵地冲去，把该阵地的敌人全部消灭，占领了双髻山。李良荣见突击队得手，立即指挥全团向大湖之敌发起猛攻。敌人在睡梦中遭此突袭，慌了手脚，无法进行有组织的抵抗，各自仓皇逃窜，甚至为了争相逃命而开枪互击。我军迅速缩小包围圈，未能逃出之敌，只好龟缩在零散的村庄里作困兽之斗。我军曾用日语喊话，要他们投降，但没有反应，因此不得不与敌展开残酷的逐屋战。敌人虽没能集中在一起，但都各自为战，负隅顽抗，不是被打死，就是弹尽后自杀。有一个小山少尉就是在弹尽之后，突然跑到我军面前自杀的。我军付出了相当大的代价，才全歼了据屋抵抗的敌人。酣战之际，我军前卫营也及时返回合击，予敌重创。战斗于当天下午结束，突围之敌向白沙逃窜。是役（包括秦洋遭遇战）毙敌三百余人，我军官兵也牺牲二百余人（其中有军校十六期的冯煜勋、陈东文、廖华峰、林满法、钟致祥等）。日军经此一败，不敢妄图深入福建腹地，我军因而得有休整的时间。

大湖战役后，陈仪、顾祝同向军事委员会推荐李良荣任第八十师师长，调第三战区司令部少将高参谢懋权任副师长，并允许李良荣按他自己的意愿去收拾和改组第八十师部队。李即将装备团和第十三补训处的一些军政干部调入第八十师，在古田按照他自己治军的方法，彻底改组该师，使其焕然一新，成为有战斗力的新生力量。该师辖三个团，第二三八团团长罗达时（黄埔六期），第二三九团团长萧兆庚，第二四○团团长宋安。同年九月收复福州，第八十师编入从浙江入闽的陆军第七十军建制，驻守福州、连江等地。

战后，省府在大湖主村建了一座阵亡将士纪念碑。李良荣将寨上关改名为"志雄关"，以纪念为国捐躯的郭志雄副团长。

大湖之役，惠安县籍官兵牺牲最多。一九四三年秋，为纪念烈士，惠安各界特在县城举行隆重追悼会，海外侨胞与社会各界送来挽联甚多。郭志雄夫人陈漱凤从海外寄来一联："回忆去年良辰美景，结悦香江，一月姻缘成幻梦；反看今日苦风凄雨，抚孤菲岛，三餐涕泪自伤情。"蒋介石亦送一联："殉国死如归，试看史牒千秋独标大节；忠魂长不泯，为告我军四日已复坚城。"

# 大、小北岭战役

许祖义※

　　一九四四年九月二十七日，日军第六十二混成旅团（旅团长长岭喜一）从连江登陆，向福州进犯。第六十二混成旅团是由五个独立步兵大队和炮兵大队组成的加强旅团，兵力远较我军的师为多（当时我第八十师约六千余人），火力也强得多。

　　日军登陆前，我军第七十军第八十师师长李良荣已获得情报，曾召集团级以上的军官开会，研究分析敌人的企图及其可能采用的作战方法，并探讨我军的对策。李认为敌军不可能沿闽江自南面进犯福州，必然从山路自北面进攻，我军可以利用山地来拖疲敌人，进而击败之。他决定由当时驻防在连江的第二四〇团（时团长已易刘化之）从连江西北面起，利用山地复杂地形有计划地逐次抵抗，边抵抗边向福州方向收缩，把敌军主力引到福州北面；由第二三八团伪作全力守备福州市区态势，待日军准备全力攻城时，即抽出主力转移到小北岭与决战部队会合，诱敌进攻小北岭，然后在小北岭与敌决战。具体部署是：第二三八团第一营在福州城北屏山一带作象征性守城，第二、三两营则分布市区以吸引敌人，待敌扑空后再诱其向小北岭进攻。第二三九团在原驻地小北岭准备决战（该团大部分是原装备团人员）。隶属的海军陆战队第二独立旅（仅第四团一个团）部署在鼓岭一线，沿江警戒，并适时参加决战。这一计划的主导思想是：敌强我弱，若消极守城，必致覆灭；若在连江堵敌与其硬

------

　　※　作者当时系第八十师第二三八团第二营营长。

碰，也会失败；只有使敌逐步消耗，劳其体力，损其锐气，甚至饿其肚肠，然后我以逸待劳，与其决战，才可操胜券。所以敌人登陆时，李并不紧张，他所顾虑的是各团能否按计划行事。

按作战计划，与日军接触时，第二四〇团是首当其冲的部队。该团是由预备第九师（师长胡琏）和独立第三十三旅（旅长沈发藻）各抽调一部分官兵合编而成的。这两个部队在抗战初、中期，都参加过战斗，官兵有战斗经验，有战斗力。可是他们也都和旧第八十师一样存在旧军队的不良积习，必须加强纪律，使其战斗力得以发挥。李深知这一点，所以一闻敌人登陆，即刻赶赴连江前线，对该团进行督促和鼓励。李表示，只要他们利用连江至福州间的有利地形，以较少的损失，尽量消耗敌人的兵员并挫其锐气，减慢其进军速度，就算很好地完成了任务。

战斗一开始，日军攻势凌厉，该团第三营营长作战不力，没有坚守到李指定的时间就私自离开阵地，致使全营因无人指挥而溃败，严重影响了整个作战计划的实施。李良荣闻讯大怒，立即令师参谋长杨绍任逮捕该营长，将其就地正法。经此伸张军纪，震动甚大，第二四〇团乃至全师官兵，个个振奋精神，勇敢杀敌。

二十九日，第二四〇团全线受敌猛攻。敌进攻快，火力猛，以致该团来不及作有计划的转移，就被逐次击破而垮了下来。但该团也杀伤了不少敌人，使敌不得不等待增援再继续作战。敌得援后，连夜向降虎、梅洋等地进攻。由于第二四〇团过早失利，预定计划未能实现，战场主动权被敌人掌握。对此，李良荣并不慌乱，他仔细分析敌情，判断敌之主攻方向是沿降虎、宦溪、莲花峰一线进攻福州市区，于是立即改变计划，决定把敌人主力堵在大北岭，然后相机自小北岭出击，攻敌之右翼，并向其登陆点挺进，以夺回主动权。这样，纵不能歼灭敌人，也可迫敌退下海去。他立即调第二三九团第一营和第二三八团第二营这两个精锐营去完成堵截任务；同时命第二三八团留第一营守屏山，其第三营和第二三九团第二、三营逐步向小北岭转移；命第二四〇团紧急收容整顿，迅速重组战斗力，以备参加决战。

近黄昏时，第二三九团第一营奉命自小北岭向降虎进发，到降虎时已经天黑，时敌人以连夜进攻，已先期到达。第一营先头连（第一连）一进入降虎，即遭敌猛烈袭击，我军当即还击，于是展开一场夜战。无如敌静我动，敌先我后，我军处于不利地位。这场夜战至为惨烈，第一连连长杨清波（厦门人，军校十六期）以下全部牺牲。排长李太和（福建诏安人，原当小学教员，激于民族义愤，投笔从戎，先在第十三补训处学兵队受训，后考入军校十七期步科）带领全排与敌展开白刃战，在战斗中身负重伤，肠子流出，血流如注，但仍与敌搏斗，最后抱住一个敌人从高地滚下路左深沟，壮烈捐躯。第一连既已失利，天又昏黑，第一营营长张稚生只好率其他各连退守宦溪。由于第一连白天曾予敌以重创，敌当晚无力再向宦溪进攻。

第二三八团第二营三十日凌晨奉命自福州于山赶往大北岭支援第二三九团第一营。天微明时，该营到达莲花峰下，随即自左侧攀登，占领了峰顶（海拔605.30米）。此时第二三九团第一营在莲花峰前数百公尺处、宦溪南面的起伏地带抗击敌人，右侧高地则被敌人占领，处于不利地位。两营营长取得联系后，第二营在第一营左侧后展开，以掩护第一营的左翼，第一营的右翼和前方则由第二营在莲花峰上以重机枪和迫击炮的火力控制，两营协同作战，合力阻击敌人。上午敌人待援没有进攻。下午援兵到达，即向第一营阵地进攻，但其进攻在第一营的还击和莲花峰顶的猛烈火力压制下，未能得逞。敌军如此轮番攻击受挫，损失了不少兵力。他们发现莲花峰顶的火力是进攻的大障碍，立即调来大炮，在黄昏前猛轰莲花峰，想摧毁这个火力点，为进攻扫清道路。我军在防御工事的掩护下，虽受数十发炮弹的轰击，但损失甚为轻微，仍然打退了敌人的进攻。敌见白天攻击不能得手，且受了重大损失，又调来部队增援，准备夜间攻击。三十日午夜过后，敌向第一营发动攻击，冲入阵地。莲花峰的火力点虽然也以猛烈火力支援，但敌我混在一起，难于发挥作用；且我军缺乏夜战训练，经此一击，乱了阵势，激战近一小时，第一营阵地被敌人全部占领。营长张稚生和营属机一连（时每营有一重机关枪连）连长何虹在激战中牺牲（张稚生，福建惠安人，军校特训班二期，早年投军，作战勇敢，在大湖战役的逐屋战中，曾率领士兵冲进一座房子，被躲在门后的敌人用圆锹击中头部，额上留有弧形伤疤；何虹，惠安人，先在第十三补训处学兵队受训，后入军校十七期步科）。不久，另一部敌人也向第二营第四连的阵地（位在左翼）冲锋，第四连跃出阵地与敌肉搏，终因不谙夜战而失败，阵地被占领，连长下落不明。

敌军两处得手后，即合力向莲花峰攻击。此时莲花峰是堵截敌军的最后一道屏障了，守在这里的是第二营营部和步兵第六连（第五连留归团长指挥，不在阵前），及营属迫击炮排和机二连（其一个排配属第四连）。官兵唯有与阵地共存亡，别无其他选择，自营长许祖义以下都有此思想准备，他们抖擞精神，严阵以待。敌军在天亮前曾两度进攻莲花峰，都未能得逞。十月一日拂晓，敌炮兵再度猛轰莲花峰，随后步兵又由他们已占领阵地的左方与前方扑来，被我军以猛烈火力击退。不久，一小股敌人冲上并占领了营指挥所右侧的小高地。小高地距指挥所不到一百米，对我军威胁很大，经两度肉搏，我军才把敌赶下小高地。敌步兵屡攻不逞，又用炮猛轰，我军因有工事掩护，伤亡不多。上午十时左右，许营长在阵地前观察敌情，被敌狙击，子弹穿过右胸，血流如注，伤势严重。团长罗达时以电话命许营长退下火线，由副营长周孔昭代理指挥。不久，罗团长即和副团长骆维藩亲率第五连前来增援并亲自指挥作战。第二营得到支援，士气大振。不久，敌军又组织一次进攻，亦被击退。接着敌又两次炮击，但炮击后，敌步兵没有行动，中午过后，连炮击也停止了。相距只有百米的敌我对垒，一时沉寂了，设置在宦溪村后田地上的敌炮也不见了。

敌为使主攻部队迅速进展，三十日又派一支小部队进攻梅洋。一日晨，因其主攻部队在大北岭受阻，攻占梅洋之敌，又转而向大北岭方向攻击。

熬了几个不眠之夜的李良荣，此时不但不作失败之预想，反而认为有获胜的机会。交战数日，敌情已颇为明朗：敌之前锋已推进很远，而其他部队尚固守登陆点，未作相应的行动，显见其海上补充之不可恃，其攻取福州之决心似不太大，所以时时保留着一条退路。激战三昼夜，敌经七次增援才进至大北岭，其损伤疲惫已至相当程度，昨通夜鏖战未能取下莲花峰，今日如此沉寂，显因攻击受挫。我军尚有四个未投入战斗的完整营和海军陆战队一部，莲花峰上还有一个完整连和两个不完整连，第二四〇团也恢复了一些战斗力；集此力量，相当于两个团，在敌困顿之际，奋力一击，可望把敌赶下海去。分析了敌我态势后，李良荣拟下令海军陆战队放弃鼓岭阵地，自魁岐乘艇溯江撤至桐口，向小北岭集结；第二三八团第一、三两营也撤离福州市区，从新店向小北岭集结；待部队集结完毕，再以第二三九团自红庙出击，先夺敌炮兵，杀其威风，继向降虎、宦溪攻击，然后直迫敌之登陆点。于是李向驻在南平夏道的第七十军军长陈孔达请示，将敌人受挫情况和我军准备出击的意图向其报告，陈不同意。十月三日下午三时左右，陈孔达打来电话，说他秉承战区顾司令长官的意图，要李良荣撤离战场，退守小北岭、大湖一线。李大不以为然，和陈在电话里争执很久，最后李说："我的部队还能打仗……"不待李说完，陈即回答说："你师战胜，固然很好；万一战败，不但你的师不复存在，闽北、闽西、江西，都会因你师的失败而受害不浅。你还是速即撤退为好。"当时驻闽的正规军只有第八十师和第一〇七师（驻漳州），陈孔达尤倚重第八十师，如该师被击溃，敌人就可能直捣闽北，威胁驻在上饶的战区司令长官司令部。于是李只得下令全师与敌脱离接触，转守小北岭。

此时，除莲花峰上的部队外，其余都已在小北岭附近集结了。莲花峰上的部队和敌相距近的只有数十米，远的也不超过二百米，本来是不容易撤离的；但撤离时敌人竟毫无察觉，只在我掩护部队撤到半山时，他们才发觉并进行袭击，我军仅第二营第六连指导员和军需上士两人受伤。撤离部队先到新店集合，然后成一路纵队向小北岭进发（新店群众都围来问讯，点心店还开门营业）。一路上没有受到敌人之袭击，足见敌人已疲惫不堪，一心只想进入福州图个吃饱睡足。敌军既未敢再向小北岭进攻，即下山进入福州，随便在街旁躺倒就睡，乱找吃的，狼狈不堪。

这一天，是一九四四年十月四日（农历八月十八）。三日晚，日本共同社随军记者自福州前线发出一条战地消息说："皇军在福州以北九公里处，遇到渝（重庆）军的顽强抵抗。"后来，指挥此次战役的敌旅团长长岭喜一也承认："你师如再支持一天，我军粮尽腹空，当会退下海去。"

我军退守小北岭后仍与敌保持接触，不时派出小部队袭击敌外围据点。一次攻占五凤山，全歼守敌，并乘胜攻到福州北门兜；一次绕山路袭击闽江下游的闽安镇，毙敌一中级指挥官；还数次袭击出城抢掠的敌人，使敌人不敢越出福州西、东、北郊五里之外。敌为保全自己，曾派出一个大队从马坑、叶洋自右侧攻击小北岭，企图拔除我军前哨阵地，我军以地形熟悉，杀伤其百余人，始仓皇逃去。敌大队长羞恐交加，在小北岭下自杀。此后两军互相袭击，一直对峙到日军撤出福州为止。

# 连江御敌记

刘汉文[※]

一

一九四四年九月末，日军第二次大规模进犯我闽海地区。前此，陆军第七十军（军长陈孔达）军部以第八十师师长李良荣为福州地区防御指挥官，该地区的保安团队、宪兵等地方武装部队及马尾要港司令部所属部队均归其指挥。李良荣乃拟订如下作战方案：以一线配备，右自闽江左岸的鼓山，亘大小北岭，为第八十师的主阵地，以闽侯的降虎（今属福州市郊区）和连江的潘渡（距降虎约十五里）、浦口、东岱等地区为前沿阵地。若敌军来袭，以上述之地方武装部队担任福州城内治安，以马尾要港司令部司令李世甲指挥之海军陆战队第二独立旅第四团据守马尾、鼓山一带；第八十师所辖三个团则作如下部署：

第二四〇团（团长刘化之），以一营戍守连江海防一线，另两个营与团直属部队随师部驻福州北郊的战坂（距福州市区约十二里），而后，视战情发展，占领大北岭阵地，右衔鼓山，与海军陆战队取得联系。

第二三九团（团长萧兆庚），附山炮二门，以小北岭为阵地，右衔大北岭，与第二四〇团取得联系。炮兵阵地即设于小北岭，山炮射程可达汤岭、降虎等处，并以各该地为预定的射击目标。

第二三八团（团长罗达时），驻大小北岭之间（许祖义文说该团驻福州城及北屏山），为师的预备队，而后，视战情发展，进出于大小北岭，

---

※　作者当时系第八十师第二四〇团第二营少校营长。

相机策应。

一九四三年六月，我营进驻潘渡（距师、团所在地战坂约三十里），继于同年八月推进到连江县城附近，以第五连驻守浦口（在县城东北约十里处）、东岱（与浦口隔江相望），监视敌在海面活动情况；第四连和第六连随营部驻县城以西约五里的青山，以青山以北的上下乡为营的前进阵地，以青山一带的高地为营的主阵地。后来，因连江县党、政、参（参议会）各派势力竞相利用岱江私运物资出口，浦口、东岱等地成了争夺的焦点。为防止官兵受到不良影响，乃与县长吴晖商定，海面敌情动态由其警察局负责监视，及时通报，将此措施报请师、团部许可后，将第五连撤出浦口、东岱，移驻青山。

自一九四三年八月至翌年九月，日军第二次大规模进犯闽海之前，我营当面敌伪尚无蠢动迹象，乃从事修筑上下山、潘渡、汤岭、降虎、桃仁等地的工事，为时一年余，故我营官兵对各地工事、掩体的数量和修筑质量，以及地形、地物等了如指掌。训练上，侧重于野外演习、战备行军等项目，并经常假设敌情，进行分段阻击演习（采用兵力分散、火力集中的战术手段），以期养成各连适应敌情、独立作战之能力。后来，我营能在纵深三十余里的地区内节节阻击强敌近三昼夜，显与此时期之经常性训练不无关系。唯当时对通信联络手段未加以特别注意，营与师、团间的电话是由连江县政府总机接转的，没有架设专线，致后来战斗中不得不临时改设线路，与师、团间联络曾因此一度中断。

## 二

一九四四年九月二十七日十四时许，县长吴晖以电话告急："日军约两个团，已于十三时五十分在浦口登陆。"（事后侦知来犯之敌为长岭旅团，配以伪军张逸舟之全部。）据报后为争取时间，当即令第六连附重机枪一挺，按原作战方案，迅速进入上下山阵地进行阻击，令第四连进入青山主阵地严阵以待，设营指挥所于青山。同时以电话命令正在降虎地区修筑工事的第五连和营直属迫击炮排速驰潘渡扼守该地，以防敌袭我之侧背；迫击炮排应在敌进入有效射程时予以猛烈轰击，而后，归由第五连连长指挥。

部署既定，即把敌情与我营部署情况向团长刘化之报告，刘当即转报师部。十四时五十分许，师长李良荣直接以电话告我："根据惯例，日军在任何沿海地区登陆，必先以飞机侦察、轰炸，继之以大炮轰击，今则两者俱无，判断来犯之敌绝非日军，而是盘踞于马祖列岛的伪军，系为抢掠粮食而来，限令予以全部驱逐。"这时我第六连已与向上下山搜索而来之敌接触，旋接该连连长李瑞堂报告："上下山当面之敌约一个连，都着日本军服，战斗力极强，现被我阻击于阵地之前。"我从青山高地以望远镜观察，看到许多船只趁海潮驶向县城。乃将第六连所报及我所见情况再向团部报告，并谓"来犯之敌确系日军，而非全系伪军"，团部转报师部，李良荣仍不置信。

我以兵力分散、火力集中的要领，凡可通敌之要道，都以交叉火力封锁，敌几次强攻均遭击退。以县城方面尚呈平静状态，乃由第四连派兵一排前往施行威力搜索，不意遭受已侵入县城之敌的狙击，四名士兵阵亡，五名负伤，入夜该排退回青山。县长吴晖自电话告我敌登陆的消息后，便不知去向。

至二十七日二十一时许，我第六连仍在坚守上下山阵地，但战斗不如黄昏前之激烈，断断续续的枪声，营指挥所清晰可闻。我判断翌日拂晓，第六连当面之敌或将发动强攻，以掩护其主力沿岱江进犯潘渡，遂以电话令守在潘渡的第五连密切注意，令第六连仍坚守原阵地，不得已时即转移至青山营的主阵地。同时告知各连，为便于指挥青山与潘渡之战斗计，营指挥所将随战况之变化，转移至青山与潘渡间的牛顶山。当即令通信兵迅速接通牛顶山与潘渡间的电话，并将部署向团部报备。因电话线路太长，且须经过海拔三百多米的山峰，又是在荆棘丛生的山地工作，通信兵虽极尽努力，架设速度仍极缓慢，而县政府的总机早已撤走，营与师、团间的联络因而中断了四个多小时。至翌晨六时许，电话始接通，不但焦急如焚，且贻误战机不少。

二十八日八时许，我第六连仍在上下山执行阻击任务，敌亦未予强攻。仅以牵制该连为目的，让其主力乘民船溯岱江而上向潘渡进逼。我在牛顶山高地以望远镜观察，见敌船布满岱江，徐徐蠕动，遂以电话令第五连准备战斗，并令迫击炮向预定的第一号目标射击（战前曾在各地区测定射击目标，注明射距并标号）。从望远镜里看到，我迫击炮弹着多有命中，敌人纷纷舍舟登陆，沿岱江右岸向潘渡快速前进。此时，敌亦以猛烈炮火压制我炮兵阵地，并向我牛顶山指挥所轰击（敌试射一炮后即修正好射距，其命中率之高，远为我军所不及）。我营直属迫击炮排、重机枪连和营通信班共有八名士兵阵亡、十五名负伤。这时，第四连早已进入牛顶山南面的反斜面阵地严阵以待。当敌人进到第五连阵地前沿时，第四连即以猛烈火力向敌之侧面予以突然狙击，敌之攻势顿挫（隔江望去，敌抬运伤兵甚见忙碌）。我官兵以平日训练演习之课目在实战中克奏功效，大受鼓舞，士气为之一振。

此后，敌因我兵力分散（找不到我主力所在），火力集中（交通要道皆被我以交叉火力封锁），工事位置既隐蔽又能发扬火力，不敢贸然进攻，双方相持竟日，仅时断时续地进行摸索战斗，入夜之后渐告沉寂。二十时许，我令第六连放弃上下山，除留一个排据守青山阵地外，余均撤回牛顶山。

我判断敌经一天的侦察和准备，翌日当向我发动猛攻，激战难免；乃报经团长同意，全营于二十二时转移到潘渡，准备按计划（曾经过演习）迎击敌人。除令各连各在其阵地前沿严加警戒外，官兵皆抓紧时间就地休息。

### 三

全营转至潘渡后，我以这一地区地势优越、我军阵地隐蔽，决定在此埋伏击敌。具体根据是：潘渡与汤岭之间，有一长约十里的山谷，其地依山傍水，仅岱江右岸一小路可资通行。路之左是荆棘丛生的高山，地势陡峻；路之右是岱江，河幅约一百米。沿江左岸亦是高山（海拔约四百米），虽沿山麓筑有以交通沟连通之工事，但以童山濯濯，且日久地面遍生杂草，看不出有阵地设施的迹象。在所筑工事的每一掩体里都置有一块木板，上注各射击目标的距离。工事筑成后，曾按假设之伏击方案反复演习过，当时官兵对在此地设伏击敌就颇具信心。我见机不可失，乃于二十九日凌晨一时许，将此作战方案报告团长，并请"建议师长派有力之一部兵力，速经桃仁过岱江疾驰潘渡，待敌遭我伏击而溃退时，相机堵击，纵不能全歼顽敌，亦必予以重创"，并说："舍此良机，福州必将危殆。"团长在电话中指示说："将转报师长考虑，接到命令后始能行动。"

我满以为这一伏击方案定能获得许可，遂召集各连连长和迫击炮排排长等，告以决定在此一地带进行伏击，一俟师长同意，即按预行演习过的计划行动。旋作如下部署：第四、五两连进入岱江左岸既设的阵地。重机枪连携两挺机枪进入岩再阵地（位于山谷出口的南面），由该连连长廖明聪直接指挥，负责封锁山谷出口；其余两挺机枪配置于第四连和第五连之间，而后，各归其所在连的连长指挥。第六连潜伏于岱江右岸的山地，俟伏击奏功，相机追击擒获敌俘。迫击炮排进入岩再南面的预定阵地，而后，归机枪连苏连长指挥，俟战斗打响之后，向岱江右岸预定目标施以纵深射击，并随战况进展，逐次延伸射程。营指挥所设于第四连和第五连之间。各部均须严密隐蔽，待敌深入，俟其先头部队到达山谷出口处时，以重机枪射击为号，各连同时猛烈突击。部署既定，静待命令行动。

至三时许，始接团长电话："师决定放弃潘渡。命你营迅速转移，经降虎归还团的建制，降虎阵地由第三营防守。"团长所说令我不胜惊异，继而为坐失予敌以重创之良机而深感遗憾。

四时左右，部队集结完毕，令第五连为后卫，掩护撤退。全营过岱江后天已破晓，遂令第四连派出一个排留置于岩再，以掩护第五连归还。七时许，全营抵达汤岭，适第三营的第七连也到达该地，我命该连速派一个排前去岩再接替我第四连留置该处的一个排，余均占领汤岭以南的阵地。

八时三十分，全营抵达降虎，旋第三营亦到达。我将当面敌情详告第三营营长陈守一（原系我营副营长），并与之研究固守降虎之要领，强调说，"降虎为福州的藩篱，此地一失，全线必将陷于危殆"，促其严加注意。这时第三营第七连岩再之排已与敌接触，手榴弹爆炸声隐约可闻。九时许，我率队续向团部所在地之大北岭行进，约在十时三十分归还了团的建制，我奉命戍守连江海防一线的任务至此结束。

## 四

降虎地区为海拔约五百米的山地，山势陡峻，仅一条如 U 形的山路可以通行。我军沿山所筑工事多系永久性的钢筋水泥结构，与敌必经之路的射距仅一百余米，中间隔着一条长约二百余米的深谷，是一道难以逾越的天然堑壕。总之，我工事所在地是一个易守难攻的重要关口，我方如用纵深配备，据险扼守，福州何至于三日后即落于敌手！

九月三十日十时许，守汤岭的第三营第七连被迫放弃阵地。敌主力于十一时左右开始向降虎发动进攻，自午至晓共强攻七次，均被第三营击退，且伤亡甚众。

十月一日，敌对降虎的攻势不如三十日之猛烈，唯以大炮不断轰击，企图摧毁我军工事，我炮兵亦在小北岭阵地发炮还击。汤岭东南有条羊肠小道可通降虎以南约三里的一个村庄（似名曾下），敌以降虎不易攻克，乃以一部兵力改向该地攻击。如其攻击奏功，向右扩大战果，则降虎侧背就要受到致命的威胁。

我营归还建制后，正清查人员武器、补充弹药及作战斗详报间，十四时许，师长突令我营驰往曾下防守。奉令后，遂派第四连先头疾驰，营随后续进。十五时许，降虎当面战斗乃告沉寂，但进攻曾下之敌已攻抵山腹。我第四连因对该地的工事情况知之较详（战前曾多次在此对工事加以整修），故能很快进入阵地，将来犯之敌迅予击退。营主力全部到达后，以第五连进入既设的侧面阵地严阵以待；以第六连为预备队，而后，出进于第四连和第五连之间，相机策应；重机枪除留置一挺于第六连做机动使用外，余均进入掩体对敌可能通过的道路予以封锁，两门迫击炮则同时向预定目标猛烈轰击。从十六时至入夜二十时之间，敌连续发动三次强攻，均遭击退，二十一时以后战事渐趋沉寂。

二十一时三十分，我将当面战况向团长报告，不意团长在电话中告我，师已决定放弃降虎和大北岭，师指挥所将转移到大湖，令我和在降虎的第三营转移到小北岭。我问这一决定是否奉有师长的笔记命令，并向之陈述："降虎一失，全线将溃，福州必沦敌手。团必须奉有师长的笔记命令或手谕始能转移，营亦如之；否则，将来追究责任，谁能担当？"随又以电话与在降虎的第三营陈营长联系，他亦奉有同样指示，当将我的意见相告，并说："我们必须坚守阵地待命。"

团长刘化之和我曾有过上下级关系，他在军部当军务处处长时，我充当其第三课课长，因此之故，他亦以我的建议为然。至十月二日零时许，始奉到李良荣师长的手谕（用笔记命令须经一些必要的程序，为争取时间故以手谕）。零时三十分，团长以电话令我和第三营撤退，并说团的命令以后补发。我因与之有上述关系，乃信赖无疑。奉令后与陈营长联系，对他说："我营兵力分散，黑夜不易集中。请待我撤往降虎之后，你营始能撤离阵地，否则，我营归路必为敌断。"

约在凌晨一时三十分，我营集结完毕，开始撤离阵地，以第六连为后卫。不料第三营已先于我撤退，当我营行抵降虎附近时，该地已为敌占。归路既断，以"求心"退却已不可能，乃赖熟悉该地区之有利条件，改以"离心"退却，出梅洋，渡潘渡，绕日溪而归。

# 莲花峰上的战斗

尤汉辉[※]

一九四四年九月二十七日，日军从连江镇海登陆，占领连江县城后，主力由潘渡趋大小北岭，从北面进犯福州。二十八日下午，福州市内响起警报（这是日军来犯的信号），一听到警报，第八十师第二三八团第二营（驻在中山路）营长许祖义立即命令全营整装待命。三时左右，第二营奉命开进于山阵地后，即派员向远前方搜索，未发现敌情。入夜，全营枕戈待旦，于山周围静寂如常，只从北面不时传来隆隆炮声。

三十日凌晨三时许，第二营奉命撤出于山到大北岭支援第二三九团，队伍行至大北岭下的斗顶村时天已微亮。因昨夜岭上枪炮声激烈，村民不敢入睡，一俟天亮都到村口路边探听消息，一见走在队伍前面的许营长（我营曾在该村驻防数月，村民多认得许营长），便高声问："许营长，情况怎样了？"许营长指着前面的山峰用不纯正的福州话（许营长是厦门人）说："日本仔就在山上，我们打日本仔去！"有的村民还关切地问我们吃过早饭没有，说"要吃饱才有力去打仗"。队伍停留了数分钟，告别了村民后又继续前进。不久，队伍就登上了大北岭群峰中最高的莲花峰，战场呈现在眼前：右侧约一千米处的贡院顶及其四周的高地都插上了日本旗，虽然插旗的地方不一定有人，但贡院顶被敌所占对我未来之行动是个极大的障碍。莲花峰前面是一个由贡院顶的斜坡与莲花峰的斜坡构成的起伏不平的谷地，谷地前端是宦溪村，距离我营到达地约八百米，村左侧有一小片稻田。谷地间隐约有我军活动，那是张稚生营长指挥的

---

※ 作者当时系第八十师第二三八团第二营营部作战参谋。

第二三九团第一营。莲花峰左侧远处是第二三九团其他部队的阵地。战场沉寂，偶有零星枪声。观察了战场，许营长即作部署：派第四连附营属重机枪连的一个排占领左侧约四百米处的突出地；第六连占领莲花峰一线；重机枪连（缺一排）和迫击炮排由营部集中使用，营指挥所就设在莲花峰。部署毕，许营长派我到前面和张营长联系，要我务必找到他，并设法拉一条电话线过来。我好不容易才在一个掩蔽部里找到张营长的指挥所，将我营奉命来援及已作部署的情况向他报告，他也将昨日战况及现时的敌我形势告诉了我。原来张营昨夜在降虎村遭敌袭击，伤亡很大，张营长率部且战且退，到天亮时才在这里站住阵脚。现在右侧高地尽被敌占领，敌之前沿就在前面宦溪村一线，张营正利用这里的起伏地形与敌对峙。我将情况回报许营长后，他即命迫击炮排和重机枪连的两个排做好向宦溪射击的准备，如敌进攻张营即以猛烈火力支援；重机枪连的另一排侧防第四连阵地前沿；由第六连派一个班到指挥所右侧约一百米处的小高地警戒。部署就绪，就等敌人来犯。

上午敌无动静。下午，指挥所发现敌步兵正通过稻田向我阵地左前方移动，许营长立即命令重机枪猛射，又令迫击炮猛击宦溪村后敌之集结部队。在我猛烈火力打击下，下午敌再无行动。黄昏时，敌大炮突向我指挥所和第六连阵地轰击，落弹数十发，我军幸有事先构筑的工事掩护，伤亡不大。紧接着第四连阵地也落弹数十发，该连仅筑了临时掩体，伤亡较多；与此同时，张营阵地亦遭炮击。许营长深知敌黄昏炮击是其夜间进行攻击的先兆，遂令第四、六两连加强戒备，并命重机枪连和迫击炮排做好夜间支援射击的准备。不出所料，午夜刚过，张营阵地枪炮声大作，许营长急令迫击炮排与重机枪连向宦溪一线之敌猛射。不久，第四连阵地也响起枪声，我莲花峰主阵地立即给第四连以侧射支援。敌我猛烈互射，枪炮声震天，山谷欲裂。接着敌向张营发起冲锋，喊杀声、爆炸声、格斗声阵阵传来。随后，第四连阵地亦喊杀声大起，敌已冲入阵地，我官兵跃出阵地与敌格斗。许营长见第四连阵地危急，不顾危险，将身露出战壕，急步跑向靠近第四连阵地的一端，连声高呼："四连兄弟，一定要守住阵地！"并命重机枪、迫击炮齐向第四连阵地前沿猛射，又令第六连密切注意前方张营阵地，以防敌得手后乘势夺取莲花峰。张营官兵虽个个奋勇与敌拼杀，但终因平时未习夜战，激战约一小时后，阵地陷入敌手，营长张稚生和连长何虹牺牲。不久，我营第四连阵地亦被敌攻占，连长下落不明。这场战斗至为惨烈，数年后，一位在省防疫站工作的朋友告诉我，一九四七年春，他与站里的同事春游时曾到莲花峰凭吊战场，无意中在一个山坳里发现二十多具军人骷髅，军服尚未尽腐，以此断为我军遗骸，当即挖坑掩埋，取一木板书"抗日战争无名英雄之墓"数字竖于坑上，并致敬礼。我详问友人附近地形，所告正是当年我营第四连阵地，埋在这里的就是该连战士，想必是战后清扫战场不善，致令忠骨暴露山野，良堪叹息。

张营和第四连失利后，仅有少数人退回莲花峰。占领张营阵地之敌稍事整顿后，果然乘胜来攻莲花峰。许营长率第六连和营部所有能拿武器的人奋力还击，敌终不得逞，退回原地。我再以迫击炮猛射，敌不敢蠢动，战场始沉寂下来。

天渐渐放明，只见莲花峰的左、前、右方都是日本旗。天一大亮，在一阵猛烈轰击之后，敌步兵即从原张营阵地向我营阵地扑来。我营上下都意识到，整个大北岭就剩下莲花峰一个阵地了，如果让其落入敌手，福州就将失去最后的一道屏障，决心不惜牺牲，坚守阵地。面对敌之疯狂进攻，我军居高临下猛烈射击，击退了正面进攻之敌，但右侧一百米处的小高地被敌占领，在那里警戒的一个班全部牺牲。小高地的失守对我威胁很大，许营长即令第六连派一个排夺回。但敌人在贡院顶机枪火力的掩护下顽强抗拒，我军虽数次与敌肉搏，仍未能得手，损失惨重，排长汤忠清负伤。此时全营只剩下五个不完整的步兵班，无力再去夺取这个小高地，就用两挺机枪对准小高地，敌人一露头就猛烈射击；又集中全营掷弹筒轰击躲在防线后的敌人，并向其发射枪榴弹，压住了小高地上的敌人，减轻了我主阵地所受的威胁。趁战局暂时和缓之机，许营长带着我和两名传令兵到前沿观察敌情。当我们到达前沿（即莲花峰北侧）时，突然一声枪响（系右前方高地敌狙击手射来），许营长应声蹲下，右胸手捂处血流如注。敌随即又以机枪射来，幸好我们已进入交通壕，未再有人受伤。在第六连战士的火力掩护下，我们把许营长扶回了指挥所，当即向团长罗达时报告。团长命令许营长退下火线，其职由副营长代理。许营长临走时再三嘱咐副营长务必坚守阵地至团长到来。

许营长走后，敌人向我阵地倾泻数十发炮弹，营部副官蔡奇勋负伤。不久，罗团长亲带一连步兵来援，在团长指挥下，又击退了敌人的一次进攻。此后，敌虽再次以猛烈炮火袭我阵地，但不见其步兵来犯。敌我双方就这样在沉寂中对峙着，直到午后，我莲花峰阵地仍岿然屹立。我军所以能在营长负伤退下、人员损失严重的情况下守住阵地，其原因是：敌步兵在我顽强抗击下已成强弩之末，在我援兵未到、形势最为危急之时，未能适时发起进攻，错过了战机；我团长及时带队驰援，并亲自指挥，既增强了兵力，又提高了士气，再一次打退了敌人的进攻，敌经此一挫，就无力再战了。

十月三日下午三时左右，我营奉命撤离莲花峰向小北岭转移。罗团长命第六连连长赖治琦和我带领两个班掩护部队撤退，任务完成后赴新店与大队集结。我和赖连长认为右侧高地后面的敌人对我军撤退的威胁最大，就各带一个班轮番向敌佯攻，使敌不知我军有撤退意图。待部队全部撤下莲花峰，我和赖连长才交互掩护着往山下撤。撤到半山时，为敌发现被袭，第六连指导员和军需上士负伤（两人都是自愿留下担任掩护的）。撤到山下后，我们即急行追赶部队，因部队行动迅速，过了新店以后才追上。

# 福州外围战斗琐记

陈朝开※

  一九四四年秋，我们搜索连驻防连江。九月二十八日，敌机一早就在连江低空侦察，情势危急。我连立即回福州报告。师部当即任命第二三九团副团长陈维金为前哨指挥部指挥官，我排为指挥部警卫排。指挥部之下还有第二三八团的两个连和海军陆战队第二独立旅第四团的第一营（实际只有一个连）。

  当时对敌情还摸得不大清楚，估计敌人可能从连江经大北岭沿大路进犯福州。我排奉令由福州赶回连江。当日下午四点钟出发，准备连夜经鼓山抄小路迂回击敌。次日（二十九日）下午五点多钟，我排越过岭头门，尖兵在小路上突然与敌遭遇。我马上命令全排进入阵地。敌迫击炮猛烈向我轰击，我排站不住脚，我即部署各班梯次撤退，最后退到岭头门。前哨指挥部转来师部命令，要我排"死守岭头门"。当时敌人转头先攻从珸头撤下来的海军陆战队和第二三八团的两个连，把第二三八团的两个连打散以后，就把矛头指向我们。此时海军陆战队的一个连正在我排阵地前面，他们好像要后撤。我怕他们后撤乱了我们的阵脚，就大声呼喝："不能撤！你们一撤我就开枪打。"连长林苞是福州人，作战勇敢，战后升营长，他用福州话大声喊叫："兄弟们不要怕，后面八十师人很多。"他一喊，敌人机枪扫过来，他就指给士兵看："日本鬼子就在那边，打！"陆战队挡了一阵，林连长大腿挂彩被抬了下去。我排仍坚守阵地。那天是农历八月十三，月光明亮，我们和敌人相持在岭头门。敌人

---

  ※ 作者当时系第八十师搜索连连长。

不时打打炮。我们太疲乏了，就在阵地上小睡一会儿。

三十日下午，我正躺在一丛矮树下休息，传令兵坐在我身旁，敌人机枪突然猛扫过来，打断了我身后的树枝。传令兵惊喊一声，我蒙眬中应声往山下滚。指挥部以为我被打死了，其实我很快就爬了起来，仍旧坚守在阵地上。

十月二日下午两点，指挥部命令我排轻装向敌军阵地冲击。我想，这一去必不能生还，就托付指挥部书记官郭庆云写信给我家里，说我在战斗中牺牲了。我把冲击的路线方法向各班作了布置，准备十分钟后就发起冲锋。正在这时，指挥部接到师部传下的"转进"的命令，令我排为后卫。我们将近五天没吃没睡了，后卫这任务真够艰巨。我叫两个炊事兵和三个传令兵先到新店准备吃的。下午四点多钟，这五个人走到半路，突然遇到敌人，迎头打来一阵机枪，两个负伤，三个被敌人抓去。负伤的跑回来说："前面都是敌人，不能去。"我这才知道我们守卫福州的大部队已经撤退了。我们只好选择另一路线后撤。我排原有四十八人，三人被抓去，一个去向不明，这时还有四十四人。

我们走到新店附近，敌人在后面向我们射击，我们的部队因不明情况，也在前面向我们开枪。我命令士兵赶快跑出危险地带，找一个安全的地方休息。这时我们在福州东面，时间是晚上十点多钟。我们商量决定，虽然大家又饿又累，疲惫不堪，但是晚上一定要穿城撤出，入东门，出西门，万一在城中遇到敌人，就向南大街跑。很奇怪，那晚上福州街上电灯明亮。我们顺东大路向西门前进。走过洪山桥，到了一个叫浦口的地方，指挥官和七八个卫士在那里。他反问我："前哨部队到哪里去了？"我吩咐休息煮饭。刚要吃饭，指挥官又命令我排立刻出发，到马鞍搜索敌情。五天五夜没吃没睡的弟兄们一听到这个命令，面有难色。但是，"军人以服从为天职"，我们立刻放下饭碗出发。搜索结果，没有发现什么，却遇到师部的联络参谋。后来他向李良荣师长汇报了我们的情况，从此，每次开会，师长都表扬我排，说我们没吃饭就去执行任务，精神可嘉。

马鞍既然没有敌情，我们附近的部队就都到那里集中待命。三日凌晨三点多钟，指挥官又命令我排去掩护第二三八团第一营撤退。我想，前次没死是侥幸，这次一定要牺牲了，于是再次托付郭庆云不要忘记写信通知我家里，就带上队伍出发了。

我排出发时已是拂晓五点钟左右。我们走到半路就遇到敌人。敌人的机关枪、迫击炮迎头扫射轰击，我们不但无法前进，而且连站都站不住脚。我们撤到指挥官约定掩护我们的地方，却找不到指挥官。当地老百姓很好，煮饭给我们吃，不收我们一分钱，叫我们吃了饭赶快离开那个地方。我们过了三重山，才找到指挥官。

我们又走了两天才到大湖师司令部。这时师部所属各部队都到了，我排是最晚到的。师长对我说："你辛苦了！昨天睡觉没有？"我说"没有"。他叫我去睡觉，还说"晚上要你出发"。

两个多月后，我被晋升为搜索连连长，奉命到敌占区打游击。我们在福州北面的林阳寺附近活动，这里是福州、连江交界处。我们经常十人一伙，腰插二十响盒子炮，带上两枚手榴弹，扮成小贩或难民，四出活动，早晚以无线电话向师部汇报。我连一个排长梁怀清（永春人）很勇敢，一次，他假充保长，带着鸡鸭去"慰劳皇军"，企图趁机摸清敌人布哨的情况，准备突袭敌人。可惜三天后，他不慎被手榴弹炸死了。一天，我们正在新店附近活动，上午十点左右，一百多名日军排成四路纵队，慢慢地向小北岭前进。走到半山，埋伏在那里的第二三八团用机枪向敌军当头猛射。敌倒毙甚多，立即后撤。我们十人埋伏在一座桥旁，待敌靠近，即向其猛烈扫射和投掷手榴弹，只见敌人"刹"的一声，全部卧倒。我们人少，又只有手枪，猛打一阵之后，即悄然撤走（事后听说敌人弄了好多条扁担去抬尸体）。

不久，司令部又调我去清扫战场。当时，敌占市内，我们在市郊活动。我军在七星坪（距新店约十里）争夺战中死的人最多，那里到处是尸体。尸体已腐烂，臭味难闻。我军官兵的尸体暴露野地，仰面朝天。而日军的尸体大多用麻袋装上运走了，留下的估计有一百多具，五人或六人掩埋在一起。我们收埋尸体时，在大北岭下的小庙里，看见石柱子上绑着我军两个士兵的尸体，满身是被刺刀捅出的窟窿，其中一个的头还被割掉。目睹此情景，我们对敌人更加仇恨了。我们还收埋了第二三九团第一营张稚生营长的尸体。在坚守大北岭的战斗中，第一营伤亡惨重，打到最后，营部包括营长只剩下十几个人。他们摸到岭下一个小街市，发现一小队日军在店铺里，枪架在门外。他们拿了枪回头就跑。日军从后面用机枪把他们全打死在田里。

# 夜袭乌丘屿

刘浑生※

一九四五年三月，在军统东南特种技术训练班（简称东南班，设于建瓯东峰）副主任兼中美合作所第七特种技术训练班（附设于东南班内，简称技训班）副主任林超少将的直接策划和美方人员的配合下，我成功地指挥了对位于湄洲湾外的日占岛小丘屿的夜袭，摧毁了岛上灯塔，从日敌手中夺取了大量的海洋气象资料，实现了预定的目的。

## 东峰受命

一九四四年，我在莆田县警察局长任内办理某劫案时，被人指控"故纵案犯"，在获悉省政府已下令将我"撤职查办"的消息后，立即离开莆田往东南班投奔林超（浙江泰顺人，黄埔四期，是我受训于福建省警官训练所时的老师）。林超正在需人之际，对我前来"避难"极表欢迎，聘我为警政系中校教官。我在警政系讲课不及一月，林超即以我是闽东人，便于开展工作为词，派我往闽东一带海湾勘察"盟军（未来之）登陆点"，了解与登陆有关的后方交通补给情况，并向沿途地方政府要些文字资料。此行预计需时三个月，不料，当我和上尉参谋柳中门出发仅月余，刚到霞浦即接林超来电，要我兼程赶回，我便于年底回到了东峰。

回到东峰的当天，林超即邀我共进晚餐。餐间，他向我说明了要我赶回的缘由。原来，不久前的一日，他接到李崇诗（中美合作所参谋长

---

※ 作者当时系军统东南特种技术训练班中校教官。

兼东南办事处主任）的电话，要他速到建阳东南办事处所在地面商要事。两人见面后，李告诉他，办事处接到戴笠和梅乐斯（中美合作所副主任、美国海军准将）的下述通知：美国海军因军事需要，急需摸清中国东南沿海的气象情况。据悉最完整的气象记录资料存在日占岛乌丘屿的灯塔内。军统局本部决定由林超设法夺取这份资料，由于事关战略急需且对国际合作影响重大，须尽快完成任务。转述了李崇诗的话后，林超对我说，他这几天一直在到处打听乌丘屿（乌丘屿位于莆田县湄洲岛以东约三十一公里处，分大丘、小丘两屿，因状似乌龟，故名大、小乌丘；两屿东西并列，相距约一公里，大丘位于西，小丘位于东）。因在美国海军军用地图上，只有湄洲湾外的海面上标着两个小黑点，其他什么都没查到。最后，他郑重地说："你（指我）在莆田当过两年多警察局长，所以把你找回来。我想只有你能帮我的忙了，你看怎样？"言毕，两眼直瞪着我，亟待我的回答。我想，这恰是个为抗日救国做点实际工作的机会，再说，林超让我"避难"，现在要把这个任务交给我，我就是赴汤蹈火也义不容辞，于是欣然接受了这个任务。

此后三天，我忙于和林超、美方顾问及东南班、技训班有关人员（尤其是技训班的顾问张弛）商讨办法，交换意见。经林超请示李崇诗，并取到美方顾问司华兹少校同意后，决定了一个工作方案，其内容是：一、即日成立"奇袭乌丘屿突击队"，由中校教官兼突击队指导员刘浑生领导。二、武器、器材、机械的使用和维修训练由美方派两名军官负责。三、突击队下分侦察组和行动队，前者由技训班第一突击营的十名具有侦察技能的莆田籍学生组成，随刘浑生先期出发；后者由第一、第二突击营中挑选善于水战的一百五十名到二百名学生组成，编为一个中队，先留在东峰施以各种技术训练，随时待命出发。

十个随我先行的学生选好之后，我们便以请假回乡过年或搬取家眷为由，于一九四五年二月十一日（农历除夕前一天）离开东峰赶赴莆田。

## 巧施侦察

到达莆田后，十个学生（均身着便衣）按预定计划回到自己家中，白天以走亲串戚为名暗行侦察，晚上则到我寓所汇报活动情况。如此几天，即获知乌丘屿的大致轮廓，弄清了大、小丘屿的地理位置、地形、地貌、所在海水深度、潮汐流向、落差及屿上建筑物外观等一般情况。但只知这些还不能据以捕捉战机，必须打入该岛侦察，以彻底弄清敌情。

为此，除留两名学生担任我的交通和助手外，我将其余学生每两人为一组，分住三江口、埭头、忠门、莆禧四个点活动，要他们设法混入渔民中出海打鱼或下海走私，以接近大、小丘屿。为便于指挥，我佯作到莆田平海乡做客，住在一间礼拜堂里。

在三江口方面侦察的叶、陈两位学生在涵江结识了一个妓女，获知她曾与大丘屿伪军（"福建和平救国军"）大队长张秀宝（惠安人，兵痞出身）姘识，便唆以重金，邀其合伙下海走私：由三江口偷运粮、酒及肉、禽、蛋品至乌丘屿，换取鱼干、鸦片、布匹等回陆贩卖，获利三人均分，资金、船只、内陆采购及出口手续的办理由叶、陈负责，岛上进口与贩卖由她负责。见条件优厚，她便欣然应允。第一次航行到达大丘屿后被哨兵扣留，她便要求面见张秀宝，诡称张是她的表兄弟，此来是邀他合伙做生意的。张秀宝检查船货后，盘问叶、陈，所言与她相同，遂深信不疑。叶、陈将部分货物送给张秀宝，其余都卖与张的部下。伪军见他们为张所信任，也乐与交道，要他们经常送货来岛。第一次航行成功，叶、陈故意多分厚利给那个妓女，巩固了他们之间的"合作"关系。此后便以资金充足、扩大经营为借口，每隔三五天就航行走一次。张秀宝有时将女的留下，让叶、陈自行回航取货。叶、陈行动如此自由，不消多久，便与伪军混熟了，从他们口中了解到一些由日军驻守的小丘屿的情况。

叶、陈还认识了一个专给日军做翻译的汉奸，送了他一份厚礼，要他设法介绍他们与小丘屿的日军做买卖，约明事成之后给予厚谢。那个汉奸见有利可图，便应允效力。经他介绍，日军答应叶、陈来航（日军最喜欢兴化米粉和莆田荔枝酒），约明只能在靠船码头交易，不准登岸（小丘屿只有一处设有靠船码头，其余各处都是奇岩怪石，不能靠泊；码头上设了一个哨所，日夜均有日军哨兵把守）。于是叶、陈得以靠船小丘屿，并从买卖中认识了屿上唯一的一个中国人。此人原籍莆田望江，自幼被雇到小丘屿与一个看灯塔的白俄做伴。后日军占领该屿，白俄逃跑，他被日军留下挑水做饭，久之能通日语；叶、陈来屿做买卖，日军便叫他当临时翻译。由于叶、陈有意拉拢，双方很快地成了朋友。他说日本人不许他离岛一步，最近这两年也只许他住在大丘屿的老婆每星期来这里住一晚。得知这个情况，叶、陈如获至宝，即乘航走大丘屿之机，多次送东西给他老婆，联络了感情。从这位"望江嫂"那里打听到小丘屿的许多内部情况，如建筑物的出入门户、驻军人数、武器设备、电台位置和日本人起居习惯，等等。另三个组的侦察工作也有收获，他们混入下海的渔船，对小丘屿周围的海水深度和海流速度进行实测，为后来选择强渡徒涉点提供了数据。

## 敌情分析

侦察工作进行期间，我与林超之间的单线通信联系无一日中断。一个月后，我给林超写了一份"已接近目标"的详细报告，其内容包括下述各点：

一、大小丘屿的地理位置：位于莆田县属的湄洲湾外的海面上，距平海乡海岸约十五浬。

二、大小丘屿的地形地貌及建筑物情况：大丘屿面积仅约一平方公里，地势平坦。小丘屿比大丘屿更小，不过是露出海面的一堆礁石，海拔约一百多米。礁石之上原是乱石堆，后被铺成平地，面积只有几十平方米。平地之上矗立着一座约十余米高的用石料砌成的灯塔。平地周围是一道高约四米多、宽一米五十的围墙，面对大丘屿方向留有一扇铁门（日夜关闭并有警犬守护）。从铁门到码头水边有一条几百级的石阶路，是小丘屿对外的唯一通道。除日军官兵上下岗及搬运从大丘屿运来的生活必需品和定期补充的燃料外，平时绝少行人。顺着正对灯塔的围墙根搭盖了一溜五间房子，这是日军官兵的住地，电台和储存室也设在这里。灯塔分为三层，底层有一房一厅，房就是那位"望江人"的宿舍，厅则是日军的厨房和进餐处；中层是灯塔管理人员的工作室，室中除气象测候设备外，还存放着许多记录本（就是我们要夺取的气象资料），室外悬着能自动明灭的信号灯；顶层置有风向标、望远镜等设备，还架着一门能作三百六十度旋转的勃朗宁机关炮。灯塔底层下面是个天然洞穴，洞底有一眼清泉，建有提水设备，此水除供驻守人员饮用外，还可应过往的日海军舰艇对用水的紧急之需。洞内还储存着几百桶汽油，是为舰艇紧急加油准备的。这些情况说明，小丘屿灯塔的作用不仅限于海上导航，还是日本海军在福建的一个补给站，即使不为夺取资料，也有必要摧毁它。

三、大小丘屿的敌军兵力：大丘屿由张秀宝大队驻守，约有人枪二百余众，大小船只十余艘。该大队名义上受张逸舟（"福建和平救国军"第二集团军总司令，住在南竿塘）指挥，实际上受驻小丘屿的日军小分队指挥。小丘屿上的日军分队原有三十余人，一九四三年后被不断抽走，现只有十余人。其中军官、军曹各一人，其余大约一个班，分任放哨、驾船等勤务。电台设有台长和电讯员，连同他们的家属，共五男一女。

测候工作和信号灯管理由电台人员兼任。

四、根据已知敌情，建议采取突击行动。不论智取、力取，都要由一支人员精悍勇敢、能作水陆之战的行动队来完成；这支队伍须立即带足器材，移来平海训练，以熟悉水战环境。

## 周密准备

林超收到我的报告后，立即派遣以罗中中校为队长、一个李姓上尉为副队长的一支由一百八十名受过基础训练的学员组成的突击队赶来莆田（美国教官富勒海军上尉和礼本各中尉、三名美军机械军士及一位名叫李保罗的翻译随行）。他们以演习为名，经南平、闽清、永泰，抵达莆田城内梅峰寺安营。罗中校按林超命令，一到达即向我报到，并汇报了在东峰的训练情况，我也向他们通报了敌情。此后在梅峰寺开了几次秘密会议，讨论了两个方案。第一个方案是：争取那位在小丘屿的望江籍老乡，要他在日军的饭菜中投放氰化钠，同时从外部进袭，在敌无力抵抗的情况下获取资料。第二个方案是：选择适宜天气登陆突袭。届时兵分两路，一路偷渡到小丘屿的正面消灭码头上的哨兵，随即向大丘屿方面警戒，并发出信号。另一路偷渡到背面，将船停靠在离岸最近的地方，徒涉到围墙下，爬上围墙，潜伏在房屋顶上，听到码头上的信号声，即同时投弹（要先炸死警犬和炸毁电台）；然后直闯灯塔，护住二楼的资料并直上顶层夺取机关炮，随即向大丘屿开火，不让敌军来援。资料到手后，即破坏油库，然后冲出铁门，直下码头上船离去。

林超以第一方案不可取，批准了第二方案，要求据此抓紧训练，并严密监敌和预测天气，以捕捉战机。

方案既定，就须先备好船只。我们以扩大走私为由，通过叶、陈那条"走私船"上的艄公，不惜代价租到了五条船并雇用了船上的艄公，继而在船内装上美军教官带来的马达，挑选五十名体格强壮、训练有素的突击队员，让他们换上便衣，下船出海训练。那条"走私船"虽也参加作战行动，但须保持原来面目，不装马达，行动前也不参加训练。

## 渡海奇袭

一九四五年三月中旬某日，根据气象预测报告，次晨海上将起大雾，我们即决定于是日晚间退潮时出海袭敌，得手之后乘满潮在大雾掩护下返航。夜八时，五条船（出发前的最后一次会议认为五条船已足用）从平海岸边出发了。突击队员扮成渔民，佯作出海捕鱼，武器弹药都包装成"货物"放在船舱里。"走私船"作为一号船走在头里，舱内伏着三名队员，其余四船不开动马达（以免惊动敌人），在后跟进。第一船即计划中的第一路，负责占领码头上的哨所；二、三、四号各船是突击的主力，各配十名至十二名队员，由李队副带领，执行第二路的任务；第五船是总预备接应船只，备有临时维修部件、药品及通信器材，届时不拟靠岸，而在小丘屿码头与其背面礁石堆之间的海面游弋，随时准备接应，我和罗中队长及两名美军教官都在这条船上。

夜深沉，海上风平浪静，一路不曾遇到其他船只。十一时许，刮起东北风，空中乌云渐布，海雾渐起，顷之，愈来愈浓，能见度极差，好在这时计划从背面进袭的船只都已靠近登陆点了。船一停，突击队员们便纷纷跳入水中，徒涉到岸边的乱石堆上，进而来到围墙下，矫捷地翻过墙，埋伏在房屋顶上，悄然无声，竟未惊动警犬。

当一号船驶抵码头附近时，叶、陈手拿白手帕左右摇动，要求靠船"验货"，随即降下风帆，直靠码头。站岗的日军哨兵正想叫醒尚在哨所内酣睡的两个同伙一起去"验货"，我伏在舱里的三名队员突然跳出，迅速结果了这三名敌兵。叶、陈见目的已达，即发出信号。只听一声令下，埋伏在房顶的突击队员纷将手榴弹砸向那一溜五间房子，刹那间炸声雷动，房中敌人有的尚未醒来即一命归天；有的手拉衣裤四处奔突，寻找躲避之所，但也很快地倒在汤姆生枪弹下。全歼了房中的敌人，李队副即率一组人冲进灯塔，由几个人在二楼搜取资料，其余人冲上顶层控制了机关炮。在李队副指挥下，在二楼的几个队员以迅速的动作，用十余个麻袋把厚厚的数十本海洋气象资料装起来，随即出铁门顺石阶路下到码头，把资料放入船内。打扫战场时，只见地上横七竖八地躺着二十一具尸体，却遍寻不着那位望江籍老乡。突击队按计划在油库里安放了定时炸弹，怕这位老乡还未离屿，又找了一遍，仍未找着，时间紧迫，只好集队撤离。全体队员登上二、三、四号船（一号船弃而不用）后，即发动马达返航。

离岸约莫十多分钟，只听轰然一声巨响，小丘屿火光烛天，油库被毁，奇袭获得了完全的成功。一小时后，一架敌机飞来，在大、小丘屿上空盘旋，由于大雾垂海，竟未发现船队。船队顶风逆浪而行，虽开足马达仍航走缓慢，且海雾迷茫，能见度差，船距越拉越大，久之，各船间失去了联系。直到次日十时左右，二号船才驶回平海岸边；又过了好一会儿，三号船也安全归来；只是四号船久而不见踪影，直到深夜才迟迟归来（在雾中迷失了航路，往南日岛方向开去，发现后才折回）。

凯旋而归的第三天下午，参与行动的全体人员在梅峰寺开了个讲评会。会上，那精心装订、用圣经纸记录的四十二本海洋气象资料自然成了话题的中心。我在发言中强调这些资料来之不易，罗中中校要谨慎保管，带回技训班本部交给林超副主任处理，还说这是我的重托。会后，美国教官礼本各中尉即向罗中索取资料，说他随队而来的目的就是要拿资料。罗中来问我怎么办，我说："这些资料是中国的财富，是我们成百人冒着生命危险从日本人手里夺回来的，只能带回去复命，哪能轻易给人家？美国朋友如果需要，可以通过外交途径向中国政府提出要求。"罗中转复之后，礼本各暴跳如雷，据说当时还想跑来跟我争吵，经罗中苦劝，答应请示班本部后再交给他，他才没有来。后来我从林超口中得知，这些气象资料送到建阳东南办事处后，终被李崇诗交给了美国海军顾问。

# 闽东白马河追击战

杨其精[※]

从一九四一年五月至一九四五年五月，我军在闽海战场上曾进行过三次规模较大的战役，即大湖战役，大、小北岭战役和闽东追击战（其主要战斗为福安县境内的白马河之战）。一九四一年五月的大湖战役我没有参加，因那时我正在晋东南陆军第二十七军（军长范汉杰）第四十五师（师长刘进）工兵营任第二连上尉连长，在中条山、太行山一带参加作战，尚未调来福建。

一九四四年九月底至十月初的福州大、小北岭战役前，我已调来福建任第八十师通信连少校连长。到任后，我即率全连（辖两个有线电排和一个无线电排）投入紧张的训练，除基本技术训练外，还经常进行夜间演习训练。由于训练有素，大、小北岭战役从开始至结束，军（第七十军）师之间、师团之间的通信联络都未曾间断。战役结束后，我连得到军长和师长的记功表扬。后来，我调任本师第二三九团第一营少校营长，参加了一九四五年五月的反攻福州战斗及闽东追击战。

一九四五年春，第二次世界大战已近尾声，日军在太平洋各地受挫，节节失败。第八十师师长李良荣集合团以上军官研究分析敌情，一致认为，占据福州之敌也可能北撤到较有战略价值的地区，要利用这个机会歼敌于途中，以利我军尔后的总反攻，于是加强了对敌的侦察情报活动。五月间接获情报，判断敌近期可能沿闽东陆路北撤浙江，虽然这一路多高山峻岭，又有河川阻隔，但当时海上已被盟军封锁，敌别无他路可走。

※　作者当时系第八十师第二三九团第一营少校营长。

李良荣随即作了追击部署：以第二三九团（团长陈维金）进攻福州城及其郊区，随后尾追敌人不放；第二三八团（团长罗达时）自古田（当时该团在古田集训）直插罗源、宁德、霞浦，截住敌人退路，以便首尾合击，歼敌于山地；以第二四○团（团长刘化之）为师的机动部队。

五月十七日，第二三九团奉令进攻福州城北的五凤山（该处守敌约有一个大队的兵力）。团长陈维金接受任务后，即率三个营长到小北岭山下观察五凤山附近的地形。之后，陈维金即令第一营营长杨其精率该营利用夜间占领五凤山左侧高地，并须截断福州通往洪山桥的公路，防止敌人由洪山桥迂回截断我团的退路；令第二营营长黄玉衡派一个连附工兵一个班，利用夜间进入五凤山，破坏敌人布设的铁丝网和地雷，为攻击部队开辟进攻道路；令第三营营长赖学秋率该营在新店附近的村庄隐蔽，作为团的机动部队，待第二营占领五凤山后，协同第一、第三两营进攻福州城。团长部署后即令各营营长回营，准备于黄昏时各率部进入阵地。

这天黄昏后，我第一营（欠第二连）进入阵地，并派第一连推进至福州通往洪山桥公路的两侧高地，利用地形埋伏起来，迅速构筑必要的工事，任务是截断交通、阻击敌人，待第二营占领五凤山后，同二、三两营配合，全力进攻福州城。入夜后，第二营第五连连长薛汉英率该连和一个班的工兵进入五凤山破坏敌人布设的铁丝网和地雷。在破坏最后一道铁丝网时，不幸被敌发觉，敌立即用密集火力向第五连射击，并以步兵冲杀。第五连伤亡甚多，连长薛汉英阵亡，所余官兵只好后撤待援。

敌因撤退准备工作尚未完成而突遭我袭击，唯恐脱身不了，除固守五凤山外，又派出一个大队的兵力赶赴洪山桥，企图从那里迂回出击小北岭，迫使我攻城部队后撤。出敌意料，其出击部队在通往洪山桥的公路上遭我第一营第一连的猛烈射击。激战至午夜，因敌动我静、敌暴露我隐蔽，故敌伤亡惨重。为确保其撤退安全，敌被迫派队增援，反复冲锋，均被我以密集火力击退。激战至次晨，敌不再增援，也无力再向我进攻，我第一营也因白天作战于我不利，奉令立即撤回小北岭休息待令。

反攻福州一役，打乱了敌人的撤退计划，敌被迫提前放弃福州，仓促逃往连江方向，我军乃于十八日收复福州。李良荣判断敌必沿连江、罗源、宁德一线撤往浙江，为恐敌人逃脱，不待整休，于即日下达追击命令：以第二三九团第一营为先锋营，尾追敌人不放，团主力抄小路直插连江、罗源、宁德，沿途截击敌人，迫使敌人无暇休息，疲于应付；第二三八团主力自古田走捷径，经连江、罗源、宁德，与第二三九团配合，沿途交替拦截敌人，并不断以小部队出击，待敌筋疲力尽时聚而歼之；第二四〇团为师的机动部队，沿敌军退却路线跟踪前进。

第二三九团第一营（欠第三连）接到追击命令后，即由福州出发猛追日军。当追到连江城郊时，天已破晓，发现敌大部队正向罗源方向行进。我即同各连长观察敌情和地形，以敌多我少、敌强我弱，我后续部队又未到达，决定截击敌的后卫部队及辎重。各连即按我的指示迅速在营左右的高地展开，并即准备火力，待敌的后卫部队及辎重通过，即时予以阻击。敌到后突遭我营袭击，一时极度纷乱，不知所措。未几，敌后卫及侧卫部队向我逆袭，并迅速占领其主力必经之道的附近高地，对我猛烈射击，掩护其主力部队迅速脱离战场，向罗源方向逃窜。

敌后卫及侧卫部队完成阻滞我先锋营的任务后，即尾随其主力部队向罗源方向撤退。我营咬住敌人后侧卫部队不放，直追到罗源，迫使敌人不敢休息，饿着肚皮连夜向宁德方向窜逃。先锋营也连夜穷追，虽和敌人无大接触，但经常派出小部队扰乱敌人。追到宁德后，天已大亮，这时团主力已赶到，即合着一处。敌人不敢在宁德久留，即向八都方向逃窜，沿途丢盔弃甲，狼狈不堪。我第一营奉命继续追敌，遂不顾劳累、马不停蹄地往八都方向穷追。中午时分，我营追到八都，敌已往白马河方向逃窜。为不使敌人逃脱，全营官兵忍饥挨饿，继续往白马河（敌军必欲渡过）方向追击前进。由八都到白马河，沿途都是高山峻岭，不利行军，加之官兵久未休息，步履更形艰难，但全营官兵斗志昂扬，决心克服困难，争分夺秒，不让敌人渡过白马河。

当我先锋营登上白马河边的最高峰时，已是二十四日傍晚了。白马河既宽又深，横在敌人退路的前方，一条大路和白马河斜交，交点处就是渡口。渡口附近道路的左右两侧都是高山，敌人就在道路两侧休息，连白马河边的制高点都没有派兵占领，仅在高山的反斜面派有几组哨兵而已，但就这些哨兵也都在睡觉，足见敌之疲惫与麻痹。

我在观察敌情和地形后即迅作部署：令第二连连长李勇德率该连在左侧高地展开，并立即派人消灭敌人的哨兵，把火力集中指向敌的大部队；机枪连、迫击炮排和第一连的一个步兵排统归机枪连连长杨鹏云指挥，固守白马河边的制高点，并立即准备火力，先指向敌正在休息的大部队，后指向渡口；第一连（欠一个排）在第二连左侧高地展开，亦把火力指向敌大部队，营指挥所设在第二连连部；向敌发起攻击时，以营部轻机枪朝天连续射击为准，全营同时向敌猛烈射击。部署既毕，各连即迅速进入阵地，严阵以待。

夜幕降临，营部的轻机枪声震醒了沉寂的夜空，顿时，全营火力怒吼，子弹、炮弹雨点般地撒向正在酣睡的敌人。瞬息间，道路上硝烟弥漫，马嘶人叫，敌人一片混乱。我第二连乘势出击，冲入敌阵地，连长李勇德身先士卒，指挥轻机枪突击组和步枪肉搏组，在敌阵内反复冲杀，歼敌甚多。正在厮杀中，敌指挥官迅速收容、组织溃散的队伍，向我第二连猛袭，并不断增加兵力，阻挡我冲锋部队的进攻，我第一营营长立即令第一连（欠一个排）增援第二连。两军对峙，反复争夺，无奈敌多我少，我又无后援部队，只得退守原来阵地，继续向敌射击。

敌指挥官长岭喜一除指挥敌兵挡住我军的进攻外，同时迅速收容其失散的部队和辎重、马匹，集结在白马河渡口附近等待过河，并派有力部队掩护，以防我军后续部队的威胁。长岭喜一意识到，为使他的部队能安全渡过白马河，河边的制高点势在必夺，否则有全军覆灭的危险，因此立即把已过河的最精锐的第四一四大队调回头攻击制高点。二十五日中午过后，敌军向我军控制的制高点反复发起进攻。这本在我军预料之中，我已早有准备：令第一连派一个排固守制高点后面的高地，防止敌人由后面迂回攻击，第一连的主力迅速转移至制高点的左侧（前拨归机枪连指挥的步兵排归还建制），并立即构筑工事，准备迎战；第二连立即转移到制高点右侧构筑工事，集中火力，以期全歼敌人于阵地前；机枪连把火力分配在制高点的左右两侧，加固工事，集中射击敌的攻击部队及后续部队，若有可能，也须射击敌的渡河部队；迫击炮排在原防地继续加固工事，集中火力炮击敌赶搭的渡桥；除重机枪及迫击炮外，各步兵连的轻机枪和步枪、手榴弹须集中使用，待敌人进至五十米以内时，猛烈射击之。

在制高点的争夺战中，敌第四一四大队表现出行动迅速、射击技术高、近战本领强的精锐素质，其刚从白马河对岸调回，即以猛烈炮火制压我制高点，其步兵荷枪跑步猛扑我阵地。待敌前进至我预定射击距离时，我所有武器同时开火，敌虽伤亡惨重，仍不停地向我阵地冲杀。敌攻势虽猛，但我军因有工事掩护，又在近距离内以轻机枪和手榴弹的密集火力最大限度地发挥火器的杀伤作用，得以击退敌人的连续进攻，使其惨败而归。我军即利用敌攻击受挫的片刻时间，迅速整顿队伍及补充弹药，加强工事，严阵以待。

敌败退后不久，其大队长管野亲自带队，又向我制高点发起攻击，其后续部队跟进增援，来势甚猛。敌兵冲入我火力网时，我轻重机枪、手榴弹大显威力，敌伤亡惨重，但退而又来，不减其攻势。激战中，我第二连阵地被敌突破，连长李勇德指挥官兵与敌肉搏。我急率营勤杂人员及第一连剩余的士兵冲入突破口。一面协同第二连围歼入侵之敌，一面指挥轻重机枪阻击敌后续部队。肉搏中，李勇德中弹阵亡，官兵报仇心切，奋力拼杀，侵入之敌除少数突围逃跑外，被全部歼灭在阵地上。在我军奋力围歼侵入之敌时，被阻击在阵地外的敌人拼命向我阵地冲杀，企图支援已侵入的敌人，均被我第一营歼灭于阵地前，敌指挥官管野亦中弹身亡。至此，敌人才死了心，开始后撤。争夺制高点的战斗由中午一直延续到夜晚，我军始终岿然不动。

敌对夺取制高点丧失信心后，就在制高点的半腰上固守下来，掩护其部队迅速渡河，我军即抓紧时间重新编组队伍（全营除机枪连及迫击炮排外，步兵连剩下不足两排人）。并命令重新组合的队伍迅速加固工事，补充弹药。判断敌人必利用夜深再度对我袭击，以夺回其遗留在我阵地上的尸体，但我营此时所余步兵已不多，且因连续孤军作战，已疲惫不堪，为恐敌不过敌人当晚的袭击，我不得已以私人名义请求第二三八团第二营营长许祖义派兵支援。许营长立刻派了一个连前来制高点相助，我全营官兵士气大振，以坚定的信心荷枪待敌。果然，夜半时分，敌人前来偷袭，在猛烈的火力掩护下拖回尸体，因在夜晚，我军只向敌射击，固守制高点而不作出击。二十六日早晨，敌兵全部过河，向浙江方向逃窜，追击战至此结束。从二十四日夜晚开始接敌到二十六日早晨，第一营连续战斗两夜一昼，共三十六个小时。

从五凤山至白马河，历次敌我战斗中，敌共死亡五百多人，其中大队长一人。我军缴获战利品甚多，有山炮、各种步兵轻重武器、马匹一百多匹和其他军用物资。我军阵亡两个连长和两百多名士兵。

白马河战斗虽然是闽东追击战中最激烈，歼敌有生力量和缴获战利品最多的一次战斗，但未能全歼敌人，致让其渡河逃脱，实不应该。当我第一营（欠步兵一个连）和敌激战至二十五日中午时，我军后续部队已先后到达白马河附近，第二三九团团长陈维金率领的第二、三两营及归陈维金指挥的第二三八团第二营均已占领白马河河边制高点对面的高地。如能使用强大的预备队支援第二三九团第一营和第二三八团第二营夺占渡口，必陷敌于挨打之地；如果师机动部队第二四〇团及第二三八团第一、三两营也能及时赶到协力作战，即使不能全歼敌人，也当获得数倍的战果。

# 堵击德本光信大队的经过

汤　涛※

　　一九四五年七月，太平洋战争已临近尾声，美军以海空优势控制着整个战局，日军舰船在闽粤海上来往时常被美机击沉。侵踞金门、厦门两岛的日军德本光信第四一三大队以困守孤岛，给养无法维持，决定撤离金、厦，经闽南沿海由陆路窜往广东汕头集中待命。八日，德本光信大队在闽南的海澄、漳浦的镇海、南太武一带登陆，漳属各县震动。当时，驻防漳属各地的第七十五师仅可调动一营兵力，不足应战。驻漳属的中美合作所第六特种技术训练班（简称华安班）虽有四个教导营的武装（约三千人枪），唯成立尚不足一年，所配美式武器均属近射程的卡宾枪、汤姆生冲锋枪、大曲尺（即柯尔特式手枪）和左轮手枪等，且未经实战训练；但该班行政副主任陈达元和军事副主任雷镇钟认为，日军登陆只是流窜，非为进攻而来，且人地生疏，而我以逸待劳，可操胜算，于是决定调集华安班各教导营堵击日军，并为此成立作战指挥部。

　　我接到命令后，于九日晨率第一营从驻地长泰县城步行出发赶到漳州，旋往河下街十二号陈达元和华安班美方负责人哈柏林（海军中校）的寓所请示作战任务。他们要我到寻源中学找美方上尉参谋克拉克商谈，结果，配与我营两挺"乐维士"重机枪，补给许多弹药，又派美方人员十多人临时组成机炮排，随同我营作战。

　　当时指挥部负责人雷镇钟未召集各营、连长开会，说明敌情与研讨作战部署，就凭他个人见解下达命令：以第一营为先头部队，向漳浦公

────────────────

　　※　作者当时系中美合作所第六特种技术训练班教导第一营上校营长。

路（漳州至漳浦）右侧方山路前进追击；第二营（原驻华安汰内，营长汤秉衡）沿漳浦公路前进追击；第四营（营长杨卓夫）从驻地华安出发，经浦南、靖城、琯溪、南胜、象牙庄、霞潭，与第二营在漳浦县城会合；第三营（原驻漳州，营长连济民）和班本部直属队为后卫，在第二营后头跟进。

十日，我营由漳州经九龙岭到达南靖辖的官园乡宿营。十一日进至漳浦的梅林待命。我到设于漳浦县城的指挥部了解敌情，据说日军经佛昙、赤湖向旧镇窜逃，着我营克日到达旧镇港南岸后埭山占领阵地，在敌军从旧镇渡海时予以堵击。十二日晨，敌先头部队窜抵旧镇北岸，用山炮向我方阵地轰击，企图掩护强渡。我营以"乐维士"机枪还击，双方互射二三小时，敌无法渡海，乃转向漳浦县城窜进，在深水坑附近与第四营发生遭遇战。第四营仓促应战，排长陈文义、陈日辉和士兵三十多人阵亡，受伤十余人。究其致败原因，主要是缺乏作战经验与决心。指挥部规定该营应于是日上午七时从霞潭宿营地出发，向深水坑方向前进，并指示沿途要严密搜索敌情；但该营延至八时半才徐徐而动，沿途也不注意搜索敌情，以致敌抢先占领了深水坑并向我袭击，造成惨重的伤亡。

第二营奉令由漳浦县城开往盘陀岭，破坏漳浦通往云霄的大路，并乘机截击敌军。但该营行动迟缓，正埋放地雷炸药时，敌便衣队已经赶到，因此任务尚未完成就溃败下来。

十三日，我营由刘坂、杜浔连夜赶到云霄的岳坑乡，我派美方人员组成的机炮排协同第一连占领岳坑右前方高地，以便控制盘陀岭通往云霄县城的大路，但美方机炮排不接受命令。我第一连因武器射程不远，无法与敌之山炮、重机枪和三八步枪组成的火力对抗，结果这个阵地于十四日拂晓为敌攻占，敌部队乃得顺利通过。事后我从译员谢炳刚处得知：那天是十三日，又是星期五，美国人认为是个"凶日"，因而不愿参战。

当我营从岳坑赶到菜埔乡时，敌先头部队已过，其后续部队却与我交错，由下坂渡漳江进入云霄县城。当我营正在菜埔乡用午饭时，美军飞机飞来联系示意，要我营指示敌军目标，并协同空军作战。饭后，我带第一连和特务排、便衣队、机炮排沿左岸，副营长祁缋光率第二、三连沿右岸，两路同时并进。我指示右岸一路占领将军山麓阵地，准备侧击从云霄城内撤出之敌。

我率部抵下坂村后，带机炮排从小山上向下坂村林投山敌军机枪阵地射击。在我打击下，敌掩护部队即渡江向下港尾撤退。是役我营排长汤德彰、张应权、谢文藏三人受重伤，机枪弹药兵蔡某受轻伤，美方一机枪手手臂负伤。便衣队队长张宝祥在下坂村搜索时，于甘蔗园内俘日军一人（琉球人），缴三八步枪两支。

日军退出云霄县城后，我营从下坂和将军山两路进城集中，旋向莆美乡后山右侧方前进（时敌军正沿公路向诏安逃窜，沿途发射信号弹以资联络），午夜到达杜塘村宿营。

同日（十四日），第二营离云霄沿云诏公路（云霄至诏安）前进，至御史岭时，遭敌掩护部队袭击，班长许某阵亡，数人受伤。

十五日拂晓，我营由杜塘、官宅赶到诏安四都的石剎溪山上，原拟在敌渡四都港时予以堵击，不料敌先开炮向我营阵地轰击，我以火力不及（与敌相距较远），无力应战，任其渡海入四都镇。

十六日晨，第七十五师派来追敌的一营部队经四都向公主店追击前进，由于先头部队搜索不周，遭敌掩护部队伏击，致伤亡官兵七八十人，尖兵连几乎全连被歼。

十七日，我营经湖内村出诏安西路前进。此时，敌军正从诏安西关逃向分水关。美军飞机又飞临联系，发现敌军大批人马移动，即对其轰炸扫射，敌死伤一百多人。之后，敌急出分水关，进入广东境内，我堵击行动即告结束。

华安班各教导营撤回漳州后，在东坂后（现漳州市青年路）天主堂圣多玛斯学院里召开"作战会报"，参加者为连以上人员和各县军统特务组长，检讨此次战役情况。会上有争功者，有推责者。有人指责第一营作战不力，我辩解说："因美军不接受命令协同截击敌军，致失歼敌良机。"后经译员谢炳刚证实，得免受处分。其他各营、连，以伤亡人数多少论功给奖。

# 抗战期间海军在闽作战经过

李世甲※

抗日战争爆发后，海军部长陈绍宽命海军马尾要港司令部从速构筑闽江口阻塞线，阻御敌海军侵犯，保卫马（江）长（门）地区。当时福建最高指挥官系福建绥靖主任兼第二十五集团军总司令陈仪，海军陆战队第二独立旅亦划归战斗序列。驻泊在闽江的"楚泰"军舰（舰长程嵋贤）、"抚宁"炮艇（艇长蒋元福）、"正宁"炮艇（艇长郑震谦）、"肃宁"炮艇（艇长郑畴芳），以及海军闽口要塞总台部（总台长毛镇才），仍由马尾要港司令直接指挥。这就是抗日战争初期海军在福州马长地区的全部实力。

一九三七年八月中旬，我着手设计构筑闽江口阻塞线，在取得省府主席陈仪的同意后，亲自督饬施工，工程方面由福建省建设厅指定闽江工程处负责（工程师高长暄，后为郑策）。海军马尾要港司令部配合第一〇〇军军部，征用三北等航业公司的"靖安""闽江""建安""同利""济发"等轮，以及福建盐务稽核所的缉私轮船等共十二艘和大号帆船（即锚缆）三十五艘，装满沙石在长门外熨斗岛至壶江岛之间的主要航道上，横列一线下沉。沉船江底，这是构筑长门阻塞线的第一个步骤，八月二十三日下午五时开始执行。

闽江有三个通航港道，一为长门，一为乌猪，一为梅花白头屿。在

---

※　作者在抗战期间历任海军马尾要港司令（闽江江防司令、海军闽江江防司令）兼海军陆战队第二独立旅旅长、第二舰队司令。

长门港道完成沉船的任务之后，第二步工程是根据各港道的宽度、深度，分别填筑石埧。计长门港道填筑五十五埧，乌猪港道填筑十四埧，梅花白头屿港道填筑九十二埧。各港口阻塞线工程前后施工计两年又四个月，直至一九三九年冬才达到规定标高。

在闽江口构筑阻塞线的同时，马尾要港司令部命令"抚宁""正宁""肃宁"等三炮艇担任各港口的巡防任务，并着马尾造船所（所长韩玉衡）制造小雷四百具，组织布雷队，以海军中校陈秉清为队长，在各阻塞线外沿敷布水雷，加强封锁。另指定长门阻塞线外的熨斗岛水域为各国通商轮船寄锚场所，所有卸载货物的驳船，均由我方引水人员接送通过阻塞线和雷区。在加强封锁的同时，海军马尾要港司令部也进行作战部署，首先在马长地区沿江构筑工事，开掘防空壕、防空洞，并加强闽江口要塞的防御。我估计敌人如进犯福州，其主力必定从连江登陆，因此，把海军陆战队第二独立旅第四团（团长陈名扬）的主力部署在长门要塞右侧翼的下岐和东岸，以一部分兵力扼守琅岐岛，加强对长门要塞南岸烟金炮台侧后的防卫。第四团团部设在下岐，第二独立旅司令部仍在马尾。

此外，还在闽北寻觅合适地点，非在战斗序列的机关、人员和物资均往闽北疏散，以避免无谓牺牲。首先令马尾海军学校（校长李孟斌）迁移鼓山上课（后奉海军部令迁往湖南湘潭，继又迁往贵州桐梓）；海军陆战队讲武堂提前结训；海军马尾造船所、海军马尾修械所、海军火药库等各单位的物资，则陆续疏散到南平马站、黄台、峡阳和顺昌洋口各地。九月，杭州危急，海军部令派陆战队一个团驰赴参战，我令第三团（团长林耀东）出发，军次金华，而杭州已告陷落。一九三八年林团转进江西湖口，暂归海军陆战队第一独立旅旅长林秉周指挥。至此，在福建的海军陆战队第二独立旅只剩下一个第四团了。是年五月厦门沦陷，海军厦门要港司令部（司令高宪申）和所有在厦门的海军机关撤至马尾，与海军马尾要港司令部合并，旋高宪申奉调到重庆海军总部去了。

厦门失陷，闽口防务紧张，此后一年间，敌屡以大队飞机滥炸我驻马尾各机关及要塞各炮台。一九三九年六月，金、厦之敌派出一部兵力进占我闽江口的川石岛，在岛上构筑工事，架设炮位，与我长门要塞相对峙，不时向我射击。川石距长门要塞约一万二千米，正在我电光山主台两尊大炮的射程之内，由是彼此不时发生炮战。敌占领川石岛，意在监视我要塞活动，阻挠我构筑长门阻塞线和布雷，使我在敌前作业受其威胁；同时，封锁和破坏闽江口航运，使他国船舶不能进港。在八年抗战中，敌机空袭频繁，马尾地区被轰炸达四百二十六次之多。敌机来袭时，架数不等，最多一次为三十二架，所用炸弹最大为五百磅，有时也投烧夷弹，地面伪装网经常受到破坏。防卫在闽江口阻塞线的三艘"宁"字号炮艇均被炸沉；驻泊在马江的"楚泰"舰也被炸得遍体鳞伤，只得拖进乌龙江，在螺洲乡的某港汊里加以伪装，并把舰上炮械拆卸下来，在马江下游的红山构筑临时炮台，以加强对闽江的防御。

一九三八年冬，福建省政府由福州内迁永安，福建绥靖主任公署和第二十五集团军总司令部也同时迁往南平，福州已处于战时状态。这时陆军第一〇〇军军部驻在福州西郊的徐家村，海军马尾要港司令部和所属部队，均归第一〇〇军军长陈琪指挥，陈始终没有下达作战计划，也没有对军事部署作任何具体的指示。

一九四一年四月中旬，闽海浓雾弥漫，十八日傍晚雾稍霁，长门监视哨发现泊于马祖海面的不同型号敌舰多艘、运输船十余艘和小型航空母舰一艘，有窥伺福州的动向。我乃急向各军事领导机关汇报并通报各友军，一面命令所部海军陆战队第四团进入马长地区，准备战斗。十九日，马祖海面之敌果然兵分两路进犯福州，一路由连江县镇海筱埕登陆，一路由长乐县漳港登陆，并以飞机八架掩护进攻，空袭连江、长乐、福州一带地区。我连江原驻有第八十师一个营，长乐金峰镇也驻有第七十五师一个营，这些前沿部队于敌登陆后，稍事抵抗即自行后撤（前者在连江县城沦陷时已撤至琯头岭，再经琯头而至我马长防区内；后者由金峰镇向潭头转移，渡过闽江，也进入瓮岐地区）。是日正午，罗星塔对岸的长乐营前镇发现敌踪，马尾面临严重威胁。午后，敌趋黄石、下洋，夜间渡过乌龙江，沿福峡公路进迫福州。连江方面，二十日下午二时，县城被敌占领，敌主力出潘渡、汤岭，趋大小北岭，直捣福州。敌还以一部分兵力进攻琯头岭，以切断我要塞后路，天黑前琯头岭被敌占领。敌先头部队在镇海筱埕登陆后，分兵一支向下岐进犯，我陆战队第四团第三营于当日下午三时与敌发生战斗。二十日拂晓，敌驱逐舰两艘驻泊川石岛，协同驻川石之敌向我要塞猛攻，炮战竟日，我方由于火力较弱（陆战队每营只装备四挺重机关枪），抵抗不住，伤亡颇多。团长陈名扬临阵走脱，部队由第三营营长戴锡余带领，边抵抗边向长门靠拢。这时琯头岭之敌向长门要塞侧后节节进迫，呈包围之势。是晚根据敌我态势，我下令放弃长门，向亭头、闽安镇转移，进入第二道阵地，准备继续抵抗。

二十日晚，敌主力越过潘渡、汤岭向大小北岭推进。其时，第一

○○军军长陈琪尚在福州汤井巷涤庐洗澡，打电话给我，说他马上就到军部去指挥作战。我还接到军部的通报，说第八十师某团与敌激战于潘渡、汤岭之间，勇挫敌锋，战局稳定，希望各友军共同努力杀敌云云。该军部并要我转告退集在瓮岐的陆军迅向汤岭方面进发，侧击来犯之敌。二十一日凌晨三时，我在马尾得悉福州秩序混乱，所有机关和军队全部撤退，连警察也都集中后撤，还准备炸毁闽江大桥。此时福州北门外新店和南台岛白湖亭均发现敌踪，我急以电话向第一○○军军部查问究竟，五时才接通电话，军部参谋处处长郑某（广东人）对我说："军部已下令放弃福州，指示我将部队和所属机关向鼓山、鼓岭后撤。"我要军部下达命令，他答时间紧迫，此电话即为命令。我再问撤到上述地区后有什么任务，而电话断了。六时，我下达命令：一、防守马尾的陆战队第二营（营长陈昌同）向鼓山转进；二、驻嘉登岛之第一营（营长李传馨）撤至闽安镇后，经马尾转进鼓山；三、驻亭头瓮岐的第三营监视当面之敌，与敌保持接触，掩护第一营到达闽安镇后，取道彭田至鼓山集结待命。八时，我率领马尾各机关官兵和长门要塞官兵离开马尾，十一时抵鼓山，第八十师和第七十五师各一营已先至。我陆战队第一、三两营于下午五时才先后到达。四月二十一日下午三时，兼福州警备司令的陈琪和第一区行政督察专员何震离开福州。至夜，福州沦陷。

我部集结鼓山之后，以第三营营长戴锡余代理团长，第三营连长陈午孙代理该营营长，第一营营长李传馨在由嘉登岛向鼓山转进途中落伍，我乃以该营连长林苞代理营长。随即部署警戒，构筑野战工事，一面派员四出寻找第一○○军军部和第八十师师部，都没有找到，却了解到一些战情：敌军正不断从汤岭出动，通过宦溪、小北岭岭头之间的公路急速向前推进，以巩固对福州的占领；马尾亦于二十一日下午被敌占领，且敌有向彭田、鼓山推进模样，鼓山已处在敌人包围之中。据此，我准备率部突围。这时退至鼓山的第八十师和第七十五师各一个营，要求我收容他们，表示愿听命共同突围。

二十二日拂晓，我指示随军的马尾各机关所有文职人员离军分散行动，伺机跳出敌占领区，并指定南平为后方报到地点。同时命陆战队向鼓岭、陈洋、战坂进发，命已归我指挥的第八十师和第七十五师各一个营分任左、右两翼，指定溪边（位于汤岭西北约十里）为冲出敌包围圈后的集中地点。向晚各部队抵战坂，正在埋锅造饭，忽发现敌搜索队，据报约有一连之众，我即令第一营营长林苞率部驱逐，敌因兵力较少，又以天黑，稍一接触即转移他去。我部遂乘夜继续向弥高、降虎疾进。

二十三日黎明抵溪边，敌机一架跟踪侦察，我突围部队疾向峨眉、寿山、汶洋转进，以大湖为目的地（抗日战争初期，闽省当局即拟以该地区为游击根据地）。

二十五日晚到达坂头，我先进入大湖，该地缺乏通信设备，无法与各方联络，但获悉第一〇〇军军部已撤至大目埕。

二十六日我把海军陆战队交给旅部参谋长何志兴指挥，嘱其暂驻坂头待命，并命令陆军第八十师和第七十五师的各一个营各自归还建制，我自己则赴大目埕，期与陈琪取得联系，请示今后作战任务。行至中途，听到白沙方面炮声隆隆，知敌人在继续进攻。途次又遇福州警备司令部的撤退人员（该部正往雪峰方向撤退），司令部军法处处长宋庆烈告诉我，第一〇〇军军部也正由大目埕后撤，军部将设于洋里。我认为再赴大目埕已无意义，当晚即与宋等同在大坪村宿营。

二十七日早上，我折返大湖，敌军已占领江洋，并正由白沙、下寮向大湖进攻，所有留在大湖的第八十师部队和军政各机关均已后撤。我从当地土霸林祥处探悉，我陆战队已趋岭头、罗桥向古田方向转移，由是我经雪峰跟踪前往。二十九日抵古田，打电话向正在南平的陈仪请示，他命我前往南平，并令陆战队开驻罗华待命。

占领福州之敌系第四十八师团和第二十三旅团，统属华南方面军。敌司令部设北郊新店，敌宪兵队设在中洲松木公会内，敌特务机关部设在北大路半野轩。敌特务头子矢崎少将通过汉奸孙少泉的关系，拉了退职海军少将李孟斌为福州维持会会长。由于李孟斌的附逆，一部分旧海军人员亦被诱下水。在福州沦陷期间，日本海军还派肥原中校来福州，住于杨桥路省银行总管理处原址，企图进一步收买旧海军人员。与此同时，汪伪政府也派南京伪海军上校曾伟（与我海校同期同学）来福州活动，当时旧海军退职上校饶鸣銮、郑沅，现役中校陈天经、郑贞樑、谢浩恩、万绍光，少校刘景煌等若干人，均被拉去南京任伪职。

五月一日，我到达南平，陈仪委派我为闽江江防司令，划谷口至闽清口为防区，由海军陆战队担任防卫，所有水警大队和水警巡艇队均归江防司令部指挥。我把突围的经过情况向海军总司令部报告，陈绍宽电令撤销海军马尾要港司令部，委我为海军闽江江防司令，仍兼海军陆战队第二独立旅旅长。司令部设在谷口，有人员十几人。

八月下旬，占据福州之敌有撤退模样，陈绍宽命我准备收复马长地区。九月一日，敌人开始撤退，我命海军陆战队第四团集中待命，二日向福州推进。三日午前，陆军第八十师（师长李良荣）的主力已迫近福州西北郊，我率特务排首先入城，海军陆战队第四团则由轮运直趋台江。下午，李良荣率部继至，陈仪以李兼福州警备司令。当晚，我陆战队到达马尾。海军闽江江防司令部即移设马尾，海军其他机关亦相继迁回。这时，马长地区已被敌破坏无遗，长门要塞亦被敌夷为平地，填筑在长门港道阻塞线主要航道上的石垱也被敌用深水炸弹炸陷。所以首要之务，便是恢复闽江口阻塞线的整修工作；但是长门右岸的嘉登岛仍在伪军林义和部之手，我命令陆战队第四团团长戴锡余率第一营渡江进攻嘉登岛，林义和乃率部逃出海外，回其老巢南竿塘岛去了。阻塞线经整修后，不久即恢复原状。海军陆战队第二独立旅司令部移驻马尾与江防部合署办公，陆战队第四团团部设在闽安镇，以两个连兵力分驻长门和嘉登岛作为监视哨，监视当面海上之敌和盘踞在南竿塘、北竿塘、白犬列岛的林义和、张逸舟等部。

不久，福建绥靖主任公署宣告撤销，陈仪调离福建，由第三战区副司令长官兼第二十五集团军总司令刘建绪继任福建省政府主席。继之第一〇〇军亦他调，第七十军（军长陈孔达）入闽，我海军陆战队第二独立旅（缺第三团）仍归第二十五集团军的战斗序列。刘建绪履新伊始，即令第八十师担任福州、连江防务，派黄素符为福州警备司令，令海军陆战队负责由长门至鼓岭地区的防务，长乐、福清、平潭地区则由福建省保安纵队（纵队司令严泽元）负责。

一九四四年九月二十七日，长门监视哨发现泊于南竿塘海面的敌运输舰四艘和小型军舰二艘，有企图向连江登陆迹象。我即令海军陆战队第四团准备战斗，一面向第七十军军部和第八十师师部报告。这时第七十军军部设在南平下道（今称夏道），第八十师师部设在北门外新店。第八十师师长李良荣不知从何处得来情报，认为海面企图登陆之敌是伪军而不是敌军（敌军过去进行登陆作战，一贯有空军配合，此次没有发现敌机，故李认为其登陆的可能性不大）。他还告诉我，第八十师第二四〇团的一个营驻防连江浦口，不足为虑。

但事情的发展恰与估计相反。二十七日晚，敌军又从镇海、筱埕登陆，驻防在浦口的我军一个营予以迎击，第二四〇团由新店赶往参加战斗。这时李良荣命我率部进入阵地，我部的作战地区是在第八十师的右翼（该师的主阵地在大小北岭）。当晚我率江防部官兵和陆战队第四团第三营（营长王传修）及军士教导队（队长杨松藩）迎击由连江进犯马长地区之敌，并命令陆战队旅司令部参谋长何志兴留守马尾，指挥第四团（缺第三营）。

80

敌占领连江县城后，以一部兵力占据璋头岭，其主力由潘渡趋向大小北岭，进犯福州。这时李良荣派出第八十师第二三九团中校团附陈维金，率搜索连向连江某地搜索前进，途中与敌发生遭遇战。我判断来犯之敌力量并不大，由是率王传修营占领岭头门阵地，设指挥所于思项村，并以一个连留守鼓岭，作为岭头门的右侧卫，另以教导队占领一个山口，作为岭头门的左侧卫。三十日拂晓全线发生战斗，我岭头门地势险要，敌连续数日几度进攻，均不得逞。我第三营第九连连长陈崇智负重伤，其他官兵亦有伤亡。

十月一日，战斗还在继续，福州各军政机关纷纷后撤。李良荣嘱我下岭头门入福州城，找警备司令黄素符和市长黄澄渊，告以前线情况稳定。得此消息，有些已撤离的机关又迁了回来。两天后全线战事突然紧张，我令陆战队第四团团长戴锡余率第二营（营长陈昌同）增援岭头门，以第一营的两个连分守闽安镇和马尾，旅司令部直属部队和第一营的两个连转移福州东北郊待命。

连日战斗剧烈，主攻之敌相当凶猛，第八十师的三个团与敌作战，伤亡很多。十月三日凌晨举行战况汇报会，李良荣问我能否派出一支部队由闽安镇趋南阳，在敌后发动攻势。我接受了任务，立即命令第一营营长林苞率所部两个连，由福州台江轮运去马尾，配合驻守在马尾和闽安镇的两个连径趋南阳，攻敌侧后，预计午后四时可以到达，并限令在黄昏前完成袭击部署。不料十一时许，福州市警察局局长谢桂成特来向我报告，第八十师已准备全线后撤，弃守福州。接着，李良荣以电话命令我率部后撤，在桐口至大目埕之线布防并对江警戒。据说这是执行第七十军军长陈孔达转来的第三战区顾祝同司令长官的命令。当日下午五时，我率江防司令部和第二独立旅司令部直属部队，离洪山桥轮运至大目埕，第四团团部驻白沙。我岭头门陆战队第三营，原令其乘夜黑脱离敌人，但考虑到敌已由大小北岭先入福州，恐其通过福州撤出有困难，乃派人化装进城传达命令，嘱在黄花岗中学暂充军训教官的第二旅旅部上尉参谋陈魁梧，由其负责收容我陆战队官兵，组成游击队在敌后活动。陈魁梧接受任务后，组织海军游击总队部于鼓山，在福马地区袭击敌人，有所斩获。我第三营撤至东郊上铺、溪口时，夜黑莫辨，与第八十师后撤部队发生混战，营长王传修乃率部转向魁岐渡林浦，进入南台岛，从闽江右岸撤至甘蔗，我陆战队就在桐口至大目埕地区布防。在福州第二次沦陷二百六十多天中，敌两度溯江进攻甘蔗，均不得逞，我部连长翁良法等负伤。此外，在桐口、小桥还发生多次小战斗，互有伤亡。

敌军于四日清晨占领福州，其部队番号为"日本陆军第六十二混成旅团"，旅团长长岭少将，所部约四千人。敌军司令部设在马尾马限山美国医院，在福州的仅有一个联队，联队长为乔木大佐。

一九四五年四月，海军总司令部中将参谋长陈训咏病故，遗缺以海军第二舰队司令曾以鼎升任，我则调为第二舰队司令，所遗闽江江防司令一缺由海军第三布雷总队总队长刘德浦继任，我所兼的海军陆战队第二独立旅旅长职务由旅司令部参谋长何志兴代理。当时海军第二舰队驻防川江，而西犯之敌已占领贵州独山、都匀，那里交通已经阻断，我在南平、永安等地等候乘陈纳德第十四航空队的飞机前往接事，经月未能成行。

五月间，福州的敌军有撤退模样，我向重庆海军总部报告，陈绍宽令我再率海军陆战队第四团收复马长地区。五月十七日我到大目埕协同刘德浦作战斗部署，把陆战队集结在甘蔗，前头部队则挺进小桥，一面与陆军第八十师取得联系，分三路进迫福州。我陆战队担任西路，第八十师担任东、北两路，由第八十师先派遣别动队入城活动，预定以城隍庙举火为号，各路同时并进，会师福州。五月十八日我在古山洲，见城内烽烟突起，即令刘德浦率陆战队入福州，继则收复马尾、长门地区，与川石岛之敌对峙。后敌军由福州向闽东退却，李良荣率部尾追。我在收复马长地区之后，留在福州等候飞机前往重庆转川江接事。

八月十五日，日本无条件投降，我的川江之行随之作罢。

# 第 二 章

# 南昌会战

# 综　　述

## （一九三九年三月中旬至五月上旬）

南昌会战分为两个阶段：第一阶段是一九三九年三月中旬至下旬，日本军队进攻南昌；第二阶段是四月下旬至五月上旬，中国军队反攻南昌。

一九三八年日军进攻武汉时，就有攻占南昌的任务，由于其第一〇六师团在万家岭遭到惨败，所以此一计划被迫放弃，占领武汉后又着手考虑侵犯南昌。日军攻南昌的目的，是企图切断浙江、安徽、江西经浙赣铁路至大后方的交通运输，占领南昌机场，以缩短向我国南方空中进攻之距离。

日军此次作战，以第一〇一、第一〇六两个师团担任主攻，第六师团、第一一六师团、野战重炮第六旅团、战车集团、海军第三舰队及海军陆战队、第三飞行团协同配合作战。

中国军队为保卫南昌，以罗卓英第十九集团军固守鄱阳湖西岸吴城经永修（涂家埠）和由永修向西沿修河两岸至武宁的阵地。王陵基第三十集团军从修河中游的武宁，攻击日军之南侧来支援南昌作战。

日军第一一六师团一部、海军舰艇和海军陆战队先于十七日从鄱阳湖策应进攻，主力部队第一〇一、第一〇六师团于三月二十日，从修河北岸开始攻击，渡过修河，虽与中国军队进行激战，但很快占领吴城、永修等处，于二十七日占领南昌。第六师团一部配合作战，由箬溪向武宁攻击，于二十九日占领武宁。日军遂停止进攻。这是会战第一阶段。

日军攻占南昌后，即采取防御措施，重庆军事委员会于四月十七日下达反攻南昌命令。这就进入了会战第二阶段。

中国军队为打击日军第一〇一、第一〇六这两个突出于九江江南地区又战斗力不很强的师团，动用了四个集团军、八个军、二十二个师。

确定先以主力进攻南浔路沿线日军，确实截断敌军之联络，再以一部直取南昌。

中国军队第十九集团军于四月二十二日，由石头冈、高邮市发起进攻，所属第七十四军第五十一师于二十六日收复高安，第四十九军预备第九师于五月八日收复牛行车站，但未达到南浔路铁路沿线。赣江以东担任主攻为第三十二集团军第七十九师，沿向塘向北进攻。日军在水网地区进行防守，部队伤亡很大，师长段朗如欲改变作战计划，以贻误战场，军前正法。五月一日蒋介石命令五月五日要攻下南昌。第二十九军军长陈安宝率领第二十六师、预备第五师、第七十九师，于四日开始攻击南昌，虽攻至机场、火车站，日军第一〇一师团在飞机、坦克、大炮支援下，于八日从南昌与莲塘夹击第二十九军，第二十六师师长刘雨卿负伤，军长陈安宝阵亡。第二十九军参谋长徐志勋决定向中洲尾、市汉街突围。担任主攻南昌任务的第三十二集团军没有完成任务，部队却遭到很大损失。重庆军事委员会于五月九日，分别电令第三、第九战区，南昌作战即行停止。南昌会战至此结束。

# 失守南昌的经过

赵子立※

## 作战前的敌我态势

### 日军的兵力和概略位置

一九三九年二月初，日军在第九战区的兵力有六个师团，在赣北的九江、德安、武宁和鄂南的阳新、大冶方面是第一〇一、第一〇六、第一一六等三个师团；重点是在德安方面的修河北岸。在鄂南咸宁、通山、通城、崇阳、蒲圻和湘北、临湘、岳阳方面也是三个师团，它们的番号有第六师团、第九师团、第二十七师团，湘北、鄂南日军的重点是在岳阳、新墙河北岸地区。

至一九三九年一月底，即薛岳代理第九战区司令长官后一个多月的时间，就发现南浔线正面日军大量增加，有进攻的模样。日军第六、第一〇一、第一〇六、第一一六等师团，按步兵来说，都是一个师团辖两个旅团，一个旅团辖两个联队。

### 第九战区的辖境

南昌失守时，第九战区的境界，大体如下：东与第三战区以进贤县为界；北与第五战区以长江为界；西南与第四战区以东安为界，东安属第九战区；南与第七战区以宜章为界，宜章属第九战区；在长江以南的川鄂、川湘、黔湘省界以西，为军事委员会直辖区，以东为第九战区。

---

※ 作者当时系第九战区司令长官部参谋处副处长。

### 失守南昌时的战斗序列

第九战区司令长官陈诚（兼），代司令长官薛岳，副司令长官罗卓英、杨森、王陵基，参谋长吴逸志。

当时司令长官，在名义上还是陈诚遥领，实则一切由薛岳负责。

第九战区，在名义上是受在桂林的军事委员会委员长西南行营指导，当时白崇禧为主任，薛岳根本不理会白崇禧。薛、白的关系，是由于北伐时白崇禧在上海撤过薛岳第一师师长的职，薛岳自投靠陈诚后，成为陈系的将领，他更要反对陈诚的对立者——白崇禧与何应钦，以显示他的威风与对陈的忠诚。他实际上仅受蒋介石的指挥，但也不是绝对的，不过敢像对何应钦、白崇禧那样就是了。何应钦以参谋总长或军政部长名义给他的电报或公文，白崇禧以军训部长或行营主任名义给他的电报或公文，不合他的心意时，常见他批上"不理""胡说"。对蒋介石署名的电报或公文，不合他的心意的，敢于力争，或批上"存""待办"，置之高阁。在作战上不受别人牵制，只要他同意，幕僚就可以放胆办事，不像后来笔者跟着刘峙那样，处处要受上级和下级的干涉或阻挠。

第九战区当时指挥下列部队：

一、第九战区前敌总司令兼第十九集团军总司令罗卓英，第十九集团军副总司令刘膺古，参谋长罗为雄。指挥第四十九军刘多荃、第七十军李觉、第七十九军夏楚中、赣北游击司令杨遇春、第三十二军宋肯堂。第三十二军辖第一三九师李兆瑛、第一四一师唐永良、第一四二师傅立平。第四十九军辖第一〇五师王铁汉、预备第九师张言传。第七十军辖第十九师唐伯寅（代）、第一〇七师段珩。第七十九军辖三个师，记得有第七十六师王凌云、第九十八师王甲本、第一一八师王严。

二、吴奇伟军团第四军辖第一〇二师柏辉章、第五十九师张德能、第九十师陈荣机三个师。

三、第三十集团军总司令王陵基（兼），参谋长宋相成，指挥第七十二、第七十八两个军，都是辖两个师，第七十二军军长为韩全朴，第七十八军军长为夏守勋。

四、湘鄂赣边区游击总指挥樊崧甫。

五、第二十七集团军总司令杨森，参谋长邵陵，指挥第二十军杨汉域，该军辖第一三三师杨干才、第一三四师夏炯。

六、第十五集团军总司令关麟征（兼），参谋长姚国俊，副参谋长吴丽川。指挥第五十二军张耀明，辖第二师赵公武、第二十五师张汉初、第一九五师覃异之。第三十七军陈沛，辖第九十五师罗奇、第一四〇师梁仲江。

七、第二十集团军总司令兼洞庭湖警备总司令商震，参谋长周旭斋，指挥第五十四军霍揆彰、第五十三军周福成、第九十九军傅仲芳。这三个军均似辖两个师。第九十九军的两个师，一似第九十二师梁汉明、第九十九师高魁元。

八、第一集团军总司令卢汉（代总司令高荫槐），参谋长赵玉矜，指挥第五十八军孙渡，辖新编第十师刘正富、新编第十一师鲁道源；第六十军安恩溥，辖第一八二师郭建臣、第一八三师杨宏光、第一八四师万保邦。

九、战区直辖军，第七十四军俞济时，辖第五十一师王耀武、第五十七师施中诚、第五十八师冯圣法。

除以上各部队外，尚有战区直辖的特种部队。如重野炮兵，经常有一个多团，由于前方道路破坏了，不能使用于第一线。在敌我对峙时，通常控置于后方——长沙、湘潭等处；在战役发生后，通常使用于决战地区。工兵经常有一个团，负责洞庭湖的封锁及指导前方各主要道路的破坏任务。布雷队一队，负责洞庭湖的布雷工作。通信兵一两个营，负责战区通信网的构成。宪兵一团（团长似为姚应龙），负责战区军风纪的维持工作。

## 作战开始前的部署

第十九集团军：吴奇伟军团担任南昌方面的守备及鄱阳湖西岸的湖防；第四十九军在永修城及修河南岸占领阵地，与北岸的日军对峙；第七十军在张公渡及修河南岸占领阵地，与北岸日军对峙；第七十九军控置于安义以西地区；杨遇春赣北游击部队以九仙汤为根据地，在九岭山山区活动，总司令部驻南昌。

第三十集团军：主力在修水（城）、武宁间澧溪（今浬溪）地区对东北占领阵地，与武宁方面的日军对峙；一部控置于修水（城）附近，总司令部驻修水县西南良塘。

湘鄂赣边区总部游击部队以九宫山、大湖山为根据地，在幕阜山山脉地区活动。总指挥部驻南茶。

第二十七集团军：第二十军主力在通城、平江间南江桥地区，对北占领阵地，与通城方面的日军对峙；一部控置于平江以北地区，总司令部驻平江附近。

第十五军团：第五十二军主力在新墙河南岸占领阵地，与北岸日军对峙，一部在汨罗江口至新墙河口间洞庭湖东岸担任湖防；第三十七军一部担任汨罗江口—营田—湘阴线洞庭湖东岸湖防，主力控置于湘阴以东地区，王剪波游击部队在通城、临湘间地区活动，军团部似驻长乐街附近。

第二十集团军：第九十九军在益阳、沅江、汉寿方面，担任洞庭湖南部湖防；第五十三军似在南县、华容、安乡方面，担任洞庭湖北部湖防；其余一部担任藕池口至太平口间长江右岸江防；第五十四军似控置于常德、桃源地区；总司令部驻常德。

第一集团军控置于浏阳、醴陵地区。

第七十四军控置于高安、上高地区。

# 作战计划

## 与制订本计划有关的地形

鄱阳湖西岸，自吴城以南，港汊分歧，大部队进出不便。修河在春、秋、冬三季可徒涉；潦河更小，四季均可徒涉；但夏季九岭山山洪下来时，不能徒涉。赣江下游，障碍力大，四季均非船渡不可。奉新地区，以西是九岭山山区，以东隔潦河是西山、梅岭山区，奉新附近潦河以南也是高地，故奉新、安义地区，是个小盆地。

## 制订本计划时的情况判断

南昌方面的作战计划，是一九三八年初冬第一兵团总司令部制订的。当十一月间第一兵团的部队，仍在修河以北地区战斗，但已决定将转移到修河南岸作战。正在这个时候，第一兵团总司令薛岳，让我同总部中将高级参谋杜建时会同拟订南昌方面的作战计划。当时杜建时和我对南昌方面作战的情况估计如下。

对日军作战行动的估计：

修河南岸，自张公渡以西是高连山地，大兵团运动困难，日军不会从这方面进攻。张公渡至涂家埠间是低山地，涂家埠至赣江西岸是平地。因此，估计日军进攻时，将由张公渡以东地区渡河，经安义、奉新向生米街方向迂回，利用赣江的障碍将我修河以南部队，均放在他的包围圈内，将我主力部队消灭后，它垂手可占南昌。

对日军进攻时机的估计：

日军进攻时机：如以鄱阳湖水面作战为主，以有力部队由水上直出进贤切断南昌后方时，将选在高水位时期，但鄱阳湖进出不便，这种可能不大。陆地作战为主，以主力渡修河南犯，仅以一部由水上进出鄱阳湖西岸威胁南昌，这样将在低水位时期进攻。

我军决战地区的选定：

修河以北的交通，日军可修复，故其进攻时可能在修河北岸使用大量炮兵，加之修河障碍不太大，因此，在修河南岸与日军决战是不利的。

奉新方面是个洼地，我修河南岸部队，逐次抵抗至潦河南岸时，以有力部队由安义以西山地向东侧击；另以有力一部由西山、梅岭山地，向西侧击；我逐次抵抗部队，由潦河南岸向北反击，将日军包围于奉新，安义地区，与之决战，较为有利。

基于以上估计，制订作战计划如下：

一、作战方针

兵团以决战防御之目的，以一部兵力，守备鄱阳湖西岸及修河南岸，以主力控置于安义、奉新以东、以西两地区，俟敌军深入至潦河北岸，转取攻势而歼灭之。

二、指导要领

鄱阳湖西岸守备部队，应纵深配备，以工事及火力严密封锁各港汊隘路，坚决拒止敌军的登陆。但届时如鄱阳湖方面无情况，应以主力参加决战地区——安义、奉新的决战。

修河南岸守备部队，先采取持久防御，而后待命向潦河南岸进行逐次抵抗，务赢得时间，以便完成一切决战准备，再待命转取攻势。

控置部队，在东面，控置于西山、梅岭地区；在西面，以主力控置于安义以西，以一部控置张公渡西南、安义西北山地。待命东西夹击深入至安义、奉新之敌。但届时如有新增部队，不能到达决战地区时，张公渡西南、安义西北的控置部队，应以一部或全部占领张（公渡）安（义）公路以西山地侧击敌人，协力正面逐次抵抗部队，迟滞敌军前进，使新增部队获得到达决战地区的时间。

交通：将修河以南，牛行、奉新线以北的道路彻底破坏。

三、兵团部署概要

吴奇伟军团：应以有力一部守备鄱阳湖西岸湖防，以一小部任南昌警备，以主力控置于西山、梅岭地区。

第四十九军应任张公渡以东修河南岸及永修县城的守备，重点保持于左翼。

第七十军应以一部任张公渡及张公渡方面修河南岸的守备，以主力控置于张公渡西南的山地。

第七十九军控置于安义以西山地。

这个计划经参谋处长狄醒宇同意，转给薛岳，但当时他并没有完全照这个计划部署军队。他的部署是：以吴奇伟军团第×军任鄱阳湖西岸的守备，第四军控置于南昌牛行地区，以第四十九军、第七十军任修河南岸的守备，以第七十九军控置于安义以西地区。如此，对这个计划已经打了一个折扣。

至十二月，薛岳去长沙代理第九战区司令长官，由第九战区前敌总司令兼第十九集团军总司令罗卓英带着他的总司令部来南昌，接替第一兵团的指挥任务。第一兵团总司令部将鄱阳湖西岸、修河南岸的防务，连同这个作战计划，一并移交第十九集团军总司令部接收。

## 作战经过概要

### 南昌的失陷

约一九三九年二月上旬，日军向修河北岸增加兵力，有进攻的迹象，罗卓英认为修河南岸兵力薄弱，要把第七十九军向修河赣江所形成的那个三角地区部署。狄醒宇和我知道后，向薛岳建议说："如果第十九集团军把第七十九军放进原南浔铁路（当时破坏了）以东去，它就破坏了我们整个的作战计划，南浔线的作战将不堪想象，必须制止它。"薛岳说："第七十九军是归他（指罗卓英）指挥的，我们不必干涉。"

第十九集团军让第三十二军担任南浔路两侧至鄱阳湖沿岸防务。第七十九军位于南浔路西至潦水防务。参谋处建议以浏阳方面的第一集团军两个军及修水（城）方面的第三十集团军一个军向奉新方面疾进，薛岳仅同意让第一集团军开往奉新，参加南昌方面的会战。

约三月中旬的一个夜间（按：为三月二十一日——编者），日军开始攻击，首先由第七十九军、第四十九军两军接合部渡过修河，向第七十九军左翼、第四十九军右翼包围。激战至翌日晨，日军不断由突破口注入兵力，并在修河北岸升起气球，指挥炮兵向第七十九军、第四十九军阵地进行密集射击，继以猛烈冲锋。第四十九军不能支持，右翼向南溃退，左翼的一部——第一〇五师第三一三旅康景濂旅向西退到了第七十军的背后。第七十九军被迫向乐化、梅岭地区撤退。第七十军正面虽无激烈战斗，但张公渡以东阵地，全被日军突破，该军亦向安义西北山地撤退。当日日军向安义、奉新追击，第四十九军已丧失抵抗能力，日军迅速占领了安义、奉新。这就是哄传一时的"罗卓英连失三城——永修、安义、奉新！"

当作战的第一天，日军突破修河南岸的阵地后，罗卓英就让第四军在南昌附近东岸布防，坐着汽车去了上高。

日军由奉新经大城向东继续突进，当天晚上，日军的先头部队就到了生米街。这时罗卓英由上高打电话给薛岳，要放弃南昌。薛岳在晚上找狄醒宇和我去研究，并起草撤退命令。狄醒宇和我都说："鄱阳湖无情况，吴奇伟军团守赣江东岸，有可能支持三四天，第七十九军还有战斗力，让他以梅岭、西山为根据地，向南侧击敌人，第一集团军已到中途，日军由一条道窜到生米街，孤军深入，不是好的态势。还是让第一集团军两个军，第三十集团军一个军，连同第七十军共四个军，限他们四日后向安义、大城攻击，让第四十九军在高安、上高间收容整理，为预备队。这样有可能转败为胜。"最初，薛岳很犹豫，最后他还是要放弃南昌。狄醒宇请他再考虑。他说："你们回去吧，这个电稿，我自己起草。"写到这里，要说明薛岳对于罗卓英为什么这样迁就？为什么要迅速放弃南昌呢？简单地说：一是因为张发奎、薛岳，原是拥汪（精卫）反蒋（介石），反蒋失败后，所以能够再起，是罗卓英找陈诚，陈诚又找蒋介石说好话的（陈诚有本事，能把反蒋者变为拥蒋者）。因此，薛岳对罗卓英特别迁就。二是因为第四军既是张发奎的嫡系，又是薛岳的嫡系，好像一个兼祧的儿子，两门子都爱如至宝，怎肯放在南昌担任风险呢！所以他要放弃南昌。回想吴逸志不止一次地向我介绍薛岳与罗卓英以及薛和第四军的关系，并说："我们要特别照顾到这一点，什么事都不要等长官（指薛岳）亲自开口。"由此可见薛岳对人对事的偏私和吴逸志的深得为官之道。

当时薛岳的手稿，是电报发出后才交到参谋处的，他是让第十九集团军退守梁公渡、松湖、高邮市、祥符观、故县之线，特别指示第七十九军应由乐化地区向西突围。这样，仅几天的时间就丢掉了江西的省会——南昌。

南昌失陷后，第十九集团军以吴奇伟军团守备梁公渡至高邮市对岸锦江南岸之线，以第七十军、第七十九军守备高邮市、祥符观、故县之线，以第四十九军在上高附近收容整理。

战后，第七十九军与第四十九军互相推诿修河失守的责任。第四十九军说："日军是首先由第七十九军王凌云师正面突过来，包围本军右翼的。"第七十九军说："日军是首先由第四十九军正面突过来，包围本军左翼的。"但这个争执发生后，罗卓英并没有认真追究。第四十九军刘多荃，原是张学良的东北军，刘多荃受到降两级处分，第一〇五师师长王铁汉受到撤职留任处分，戴罪图功。

### 南昌的反攻

蒋介石知道南昌迅速陷落的消息，大发脾气，责成罗卓英收复南昌。在当时，日军在一个地区站稳了脚跟以后，想硬攻下来是很不容易的。在战事顺利的时候，薛岳是敢不执行蒋介石的命令，向蒋介石申述意见的。但在南昌迅速陷落的情况下，薛岳也不敢抗拒蒋介石的命令，只好让罗卓英反攻南昌了。

由于知道攻下南昌是不可能，又由于这次进攻南昌是不敢违抗蒋介石的命令，所以第九战区就不给罗卓英充分的兵力，怕他一下子搞垮了影响全局。第一集团军虽然也交给罗卓英指挥，但只让它担任高邮市至故县的守备，而让罗卓英仅使用吴奇伟军团的主力（留一部守原阵地）及第七十、七十九两军反攻南昌。并让第七十九军再由故县以南穿过日军奉新——大城线到牛行地区去，攻击赣江以西南昌外围的日军。

罗卓英受命后，以吴奇伟军团主力由赣江、抚河间向南昌攻击，以第七十九军向牛行、望城岗攻击，以第七十军向生米街及其以北攻击，第四十九军已残破不能使用，仍在上高附近整补。

日军攻下南昌后，将主力部署在南昌及其外围赣江两岸地区，占领我军从前构筑的阵地，以一部占领永修（涂家埠）、张公渡、安义、奉新各要点，维护永修至南昌的交通。由于南昌外围的阵地是我军构筑的，对于地形及工事位置颇为熟悉，所以我军于夜间攻击开始后，有些部队由日军空隙进入日军据点的侧后方，但攻击日军所占领的据点时，总是攻不下。攻击的第二、第三天，日军以炮空猛烈轰击，步兵进行反攻，我进攻部队受挫，全线毫无进展，只好停止进攻。蒋介石对罗卓英失守南昌，反攻又无结果，固然很生气，但并没有处分他。因为罗卓英是陈诚系中坐第二把交椅的，有陈诚保镖，当然万事大吉。

我军攻击南昌顿挫后，日军亦未反攻。

### 战后的检讨

南昌战役结束后，第九战区也没有开过检讨会，薛岳也很沉默，不谈这一战役的得失，狄醒宇和我是嘀咕过这件事的。那时认为罗卓英是既不明敌情，又不熟地形。在抗日初期，我们对日军根本就不宜采取硬对硬的办法，以第七十九、第四十九、第七十等三个军，采取直接配备，排列在修河南岸，一经日军突破，即不堪收拾，这是失败的主要原因。反之，如以一部兵力，在修河南岸至奉新间，采取持久抵抗，虽然仅有百余里，也不致连失三城，而能赢得时间，这是从日军战术特点和当前的战例得到证明的。日军的攻击，通常是按他的军事教科书上规定的程序——阵地侦察、开进、展开等进行的。我们一个抵抗线，至少可以赢得一天时间，在去年（按：指一九三八年——编者）秋，第一兵团主力进行万家岭包围战时，以王敬久军在德（安）星（子）公路上拒止由星子方面增援万家岭的日军，就是采取持久抵抗赢得时间，使主战场完成作战目的的。本战役由修河至奉新方面，如能赢得五至六日的时间，第三十集团军的一个军（如果要使用时）和第一集团军的两个军，即可赶到战场，以出敌意料的围攻，与没有炮兵（道路彻底破坏了，一时修不好）而又正在运动中的日军决战。这样，就有可能保卫住南昌。

就是在罗卓英连失三城，日军先头部队已到生米街的时候，也未到放弃南昌的时机。修河障碍力小，赣江障碍力大，日军攻修河南岸阵地有大量炮兵，日军攻赣江东岸阵地就没有炮兵。日军向修河南岸进攻，背后安全；日军向赣江东岸进攻，背后有第七十军及第四十九军一部在安义西北山地，第七十九军在乐化、梅岭地区威胁着日军奉新至张公渡的后方联络线。因此，吴奇伟军团有可能支持三至四日，等待第一、第三十集团军的部队到达战场进行反攻的可能。固然，在生米街方面赣江西岸与日军决战，不是原计划决定的，原计划是预定在奉新附近与日军作战，但这是原计划的错误，原计划没有把战局的演变看清楚，实际上在生米街方面赣江西岸与日军决战，较之在奉新方面与日军决战有利得多。潦河不成障碍，它的价值不能与赣江相比，何况在赣江西岸与日军作战，对我军来说，所换取的时间更多一点，对日军来说，暴露在我军火力下的后方联络线更长一点，有啥不好呢？如果鄱阳湖方面无情况的话，如果我军大胆的话，就是日军渡过赣江东岸一部，我军则可于赣江东西两岸夹击之。可惜策定计划时，见不及此。日军到了生米街，当时罗卓英、薛岳只看见日军逼近南昌，而看不见我军有利态势，这样，便把南昌给断送了。

还有一个值得提出的问题，日军占领武汉以后，对湘赣来说，把一部兵力摆在新墙河和修河北岸，就可以巩固武汉和长江南岸一部占领区。至于对像长沙、南昌这样的城市，多占一个虽然可以多掠夺一些物资，但要多胶着一些兵力。所以笔者认为此次南昌会战及以后的第一、二、三次长沙会战，日军都是以消灭我军有生力量、反攻力量为主要目的。只要稍微有点不大顺利，或是最后仍有部队抵抗，日军就不一定占领南昌。及至日军已经占领了南昌，我军再要夺回，那就太不容易了。

# 吴城、涂家埠地域抗击日军的作战经过

朱静波[※]

这次对日军作战，由于时隔四十七年，虽然经过反复回忆查证写出此稿，但其中遗漏和不准确，甚至错误之处，恐所难免，请识者指正。

## 一、敌军情况

一九三九年一月，当面之敌开始准备进攻南昌。敌第一〇一师团、第一〇六师团在修河北岸地区，村井支队和部分海军在吴城以北水面，逐渐进行小部队积极侦察活动。三月初更趋频繁。七日，敌第一〇一师团小部队进攻修河北岸的沙湖山、麒麟山、军山站。十七日开始，敌第一〇一师团有力部队，击退我前方警戒部队，渡过修河支流杨柳津河，进至修河主流北岸。吴城方面敌人企图登陆。

## 二、我军情况

一九三八年九、十月间，第三十二军三个师在德安、方家岭、麒麟峰、瑞武公路要道口之王家铺覆血山等地区，激烈作战后，即撤到南昌南、北、西附近地区休整补充。

当时防守修河之部队为第七十九军、第四十九军和第七十军，统归

---

※ 作者当时系第三十二军参谋处科长。

第十九集团军总司令罗卓英指挥。第七十九军防守吴城、涂家埠至五谷岭地段。第四十九军防守五谷岭至张公渡地段。第七十军防守张公渡以西地段。

罗卓英鉴于敌人行将进攻南昌，即令归其指挥的第三十二军接替吴城、涂家埠至狗子岭地段防御任务。第七十九军、第四十九军、第七十军依次西移，缩小正面，加强修河防务。

一九三九年三月十三日，第十九集团军总司令罗卓英率第三十二军军长宋肯堂亲到吴城视察，考虑到虬津、张公渡地区是低山地，又是突出部，便于敌人进攻作战，判断日军主攻方向可能指向虬津、张公渡方面，而后向安义、奉新、生米街纵深迂回。另外由于我鄱阳湖水上战力薄弱，且系两战区（第三、第九战区）的接合部，间隙巨大，敌很可能同时以陆战队攻我吴城，从水上进逼南昌，形成两翼包围。遂决定由第三十二军指派一强有力的团队坚守吴城。宋军长当即指定第一四一师第七二一团于十三日下午十时以前到达吴城接防。随后罗、宋两人到涂家埠一带视察，在永修（涂家埠）决定第一四一师（师长唐永良）接替吴城至邓家村（不含）之间防御阵地；第一三九师（师长李兆锳）接替邓家村、涂家埠至铁路公路西侧南津村（不含）之间防御阵地，并在修河北岸支流杨柳津河一带占领前进阵地；第一四二师（师长傅立平）接替南津村（含）至狗子岭（含）之间防御阵地。并指示各师在防御阵地前方之横龙咀、咀上淦、雷公桥、班山湖、竹垄咀派出警戒部队。宋军长判断当面之敌攻击方向有两个：一是铁路公路大桥两侧即涂家埠西端地区，二是吴城。同时考虑到吴城至狗子岭间防御阵地正面过宽，且河流沟渠纵横不便支援，决定各师各以有力一部，沿修河直接配置。并各抽调一个加强团，分别控置于赤岸山、南山农场、横港蔡家，作为军预备队，预期使用于吴城、永修（涂家埠）两地区。

## 三、作战经过

一九三九年三月十三日，各师师长接受任务后，即命令部队接受任务进占防御阵地。

第一四一师第七二一团在吴城和南侧高地占领防御阵地，第七二二团在扁担岭至邓家村（不含）之间沿修河布防，第七二三团在赤岸山地区为预备队。

第一三九师以第七一六团在涂家埠修河南岸东西一线占领防御主阵

地，一个团占领前进阵地，另一个团在南山农场地区为预备队。

第一四二师以两个团沿修河在南津村至狗子岭之间占领防御阵地，另一个团在横港蔡家附近为预备队。

各师炮兵营一般是分散使用。

十三日二十二时，第七二一团到达吴城。十四日拂晓，张尊光团长率领营连干部侦察地形，部署兵力。

与此同时，其他各团亦先后到达目的地，侦察地形，占领阵地，执行任务。

吴城三面环水。北面是赣江和修河交汇处，而后向北流往星子县，东侧是鄱阳湖，西侧是蚌湖。修河由西南方向之涂家埠流向吴城，距吴城三四公里，修河南边有个大湖池，南北长三四公里，东西宽一二公里。赣江是由南昌往北流来吴城，贯穿其东侧南北地区，赣江东面是鄱阳湖沼泽地带，水上交通方便。吴城南面只有一狭长地带通往后方，东西宽约两公里，南北长七八公里，到赤岸山地区。在此狭长地带北端是四公里长的丁家山起伏地。吴城街道南北长、东西窄，街上有些商店铺子，生意兴隆，素有"小南昌"之称。家屋稠密，多为土木砖石结构，镇内外树木很少，从水上观看一览无余。吴城东北尖端直伸到赣江和修河交汇点，岸上有个望湖亭，岸下是水路码头。北通长江，南达南昌以上，西至涂家埠以西，东到鄱阳（波阳）以东，可以说四通八达。此处为敌海军陆战队所必争。

吴城至涂家埠中间地区，修河弯曲，支流、水渠纵横其间，大部队不易行动。涂家埠以西是铁路公路大桥，乃交通要冲，此处也是敌人所必争。但此地正面只有一公里半，且是修河凹入我方的弯曲部，向西北直达虬津。如敌人攻击涂家埠地区时，可能先攻击狗子岭、虬津，或同时攻击以上两地和其中间地段。因这是防御阵地的中间大突出部。

各师各团都于十四日开始侦察地形，布置部队，占领阵地，构筑工事。

第一四一师第七二一团团长张尊光于十四日上午地形侦察完毕后，即对营、连长下达命令。

正午以后，各营、连进入阵地，开始作业。前线营利用临水砌成的陡壁构筑工事，组织火力配系。并在镇内各居民点作巷战设施。

同一天，第一三九师第七一六团团长苏永刚亦率营、连长侦察了涂家埠和修河南岸东西一线地形，下达了占领防御阵地构筑工事的命令。其他各师各团都按照命令进入指定位置执行任务。

十五、十六两日，敌机连续侦察，并对吴城和永修（涂家埠）我军进行射击和轰炸。在吴城以北水上，敌派少数小艇进行侦察。在永修（涂家埠）以北我阵地前派出小部队积极搜索侦察，并向我警戒部队进攻。

我警戒部队先后撤退到前进阵地和主阵地。

十七日，敌以登陆艇十数艘，在其空炮支援下开始登陆被击退。有居民点数处工事被敌击毁，入夜，我守兵加强工事。

本日，军部派第一四二师炮兵营（营长陈锐霆）第一连（连长庞馥庭）来吴城配属第七二一团作战。张尊光团长和庞馥庭连长在吴城南侧高地，选定三处阵地，对望湖亭方面水上敌舰艇进行机动射击，拦击敌人登陆。

同日，敌第一〇一师团派部队攻击我第一三九师前进阵地，均被我军击退。夜间前进阵地部队撤回主阵地。

十八日，敌第一〇一师团以两路向我军阵地进攻，凌晨敌机轮番向吴城、涂家埠侦察、扫射和投弹。

上午九时，敌村井支队在吴城我阵地前，排开十五艘登陆艇向我迫近，我炮兵和迫击炮进行拦阻射击。同时，第一线守兵在敌炮击我前沿阵地时，为了减少伤亡，避入掩体内。待敌进至三四百米时跃入射击位置，进行战斗。激战至中午，敌人毫无进展，下午逐步撤退，军长电话慰勉有加。入夜第一线守兵争分夺秒加强工事，迎接次日战斗。

敌第一〇一师团主力上、下午两次派部队侦察和攻击我涂家埠桥头阵地，均被我军击退。

十九日，敌村井支队见我望湖亭已被摧毁，便集中火力打开缺口，十一时许，敌五艘登陆艇，在其炮兵及轻重火器掩护下，于第五连阵地强行登陆。何连长奋不顾身率队反扑，迄至中午陷于胶着。该团抽调预备队一个连归第二营指挥，严令不惜一切牺牲，必须在下午四时前驱逐侵入之敌。同时命令炮兵和迫击炮进行支援。并令第一营守兵发扬火力，把当面之敌吸引到自己面前，减轻第五连压力。激战至下午三时，日军只侵占一小块滩头阵地，入夜该团组织反攻，敌仓皇遁走。

是日，敌第一〇一师团步兵在其空炮协同支援下猛攻我涂家埠桥头阵地。团长苏永刚命令部队坚决抵抗，打退敌人的进攻，并命令配属的炮兵和迫击炮拦阻射击摧毁敌人的进攻。激战至中午，敌人溃退。下午二时敌人重新发起攻击，经过激烈战斗，将敌击退。夜间即将修河北岸涂家埠桥头阵地的部队撤至河南岸主阵地。

二十日，敌人在步、炮、空密切协同下，猛攻吴城和永修（涂家埠）方面我军主阵地。其空军轰炸和炮兵轰击更趋猛烈，同时据闻虬津、张公渡方面战事也非常激烈。

吴城当面之敌仍循昨日航线重点指向第二营第五连。在战斗中，连长负伤，营长亲自指挥调整了兵力部署，加强了火力。由于连日击退了敌人的数次强攻，我官兵信心倍增。酣战至十一时，敌人侵入我第五连阵地，我第五连排长王福成率其排立即反击，敌不支，退回水域。下午三时，我第一营第三连阵地被敌突破，该团急调预备队一个连增援，战斗转入巷战。入夜团长亲自调整兵力部署，及巷战火力配系，命令加强巷战工事，策定逆袭计划。午夜，军部了解到战情激烈，张团伤亡颇众，拟派第七二三团（团长王启明）增援吴城。先以电话征求张尊光团长意见，张回答说："吴城镇区域不大，进入巷战后，敌人空炮不便支援突入之敌，敌我战力趋于平衡。此时我如在镇内增加兵力，人多地狭，徒然增加伤亡。现我团阵地虽然一部被突破，但有信心，力能收复。目前我团士气高昂，誓与日军拼死到底，请勿增援。"

涂家埠、狗子岭当面之敌，在空炮猛烈轰击掩护支援下企图强渡修河，被我第一三九师和第一四二师防御部队坚决抗击，而未能得逞。激战终日，仍是隔修河对峙，敌无尺寸进展。

二十一日，当面之敌继续对吴城、涂家埠、狗子岭我防御阵地展开猛烈的进攻，我各部队坚决阻击敌人。但敌军已从艾城、青山、虬津、张公渡等地段强渡过修河，正向以南高地攻击我友军。第一四二师左翼受到严重威胁，军长命令军预备队两个团即在第一四二师左侧后黄婆井，下村梁家一线占领防御阵地，掩护军左翼侧背，保证军修河正面防守部队继续抗击敌人。

吴城当面之敌以决战态势，破晓用三十六艘登陆艇向我阵地全面突击。上午八时，敌炮火指向团指挥所，并有一个小队突然出现在团指挥所左侧，团长令特务排反击，同时团指挥所向预备指挥所转移。敌我犬牙交错，短兵相接，白刃格斗，互相胶着，进展困难。

与此同时，军长派预备队第七二三团来支援吴城作战，拂晓时该团到达丁家山，王团长即与张团长通了电话。两人商定将第七二三团第二营配属给张团长指挥，反攻已侵入吴城之敌人，其余部队即在丁家山待机并掩护张团右侧后和左侧后。上午十时，王团刘营到张团长指挥所报到，张团长决定以刘营接替团预备队宋营的任务，并将刘营的第六连（连长王绍武）配属给宋营，由宋福庭营长统一指挥反攻吴城镇内的敌人。经过数小时的反攻激烈战斗，于黄昏前，敌乘舰逃去。张团即以宋营担任主要防地正面，重新调整部署，连夜构筑加强工事，组织火网，沟通联络，准备翌日迎歼来犯之敌。

二十二日上午八时，军当面之敌即对吴城、永修（涂家埠）修河南岸我防御阵地开始了猛烈的攻击，但大部被阻击于阵地前，小部突入我阵地内而进展困难。

吴城当面之敌，上午八时在空炮轰炸支援下，以四十艘舰艇载着陆战队，倾巢来犯，同我吴城守军展开了激战。其主攻指向望湖亭东西之线宋营防御阵地上，由于敌人飞机大炮向前沿阵地及镇内居民点反复轰炸和炮击，防御阵地工事大部被摧毁。我炮兵连亦受到强大炮火的制压。该连机动地变换了阵地。敌人在炮空协同下，正面实行登陆，我炮兵对敌进行拦阻射击支援前沿步兵战斗。十二时敌登陆成功，我步兵与敌展开了手榴弹及白刃格斗。配属张团宋营的第七二三团第二营第六连（连长王绍武）仅在望湖亭南十字路口夺回的一个居民点，即见有敌遗尸三十余具，毁弃机枪三挺，太阳旗数面。其他各连杀伤亦多。敌人伤亡虽然严重，但是仍在数处突进我阵内居民点，我军拼命阻击和反击，形成逐屋争夺的拉锯战。战线犬牙交错，情况极为复杂混乱，电话中断，指挥不便。但敌之进攻已被堵住，此时敌空炮亦不能支援其步兵，火力转移到我预备阵地。激烈战斗持续到黄昏，入夜后我部队积极加强工事，补充弹药，准备夜袭夺回原阵地。

与此同一天，第一三九师、第一四二师当面之敌，上午八时，敌步炮空协同开始发起猛烈的进攻，但被我军击退，未能渡越修河。下午枪炮声即向万家埠、安义方向南移，入夜敌未向我军攻击。

当日夜间，第三十二军接到第十九集团军总司令罗卓英的命令：第三十二军已完成阻击敌人的任务，着即撤出现阵地，向南昌转移。军随即命令各师各团，即刻撤出现阵地向南昌转移。第三十二军撤至南昌后，即奉命继续向抚州转移。而后复调赣西宜春、分宜地区整补。

修河作战结束后，军事委员会传令嘉奖作战有功部队。电文如下：

> 第三十二军军长宋肯堂、第一四一师师长唐永良，涂家埠、吴城之役，均能英勇击敌，完成任务，着即传令嘉奖。该师团长张尊光守备吴城作战得力，记功一次，授华胄荣誉奖章一枚。犒赏全体官兵一千元。该军第一四二师师长傅立平守备涂家埠、狗子岭阵地，作战努力，达成拒敌南犯任务，记功一次。

（一九八七年二月九日）

# 吴城激战回忆

张尊光<sup>※</sup>

农耕于野，商营于市，喊声与枪声争鸣，民心和军心共愤，战争锻炼着人民，人民适应着战争，抗日民族统一战线，团结着炎黄子孙，屡战屡败，屡败屡战，在战火洗礼中走向胜利。

## 敌我态势

一九三九年春，日军对南昌虎视眈眈，亟欲攫入囊中，贪婪而无止境地深入我华中腹地。截止到三月中旬，敌村井支队和部分海军在星子县准备进攻吴城，第一〇一师团在修河北岸，第一〇六师团在虬津东西之线，完成渡过修河的准备工作，第六师团在武宁、箬溪，第一一六师团在鄱阳湖东岸。其作战目的，显然在于从安义、奉新，扺南昌之背，迂回包抄，歼灭我野战军于赣江左岸。

## 吴城受命

三月十三日，部队早餐完毕，军部来了电话：一、总司令和军长现在吴城；二、着第七二一团团长张尊光立即驰赴该地，接受命令；三、该团必须于本日下午十时前，到达吴城，布置防务。

---

※　作者当时系第三十二军第一四一师第七二一团团长。

突然发生的情况，使我没有时间召集各营营长开会，只得与副团长马正康交谈了关于部队立即出发的准备，后方负责人的安排，地方上瓜葛事项处理的原则等，便匆匆离开广阳桥湖村，先行上路。

按照建制，团长是受军所属师的节制，师长是团的直接长官。如今不经过师长，不仅军长在吴城，总司令也在吴城，双双等着我面授机宜，这本身就意味着事关重大，不同寻常。马上加鞭，我恨不得插翅飞去，一见分晓。

行至涂家埠，迎面来了郄国仁，他正在巡视阵地。一九三七年十月，他只身潜入平汉线上元氏车站敌营，掳得日军军官图囊，内有作战地图，被人称为独胆英雄。我两简单地交换了一下情况，证实敌人调动频繁，蠢蠢欲动。

万家灯火时，我终于到达吴城。路旁迎候的是一位姓王的参谋，他递给我一份由军长宋肯堂、总司令罗卓英共同署名的手令：着第七二一团固守吴城，望激励所属官兵，奋勇战斗，力却顽敌，城存与存，城亡与亡，杀身成仁，舍生取义，力争胜利，以振军威，有厚望焉。

入夜，全团于布置警戒后，各在指定地区宿营。

## 仓促设防

十四日，鸡声代替了号角，我们要利用敌机尚未出动之前，侦察地形，布置兵力。

吴城面鄱阳湖，临赣江，是一个水码头。居民几乎都是水上人家，人烟稠密，生意兴隆。由于紧靠湖畔，四面多水，地形小有起伏，傍水而不临山，实际上是一片平川。人们从事商业，兼有渔民、农民，镇外树木稀少，从湖面窥视，一览无余，毫无遮掩，建筑物是砖、木、石结构，背湖面街，形成几道通衢。鹅卵石间以条石铺成不规则的马路，南北较长于东西，房屋鳞次栉比，阵地自然形成纵深，一般说来，守，还是有条件的。

当面之敌为村井支队。在海军陆战队支援下，配合海军作战飞机，日军以海、陆、空三个方面，都占有优势。特别是飞机，可以飞到树梢那么高，侦察时则一目了然，扫射则俯首引发，在我交通线上投弹，更是肆无忌惮。

晨曦初上，晓岚待消，嗡嗡之声，由远而近，敌机已飞临我阵地上空，干扰我军行动。上午九时左右，我们对固守吴城，研究集中成几条意见：

一、总司令、军长，亲临吴城下达守备命令，其重要意义已不言而喻，要求我全体官兵，必须矢忠矢勇，一往无前，重创敢于进犯之敌。

二、吴城之战是固守防御，寸土必争，义无反顾。每一间房，每个小巷，每一条街，都要在防区内做好各自为战的准备。依据建筑物的坚固程度，构筑若干个星罗棋布的据点，着眼于便利指挥，互相策应，独力支撑，以消耗、迟滞为手段，削弱敌人，进而聚歼其有生力量。

三、吴城既是坚守防御，又是专守防御，敌人可以从水上、空中，多面进击，而我们则只能招架，无力还手。面对一片汪洋水泽地带，出击、牵制、佯动，都是做不到的。

四、重创、歼敌的有利时机，应选择在敌人由我阵地前面，从登陆艇登上舢板或径直跳水直接向我冲击的瞬间，作殊死战。一处被突破，突破口两侧之守军，要以全部火力封锁、切断其后续部队。

五、火力视建筑物之高低，坚固程度，前后左右关系，采取多层次配备，使火网立体化。最低处为重机枪，特等射手应配置于不惹敌人注目的位置，在有效射程内（这个距离以射手之精确度自行掌握），对敌指挥官、观测人员，通信兵等打冷枪。发射时机，宁可晚些，不要过早，避免在同一位置发射两次。

六、在敌人进行火力侦察时，应注意掩蔽我火力点，轻、重机枪火力，绝对不应过早暴露。

七、应以全力加强工事，木质覆盖，最少两层用于顶部，其次序应为指挥所、重机、轻机、连长、排长。应特别注意轻机枪、火箭筒之掌握，以便于火力机动。

八、水面歼敌是我们战斗的重要手段，但不能排除巷战。巷战对于我们来说，相对有利，敌人炮火、空中优势，在火线将受到一定限制，因此，在构筑阵地工事的同时，应在各自防区内，做好巷战工事计划，待阵地作业完成时，立即修筑，在预备队阵地，当然可以及早动工。

九、团附张圣武带领各营附官，立即检查居民疏散情况，并现地进行指导，减少无谓损失。

十、拂晓前开早饭，黄昏后开晚饭，午餐与早饭同时送到阵地。

十一、团长第一代理人，副团长马正康、第二代理人，第三营营长宋福庭。

布置好之后，决定由第二营、第一营占领沿吴城北侧的防御阵地，接合部如现地所示，由两个营前后重叠配备火力，线上属第二营，第三营为预备队。沿吴城南侧一带断绝地，依地形起伏构筑工事，正面又有重点地布置兵力。开始构筑工事时，于黄昏前由营长和副营长分批率领连排长去镇内熟悉地形。副团长根据上述要旨，已经草拟出团的防御作战命令，当众口述。

迫击炮连由团直接掌握，应各营的请求随时以火力支援，阵地设在坟坡。

过了中午，各营以疏开分进的方式，隐蔽进入阵地。并立即开始土工作业，战机照例进行活动，并对我预备队扫射，投弹多枚。第二营由望湖亭上观测到距阵地两千公尺以外，发现敌舰和登陆艇在湖面游弋。军部配属的无线电台，已于中午前开设完毕。

入夜，我团把阵地配备、敌军活动情况，向军参谋处汇报，并请求追补一个基数的弹药，连夜送到前方。从此，我团便由军部直接指挥。

十五日、十六日，敌机连日进行侦察、扫射和投弹。

十七日，敌舰艇十数艘，在空炮协同支援下，敌陆战队在吴城前沿阵地登陆被击退，有数处居民点工事被敌击毁。入夜守兵加强了工事。

本日，军部派第一四二师炮兵营（营长陈锐霆）第一连（连长庞馥庭，河北军事政治学校学生）配属我团作战。我和庞馥庭连长协商在吴城南侧高地，选定三处阵地。对望湖亭方面敌舰艇进行机动射击，拦击敌人登陆。

## 酣战一周

十八日凌晨，敌军飞机三架轮番出动，有时投弹，有时扫射，飞行员探出座舱，向下俯视的面孔，阵地上也看得清清楚楚。轻重机枪的射手，压抑不住沸腾的怒火，把机枪从工事里拿出来，便向日军飞机射击，这一果敢行动立即产生了效果，日机急忙向高空逃窜。但是，这种扑灭敌人气焰的行动，只有预备队阵地上的机枪手，才有一解心头之恨的机会。主阵地上的弟兄们，是没有办法以牙还牙的。

上午八时，湖面先后出现敌人登陆艇七艘，向我阵地前沿进行火力侦察，我严令不准还击。上午九时，敌军在我阵地前一字排开十五艘登陆艇，由远而近，逐步逼近，我命令炮兵连、迫击炮连在敌人接近到一千五百公尺的距离时，开始射击。同时，命令第一线守军，在敌人炮击我阵地前沿时，为了减少不必要的损失，可以班为单位，暂时避到预先构筑的第二线阵地，待观测到敌军进至四百公尺附近，即跃入前沿战斗。

自敌艇在湖面开始活动以来，我第一线防御部队，每班部指定一名观测员，从目测距离中，概略测算他们的行驶速度，其中包括横向、斜行、掉头、前进、后退，这种数字虽不够准确，但在指挥射击方面，则有小小的补益。对水面敌人战斗，我们还是比较陌生，一面打，一面摸索，形势逼出办法，自有其可行之处。

敌机飞临阵地上空助战，不时对我后方袭扰。炮声、炸弹声、轻重机枪声，响成一片，步枪声已被淹没。硝烟弥漫，房倒屋塌，个别木制房屋中弹，烈火熊熊，繁华热闹的吴城，前天在外观上是一个完整、昌盛的市镇，而今竟以断壁残垣、成堆瓦砾的惨象呈现在人们眼前。战火激励着士气，战祸暴露了日军的凶残，激战至日中，敌人无进展，向星子方向遁去。

初战却敌，军长在电话里慰勉有加。

我部全体官兵争分夺秒地修整工事，迎接更加激烈的战斗。整夜炮声隆隆，我们经过将近两年的"培训"，听着这种噪音，比服两片安眠药催眠还有效，"鼻息"用"加农"伴奏，非常和谐入耳，感谢鬼子的值班炮兵为我们提供了休息的条件，"你们辛苦了，明天见！"

十九日早晨，战况颇不平静。九时前后，望湖亭被敌炮击毁。在这次战斗中，制高点的占有对我们并不重要。一平如镜的鄱阳湖，视野可以极目，射界可以达到各种火器的有效射程。在我预备队的阵地上，凡是对空比较隐蔽的地点，都是我们的观测所，即便在阵风激起浪花，阴霾密布的天气，敌情仍可尽收眼底。日军见到望湖亭被他们的炮火击毁，便集中火力，打开这个缺口。十一时许，敌人的五艘登陆艇在其炮兵及两翼轻、重火器掩护下，在我第五连阵地前强行登陆。何连长奋不顾身，奋起反扑，中午时分，战斗陷于胶着状态。我由预备队抽调一个连，归第二营营长指挥，严令该营不惜一切牺牲，必须在下午四时前收复原阵地。同时命令炮兵连、迫击炮连进行遮断射击，切断敌人的增援部队。阵地前沿守军，猛烈射击，把当面的敌人吸引到自己的前面，以减轻五连正面的压力。激战至下午三时，日军占领的一小块滩头阵地，并未再有进展，如果盘踞到夜间，我方组织反击，少数敌兵将有被歼的危险。敌方事出无奈，只好制造一个假象，三架飞机全部出战，炮兵集中火力，所有水面船只，一律强攻，战斗激烈空前，一小时后，掩护着登陆的小队仓皇遁去。

战斗渐趋平静之后，我来到了第五连阵地。他们正在修复工事，改标射向，在太阳余晖的映照下，犹可依稀辨认敌兵留下的斑斑血迹。何连长左臂负伤，但他坚持战斗，不下火线。营长把他安置到营指挥所休息，自己同各排长策定第二天的战斗方案。我嘱咐何连长安心休养，并将他的英勇事迹上报请奖。连长负伤之后，营长和副营长亲自参与部署，并决定中尉排长孙士俊暂代连长职务，副营长留连协助指挥。连夜调整部署，把重机枪变换了阵地，使之更便于发挥侧射威力。团预备队配属的一个连，接替了第二线，由于击退了敌人的第一次强攻，信心倍增，誓欲灭此朝食，以做顽敌。

炮声送走了十九日的黑夜，迎来了二十日的黎明。敌人继续循着昨日的航线，攻击重点，直射火器，均集中到我第五连阵地。同时又以有力之一部牵制住我第四连正面，使我左右不能相顾。酣战至十一时，敌强行楔入我第五连阵地。当他立足未稳之际，少尉排长王福成，带着他的一个排，强力反击。六七名敌人，利用死角，正在准备向我奇袭，王排长发现之后，立即端着轻机枪，向敌人扫射。这一出其不意的行动，吓得敌人晕头转向，慌了手脚，跟着他冲上来的弟兄一齐喊"杀"，硬是把敌兵从正面打回去了。王福成是山东人，是一位地地道道的彪形大汉，平时练兵的办法并不太多，可是大炮一响，他的劲头就来了。他常端着一挺捷克式轻机枪，喜欢跪射，有时兴起，便站着打他几梭子，当敌人还莫名其妙的时候，他早又转移了。他的特点是"静如处女，动如脱兔"。他在战斗中有两个诀窍，一是突然，二是飘忽。他的拿手好戏，是打"交手仗"，"身大力不亏"，"一对三"，他也不在乎。手榴弹投出以后就拼刺刀，在格斗时常常和敌人扭作一团。在吴城战斗后半年多一点时间，我团又在安义至奉新的公路上伏击敌人，他抓着一个日本少佐军医厮打起来，又来了两个鬼子，才把那个军医拖走。当晚我到阵地上去看他，他若无其事地对我说："便宜了这几个鬼子，枪打得高了。"我给他记了一功，并以中尉排长存记。

二十日，敌对我全线猛攻，下午三时，我第一营阵地在第三连防守地区被敌突破，并节节向纵深发展。值此紧急关头，我急调预备队的一个连，归第一营营长指挥，首先稳住阵脚。这时阵地上呈现出犬牙交错的局面，大部分进行着阵地战，一部分转入了巷战，但通信联络未中断，指挥系统没发生困难。是日，敌机对我炮兵连、迫击炮阵地全力轰炸，连长李厚德身旁被撂下一个炸弹，炸起来的泥土，把李埋入地下，幸好正是漏斗孔的安全范围，死角挽救了李的生命。夜深，我与各营计议，副团长提出了几条具体措施：一、压缩敌人占领地区，一间房子一间房子地进逼；二、在能见度许可时，轻重机枪即开始封锁射击；三、手榴弹的投掷应注意实效，巷战时，这是件威力强大的兵器；四、预备队的任务，是以全力保持我阵地的完整，制止敌人分割；五、加强巷战工事，一间房，一堵墙，要用生命去保卫；六、炮兵连、迫击炮连备足弹药，准备凌晨对敌火力急袭，具体时间，另有命令。

对于因伤亡而缺的初级军官，根据各营的建议，以口头命令委任了代理人员，班、排适当作了合并，以便指挥。兵站利用各种运输工具，组织补充，粮弹充足，士气旺盛。

午夜之前，军部了解到战斗已白热化，深恐我独力难支，计划指派王团来吴城，支援我团战斗，电话未及谈完，我也没和副团长商量，便拒绝了这个计划。我说："吴城镇区不大，以我现有战斗兵近千人的实力，进入巷战之后，敌人的炮火及空军投弹、扫射，势必受到限制，战力将相对平衡。此时，我们投入大量兵力，人多地狭，徒增伤亡，我团阵地虽一部被突破，但有信心收复。目前士气高昂，誓与日军周旋到底，请勿派援兵。"

二十一日破晓，敌人摆开了决战态势。湖面出现了三十六艘登陆艇，先是以七艘登陆艇扩大他昨天得到的战果，而后便向我阵地全面突击，使我无法相互支援，炮火则指向我支援的后方和团指挥所。由于敌机低空侦察，指挥机构早已暴露，上午八时，一个小队的敌军，突然出现在我指挥所的左侧，我急令特务排向敌阻击，同时向预备指挥所转移。敌机发现这一有利目标，紧紧盯住团部不放，扫射、投弹，为炮兵指示目标，在不大的开阔地上，拖了我将近一个小时。

我官兵英勇奋战，遏制住了敌人的进展。这时的枪声此起彼伏，时断时续，轻、重机枪连续射击少了，更多的是点射，手榴弹的巨响多起来了。

受命驰援吴城的王启明团长（这是一位中共地下党员，一九四七年起义，回归解放区。曾任陈赓将军纵队参谋长，云南省政协副主席等职），上午九时在吴城南边丁家山南端的半路上和我接通电话，询问敌情、战况。他和我是一九二九年的老同学和好朋友，急于支援我团和日军见高低。因地形狭长，不宜将过多部队投入战斗，商妥将第七二三团第二营配属给我指挥协同作战。其余部队即停在丁家山地区，待机参加战斗，并掩护我团的侧后安全。我即把上述情况，电传各营，官兵得讯，军心大振。十时，传达兵向我报告，后方的增援部队到了，第七二三团第二营营长刘荣宗已出现在我们面前。鏖战进行到生死存亡的决战关头，兄弟部队驰来增援，我们又是老同学，相见之下，激动、兴奋、愉快，交织在一起。我命令该营，先行就地隐蔽，便把战场现状扼要作了介绍，并将反攻计划，一并告知，遂令刘营接替预备队阵地。并令该营第六连配属我第三营，归营长宋福庭指挥，向敌人反击压去。我团见来了援军，士气更加振奋，全面进行反击，到下午四时，敌人即乘舰逃去。我军恢复了原来阵地。利用夜间，积极修复，加强工事。日军今天铩羽而归，决不肯善罢甘休，我们已做好恶战准备。

二十二日上午八时前后，敌人飞机大炮向我团阵地猛烈轰炸和炮击，继之以四十艘舰艇载着步兵倾巢来犯，同我吴城守军全线展开了激烈战斗。敌人主攻指向望湖亭东西之线，即我宋营防御的正面上。敌人的飞机大炮向我前沿阵地反复轰炸和炮击，特别是宋营正面突出部，工事被摧毁。敌人在其空炮协同掩护下，正面实行登陆。我炮兵对敌施行狙击，支援前沿步兵战斗。十二时敌登陆成功，我步兵与敌展开了近距离的火力激战和手榴弹、白刃格斗。敌人伤亡虽然惨重，但仍在数处突进了我防御阵地。我团拼命阻击和反击，形成了逐垒逐屋的拉锯战。战线上敌中有我，我中有敌，互相穿插，各自为战，战况极为复杂混乱。电话线中断，指挥不便。但敌人进攻已被我阻击堵住，空炮协同对其火线支援，无能为力了。轰炸和炮击，主要转移到我火线后面，特别是指挥所和预备队的位置和地区，阻碍我军行动，杀伤我军官兵。对敌空炮作战，我们无力还击，双方局部反复争夺，激战一直持续到黄昏，战线渐趋稳定，战况渐趋沉寂。我即令部队加强工事，补充弹药，准备明（廿三）日一时开始，全线夜袭敌人，将原阵地全部夺回，完成固守吴城任务。

二十四时接奉军长命令，着即撤离吴城，张团转进到南昌，沿赣江布防，王团到军为预备队，其电文如下：

> 我军在吴城业已达到消耗迟滞敌人之目的。张团着撤离吴城，向南昌转移。张尊光团长到军部接受任务，王团部队转进到军部附近为军预备队。

二十三日拂晓前，部队完全撤离了吴城，激战就结束了。

## 传令嘉奖

民国日报四月二十九日二版刊登：

> 涂家埠、吴城之役，第三十二军作战得力，蒋委员长特电奖励。

常德二十八日电：南昌战役，我第三十二军宋军长指挥所部奋勇抗战，屡歼顽敌，蒋委员长极为嘉慰，特电奖励。原文如下：第三十二军宋军长、第一四一师唐师长，涂家埠、吴城之役，均能奋勇击敌，完成任务，着即传令嘉奖。该师团长张尊光守备吴城，作战得力，记功一次，授予华胄荣誉奖章一枚，并发给该团官兵犒赏一千元。该军师长傅立平守备涂家埠、狗子岭阵地，作战努力，达成拒敌南犯任务，记功一次。

# 吴城抗战纪实

王绍武※

## 战前情况

抗日战争开始时，我在第三十二军第一四一师补充第二团第五连任排长。一九三七年十月正定战役，我负伤住湖北鄂城后方医院。一九三八年春，伤愈归队，到第七二三团工作。团长王启明是中共地下党员，他以积极工作、英勇作战的精神教育训练部队。一九三八年夏，部队由河南调赣北一带作战。九月下旬，我奉命到长沙去接领原连长尹文宗弃逃留下的在长沙留守处担任警卫任务的第六连。散兵经过清理收容，补充连内兵员，还多余十数名，一并带回南昌部队，这已是十一月初。此时，全团刚从德安、马回岭大战后撤下来整补，各连队人员装备损失非常严重，全团的官兵不到四百人，虽经补充新兵，仍缺员很多。只有我们第六连人械齐全，已训练了一年，技术熟练，信心又高，士气旺盛。

我团在德安万家岭战役中，英勇奋战，在装备劣势的状况下积极防守，给敌以数倍于我的伤亡和损失，完成任务后撤下来，驻于南昌东南数华里的史家附近，展开新的备战练兵热潮。在团领导的直接关怀下，无论在队伍的物资生活、体质锻炼、战斗知识和刺杀、投弹、爆破、射击技能等战斗课目训练上，或是在思想政治教育上，我都深感收获不少。在与民众打成一片上，全连官兵受到了教育。在紧张愉快的训练生活中，丰富多彩的文娱活动，有节目演出、贴办墙报，尤以演唱充满生机的抗战救亡歌曲最

※　作者当时系第三十二军第一四一师第七二三团第六连连长。

为令人兴奋:《流亡三部曲》《牺牲已到最后关头》《大刀进行曲》《黄河大合唱》《游击队之歌》《太行山上》《慰劳前方将士歌》……齐唱、合唱、轮唱,嘹亮的歌声响彻每个角落,它鼓舞着每个战士的斗志,也深深激励着驻地远近老表乡亲们的爱国拥军热情。全连上下,精神饱满,斗志昂扬。

时值一九三九年三月,日军又纠集优势兵力,沿南浔线即今向(塘)九(江)铁路、赣江鄱阳湖水系南下,进逼素称"小南昌"的吴城镇,进而企图攻取南昌。我军奉命北上。

## 战斗经过

一九三九年三月中旬,我连随团开赴修河涂家埠、吴城地区,迎战日军。三月二十一日,我团奉命驰援防守吴城的第七二一团作战。因地域狭长,兵力展不开,只将我第二营配属第七二一团张团长尊光指挥,我第六连配属给张团第三营营长宋福庭指挥。中午时分报到后,随宋福庭营长侦察地形,明确了防守地域与反击任务。号称"小南昌"的吴城镇,楼阁店铺,银号庭堂,颇具规模,由于日军连日来炮击、轰炸及数日激战,大都坍塌倒闭,破屋残垣,居民逃亡一空,已是一片废墟瓦砾。我连受命为右翼第一线连,连之右翼以赣江及张团二营为依托,左与宋营为友邻,连之反击正面是镇内望湖亭以东之敌(含望湖亭)。我连由右向左,第一、二排为第一线,第三排位于右后方,为连预备队。这天,细雨连绵,在宋营长统一指挥下,经过数小时反攻激战,于黄昏前敌乘舰逃去。我即连夜构筑掩体工事,利用残余建筑,沟通联络,组织火力配系,挖掘防空设施,迎歼翌日来犯之敌。

二十二日,天已拂晓,初听一排右前方传来"嗒!嗒!……"的响声,接连听到"啪!啪!"的枪声。一排长马树云派人来报告,我随即到一排阵地前沿观察,判定是日军汽艇的侦察试探活动,估计天明后将有一场恶战。随即通知第一、二排,对水上来犯之敌,非至我方河滩岸百米多时,才能开始射击,将敌消灭于下水登岸混乱之中;第三排除严密警戒右侧背外,绝对隐蔽,并做好随时投入战斗之准备。同时,将敌汽艇侦察活动,报告营部。

约七点多,敌炮兵开始射击,飞机亦轮番出动,进行轰炸、扫射。各排除警戒监视哨及对低空敌机射击外,尽行掩蔽。此时左右两翼友军阵地亦陆续传来战斗轰鸣。敌人的炮火由前沿延伸至纵深,空军则低空轰炸、俯冲扫射。我一排正面位当交通要冲之一，为敌向我进攻之重点，狂轰滥炸一个多小时，随我之小号兵马瑞俊左臂已负轻伤。据三排长李雅申报告：掩蔽部炸塌，被埋数人已救出；在另一屋顶，击毙以白布与敌机联络的汉奸一名。

约八时许，在右前方有敌人汽艇数艘，向我一排正面疾驶而来，其先头部队刚要靠岸登陆，一排各火力点猛烈开火，二排右翼的火力点亦向该敌侧射，构成交叉火网，打得敌人抬不起头来。敌人汽艇上的机枪开始向我还击，但只听嗒嗒数响，猝然哑而无声，同时有数名鬼子栽倒在水滩上，敌艇忙将尸首拖起，迅即遁去。片刻后，敌人约十数艘小舰艇，在对岸敌人火力掩护下，陆续急骤驶来，对我压制射击甚烈。第一排二班副班长郭新和机枪手王阿毛同时受伤。第二排张排长报告：与左翼友军联络困难，我当面之敌，虽伤亡惨重，仍终于突入一排前沿。

九时许，第一排前沿侵入之敌，与我已形成复杂混乱的巷战局面。敌人炮空轰击已延伸至纵深。战斗经过瞬间的沉寂，即开始为逐巷逐屋的拉锯战。约十时许，第一排正面之敌，在刚侵占的十字街口，横排一列火力点，轻机枪五六挺，各侧插有红膏药旗一面并堆放弹药等物，看来是防我逆袭，同时组织火力掩护向我继续冲锋。我即告马树云排长："趁敌人立脚未稳，我应主动出击。"他很理解我的意思，随即说："连长，我们先冲鬼子一下，怎样？"我说："就是这样。"第一排组织反冲锋，把刺刀上好，压好顶膛弹，每人把手榴弹拉索勾妥，自动火力做好掩护准备，在瞬间的寂静后，一声哨响，群弹投飞，轰鸣炸裂，尘烟弥漫，反冲锋的勇士，连同杀声，端上枪飞跃上去。这出其不意的袭击，使鬼子拖枪撒腿逃命。我第一排夺回了十字街口，搜获了敌人丢下的弹药和三副机枪脚架，以及数面红膏药旗，而我却无一伤亡。

这时营部传令兵急促地喘着气，突然跑来说："连长，营长让我送来此条，亲交连长。我是顺着你连时起时灭的枪声才找来的。"我看了条子上写道："王连长，战况显然激烈，望坚持战斗，加强联系，随时报告战况。"我看后，立即书面表态："营长，在这为中华民族生死存亡的决斗中，个人的安危，早已置之度外。请放心。"我另派一通信兵，同营部传令兵共同向营指挥所取得联络，并报告我连当面战况。此时已十二点。

这时的战斗重点，仍在第一排正面，已形成一墙一室的争夺战，没有明显的战线。敌我难分，敌人的炮空优势丧失了威力，除向纵深外，再不敢轰炸与扫射。因而我连的战斗情绪更为高涨。南方建筑顶部大都单薄，手榴弹投到屋顶，即可杀伤室内，且该建筑不少是门窗向着敌方，敌人易进难出，深受我手榴弹的杀伤威胁。在拉锯战斗中，常是三五各自为战，冲过来，杀过去，一阵激烈的爆炸、射击、冲杀声，一阵又沉寂。第二排正面通路不便，敌人进展艰难，左翼的班亦未受到袭击威胁。第三排仍坚持对低空敌机之射击并监视右侧敌情。

下午一时四十分，派去营部联络的通信兵未见回来，我再派刘江海速向营部联络报告。至三时许，通信兵始来报告说："营长详细询问了我连战斗情形、伤亡多少、现有人数，指示自身进行反击，加强工事，准备更残酷的战斗。"此刻已是夕阳西斜。

这时的战斗情况是：敌我犬牙交错，敌失去炮空优势之利，在与我反复争夺格斗，进展艰难，士气明显不如我军旺盛。我正于夜间稍事休整，准备在二十三日一时，反击夜袭，夺回被敌攻占的阵地时，接到宋营长命令，要我们自身掩护，撤出吴城，归还建制。于是在相互掩护之下，逐步撤出镇区战斗。

是役，目击毙伤敌三十余人，缴获战利品有弹药、机枪脚架等。我连伤四人，牺牲二人，共六名。宋福庭营长嘉奖我连打得好，胜利圆满完成了作战任务。张尊光团长书面表扬，并发给全连奖金数百元。回团后，在全团大会上，受到团长王启明的表扬。他说："六连不只平时训练好，更在战场上打了硬仗。这充分体现了平时多流汗，战时少流血的道理。"

# 第一〇五师修河战役概况

于泽霖[※]

## 日军进攻前我军的作战准备

一九三八年夏，九江、德安相继失陷后，中国军队退守南昌，在永修（涂家埠）、武宁等地，沿修河南岸布防。南昌是归第九战区第十九集团军所部（大约四五个军，番号有第三十二军、第七十军、第七十九军、第四十九军等）负责守备的。第四十九军（辖第一〇五师、预备第九师）于同年十月间，由安徽至德香黄山战场，经过长途行军，调到赣北修河战场，未经休整，连夜接替第四军（广东部队）的阵地，与日军隔河对峙。罗卓英之所以急于令第四十九军接防的理由，是当时情况比较紧张，他为了多控制机动兵团，自然要将战斗力较强而又是亲信的部队抽调下来。至于第四十九军原底子是东北军，只有两个师，过去又没有归他指挥过，充作机动兵团，是不够理想的。

第四十九军军长刘多荃受领任务后，决定以第一〇五师守备阵地，以预备第九师控置在安义（第一〇五师是第四十九军的基本部队，刘多荃曾是该师的第一任师长，预备第九师是新拨归该军建制的）。军部驻靖安。当时第一〇五师的编制是两旅四团制，即第三一三旅（旅长康景濂）辖第六二五团（团长王中民）、第六二六团（团长张翰西），第三一五旅（旅长卢广伟）辖第六二九团（团长于泽霖）、第六三〇团（团长于沚

---

※　作者当时系第四十九军第一〇五师第三一五旅第六二九团团长。

源）。第一〇五师因在马当外围的香黄山战场，与日军作战多次，伤亡较重，屡次补充新兵，又从没有机会整训过，战斗力自然较差。为此，师长王铁汉乃决定利用守备阵地的机会，加紧整训部队，不能在阵地上多摆部队。每旅只展开一个团，担任阵地守备，以一个团控置在阵地后方整训。就是担任守备阵地的团，也要尽可能抽出部队进行训练，以利今后作战。

第一〇五师的友邻部队：右翼是第七十九军的第七十六师，左翼是第七十军。

第一〇五师的阵地区划：右起修河南岸的五谷岭（含）沿河设防，经虬津等地，左至张公渡以西的某处。师的防御配备：以第三一五旅为右地区队，旅展开第六二九团，阵地右起五谷岭（含）沿河向西至虬津以西某点（不含），以第六三〇团控置在后方为预备队；以第三一三旅为左地区队，旅展开第六二五团，控置第六二六团，阵地右接第三一五旅第六二九团，沿河向西至张公渡以西某处，左与第七十九军部队衔接。

战场地形及阵地情况：第一〇五师第三一五旅第六二九团守备地区的地形是河川，全部弯向敌方，我岸地形平坦开阔，毫无隐蔽。河川以南约两千公尺以外，才是丘陵地带。依这种地形情况，采取直接配备是不利的。由五谷岭经铁门坎及其向左的沿线，地形较好，能形成一条防御线，但作为主阵地带，则纵深又嫌不够。团拟定，如沿河阵地失守，即以此线作为主要抵抗线，因其能俯瞰河川，对河川南岸的开阔地可以全部控制，便于发挥火力。在这一高地以南约四千公尺处，有凤凰山一线，作为师的预备阵地，这是一条比较理想的防御线。在上述两条防御线中间的地形，较为复杂隐蔽，利于防御。

师防御阵地的构筑情况：沿修河的阵地，是原守备部队做好的，我们接替防务后，只不过是稍为加强和增添了些，第六二九团对五谷岭到铁门坎附近地段的工事，较为重视，加强的程度是比较大的，而对铁门坎及其以西的延长线（即团预备作主要抵抗线的高地线），因地形的限制和思想的麻痹，仅仅掘了一道立式散兵壕，且无一兵，形同虚设。至于师的预备阵地线，不过是在师防御命令中有所指示，在配备图上有一条蓝色线而已，并没有构筑工事。像这样的防御配备和工事程度，真正是摆了一个挨打的阵势。敌人不攻，算是侥幸；敌人一攻，则沿河阵地，将很快被炮火摧毁，敌人即可长驱直入，我军唯有溃败一途。第六二九团从接替防务之日起，敌我双方，不断地隔河射击，我方守兵，曾被击伤数人。一个月之后，对射情况中止了，前线显得很沉寂。每日我方炮兵（第六二九团配属苏造山炮一连，四门炮）向敌阵地射击一两次。

罗卓英在敌人进攻前的措施：第九战区第十九集团军总司令部设在南昌的北郊，集团军的防御重点是摆在南浔铁路方面的，也就是把主要防御置于右翼涂家埠一带，故而把机动兵团控置于涂家埠以南。在这方面的守备部队是第七十九军，向左是第四十九军，再左是第七十军。基本上这些军都是采取沿河直接配备，后面控置较大的预备队。罗卓英本人也常到各军视察。记得他曾到第一〇五师两次，我们团长以上官佐都去接他，听他的讲话。我们担任守备阵地的人，很希望能在防御阵地的主要方面，加强兵力和设置多的防御。事实却正相反，从我们这个团接替原守备部队所守的沿河阵地那天起（一九三八年十月末），直到日军进攻时止（一九三九年三月），几乎半年的时间，都是保持原状，无所作为。严格说来，只不过是沿着修河南岸稀稀薄薄摆些兵力，由集团军一直到旅，都是一个方针，尽多地控置预备队。按防御的性质，本来是专守防御的，而所采取的措施，则又是机动防御，真是矛盾得很。一旦敌人发起进攻，则守备阵地的兵力不足，不能挫折敌人的攻势，而所控置的庞大预备队，势不能适时使用。这样的防御，就是守不住，援不及，摆的是挨打的架势，预备好逃跑的姿势。

罗卓英除了忙于到各军师去视察之外，也照例举办短期集训，对团级以上军官进行精神教育，他认为这是保卫南昌的一项重要措施。被召集的人员是各部队的团长，一共办了四期，我是第四期去受训的，时间是一九三九年二月。因为受训是必须去的，师长王铁汉不得已才把我这个团由阵地上调下来，以第六三〇团接替防务。受训期满，因情况一天比一天紧张，便都急忙地赶回原防地，准备作战。关于敌情判断这一点，我事后听说，就在日军进攻修河之前，集团军总部对敌人的重点指向，始终判断不明，因而举棋不定，把控制的部队东调西调，一直到南昌已被日军占领，这些师还没能参加作战，但已被调转得疲惫不堪了。

## 修河溃退，南昌弃守

一九三九年春，修河对岸的敌人，积极准备进攻是很显然的，但由集团军到师司令部，对此并无具体措施，只是把情况层转到团，指示继续加强工事，严密防守，仍然是保持原状，没有作出新的调整部署。团营长们只好听从命令，但内心是没有把握的。例如在我赴南昌受训前，本旅第六三〇团接替我团的防务，当时我团部的位置是在铁门坎以南一个庙内（同安寺），第六三〇团团长于汜源在接防那天对我说："这个阵地你守了快半年啦，没有出事（指敌人没有进攻），我这团一来，就不同啦，眼看敌人就要攻击，一攻是非垮不可。"当时我内心是庆幸换下防来，免得首当其冲，便安慰他说："不要紧，我虽然换下防来，但位置距你不算远，敌人一攻击，我很快就开上来了。"他回答说："不行啊，你瞧着吧。"

我从南昌回到团部后的第五天，大约是在三月二十一日晚间七八点钟，敌人的猛烈炮击开始了，第一〇五师的阵地，由前沿到纵深，均为炮火所笼罩。敌人居然使用这么多的炮兵，而我们的炮兵，则显得微弱无力。估计敌人使用炮数在六七十门以上，里面还有不少的喷嚏性毒气弹，约一小时后，敌人就开始进攻了。我接到师长王铁汉的电话，说和第六三〇团电话不通，令我派军官去该团联络。据派出联络副官回报：他到同安寺，团部空无一人，前沿阵地上，只有稀疏的枪声，五谷岭、铁门坎高地上电筒发光，找不到六三〇团的人。接着，又得到报告，第六三〇已撤到本团的后方去了，阵地已失守。事实是他们没有抵抗，任凭敌人渡河。我将情况报告师长后，他急得无可奈何，叫我做好准备，候令行动。到午夜十一时左右，师长电话命令要旨：目前情况，敌军已经部分渡河，我沿河阵地失守，右翼第七十六师阵地一部失守，左翼第七十军联络不上，情况不明。本师第三一五旅电话中断，师决心反击敌人，夺回五谷岭一带沿河阵地。该团担任夺取五谷岭阵地，夺取后坚守待援。右翼与第七十六师某团（番号忘记）协同，左翼与第三一三旅第六二五团联系，同时进击，开始行动时间为午夜十二时。最后师长严厉地说："完不成任务，军法从事。"我接受命令后，虽然知道是无济于事的，但不敢不做，也就是明知不可为而为之。当一面转令各营长，一面打电话与第七十六师某团长，规定了联络信号，左翼第六二五团无法联络，只好作罢。我在给各营长电话命令中，把师长"完不成任务，军法从事"的话，加重语气传达。

我团按时前进，这时，夜色漆黑，又下着雨，在搜索前进中，并未遭受敌人射击。我团两个营猛扑五谷岭，对这块守备半年的阵地，地形熟悉，经过一番激烈的争夺，五谷岭上的敌人被击退了。我用电话向师部报告，已占五谷岭。但左右翼友军，均无声息，肯定他们是没有按命令行动，仅是我这个第六二九团孤军作战了。幸好是在暗夜，如在白天，团的牺牲一定是很大的，并且也不可能将五谷岭阵地夺回。天明，敌人发起进攻，两翼也发现了敌人，阵地守军抵抗不住，只得下令撤退。在由五谷岭向南撤退中，我团伤亡较大，我急急退到谦田江家，向师长报告。刚说了几句，敌军已追到跟前，轻机枪已由村外的山冈上向团部射击，我只得抛下电话，令团直属队和合营，向南撤退到山冈上，以一部兵力阻击敌人，全团逐步退到师预备阵地线——凤凰山之线组织防御，战斗到此，暂告稳定。我向师长报告经过，师长指示我团守住凤凰山阵地，待预备第九师到达后，将阵地交该师。我团行动，另有命令。到这时，我才知道本师的第三一三旅，自敌人开始进攻不久，就与师失去联络，而本旅的第六三〇团，更不知到哪里去了，仅仅收容到一个营的兵力，由中校团附赵本初领着。至于预备第九师是从敌人开始进攻的第二天早晨，由安义县出发的。因白天日机不断地扫射轰炸，大部队行动非常迟滞，到下午二时许该师才到。他们接替凤凰山阵地后，敌人并未进攻。次日晚，军长下令沿公路南撤，第一〇五师在先头（仅是师部、第六二九团及第六三〇团一个残破营），预备第九师在后。当行至滩溪附近时，接到军部命令，概为：军决定在滩溪之线，构筑工事，阻止敌人。第一〇五师守备公路以东高地之线，预备第九师守备公路（含）以西滩溪高地之线。师长便令我团担任守备，并将第六三〇团残余之营，归我指挥，共四个营的兵力。我受领任务后，召集各营长和第六三〇团中校团附赵本初，侦察阵地，分配任务。刚回到团部，各营还没有把阵地侦察完了，就已经发现了敌人。我们仓促展开部队应战，工事构筑是来不及了，只有一面战斗，一面挖些卧姿掩体。敌人在坦克的炮火掩护下，向我阵地发起进攻，相持不过一小时，敌人的数辆坦克便沿着公路，冲进我方阵地，把第一〇五师（实即第六二九团而已）和预备第九师切为两段，我这个团与师部从此失去联系。军部和预备第九师、第一〇五师师部都在公路以西向南退去，我同本旅旅长卢广伟领着本团被隔在公路以东（这时第六三〇团的残部已逃散），只好避开公路向东南方向撤退，陷于敌人大范围包围之中。经过三天行军，到了万家埠一带，遇到集团军的机动部队，他们并没有参战，可也陷于敌人包围之中，正设法越过公路，向南撤退。我团经过几天东转西转后，感觉不早日突过公路，将来无法善后。当召集干部开会讨论，决定越过公路，向西南撤退，寻找师部，归还建制。在突过公路问题上，作了比较周密的计划，经过侦察，公路上只不过是不断地有敌人装甲车和小部队行动而已。于是选定地段，利用夜暗趁敌军巡逻的间隙，很快地越过了公路，又经过几天的行军，遇到师部派出的联络军官，把我团带到高安以南师部所在地，归还建制。

## 收拾残局，重新整补

南昌会战修河战役中，第一〇五师的损失是十分严重的。以兵员论，伤亡数字有两个团之多（包括逃散）；以武器论，全师损失数字我不清楚，以我第六二九团来说，算是武器损失较少的，竟丢失马克沁重机枪三挺，八二迫击炮两门，三七平射炮一门，捷克式轻机枪三十余挺，捷式步枪二百余支，各种器材、弹药的损失，为数更多。第一〇五师在上海战役中，曾受到严重的损失，而这一次损失比上次更大。

南昌失陷后，情况暂告稳定，军事委员会一层层地追究责任，最后公布处分如下：

第四十九军中将军长刘多荃降两级，中将副军长高鹏云、少将参谋长秦靖宇撤职，调为附员；第一〇五师中将师长王铁汉撤职留任，戴罪图功。部队即着手整顿，取消旅的编制，由师直辖三个步兵团，团的番号改为第三一三团（原第六二五团）、第三一四团（原第六二六团）、第三一五团（原第六二九团），原第六三〇团取消。旅、团长的人事变动情况是：原第三一三旅少将旅长康景濂、第三一五旅少将旅长卢广伟，调为第十九集团军总部附员；原第三一三旅团长王中民撤职，调为附员；原第三一五旅第六三〇团团长于泚源，临阵潜逃，下令通缉（他最后逃到昆明，改名换姓做生意）；现第三一三团团长，以中校团附魏恩铭升充；第三一四团团长，以原第六二六团团长张翰西充任；第三一五团团长，由原第六二九团团长于泽霖充任。全师兵员补充方面，是个重大问题，师请准由吉安和长沙两处各拨给一个新兵团，师长王铁汉决定派我去接兵。他对我说："这次接兵任务很重要，关系着师的能否存在。"我经过两个多月的时间，完成了这项任务，师的兵员又告充足。至于武器器材方面的补充，因为损失数目太大，军长、师长都不敢报请军事委员会补充，怕的是，因为人员损失既多，而武器器材损失的数目又惊人，一个命令，把番号取消了，只有打掉牙齿和血吞。所幸的是刘多荃原任第一〇五师师长时，家底全是由东北带来的，除了部队使用的武器弹药器材外，还有大量的武器器材存储在吉安附近的赣江船队中（因怕敌机轰炸，租用几十条大船，停泊在该处），现在，只好拿出来给军直属部队和第一〇五师使用了。

121

# 修河抗战纪要

杨佐周[※]

一九三九年春，赣北之敌在占领武汉后，不断增加兵力，攻占了德安以北各重要据点，并以德安为前进据点，积极集结兵力，迫近修河，准备大举进犯江西省会南昌。当时我方曾由第三、第九两战区抽调了约五个军以上的兵力，计有第三十二军宋肯堂、第四十九军刘多荃、第七十军李觉、第七十四军俞济时、第七十九军夏楚中，以及鄱阳湖警备部队（司令周源）。总兵力号称十万大军，统归第十九集团军总司令罗卓英指挥，总部设在南昌，任务是固守修河，确保南昌。

我当时任第四十九军第一〇五师辎重兵营营长，随师部、军部于一九三八年十月底前后，由安徽开至赣北修河接防。现就当时修河抗战情况叙述如下。

一

据当时军中的敌情通报，综合估计敌军在赣北集结的总兵力约三个师团，可能有六万余人。而当时我军建制是：每军辖二至三个师，每师两个旅，每旅两个团。共约十五个师，再加上特种兵，兵力总计在十万以上。虽然敌空军占了制空权，炮兵也较我强大，空炮联合，对我显居优势。但从战场上最后解决战斗的是步兵而论，则我反占数量优势，尤其是这十几个步兵师的装备和战斗素养，大都是战力较强、堪用的劲旅，

---

※ 作者当时系第四十九军第一〇五辎重兵营营长。

如果战略战术上不犯错误，或者少犯错误，不仅可守，而且可攻，更有利于以攻为守。

但是，这次敌人发动进攻，不是分路进犯，而是步、炮、空协同攻击，以闪击战从一点突破的战法，一举击溃了第四十九军第一〇五师第三一五旅阵地，利用这个缺口，大胆组成以装甲车为主的快速部队，沿公路（事前未破坏）如入无人之境地进攻安义，接着就未遇抵抗地直下南昌。不仅株守阵地线左右两翼各军没有与敌发生接触，即和第三一五旅并列防守又属同师的第三一三旅，亦未与敌发生战斗；至于控置在后方的部队第七十四军，则尚未来得及动用，而安义就已经沦陷了！罗总部和特务（警卫）团离开南昌，退往分宜，省政府主席熊式辉率领江西省党政机关和地方团队，水陆并行地撤退泰和。南昌保卫战以丢失名城而结束。

## 二

战斗开始前夕，修河前线守备部队为第四十九、第七十、第七十九军等三个军。第四十九军居中，担任守备右自馒头山、五谷岭、虹津渡、张公渡之线。该军右自馒头山以东与第七十九军相邻接，左自张公渡以西与第七十军相邻接。当时第四十九军正面守备，由第一〇五师担任，新拨归指挥的预备第九师为军预备队，而第一〇五师则以第三一三、第三一五两个旅并列防御，两旅又各以一个团轮守正面。

约在一九三九年三月二十一日晚上九至十点钟的时候，敌人突以猛烈炮火向馒头山、五谷岭一带阵地集中轰击，其炮火密度，较之上海抗战苏州河激战的炮火，有过之而无不及；更可恨的是炮弹里还夹杂了大量的喷嚏式瓦斯弹，当第二天下午，敌炮延伸射程时，我在阵地后方滩溪，曾闻到瓦斯弹的扩散气味。据第三一五旅原派扼守修河对岸桥头堡阵地一个连（连长陶景春）的官兵追述：他们在暗夜开始迂回侧近公路时，都亲眼看到有七八十门敌炮，全部放到距河不远的公路上，集中向我阵地射击。并说他们因兵力单薄，假使能有一个营的兵力，就可趁机突袭，而摧毁这个强大的敌炮兵群。

第三一五旅当时值守的第六三〇团，在突然遭到敌炮集中而疯狂的轰击后，面对修河，看不见敌人的一个影子，徒拥步兵武器不能自卫反击，唯有干等挨打了！其实当时我各军、师都有炮兵营（连），早应集中机动使用，不能分散弃置于无用武之地。第七十四军的炮兵，留置在后方；第四十九军的山炮营（日式）因缺乏弹药，补充困难，留置阵地后方之滩溪；第七十军和第七十九军的炮兵，随军配备在两翼，等于虚设；罗总部直接指挥的苏式野炮营，控置在张公渡，也没使用上。炮兵为军中之胆，特别在防御战中，更居重要地位。倘能在备战期间，较为集中，有计划地扼要配备，构成坚固炮垒，以逸待劳地机动使用，敌人就不敢这样猖狂大胆，集中暴露炮兵于公路地平面上，它的自由活动，即会遭到我军的制压和摧毁。这样，就会造成攻防旗鼓相当的声势，解除守军被动挨打的局面。

困守阵地束手挨打的第六三〇团，经过昼夜不停的炮击和敌机的配合轰炸，阵地不断被摧毁，通信设备不时被破坏，守军士气益形低落；加以团长于沚源，新任不久，有些焦躁。他对"死守到什么时间""挨打到什么程度""牺牲换得什么代价""下一步应该怎么办"等等一系列问题，从不去考虑，竟被飞机大炮吓昏了头脑，假借"瓦斯中毒"而放弃了指挥，去向不明。这样，就更导致守军的涣散无主，不待敌人渡河，已溃散大半。到了第二天下午，敌军向我军渡河进击时，该团就等于放弃了阵地。师长王铁汉手中无预备兵力，不敢大胆从左翼的第三一三旅抽调转移兵力，只有督促期待第三一五旅旅长卢广伟速以预备队第六二九团增援，争取延续固守阵地时间。由于顾虑敌空军阻碍部队活动，卢广伟旅长切盼第六三〇团能坚持到晚，以便以第六二九团增援接防。但是实际行动已落后于情况的演变，第六二九团的增援接防任务，不得不变成阵地反攻任务了。军长刘多荃于次日午前，抽调军预备队预备第九师一个团（第二十五团团长万绍成）开至滩溪附近集结待命时，因该团不注意隐蔽，遭受敌机空袭，士气已挫，当到达军部附近，未及使用（像变成军部临时卫队的样子），而第三一五旅阵地已经失守，他们便随军部当晚转移滩溪，而后又归还建制，可以说是徒劳兵力，无补于实际。我就在这天晚间，率领全营和师兵站及弹药堆积所，奉准撤退。这时，我方守军已临"山雨欲来风满楼"的总崩溃前夜了。

正在这个时候，蒋介石的命令到了！命令的要点是：要刘多荃负责反攻，收复已失阵地，否则，即唯拿该军长是问。这便终于促使刘多荃决心使用预备第九师，把任务下达给该师张言传师长。

预备第九师驻地距安义较近，距修河前线五六十公里，在它深夜奉命开始行动的时候，第三一五旅卢广伟旅长已亲督预备队第六二九团（团长于泽霖）开始夜间反攻，企图夺回第六三〇团既失阵地。这时敌人虽已占领第六三〇团阵地，但怕受我两翼威胁，未敢暗夜冒进，遂向两翼扩张战果，以扩大缺口。敌人正在左右逢源、未遭抵抗之际，卢广伟、于泽霖所督率的第六二九团反攻上来，迫使敌人变攻为守，展开激战。卢广伟、于泽霖奋勇督战，趁暗夜敌机不能活动，越接近敌人，敌炮越失作用的机会，居然攻上了五谷岭，其第一线部队已接近原阵地的边缘。正在以手榴弹展开阵地争夺战的时候，天色已明，忽然发现大队敌军，已越过右翼第七十九军第七十六师防区，向本旅右侧背抄袭而来。这一意外惊动，攻势立遭顿挫，只好仓皇撤退，阵势混乱，虽然大部突出了包围圈，但已残破狼狈，不堪再用了。卢广伟原以第六三〇团失去阵地，关系重大，引以为耻，但不知全局已由此而产生的其他变化，以为关键问题只在夺回既失阵地。所以他督队反攻，曾抱有不顾一切、誓死夺回的决心。今功败垂成，两团俱垮，顿足捶胸，不下战场，还是左右把他拉下来的。

敌人为什么能从右翼第七十九军的防地迂回过来呢？原来右翼守军是第七十九军第七十六师，当敌人炮击两军接合部时，它就放弃了与第三一五旅并列的阵地（名曰第一线阵地，又称前进阵地），退守第二线阵地（名曰主阵地），自第六三〇团阵地陷落后，他们不待敌人的扩张进攻，早已向后退避了。

奉命增援反攻的预备第九师先头部队到达滩溪时，已旭日东升，正碰到第三一五旅反攻败退下来的残兵败队，目击敌军已跟踪而至，并分路进犯，其装甲车驰骋于公路上，与溃兵夺路，该师不得不后撤。

从此，敌军大队人马，以装甲车为前驱，无阻挡地进占安义，直取南昌。

# 记南昌会战中的几次战役

邹继衍※

一九三九年南昌会战，我当时任第七十军连长，旋升营长，亲身参与了此次会战外围的几个战役，并在后期战斗中左腿中弹负伤。现虽时隔四十余年，但回顾当年往事，仍然历历在目；特别是我营陈备武营长壮烈牺牲的英勇形象，更深深地刻印在我脑海中。兹就回忆所及，写成这篇资料，作为南昌会战部分史实，提供参证，并借以表达我对陈营长的深切悼念（文中关于敌军番号、敌酋姓名及作战准确日子，因无文字保留，无法记出）。

## 河防失守，仓皇撤退

一九三八年，我任陆军第一〇七师第三二一旅第六四一团第二营第六连上尉连长，驻防浙东。是年冬，全师奉调赣北，编入第七十军建制，被分配担负南浔线修河中段守备任务。当时我师是两旅四团制，接受任务后，即以第三一九旅第六三七团、第三二一旅第六四一团两个团为第一线守备部队，其余两个团归各旅控制使用，师部及后勤机关驻第一线后约二十华里的滩溪。右翼友军为第四十九军第一〇五师，左翼系本军第十九师。我们第一线主阵地，是沿修河南岸一字摆开直接配备到河边的，构筑有较好的野战工事，轻重武器火力点、散兵坑、交通壕，均复

※ 作者当时系第七十军第一〇七师第三二一旅第六四一团第二营第六连上尉连长，后升任营长。

加坚固掩盖。守备官兵即住在阵地掩蔽部中，可随时出而应战。

修河河幅，宽约一百米到一百五十米之间，其时冬干水落，只有靠敌北岸，留存着一条十米左右的深水流。为了监视敌人涉水偷袭，每夜都要派出哨兵推进到水边潜伏，俾能及时报警。而敌军的部署，竟与我军完全相反。他们的主力，大都驻扎在二三十公里的后方据点内，前哨部队驻地，也远隔河岸五六公里，只在晚间经常派出一些小巡逻队沿河游动，偶尔打一阵步枪或几梭机枪，进行扰乱，察我动静，白天很难看到敌踪。面对这种情况，一些受过军事养成教育、稍具头脑的下级军官，也都认识到像我们这样一字长蛇阵的河防配备，既少纵深，又无重点，处处设防，处处薄弱，突破一点，全线皆垮，纯粹是一种疲劳兵力、被动挨打的消极防御。综观敌军态势，则以逸待劳，主动灵活，既保持有高度的机动自由，又使对方无从窥测其方向。两相对照，优劣显见，胜算谁操，岂待筮卜？自然，这些想法和看法，只能在同学友好中互相谈论，无人敢于冒昧公开提出。广大下层官兵，在这种疑虑苦闷的心情下，本着军人以服从为天职的传统观念，一直蹲在土洞内苦守了整整一百天，未曾经历过任何一次正式战斗。无疑，这不过是暴风雨前夕暂时的表面平静而已。

一九三九年三月上旬，我们一再接到上级发出敌将进犯、严加防范的指示。二十一日傍晚，敌之大部队纷纷推进到北岸河沿，随即向我全线开展火力攻击，我亦全部进入阵地，进行隔河对射，枪炮轰鸣，打了一夜，但无敌军渡过河来。翌晨将近拂晓，听到较远右方战况激烈，特别是敌集群炮火倾泻弹雨的爆炸声，简直地动山摇，而我后方那些口径大、射程远的加农炮却显得回击无力，炮声零乱。我们判断，敌之攻击重点，显系指向我右翼张公渡口，其余地段只是牵制性的佯攻，预料情势不妙。果然，到上午九点多钟，即传来第四十九军防守的张公渡河段，被敌强攻突破失守的消息，左翼所有部队，一律被迫撤离退入第二线山地。敌主力部队强渡成功后，即甩开两翼守备军置而不顾，凭借飞机掩护，以轻型坦克为前导，沿南浔公路线，向南昌疾进（当时公路未被破坏）。当天下午，我第七十军与第四十九军第一〇五师，奉命经山区分向安义、靖安方向后撤。几部人马，沿着一个方向，几条山道行进，加上雨天泥泞，一昼夜只能前进十几公里，甚至几公里，有时几部分队伍会合一点，让路等待，一停就是几个钟头，其行动拥挤、迟滞可以想见。敌人楔入战线纵深后，便派出一个旅团的兵力，尾随我军追击，还不断以小股轻装步骑兵，在我退路上进行穿插、阻截，更使部队陷入混乱、割裂状态，狼狈不堪。

修河战役，是南昌会战中关键性的一战。因为这条横贯赣西北的水上动脉，为保卫南昌外围的天然防线，加上工事林立，重兵防守，以为天堑可恃，难于逾越。可是，当敌军发动攻势后，整个战线，只经历了一昼夜的战斗，一点突破，全线皆溃，放弃全部河防，任敌长驱直入。部队云集，竟束手无策。担任张公渡河段的守军，在敌集中优势兵力的强攻下，虽然奋起抗击，顽强战斗，坚持了七八个钟头，阵地被突破后，还曾一再组织反攻逆袭，遭受惨重伤亡。由于大势已去，局部的努力和牺牲，当然不可能扭转或补救全局性的失败，但对这一部分官兵奋勇杀敌、流血牺牲的爱国精神与壮烈行动是不能抹杀的。

## 反攻安义，得而复失

我军在撤退途中，由于上述种种，已处于非常被动的困境，旋得知紧靠我退路左侧的安义城为敌侵占，更感觉到威胁增大。上级指挥部为改变这一不利局势，命令第一〇七师派出两个团，组织一次反攻安义、夺取安义的战斗。我第六四一团，是受命负责由西北方向进攻的一个方面，我们第二营担任攻城主力。（由东南方向进攻的另一个团的情况不了解。）

当夜凌晨一点，我部由距安义二十余华里的集结点出发，四点多钟到达城郊。在天色朦胧中，指定为攻城队，行进在先头的第五连，突失联系，到处找不到队伍。营长即改令我第六连执行攻城任务，我率队迅速进到离城百米左右，占领了几个山包与高地，一面进行火力侦察，一面观察前方及左右动静。安义，是一座四周筑有高厚城墙的山城，可能是敌刚进占，城内人烟冷落，朝北城门虚掩，尚未关死。从敌火力还击和火器配置判断，在西北面据城防守的，约为一个步兵中队。依此类推，估计盘踞城内之敌，最多为一个加强大队的兵力。据此，我方（第三营已加入战线）开始发动强大攻势，我第四连奋起从北门突入城内，第三营一个排也随之冲入，与敌展开激烈巷战。由于东南方面之友团，始终未能到达配合夹击，使敌解除了两面受攻威胁，便把大部分兵力集中，转向我突击队反扑，小钢炮从近距离直接进行阻截轰击，连长孙浩中炮阵亡，官兵伤亡累累，立脚不稳，因而被逼撤出城外，旋由我连断后，掩护全部退回山地团部。第五连连长萧传藻，在出发途中，因天黑迷路走失方向，未能执行任务有错，但随即率部赶到前方参战补过。团长邬乐知滥用职权，课以违抗命令、临阵脱逃罪名，将其就地枪决。萧无辜受戮，成了这次攻城受挫的替罪羊。

安义战斗，由于计划欠周，上级指挥不力，在整天战斗中无一负责将领亲临第一线，部队本身又不善于主动协同作战，致使已经攻入城内得手的城池，得而复失。最后只有撤离安义，继续向靖安转进。既未能完成上级赋予夺取安义的任务，又造成了孙浩连长以下二十余名官兵的伤亡，真是言之痛心，令人嗟叹！

## 高湖鏖战，挫敌凶锋

撤离安义后，我部行抵靖安高湖地区，奉令停止退却，准备参战。随后，从上级下达的作战命令，和旅、团长的直接指示中，了解到：其时，我们部队正处在山峦起伏、空间不大的峡谷地带。而巍峨高峻的五梅山、九仙汤山脉，横亘在不远的我军退路上，唯一登上山顶的铁门槛一条通道，直上十五华里，陡峭壁立，非常险要。在前有山阻、后有追兵的情势下，如果我们不能在高湖地区挡住敌军，几万人马云集在这样一块回旋有限的绝地，不仅有被分割击溃受歼的危险，且将严重影响整个会战局势。为此，军部采断决定，指定素以能战见称的我第三二一旅欧阳烈旅长，统率所部，就地择要设防，坚决阻击追敌，掩护全军转进。

欧阳旅长接受任务后，立即集结整顿部队，命第六四二团萧蔚云团长，率领全团及第六四一团第三营，共四个营的兵力，在高湖西北面山地，星夜抢筑工事，建立第一线阻击阵地。又亲带留后部队的营、连长，登山察看，选择地形，布置第二、三线纵深阵地，为迎击敌人做了充分准备。设防翌晨拂晓，敌之前锋迫近，恃其兵精械利，根本不把我军放在眼内，开始便使用一个大队的兵力，猛扑阵地，我即迎头痛击，予以初创。敌受挫后，源源增调援军加入战斗，向我两翼迂回，妄图一举包围歼灭我阻击部队，以炮兵、坦克、强大炮火猛攻，掩护步兵冲锋。我方凭借有利地形和既设工事火网，沉着应战，狠狠还击，击毙的敌尸横列阵前。激战至午，阵线右翼第六四二团第一营营长文绍斌（湖南益阳人）中弹牺牲，第一线四个营，陆续将全部兵力摆上阵地，战斗进入白热化阶段。

旅指挥所根据战况，遂令预备队陈备武营进入二线阵地，支援备战，第六连附重机枪一排，担任守备主力，很快将兵力、火器，按地势作了部署，并占据右翼无名高地，作为全线支撑点。下午三时许，第一线情况恶化，伤员源源后运，火力逐渐减弱，初时尚能互相掩护退却，接着全线混乱后撤。幸我二线严阵以待，居高临下，射界广阔，当即发挥各种武器威力，进行轰击扫射，迫敌攻势顿挫，双方进入对峙。不久，旅长严令萧团长立即反攻夺回原阵地，但下面几个营长，都推说打得很苦，观望不前。陈备武营长在场见状，愤然说："养兵千日，用在一朝，全民抗战，义无反顾。你们不去，我去！"说完，便带着第五连奋勇出击，他凭着满腔热血，机智勇敢地两次攻上阵地，给了敌人以打击和威胁。当第二次攻上敌阵时，他冲在前头，抓住了一挺没在棱墈上的轻机枪脚架，用手枪将射手击毙。正要翻上墈去，不料后面一个预备射手跃上，端起机枪扫射，一颗子弹，击中其腹部，滚下棱墈。幸而有个班长，一枪射杀敌兵，缴获了那挺轻机枪，从而迫使敌军后撤。我得报后，便自动出来代为指挥，立即组织全线所有武器，并请团属迫击炮连配合，向敌发动了一次强大的火力攻势，掩护第四连出击，将营长救出，抢运回来。我见他躺在担架上，浑身是血，腹部弹穿，肠子流出，脸色蜡黄，气息奄奄，惨不忍睹。我当即抓住他的左手，连喊两声："营长，营长，你感觉怎样？"他听了微睁双目，用呆滞的眼光，坚定地望了我一眼，才发出微弱的声音，断断续续地讲："我，我不行了，你，你要……要决……决心守住阵地。"说完，滚下两颗泪珠，闭目不语。我当派上士陈其昌（陈营长胞弟）随同担架，火速送旅、团医务所抢救。又命第四、第五两连撤回二线阵地。这时天已黄昏，敌因不惯夜战，战场暂成胶着状态。晚八时许，团部转来旅长亲笔命令，主要内容是：陈备武营长因伤势太重，抢救无效牺牲，提升我为营长，二线阵地交由第三营接替后，归完建制，迅速整补待命。全营官兵得知陈营长牺牲消息，均感无限悲痛。我升任营长后，在第二天的阻击战中，左腿负伤，随即转送后方医治，虽流血甚多，幸未伤及筋骨。两个月后，伤愈回队供职。

高湖阻击战，只是南昌会战中的一个局部战役，敌我投入兵力，估计敌人为一个加强联队，我军为一个旅，但由于地处扼要，双方争夺激烈，都付出了重大的伤亡代价。接战的第一天，我军使用了五个营，营长阵亡二人，负伤一人，连排长及士兵伤亡近二百余人。牺牲虽大，却给了敌人沉重一击，刹住了他们的凶锋。我军坚持阻击了两昼夜，掩护了全军安全转进，主力迅速登上铁门槛，凭险构成坚固阵地，使敌在这高山坚阵前，未能再越雷池一步，最后缩回奉新、安义等城市据点。这次战役，是打得好的，它是有积极意义的。在这一战役中伤亡的官兵的鲜血，是没有白流的。

# 夜袭日军堡垒

刘维驾[※]

抗日战争爆发后，我被调任驻防浙江温州的第一〇七师第三一九旅第六三八团第三营营长。我追随多年的直接上司刘建绪（当时任第三战区副司令长官兼第十集团军总司令）为了鼓励我在战场英勇杀敌，令军械库发给我营全套崭新的武器装备，并私人赠送我红棕骏马一匹，二十响新驳壳枪四支。不久，我随第一〇七师开赴江西，由第三战区拨归第九战区第七十军建制，参加南浔线阻击沿南浔铁路南进的日军第一〇六师团，苦战四十余天，因伤亡惨重，奉令撤至靖安、安义休整补充后，又奉令担任修河南岸守备。我们第一〇七师第三一九旅的第六三七团、第六三八团，分守修河南岸陈家渡及张公渡西线。一九三九年初，日军攻陷德安后，其第一〇一师团部队驻在沿德安、星子公路及南浔铁路的德安、永修之间。日军第十一军司令官冈村宁次调派第一〇一、第一〇六、第一一六师团和第六师团一部分布置修河北岸一线，做好侵占修河南岸、进攻南昌的战斗部署。他们准备在南昌会战中，集中大量的炮兵、战车，以绝对的优势，争取速战速胜。于是调集坦克、战车组成坦克团和战车部队，部署德安修河北岸各据点。为了破坏我们南岸守军构筑的战壕和掩蔽部等防御工事，经常用大炮、飞机，轮番轰炸炮击。我守军同仇敌忾，斗志激昂。工事掩体被炸毁，则立即进行修复，白天炸，晚上修，随炸随修，并也常常予以猛烈还击。甚至间常利用夜晚或拂晓，

---

[※] 作者当时系第七十军第一〇七师第三一九旅第六三八团第三营营长。

偷渡北岸，予以毁灭性的袭击，使日军时刻感受我南岸守军对他们的威胁。

一九三九年二月底，我们防守修河南岸陈家渡的第三一九旅，为了拔掉对我阵地威胁最严重的北岸日军地堡，命令我团（欠第二营）于一个寒风细雨的夜晚，强渡北岸，夜袭盘踞德安县境一〇二五、二三二四两个高地的日军堡垒。团长袁建谋令我营向一〇二五高地敌堡垒进行攻坚战斗。临出发之际，我营善于打硬仗的第九连连长何航慈，自告奋勇地愿充当主攻任务的先头连，要求亲自带一个排，摸到敌人山头前沿阵地，攻炸敌人的主要暗堡。我想到他连内有好几个和鬼子较量过的、有经验的班排长和机枪手，还有好几个夜晚渡过北岸的侦察兵，不但熟悉敌人炮兵、机枪射击火线的路数，而且比较熟悉地形，于是我把任务交给他执行。第七、第八连除各抽一个班，准备渡船工具竹筏木船之外，还担任左右两翼的侧袭和包抄任务。重机枪连胡连长，抢占前沿靠岸高地，担任火力助攻和掩护任务。拂晓前，几颗红色信号弹在陈家渡上空升起，我军第三营和位于陈家渡右翼的第一营，同时枪炮齐响，以密集的炮弹、机枪、步枪火力，纷向敌阵开火。此时我令副营长邓瑛督率第七、第八两连担任侧翼夹攻任务，我亲率第九连何航慈连长，负责正面主攻。大家鸦雀无声地迅速登岸，散开队形，冲向敌堡。敌人发觉我们向他进攻，忙用机枪、大炮的密集火力，向我们射击，阻止我们前进。我高声喊出冲锋前潮的命令，战士们虽然有的倒了下去，但仍是前赴后继、奋不顾身地英勇冲锋，杀声震天地向敌人阵地堡垒猛扑。日军凭着地堡群的优势，以猛烈的机枪火力，向我们扫射，使我们在铁丝网外抬不起头来。战士们焦急万分，这时我命令何连长带领第一排长和十几名战士蜂拥冲进，强行剪断铁丝网，我们多人中弹倒在血泊中，八班长一见铁丝网打开缺口了，身负炸药，一跃而起，冲过铁丝网，不幸饮弹身亡，随即三排长跟着上去也倒下了。在此伤亡严重情况下，我命令平射炮、重机枪向敌地堡群扫射轰击，在我强大火力的压制下，我们得以纷纷冲进敌阵，把一个个地堡炸毁。在冲过铁丝网时，战士们前赴后继，一个倒下去，另一个冲上来，我和幸存的战士们，不顾周身被铁丝网刺破的疼痛，向敌地堡群冲去。我告诉机枪连胡连长以轻重机枪的密集火力，封锁敌主堡使其不能发挥作用。几个年轻的战士，身负重伤，仍奋战不已，左滚右爬，终于挨近敌人的主堡，把捆在一起的集束手榴弹，塞进堡内射击孔，只听见一声巨响，地堡炸翻了，顿时士气大振，两侧夹攻的第七、第八两连，也冒子弹横飞，一拥而上，敌地堡群纷纷中弹开花，终于全部被我们彻底捣毁，残余敌人向德安县城方向逃遁。此时天已黎明，我们在被摧毁的残堡内，缴获日造重机枪三挺，轻机枪五挺，三八式步枪二十余支，子弹四箱。负伤的有第九连连长何航慈左臂弹穿，及战士二十余名，阵亡排长二人，战士十余人。

# 进攻南昌的经过

赵子立　任献廷　王光伦※

## 蒋介石反攻南昌的命令

在南昌失守的经过中说过薛岳、罗卓英于一九三九年三月丢失了南昌，受到舆论的抨击，蒋介石十分不满，当时就让其反攻。但是，放弃易，收复难，第九战区明知道不可能，还是让罗卓英进行了反攻，来执行一下蒋介石的命令。

到了同年约四月底，蒋介石又再次下命令给第九、第三两个战区，让第九战区以罗卓英部并指挥第三战区赣江东岸的一部进攻南昌。

按蒋介石的这个命令，显然第九战区是主攻，第三战区是助攻。

## 作战前的敌我态势

### 日军兵力和概略位置

日军于一九三九年二月间攻占南昌后，第一〇一师团、第一〇六师团仍驻守在南昌一带。

南浔线的日军：在赣江以东莲塘、南昌方面的约四个联队，在赣江以西修水以南生米街、牛行、梅岭、乐化地区及西山车站、大城、赤田

---

※　赵子立当时系第九战区司令长官部参谋处副处长。

任献廷当时系第二十九军第七十九师工兵营长。

王光伦当时系第六十军第一八三师营长。

地区与奉新、安义、靖安、滩溪地区的共约三四个联队，在修水以北、长江以南南浔线北段的约一两个联队。

## 第九战区的辖境

南昌失陷后，约三四月间，第九战区与第三战区的作战地境改为赣江之线，线上属第九战区。其余与本年三月间南昌失守时相同。

## 进攻南昌时的战斗序列

第九战区司令长官陈诚，代司令长官薛岳，副司令长官罗卓英、杨森、王陵基，参谋长吴逸志。指挥下列部队：

第九战区副司令长官兼前敌总司令又兼第十九集团军总司令罗卓英，第十九集团军副总司令刘膺古，参谋长罗为雄指挥第一集团军、第七十四军、第四十九军。第一集团军总司令卢汉（在云南），代总司令高荫槐、参谋长赵玉矜，指挥第五十八军、第六十军。第五十八军孙渡，辖两个师：新编第十师刘正富，新编第十一师鲁道源。第六十军安恩溥，辖三个师：第一三九师李兆瑛，第一八三师杨宏光（王光伦当时在该师任营长），第一八四师万保邦。第三十集团军总司令王陵基辖三个军。

在进攻南昌时，薛岳并令第九战区前敌总司令罗卓英指挥第三战区参加进攻南昌的一部。

当时参加进攻南昌的是第三战区第三十二集团军总司令上官云相，指挥第二十九军。第二十九军军长陈安宝，参谋长徐志勖，辖六个师：第二十六师刘雨卿、第七十九师段朗如（任献廷当时任该师工兵营营长）、预备第五师曾戛初、第十六师何平、第一〇二师柏辉章、预备第十师蒋超雄。

第九战区其余部队与本年二月南昌失守时相同。

## 进攻开始前赣江地区我军的位置

第三十二集团军：第二十九军约于五月初由江西景德镇出发到进贤、东乡地区，军部驻进贤东乡间；预备第十师原在莲塘以南地区，与莲塘方面的日军对峙。

进攻开始前，第三十二集团军以第二十九军在莲塘以南赣江—旴江从右按第七十九师、第二十六师、预备第十师等的顺序占领攻击准备阵地。

第十九集团军：第七十四军部署于高安以西的石脑、大王岭地区；

第四十九军部署于高安以南、清江以北、松湖以西地区。第一集团军、第六十军与第五十八军控置于靖安奉新以西地区；第三十集团军部署于修河两岸。

第九战区其余各部队的位置与同年二月间南昌失守时同。

## 第九战区进攻南昌的计划

蒋介石的命令到了以后，薛岳、吴逸志让参谋处拟订进攻南昌的计划呈核，赵子立当时任参谋处副处长，一向是承办这个业务的，这次可为难了。赵当时认为，按敌我装备素质要以正正之旗、堂堂之鼓，硬攻下日军已占领了两个多月的大城市——南昌，确实是很困难的。对坚固阵地的攻击，如果没有优势炮火，步兵再多，都用不上劲。参谋处基于这种观点，拟订了连自己都认为没有把握的两个方案。

一是集中使用第九、第三战区所有的炮兵（包括战区直辖炮兵、军、师炮兵）沿湘赣、浙赣两公路，即由大城、莲塘两方面支援主力部队，对牛行、南昌地区，进行大规模的钳形攻势，坚决进攻南昌。另以一部进出安义以北切断德安至南昌的公路；以一部钻隙至乐化以北切断南浔铁道线；以一部钻隙至南昌东北地区，截断鄱阳湖与南昌的水上交通，以保证主力对牛行、南昌攻略的成功。但实际上这个方案是有问题的。固然战区立于主动，可以预行集中优势炮兵，但战区没有空军。炮兵多了，没有空军掩护，会受很大损失。而中国军队步兵又不够坚强，能否攻下南昌，实无把握。如日军借空军的支援进行反攻，且有丢掉炮的危险。一是由第一线部队利用日伪"维持会"先向据点内进入寻找内应，然后以奇袭或强袭的方式占领之。这种办法，虽然可行，但是没有把握。且蒋介石已下了命令进攻是不会给予充分时间的。这两个想法连自己都有顾虑，薛岳当然也不会同意。在没有妥善办法中，薛岳仍用他的老办法。

薛岳的方案仍与二月间蒋介石让反攻南昌时的方案略同，就是以第十九集团军有力部守住锦江南岸及高邮市—祥符观—故县原阵地；以一部进出安义以北截断德安至万家埠的公路，并掩护进攻部队的左侧，以主力由大城、奉新间突破敌阵地的薄弱部，并利用它的间隙部，进入牛行、乐化地区，切断南浔线，攻袭牛行、梅岭、乐化地区之敌；另以有力一部控置于高安，策应作战。让第三战区的部队由赣江、盱江间进攻莲塘、南昌。参谋处当时对薛岳的着眼，看得很清楚：以有力部队守原阵地，并控置一部于高安地区，这样，纵使进攻失败，也不会出大纰漏；安义以北部署部队进攻时，左翼安全；以主力部队用奇袭的方式突破敌第一线阵地，打到牛行、乐化地区。

## 赣江以西地区的战斗经过概况

### 第十九集团军的部署

第七十四军仍以主力部署于高安以西的石脑、大王岭地区，第四十九军部署于高安以南、清江以北、松湖以西地区。

第一集团军第六十军（欠第一八四师）仍守备高邮市—祥符观—故县线原阵地，第一八四师进出安义以北地区，佯攻安义，并切断张公渡至乐化的公路。第五十八军控置于靖安附近地区。

### 第十九集团军的战斗

第一八四师首先开始行动，在靖安以西至安义以北，一面佯攻安义、滩溪，一面切断张公渡至万家埠的公路，监视永修（涂家埠）和张公渡方面的敌人。这时永修和张公渡各据点的日军兵力很少，均没有出动，仅安义、滩溪两据点的日军与第一八四师的部队对战。

对日军第一线未被我军攻下的大据点，由原第一线部监视。进攻部队继续前进，凡途中日军的据点，均留少数兵力监视，主力进攻乐化、牛行地区的日军。

日军在牛行、梅岭、乐化地区，南昌外围的据点，较之大城方面第一线的据点是既密且固。我军钻隙进攻，山炮兵未带来，一连几日的猛攻，毫无进展。当时所说牛行附近，日军有个小据点，我军伤亡了数百人都未攻下。最初一两天日军的飞机还不太多，后来两三天，日军不断以大批飞机轰炸，日军步兵在得空炮支援下进行反攻，我军伤亡很大。

### 第九战区的战报和处置

在上述战斗情况下，第九战区先向蒋介石报告说我军奋勇由大城、奉新间地区突破了敌军第一线阵地。再报告说我军继续击破敌军的逐次抵抗，向牛行、乐化地区前进中。又报告说我军已切断南浔铁路向牛行、梅岭、乐化之敌，正在攻击中，第三战区部队，尚未到达莲塘。再报告说我军进攻牛行、梅岭、乐化，敌军凭坚固工事及炮兵飞机支援顽强抵抗，我军伤亡重大。当第三战区在赣江东岸进攻莲塘失败，又报告说敌军在大量炮空支援下进行总反攻，我军激战数日，伤亡过半，已失战斗能力；赣江东岸第三战区进攻部队全线溃退，第二十九军军长陈安宝阵亡，修河北岸永修、张公渡方面，敌军增加，有南犯模样；根据当前情况，已令进攻部队，撤出战斗。

在第三战区进攻部队溃败、陈安宝阵亡的情况下，蒋介石只好听任薛岳停止进攻，撤出战斗。第一八四师仍回奉新以西地区，第七十四军、第四十九军撤回宜丰、上高方面。

## 赣江以东战斗经过概况

### 第七十九师师长段朗如的被枪毙

赣江以东的作战是第三十二集团军上官云相指挥的，在未说赣江以东战斗之前，在未说段朗如被枪毙以前，有必要先把上官云相在作战上的作风简单介绍一下。赵子立在第九军工作过七年，上官云相当时就在第九军当旅长、师长、军长，所以对于他甚为了解，他在作战上最爱突出个人。他指挥自己的部队时，当情况有利，他是拼命地打，如一九三〇年蒋冯阎大战时，他就很给蒋介石卖劲；当情况不利时，他最会逃脱，如"一·二八事变"第十九路军在上海抗日，他也受命参加当时上海作战，却在途中徘徊不进。他在指挥别人的部队作战时光想立功，不管情况如何，都要求人家拼命地打。他是功则归己，过则归人。此次第七十九师师长段朗如被枪毙，与上官云相这种作风是分不开的。

当第七十九师刚由进贤方面经梁家渡渡过盱江到达莲塘以南时，侦得莲塘地区仅有日军一个联队，段朗如曾向上官云相建议说："莲塘地区，现在敌军兵力不大，仅有一个联队，我们可以乘他不备，先把它攻下来。"上官说："统率部队有整个计划，等着吧，有你打的仗。"

进攻开始前，第二十九军军长陈安宝转达上官云相的命令说："第九战区已突破敌军第一线阵地，切断了南浔线，正攻击牛行、乐化。本军有攻击莲塘、南昌，协助第九战区作战之任务。让第七十九师、第二十六师向当面之敌攻击，攻击重点在右翼，经莲塘向南昌攻击。"但这时莲塘的敌人，已增加到一个旅团。第七十九师是重点师，段朗如认为不仅攻不下南昌，就连莲塘也攻不下，他在电话中向上官云相报告："莲塘敌军发现我有进攻企图，已增加至一个旅团以上，就兵力、敌我战斗力及敌军的工事强度来说，我军没有完成任务的可能。"上官云相说："要按照命令坚决进攻。"段又说："进攻是要进攻，但仗不是这样打法！"上官云相一听大怒，立时就问："段师长，你说什么？完不成任务就让你负责！"

段朗如受了上官云相的斥责以后，很气愤，当即召集团长会议，任献廷也在场。当时见他手中拿一本拍纸簿向桌子上一摔，将当时敌我情况和所受任务讲了一下，接着就说："大家都是本师的老人，现在处境像这个样子，大家想怎样才能既可完成任务，又可保持本师的生存？"这时大家面面相觑，一言不发。后来第二三五团团长王永树建议说："组织一个突击队，钻隙到南昌市区，进行袭击和放火，并发出电报说本师已到达南昌。"段说："这个办法好，谁带这个突击队去呢？"各团长又都不吭声，这时王永树又说："突击队由各团各派一部组成，突击队长可由本团中校团附徐进之担任，师长可找徐进之来，鼓励他一下。"段朗如当即找徐进之来授予他上述的任务，并说："你只要能完成这个任务，一定让你当团长。"徐进之当时接受了这个任务。段立时就亲笔写了一份报告陈安宝、上官云相、顾祝同的电报稿，稿上说："本师已攻至南昌，正扫荡焚烧中。"并交代徐说："你一到南昌，就让电台把这个电报发出。"段说罢将电稿交给徐。徐说："我回去准备一下就来。"

徐进之是黄埔四期生，好赌好嫖，做事马虎，不善逢迎，上级对他不满，因此爬不上去，以黄埔四期生的资格，仍屈居中校团附之职，心中不满。此次给予他这个任务，他气愤地认为："升官找不到老子，送命找到老子了！老子去告你们去。"

第七十九师各团参加突击队的部队已到齐，这时找徐进之找不到了，盱江东岸的步哨说看见徐团附向东去了。第七十九师参谋长冯宗毅留在盱江东岸丘津（在梁家渡莅港间盱江东岸），他知道徐进之东去后，觉察事情不妙，就打电话给段朗如，建议他要做紧急处置（意思是让段立时展开部队向莲塘攻击并报徐临阵脱逃），但段没有立即照办。

徐进之到第二十九军军部向陈安宝报告此事，陈想按下此事，以作战不力为由，将段朗如免职了事。但军参谋长徐志勖不同意陈安宝息事宁人的意见，徐就打电话给上官将此事说了。上官正感觉第十九集团军的部队已攻到牛行、乐化，他的部队没有攻到南昌，要受蒋介石的申斥；又怀恨进攻开始时段朗如出言不逊（说仗不是这样打法），就决定杀段朗如以卸责任，于是就诱捕了段朗如。

段朗如在前方接到左翼预备第十师的电话，说上官总司令在预备第十师师部召集各师长开会。段朗如一到预备第十师师部，就被逮捕了，其实上官并没有往预备第十师去。

段朗如被捕后，即时解往江西上饶第三战区军法执行监部。蒋介石、顾祝同并没有一定要杀他，各方面营救段的也很多，如第九战区司令长官司令部参谋处处长狄醒宇与段朗如是黄埔四期同期同学，又在第七十九师同过事，感情很好，就多方设法营救他。但上官云相力争杀段，他说："如果不杀段朗如，我就不抗日了。"就这样，把段朗如枪毙了。

### 第二十九军军长陈安宝的阵亡

陈安宝别名陈善夫，生于一八九二年，浙江省黄岩县人，保定军校第三期毕业，历充浙江保安团排连营长、第六师营团旅长、第七十九师师长等职。在国民党的军队中是比较老实的，不会要滑头，不玩花样。他对上级服从，对下级宽厚，作战很沉着，但遇到紧急情况不太能临机应变，独断专行。过去是这样，在此次进攻南昌中所表现的也是这样。他是抗日战争中国民党军队中阵亡的三个高级将领之一。他阵亡的情形与其他二人虽微有不同，但大体上说都是在不利情况下阵亡的。第三十三集团军总司令张自忠在湖北宜城县是部队溃败时，他个人至死不退阵亡的；第九军军长郝梦龄是在山西忻口战役中亲赴第一线督战阵亡的；陈安宝是在进攻南昌部队溃退中阵亡的。国民政府给张自忠、郝梦龄国葬，并没有给予陈安宝国葬，这与当时上官云相、顾祝同对陈安宝的报告是有关的。

当上官云相逮捕了第七十九师师长段朗如以后，立时下命令让第二十九军军长陈安宝兼任第七十九师师长，照他原来的命令进攻莲塘、南昌，一定要完成任务。

陈安宝奉命后，由军部去盱江以西第七十九师路经丘津，当时任献廷在丘津见到陈安宝时，陈叹息说："你们师里怎么搞的！"他一面叫任献廷派一个通信排带十公里长的被复线（因任献廷当时兼通信连长）跟他走，一面简单地吃了点东西就去前方了。

陈安宝到前方，展开第七十九师、第二十六师，遵照上官云相的命令亲赴第一线督战，向莲塘地区的日军攻击。

盱江、赣江间的日军，是由炮兵、战车、飞机加强的约四个联队的兵力，又有坚固的工事，可资利用。第三战区在盱江、赣江间的部队只三个师九个团，按兵力、战斗力的对比属于劣势。以九个团对日军四个加强联队的防御都嫌弱，何况是进攻呢？在这种情况下去硬攻莲塘、南昌根本就不可能。第七十九师是重点师，在展开前进中，受到日军空炮的轰击，伤亡很大。到达日军阵地前，受到日军炽盛步炮火力的杀伤。

进呢？又进不去；退呢？谁也不敢负责下命令后撤。这样，日军一反攻，就全线溃退下来。

陈安宝在部队溃退中负了重伤，部队都跑散了，最后只有四个卫士，又被打死两个。陈安宝人很胖，两个卫士架不动他，日军赶上，两个卫士跑了，日军将他的头割掉带到南昌去了。日军撤回据点后，第七十九师才在一块稻田地里，将他的无头尸体找到。

### 第二十六师师长刘雨卿的负伤

当第七十九师向莲塘进攻时，第二十六师在上官云相、陈安宝严厉的命令下，也不能不进攻。但进攻并不像第七十九师那样认真，它是前进一下，停止一下，而不是一往直前地硬碰。在第七十九师溃退、陈安宝阵亡的情况下，第二十六师师长刘雨卿左腿负伤，睡在担架上抬到丘津时给上官云相打电话说："日军全线反攻，战斗激烈，部队伤亡过半，右翼第七十九师溃下来，陈军长阵亡，我负了伤，请示今后部队的行动。"

上官云相让刘雨卿将师长职务交副师长代理，让刘去后方养伤，让第二十九军撤下来。随后又让第二十九军到云山寺去整理。对南昌的进攻就这样结束了。南昌的进攻，由进攻开始，到撤下来，还不足一个星期。

## 作战的得失

一九三九年是抗日的第三年，虽然日军的战斗意志和战斗力较之一九三七年战争开始时，已经降低了不少，但未到反攻大城市的时机，还未到进攻坚固阵地的时机。当时正确的作战指导，应当是采取守势作战，在日军进攻中或扫荡中，抵抗反击它，消灭或击退它。按当时敌强我弱的实际情况，不容易把南昌攻下来，纵使尽最大努力攻下来，也是得不偿失的，一九三九年南昌的阵地攻击，是为时过早。

不说进攻大城市、进攻坚固阵地的时机问题，仅就进攻的指导来说，如果当时使用比较坚强的足够的部队，预先调集大量的炮兵，使用所有空军（那时还有苏联空军在中国助战），来进攻南昌。这样，我们步兵、炮兵可以在全部劣势中，求得局部优势。就是我军空军也能求得局部的初期的优势，对于攻下南昌，虽然是得不偿失，但尚非绝对不可能。不这样办，根本就没有可能攻下南昌。

第十九集团军能由大城、奉新间突破日军阵地至牛行、乐化地区，第三十二集团军不能突破莲塘的阵地至南昌，有下列的情况不同：第十九集团军进攻部队，首先开始攻击，有突发性，是在日军没有充分准备下进行的；第三十二集团军进攻部队，开始得迟，是在日军有充分准备下进行的。大城、奉新间日军的阵地有间隙，有薄弱部；莲塘方面的阵地，右依赣江，左依旴江，比较坚固。第十九集团军，不攻日军的大据点，如大城、西山、奉新等，一面突击日军的小据点，一面钻隙通过；第三十二集团军是要先攻莲塘，再攻南昌。第十九集团军进攻部队比第三十二集团军进攻部队在兵力上大得多。

薛岳当时应当建议蒋介石俟时机成熟再进攻南昌；不便这样建议时，也应建议蒋介石集中优势炮兵及所有空军再进攻南昌，避免打得不偿失的仗。

# 奉高战役和反攻南昌

鲁　元[※]

一九三八年十月，第五十八军由云南开赴湖北，参加武汉会战之崇阳战役。时第五十八军隶属卢汉的第一集团军。旋第一集团军调第九战区参加南昌会战。

一九三九年，入侵我江西之日军，与我第九战区友军对峙于修河南北岸。三月中旬，敌第一○六等四个师团，并海军一部，强渡修河，进攻南昌。三月十七日，敌以一部在湖中，空军掩护下猛攻吴城镇，守军与敌激战七天七夜而弃守。二十一日，我永修、虬津阵地被敌之主力攻破，敌机械化部队分头南犯，先后陷靖安、安义、奉新，进而全力猛攻南昌。我军与敌反复激战至二十七日，以实力悬殊、伤亡甚大而放弃南昌。

日军攻陷南昌后，又向奉新、高安西南地区挺进，与第十九集团军总司令罗卓英指挥之夏楚中的第七十九军、李觉的第七十军、刘多荃的第四十九军、俞济时的第七十四军及宋肯堂的第三十二军，在锦江北岸的靖安、安义、奉新间地区进行激战。

第一集团军奉令自鄂调赣北驰援，当即经浏阳达浒市转铜鼓、修水、九仙汤，于三月二十九日到达奉新、高安西南地区，迅拊敌背，投入战斗。我第五十八军与敌激战于潦河南岸之大禾岭、白塔路、上龙岗、新形山。我第六十军与敌战斗于米峰东南地区之狮子山、莲花山等地区。激战五昼夜后，我军将敌压迫于潦河南岸之文家山、五步城、凤凰山、

---

虬岭、莲花山、祥符观之线，敌我呈对峙状态。

这时，我左翼之靖安、安义西南，潦河北岸地区，有友军刘多荃军第一〇五师及预备第九师守备；右翼湘赣公路及锦江北岸地区，有友军俞济时军守备；锦江南岸高邮市、石头岗、生米街地区，有宋肯堂军守备。敌我阵地俱甚迫近，各军阵线局部，日夜均有战斗。

南昌失守，严重影响到西南战局。蒋介石为此极其震怒，严予第九战区副司令长官兼第十九集团军总司令罗卓英以撤职查办处分，旋令其戴罪立功，迅即攻复南昌。

一九三九年四月初，赣北战局转稳后，由罗卓英指挥国民党军全力反攻南昌。一路由上官云相指挥陈安宝第二十九军，沿赣江西岸北进，直攻南昌。第四十九军预备第九师进入西山区，收容流散该地区之北方官兵三四千人，以西山为据点，对虬岭、生米街、牛行之敌进攻，截断和破坏西山周围敌人的交通和通信设备。另一路由第一集团军代总司令高荫槐指挥，以第五十八、第六十两军，向靖安、安义、奉新地区之敌进攻，并以一部进入南浔线、乐化地区，截断敌之后方联络。另一路由俞济时指挥第七十四军东渡赣江，进攻南昌东面地区之敌。

全面反攻南昌开始之前，赣北整个部队俱有调整。第一集团军的部署是：以第五十八军之新编第十师接守新编第十一师潦河以南、大禾岭以北阵地，新十一师集结甘坊、上富待命，第六十军之第一八四师仍位置于大禾岭南及米峰东南地区，新编第三军之第一八三师守备米峰以南锦江北岸之线阵地。此时，当面之敌第一〇六师团据守靖安、安义，并有一加强联队据守奉新地区。第一集团军决心以有力之一部，先攻奉新，以第五十八军之新编第十一师突入安义、奉新间地区，截断敌之联系，主力则由北南进，新编第十师之一部由西东进，第六十军之第一八四师全力由南北进；摧毁当面敌之据点后，协力攻取奉新，新编第三军之第一八三师以一部出击，牵制该师当面之敌。

四月，我各路军开始分头反攻。敌我激战于南昌、赣北地区，双方伤亡均大。

十一日，奉新之敌沿潦河北岸西犯，陷邬家山、东坪、灰埠、罗坊。十三日，我第五十八军之新编第十一师攻克邬家山、东坪、灰埠、罗坊，并派部截断安义、奉新交通，敌仓皇退守奉新。十五日午夜，敌车队满载军用物资由安义南驶奉新，被我第三十一团伏击，全歼车上之敌，缴获许多军械物资以及文件。二十一日，我新编第十师、第一八四师攻奉新。二十二日，我军攻克白塔路，二十三日又攻克白马庙，继攻五步城之敌。同时，第一八四师曾团配合余团之一部，进攻陶仙岭，余团主力进攻猪婆大邱，在陶仙岭、虬岭间与敌四五百人遭遇，经激战后，制敌之增援于鸦鸠岭。二十二日，敌步兵七八百在坦克掩护下进攻余团峦岗岭阵地，该阵地中炮弹千余发，工事全毁，官兵奋战击退敌之攻势。迄午，敌坦克迂回进攻峦岗岭，守兵伤亡殆尽，乃陷敌手。余团预备队在重机枪掩护下猛烈反攻，夺回峦岗岭。入夜，猪婆大邱之敌向鸦鸠岭转进，为我曾团突袭，在被击毙的敌大队长等尸体上，检获地图、文件以及日皇所赐之佩剑、手枪等物。

四月十二日，第五十八军之新编第十师全力攻击竹山正面之敌。我官兵奋勇突入敌阵地，纵横砍杀，敌人败退，我遂完全占领敌人阵地。十三日晨，敌之援军配合战车反攻。敌我血战竟日，我方伤亡甚大，敌复陷阵地。孙渡军长鉴于该线阵地之重要，遂派增援部队，严督反攻。我军浴血反复拼斗，于十四日午将敌击溃，复占领龙形山、骑马山线之阵地。

中路友军预备第九师张言传部，于二十一日潜渡南湖，攻占牛行车站。其他友军的战况俱激烈，敌我互有进退。

五月二日，第五十八军之新编第十师奉令向张公渡挺进，截断南浔路，策应南昌方面的战斗。奉新、高安之我军，继攻当面之敌。四日，第五十八军之新编第十一师进攻洋螺岩之敌，力攻三日未克。九日，敌松浦师团由靖安迂绕该师后，乃转移太子街。十六日，敌并力攻太子街。新编第十一师被迫战斗至二十八日集结于上富。三十日，该师奉总部令调高安盛庄整补待命。第五十八军奉令率新编第十师守备米峰以南、高安以北地区。

此次反攻南昌，以敌我装备悬殊而未达克敌致果之功。

# 奉新鸦鸪岭抗击日军的作战经过

常绍群※

一九三九年二月末，我们第六十军奉命由湖南浏阳开往赣北——奉新、高安一带，阻击沿湘赣公路进犯的日军。我们团负责防守奉新鸦鸪岭的米峰山、凤凰山之敌，进入阵地后，敌人不时向我团阵地进犯，均被我军击退。打得最出色的一战，是在一九三九年六月，我团对进犯凤凰山之敌给予最沉重的打击，取得了一次较大的胜利。

一九三九年六月的一天，团长曾泽生对我说："我发现我们阵地前方的公路上，黄灰蔽天，汽车声隆隆，像是敌人调动兵力，有向我进攻的模样。你快点爬上观测所去，看看前面的敌情。发现情况，迅速打电话给我。"

我刚爬到鸦鸪岭的山顶，敌人的炮弹就向山顶轰击，目的在于摧毁我团观测所。敌炮刚开始轰击，我跑进山顶后的小岩框里隐蔽，团观测所的电话机就在里面。我向团长报告了情况，团长要我注意安全。敌炮停止后，我返回了团指挥所。

我们团进入鸦鸪岭防线后，原是采取攻势防御的部署。第一线只用一个营防守，有重点地布置防御兵力，其余两个营和团直属迫击炮连、高射机枪队均控制为总预备队。但迫击炮连和高射机枪队仍选好阵地，构筑工事，听候命令，视敌情的变化而机动使用。每三天轮换一次。

那天午后两时许，约有一个大队的敌人向我团进犯。此时是第三营

---

※ 作者当时系第六十军第一八四师第五五〇团团附。

担任第一线的防御，营长郑祖植是我团营长中资格较老、经验丰富、指挥有方的一位。他按照团部的意图，重点部署兵力，深沟高垒，严阵以待来犯之敌。敌人进攻时，不管敌人的大炮如何打，坦克如何冲，他都沉着指挥，命令全营不准还击。等到敌人进入我方火力网时，郑营长一声令下，全营官兵即对来犯之敌猛烈射击。团的迫击炮、高射机枪也紧密地射击进犯之敌，一时弹如雨下，把敌人打得人仰马翻。但敌人喘息半小时之后，仍用坦克掩护，拼命地冲到我阵地前沿。该营官兵纷纷跳出战壕，用手榴弹和刺刀与敌人进行劈刺。第九连连长曾道成、排长刘国柱以及龙排长、师排长等人，均手提冲锋枪，与敌人反复冲杀。有一个姓苏的排长被敌弹打穿鼻孔与上颚间，仍然坚持战斗。有个姓段的上士班长，拿起云南造的大刀，连砍了几个敌人，他的手膀亦被杀伤，但也不下火线。由于全营官兵英勇冲杀，才把敌人打退。

午后四点多钟，敌人又用两个大队的兵力向我反扑，用最密集的炮火向我阵地猛烈射击，把我前沿阵地轰毁几处，情况相当险恶。团长命令第一营，冒着敌人的炮火，向凤凰山增援。片刻间，第三连连长王思志、排长杨锡培，二连的丁排长等均负重伤抬了下来。幸第四连连长晋增华沉着指挥，亲自发射机枪，打死敌酋一名，击伤敌人多名，敌人才停止攻击。

五点半钟以后，敌人又向我攻击前进，仍是用大炮向我狂轰。因我第一、第三两营伤亡较大，敌我力量悬殊，团长只好把最后的一点预备队第二营开了上去。营长凌发镐在前，第五连连长韩维忠以及各连的官兵们，紧跟着凌营长冲上前去，却敌厮杀。第一、第三两营官兵士气大振，继续与敌搏斗。一时呈胶着状态，胜负未分。此时，第七连连长陈维翰左手臂负伤，上了绷带后下到团指挥所，须到后方医治。他向团长报告说："前方已呈混战状态，情况极为险恶。我负伤下来时，在途中发现敌军约一连人，由我团的左后方迂回，似有包围指挥所模样，请团长快把团指挥所后撤，比较安全些。"团长立即答复说："不行！团指挥所向后一撤，电话一中断，那就完蛋了！这等于自己打垮自己。我坚决与阵地共存亡，决不后退一步！你去后方养伤吧！"陈连长说："若团长不愿意把团指挥所向后撤，就请派人到后面的那个垭口去防守。"团长说："现在没有队伍可派了，只有护旗排担任团指挥所的警戒。而且，护旗排只有十四个战斗兵，从哪儿派队伍去呢？"此时，我见此情景，就向团长提出：由我带两名传令兵去垭口警戒。"万一敌人包围过来，我就鸣枪报告，并向敌人射击，以作疑兵。团指挥所即可向安全方向转移。"团长说："这样做可以，就由你去干吧！"于是，我带领身边的传令兵赖春荣、唐朝荣两人跑到后面的垭口两侧的高地，认真地演"空城计"。

在到垭口还不到半小时，天就黑下来了，没有发现敌情。前面凤凰山、米峰山的枪声也停止了，我又返回团指挥所。此时，团长正听各营营长报告前方敌情动态，都认为敌人只是暂时退出阵地，夜间会来袭击。团长要各营快点吃饭，统一由郑营长调整阵地，加强工事，严密警戒。直到次晨十点钟，都未见敌人动静。观测所报告："正前方的公路上已没有敌人的汽车来往。"团长认定敌人已逃回老巢，立即命令各营，迅速打扫战场，就地掩埋战士尸体，立上标牌；清点我方打死敌人的数字和各营的战利品。正午时统计出来，我军伤亡官兵共一百多人。阵地前面敌人尸首三百多具，其中有被晋增华连长击毙的敌炮兵联队铃木孝少佐。

此次战争中，我团政工人员起到了积极作用。如第四连指导员黎贤禄，他是一九三八年我军在湖南浏阳整训时前来第一八四师政治部工作的，当时他才十六岁，初中毕业。在此次鸦鸠岭战斗中，黎贤禄同连长晋增华一起，拿起步枪，并肩战斗，反复冲杀。遇到有伤员时又忙于救护，奋不顾身。如苏排长鼻孔和上颚间被敌弹打穿，饮食困难，说话也不方便，黎贤禄找担架把他抬到团部附近，替他端屎倒尿，并亲自煮稀饭喂他吃。又如丁排长大肠被敌弹打穿，伤势很重，黎贤禄找民夫把他抬到后方萧坊转运站时死去，他和另一个政工人员朱昌福，寻来棺木，把丁排长的遗体在萧坊掩埋。五连连长韩维忠在村前突围时，被敌弹打穿了右胸，也是黎贤禄找民夫把他抬去后方医治。

# 赣北奉新地区抗战的回顾

赵汝懋※

## 攻击奉新鸦鸠岭之战斗

第六十军第一八四师参加武汉会战后，在湖南浏阳经过整编，原第一〇八五团的番号改为第五五〇团。团的组成为：团长曾泽生，副团长（缺），少校团附常绍群，第一营长陈玉堂、副营长（缺），第二营长凌发镐、副营长赵汝懋，第三营长郑祖植、副营长杨朝伦。

一九三九年四月上旬，第六十军奉命攻击奉新外围之日军，由浏阳东门市出发，经铜鼓到达奉新以南之米峰地区集结。军部命令第一八四师进攻奉新县城。师部的战斗部署为：第五五二团（团长余建勋）占领峦岗岭，而后以一部向桃仙岭进攻，并掩护第五五〇团之右翼。第五五一团（团长杨洪元）占领马奇岭以左阵地，并以一部向奉新县城推进，以掩护第五五〇团左翼。第五五〇团（团长曾泽生）为主攻鸦鸠岭部队，先占领马奇岭。各团进入进攻准备位置后，第五五〇团作如下的攻击部署：

团指挥所设在马奇岭，以第一、第三营为预备队，第二营为攻击部队。第三营第九连（连长曾道成）归第二营指挥。第二营营指挥所设在伍家村。攻击部队为：第四连（连长晋增华）、第五连（连长韩维忠）、第九连（连长曾道成），并配属团八二迫击炮两门，重机枪排，统归第二

---

※ 作者当时系第六十军第一八四师第五五〇团第二营副营长。

营副营长赵汝懋指挥。攻击重点为据守鸦鸪岭之日军阵地。占领该地即可控制奉新县城。因此，日军在该地筑起坚固的防御阵地。四月十九日，第二营分散前进到伍家村，副营长率领第四连、第五连、第九连的连长、迫击炮排排长、机枪排排长前进到距鸦鸪岭约一千二百公尺处小高地侦察日军阵地之防御状况。经过研究，分配攻击任务。以第四连、第五连作正面攻击，第九连由右翼进攻。副营长指挥所设在距鸦鸪岭约一千二百公尺之小高地，重机枪排在该地构筑射击阵地，作火力掩护。迫击炮阵地在小高地南死角，先选择射击位置，测量好目标。当场命令各连、排于二十四日拂晓前，秘密将部队推进到指定攻击阵地，拂晓时即开始进攻。首先用迫击炮连续向日守军机枪掩体射击，同时进攻部队利用死角向制高点前进，到距日军二十至三十公尺处，遭到日守军之阻击，并投掷了大量手榴弹，攻击受挫。进攻部队伤亡将近三分之一，在进退困难的情况下，不得不停止在死角中隐蔽。团指挥所对进攻情况观测很详，下午五时，团长曾泽生命令副营长赵汝懋，入夜将攻击部队及伤员撤下来。第四连、第五连撤到副营长指挥所，作为前进阵地，由团长直接指挥，第九连归还建制，进攻暂时停止。

## 击毙日军军官铃木孝少佐经过

第一八四师进攻奉新受挫后，第五五二团固守峦岗岭，第五五〇团固守马奇岭，第五五一团仍固守马奇岭右翼阵地，其在掩护进攻鸦鸪岭左翼的一个营仍在前方未动。四月二十五日，日军趁我军进攻失利之机，以坦克为先导，向第五五一团掩护营猛烈进攻，战斗由上午七时开始，到下午二时，该营被迫退回原阵地。四月二十六日，日军集中优势兵力，由奉新经猪婆大邱，向峦岗岭第五五二团阵地猛攻。战斗由上午九时到下午五时，第五五二团在日军陆空联合攻击下，阵地被毁，伤亡很大，峦岗岭阵地失守。第九战区司令长官部令第六十军将该团团长余建勋，营长蔡琨解长官部议处。峦岗岭阵地失守后，第五五〇团马奇岭阵地右翼空虚，受到严重威胁，副营长赵汝懋所守之前进阵地，也处于日军由右后方包围之中。下午五时，赵汝懋在电话中将情况报告团长曾泽生，请求撤退。下午六时，团长曾泽生在电话中告诉赵汝懋说："前进阵地处境，已请示上级，长官部不许撤退。"并说前进阵地之右后方已派出部队掩护，一定要坚守阵地。赵汝懋奉命后，亲到阵地右翼重新部署火力，以四挺轻机枪对准由峦岗岭进奉新县城旧道（旧道紧靠前进阵地绕行），加强戒备。黄昏时，大约是八时，进攻峦岗岭之日军沿旧道返回奉新，抵达我阵地右翼时，突然遭到我各种火力猛烈射击。日军先头部队受到打击，即向右转仓皇逃退，仍经猪婆大邱逃回奉新。其重炮兵联队铃木孝少佐和副官、警卫共三人（骑），沿我阵地欲逃进奉新，到我阵地左翼，即被我第四连守军击毙，并缴获日军进攻峦岗岭之作战计划、军刀、手枪、毛呢披风等，拂晓时送交团部，转送上级。第九战区司令长官部查明第五五二团系受优势日军的攻击，对失守峦岗岭阵地一事，免于议处。四月二十七日，日军集中大量炮兵，对我前进阵地进行报复性射击，约十余分钟，阵地被毁，伤亡四十余人。在无法固守的情况下，我守军采取分散撤退办法，撤退到伍家村。前进阵地被日军占领后，又退回鸦鸠岭。战斗结束后不久，最高统帅部来"渝三奖代电"，副营长赵汝懋记大功一次，并晋升为少校。

## 完成捕捉敌人的艰难任务

第一八四师经过攻击奉新之战，人员伤亡较重，有的团、营残破不全，调回上高、宜丰之间的田心整补后，又调到奉新前线，接替大禾岭东面之守军阵地。此时，南昌地区的日军调动频繁，战区司令长官部令第六十军派出部队捕捉敌人，查明番号。军部令第一八三师、第一八四师各派出捕捉队捕捉敌人，限期半月完成任务。第一八四师派第五五〇团第二营副营长为捕捉队长，率该营第五连及师部特务连的一个手枪班，组成捕捉队，由会埠渡过潦河，进驻草坪萧，便于在奉新、靖安、干洲之间活动，在空隙中伺机捕捉敌人。曾在奉新、干洲之间伏击日军运输车辆，及派出一个便衣组携带手枪、麻绳、麻袋等，潜到干洲附近，想尽办法，都没有捕捉到敌人。

由于捕捉队接近日军交通线，活动频繁，日军为维护交通安全，派出二百余人的扫荡部队，与捕捉队在草坪萧以东发生战斗，而后日军占领草坪萧，并烧毁了萧教授楼房，此后萧教授对捕捉队的支持更加积极。而限期十五天内捕捉敌人的时间已到，师长万保邦甚为焦虑，令参谋处长马逸飞、副官处长魏瑛召开参谋、副官两处联席会议，研制捕捉计划十几项，令少校副官段明率特务连的一个班来到官庄交赵汝懋执行，并加以监督。所拟定的十几项捕捉办法，都是想出来的，没有实际运用价值。接着日军二百余人在杨梅岭对我抄袭，捕捉队脱离险境后，趁日军撤退之机，予以打击。此后第一八三师捕捉队前进到草坪萧东南地区，第一八四师捕捉队尽量向干洲活动，引起日军的注意，又由奉新派出约二三百人的部队，携带给养，对我捕捉队进行扫荡，与第一八三师捕捉队激战。我军趁机突袭日军的右后侧，战斗约一小时，日军即仓皇撤回奉新，遗弃伤兵二人，一为朝鲜人，另一人为日本人及许多饼干罐头等。伤兵身上所佩戴的番号，仍为第一〇六师团。我将日军伤兵抬到船上，由于伤重，伤兵死在船上。我将所获的番号及部分战利品，派特务连的一个班送到师部，接着捕捉队奉令归还建制。数日后，师部转来第九战区司令长官部薛岳之嘉奖令为："该师第五五〇团第二营副营长赵汝懋，出奇制胜，出色完成捕捉任务，记大功一次"云云。

## 潦河以北地区的游击活动

潦河以北地区为敌我双方的空白。若日军由该地区渡过潦河占领大禾岭，则对我守军形成很大威胁。第九战区司令长官部令第六十军派出适当部队，在该地区进行游击，以掩护主阵地之左侧。军部令第一八四师担任游击任务，师部指定第五五〇团第二营副营长赵汝懋为游击队指挥，率该营第四、第五两连由会埠渡过潦河，即选定东岭村高地为根据地，开展游击战斗。草坪萧教授房屋被日军烧毁后，迁来东岭村后山亲戚家住，听到我部队到来，带了鸡鸭、鸡鸭蛋等，前来慰问，同时介绍来可靠的向导，情报人员二人，协助游击队工作。此后游击队即进到官庄以东奉新、靖安间活动。日军为维护其交通安全，曾多次派出扫荡部队，与游击队发生战斗，互有胜负。

在这当中，第一八四师又奉令破坏高湖桥，以防止日军通过该桥进入潦河以北地区。师部组成挺进破坏队，令第五五二团第三营长蔡琨为挺进队指挥，以师部少校参谋李蒸协助，还有一位副营长。其组成为：两个步兵连，一个工兵连（连长何淦），特务连（连长张世明），重机枪排，八二迫击炮排，五瓦特电台。限期到达东岭游击根据地。到达当晚召开挺进队、游击队联席会议，研究日军情况，决定次日游击队前进到奉新、干洲间公路沿线活动，将日军的注意力引向该地区。挺进队派出侦察人员先行，探明前进道路及高湖桥附近状况。而后，挺进队即以最快的速度跟进。当日即顺利破坏了高湖桥。在作业中，工兵连一名中士因落水而牺牲。挺进队完成任务后，安全返回东岭，游击队亦撤回根据地。

由于高湖桥被我军破坏，以及游击队之活动，驻奉新、靖安之日军派出四五百人进犯我东岭根据地，由奉新出发之敌，到官庄后，分为两路：一路由杨梅岭，另一路由靖安出发，经曾家坳向槽下前进，向东岭根据地合击。日军从上午十一时开始炮击东岭，掩护其部队进攻，我亦以迫击炮还击，并以三个步兵连坚守山麓。战斗到下午四时，日军进攻毫无进展，即退走。此后我方加紧情报活动，部队则进行休整。接着师部电令蔡琨营长将刘副营长率领之两个步兵连及电台，交游击队归赵汝懋指挥，其他部队返回师部归还建制。在休整时，师部少校秘书张子斋、政工人员杨永兴等，到游击区做宣传工作。在槽下等地展出抗战图片，写出大量标语口号，鼓舞民心士气，加强军民之间的团结。部队所需给养都得到人民的输送支持，并经常给游击队提供奉新、靖安、干洲日军之动态，使游击队能掌握主动权。

## 日军对我阵地后方大、小迂回之战斗

一九三九年九月中旬，据派往干洲的情报人员称，日军突然在该地增加到六七千人。赵汝懋立即将情况电报师部，师部回电说"情报转军部，军长安恩溥指示'确查再报'"云云。

九月十七日，在东岭根据地观察到日军以二十余辆坦克摆在第一八四师阵地前方，作攻击之势，接着以猛烈炮火，向第一八四师阵地射击，同时驻干洲、靖安的日军经官庄、槽下向西疾进。游击队在槽下阻击由靖安西进之敌，同时急电师部，判断日军有对我采取迂回作战模样。师部即时回电："情况紧急，游击队的行动，由该副营长相机处理。"游击队在敌众我寡的情况下，在槽下山麓阻击日军后，返到东岭以西森林里隐蔽，并侦察日军的行动。探明日军已全部通过会埠，向上富西进，并无后续部队。游击队趁机由会埠渡过潦河到南岸。第五五〇团团长曾泽生、第五五二团团长余建勋都分别派出联络组，在潦河南岸寻找游击队下落。双方取得联系时，团部一位副官将团长曾泽生之手令交赵汝懋，说："奉师长万保邦电话，第五五一团刘副营长率部归还建制。电台杨台长速经水口岗到村前以东地区找师部驻地。该副营长立即率部占领五步城高地，以掩护主阵地之左翼，必要时向主阵地靠拢。"赵汝懋副营长率领已十分疲惫的第四、第五两连占领指定位置，并向奉新戒备。次日上午八时，日军小迂回部队约五六百人，由奉新西进，猛攻我五步城阵地，战斗激烈，我第五连连长韩维忠负伤，士兵伤亡二十余人。团长曾泽生观察到我战斗情况，即令赵汝懋副营长撤出阵地，接替第三营所守之阵地，该营第九连归赵汝懋指挥，阵地上没有发生战斗。

当天日军大迂回部队的旅团部已进驻甘坊，小迂回部队通过五步城向水口岗前进。另一股日军约五六百人由奉新出发插入杨公圩与村前之间。左右两翼的小迂回部队，预定在村前会合，截断我军退路，使我军处于被包围的境地。师部令第五五〇团副团长郑祖志率两个步兵连，及工兵连（连长何淦）堵住向水口岗前进的日军，双方展开肉搏战，水口岗失守。是夜，第九战区前敌指挥罗卓英，命令守军全线撤退，由右到左，逐步向杨公圩、村前转移。团长曾泽生令第二营为后卫，掩护部队转移，拂晓前开始行动。日军二百余人尾追。第二营轮番抵抗，阻止日军追击部队，于下午五时半脱离敌人，七时到达沙坪。第一八四师等许多部队都在该地区停止。团长曾泽生带着本地雇请的向导二人，到第二营营部，亲自对赵汝懋副营长面授任务。他介绍情况说："日军在杨公圩、村前之间切断我军退路。今日下午新编第十一师曾进行突围未遂，伤亡很重。现在师长已派第五五二团攻击村前，若能将日军引向该地，则有利于突围，你速组织部队向杨公圩方面突围。"同时将其自用指北针交我，叫我始终向西南方向前进，语气温和地说，目前整个部队已处于危险之中，无论怎样辛苦，都要完成任务。我立即选定精干排长一人，士兵二十人为前导，我在后跟进，到拂晓后，整个部队安全突围到达杨公圩。日军仍龟缩在村前未动。

第一八四师收容部队后，奉令到棠浦地区集结，又奉令与新编第十一师配合，向西北方向前进，围攻甘坊之日军。第五五〇团第二营攻占甘坊东南高地后，对甘坊日军形成重大威胁。下午四时，日军派出约二百人之部队，从我阵地右方迂回，营长凌发镐发现后，令第六连（连长何文洲）前往堵击。而日军已先占领主要山头，第六连被击退，日军趁势抄袭我第二营右后侧，全营被迫退出阵地，伤亡二十余人。下午六时许，团长曾泽生叫留守处长（团军医主任西耀洲）转告在留守处治病的副营长赵汝懋，若病稍愈，即刻到团指挥所，有重要任务。七时赵汝懋带病到团指挥所。团长曾泽生指地图说明白天的战斗情况，说："上级严令我团必须恢复已占领之阵地，你立即率两个连组织进攻失去的阵地。"我虽尚处于病态中，仍鼓起勇气，率第四、第五两连向阵地搜索前进。而日军夺取了我第二营阵地，解除了我对甘坊的威胁后，仍回甘坊。赵汝懋于是夜九时，未经战斗，即收复阵地。日军除零星炮击我阵地外，别无行动。我将情况立即报告团长曾泽生，他来手令说："必须坚守阵地，监视敌人。"次日凌晨四时，日军用密集炮火向我阵地射击，到拂晓时停止。赵汝懋观察甘坊之日军已撤退，即迅速报告团长曾泽生，并派一个排向甘坊搜索前进。团长曾泽生即时来手令命赵汝懋速占领甘坊，团在后跟进。甘坊系日军旅团指挥所，几百户人家的小镇，全被毁坏，满目疮痍，没有什么战利品。日军大、小迂回被粉碎后，第六十军调到棠浦地区整顿。第九战区前敌总司令罗卓英，集合少校以上军官讲话，对第一八四师收复甘坊大加赞扬。

# 到敌后打游击的回忆

王启明※

我是国民党第三十二军第一四一师第七二三团团长（中共地下党员），一九三九年十二月，部队驻在江西省靖安县城西乡间，在九仙汤附近。于该月七日接到命令，从白槎过修水到德安县和永修县以西磨溪头、抱桐地区，在日军后方打游击。当即派小部队先行，侦察白槎、修水敌情，并准备出发。

## 收编宋大队

九日，我率部队到达白槎对过修水南岸的魏家桥、王家岭、大屋地区。据先遣小部队报告，修水北岸白槎驻有伪军一个大队约五百多人，大队长叫宋良臣。据说宋良臣是国民党某部队的一个通信班长，在去年（一九三八年）十月间石家岭大战后，他收容了些落伍兵，成立了这个大队，投降了日本人。日军命令他驻在白槎负责守修水和保护公路交通。我当即派了个干部并找了一个与伪军有来往的本地人做向导到白槎去见宋良臣。向他晓以团结抗战的民族大义，要他让路我军到敌后去打敌人，决不危害他的部队。派去的干部回来后报告，宋良臣深明大义，同意让路，掩护我团过去，并声明他投日军是不得已之苦衷。去年当国军后退时，在敌后收容了些伤兵和落伍兵，一时找不到国军，为了吃饭，只好

※ 作者当时系第三十二军第一四一师第七二三团团长。

暂投了日本人,以待时机。现在国军来了,到敌后去打敌人,我愿意率这五百多人投奔贵军,一同到敌后打击日本人。

我和中校副团长、少校团附以及其他干部认真分析研究了宋良臣的情况。宋尚在壮年,有民族气节,他说的话近于实情,应该争取他共同抗日。因此,决定带干部、警卫数人亲自去会他。以诚相见,热情相助,促其弃暗投明,走上团结抗日的道路。在我去白槎宋良臣大队部之时,即通知了全团准备好今夜渡过修水,并作了渡河布置。

宋良臣见我带数人亲自来会他,深受感动,非常感激我热情帮助他走上团结抗日的光明大路。他立即将部队集中起来,让我全团渡过修水。并同意我过河后,他在原地执行原来任务,应付日本人。并秘密掩护我来往人员,等候命令再拉走部队。

宋良臣叫其夫人、亲信和中队长同我相见。我也请来第一营营长郭蕴章及其夫人舒慧华和宋良臣及其夫人相会。大家欢笑畅谈,情绪热烈,好似老朋友相会一样。在宋良臣亲信中有我的一个小同乡,河北省威县人,可惜忘记了姓名。宋良臣介绍他会顺着墙角倒爬城上房。宋要他当场表演,被我劝止了,等以后再表演吧!他们拿出鸦片、大烟枪、大烟灯来招待我,但我纸烟也不吸,怎么会吸大烟呢?在此情况下,又不能不应付一下。宋良臣也不吸鸦片烟,只是我那位小同乡,却大过其鸦片烟瘾。大家真是天南地北,海阔天空,毫无顾忌地谈了一夜。在拂晓前,部队过了修水。我也就离开了宋良臣的大队部,越过南昌去武汉的公路向抱桐方向前进。走到离白槎五公里的大坪,我令停止前进,就地宿营了,派出了警戒部队。我在白槎曾问宋良臣张公渡驻有多少日本人,他告诉我有一百多日本兵。为了准备袭击这股敌人,我即派第五连的宋排长穿便衣去侦察张公渡的地形和敌情。

## 夜袭张公渡

十一日下午,第五连宋排长回来报告,张公渡驻日军约一百多人。当时张公渡有座大桥,南昌至武汉的汽车由此过,经箬溪去湖北省。南昌去九江的汽车也由此过,经德安县去九江。张公渡在当时是公路三叉要道口(后来在虬津建了一座水泥钢筋大桥,汽车就改由此桥过修水了。虬津就成三叉要道口,张公渡桥不走汽车了),有村民五六十户。敌人驻在修水北岸大桥附近,敌哨兵守卫着大桥。宋排长到张公渡侦察的当天,适逢赶街,买卖东西的有许多人,亦有来往的敌人运输车辆通过。修水北岸地形平坦，南岸靠近山地，根据宋排长报告的情况，判断敌人尚未发觉我军渡过修水。我当即决心于今日夜间奔袭张公渡，通知部队于晚饭后七时集合出发夜袭张公渡。

是夜二十二时左右，部队到达张公渡北面约八百公尺处的郭家垄、周叶地区。我即命令第一营营长郭蕴章指挥其部队袭击张公渡的敌人。迫击炮连即在通往张公渡的大道两侧占领阵地，距张公渡约七百公尺，其余部队在其后附近地区隐蔽待机候命。

郭营长命令第一连、第二连分两路纵队向敌人搜索前进。将近敌驻地时，我搜索侦察兵被敌哨兵发现，当即鸣枪报警，敌人有了准备，对我方开始射击。我部队也开始了还击，迫击炮连也开始了射击。敌人经大桥逃跑到修水南岸，与我隔河对峙。我考虑既然偷袭被敌发觉，敌人又跑到修水南岸同我隔河对峙，对峙下去将毫无结果，而徒增伤亡。当即下令撤出战斗，向抱桐方向转进。于十二日早晨六时到达抱桐（永修县属）附近地区宿营，并派出便探向四方侦察情况，在附近山头、路口派出警戒部队。

## 随同师长唐永良视察万家岭战场

在我团渡过修水的同时，唐永良师长并率部队于白槎修水上游某处渡过了修水，到达万家岭战场西北地区。十四日，他率警卫部队经雷鸣鼓刘（现名刘鞭鼓）、毕叽街（现在军用五万之一地图上为背溪街）、张姑山到抱桐附近我团驻地视察部队指导工作。我向他汇报了收编宋大队的经过和夜袭张公渡的情形。他同意收编宋大队，等部队回修水以南赣西地区后方时，再将宋大队带走，命名该大队为第三十二军第一四一师独立大队。当谈到游击作战时，唐师长认为我部队活动范围太小，机动余地不大，周围是公路，敌人运输和机动兵力很方便。如果敌人发觉我军在此地区活动时，很可能派兵分路围攻。我建议如果遭敌分路围攻时，我们就向西越过瑞武公路到赣鄂两省交界地区去活动。唐师长说那就超出我们的作战地区了，必要时，我们还是回到修水以南赣西地区后方去。他叫我随他到万家岭战场去视察去年（一九三八年）九、十月间，同日军作战的阵地和伤亡情况遗迹。

十六日，我带警卫小部队随唐师长去万家岭战场。七时自抱桐出发，经河桥先到了张姑山。山脚下住有数家农民，雇了一名向导，领着我们爬上山。山顶山坡到处有散兵坑和尸骨、破烂皮鞋、胶鞋。由张姑山北面下来，又上了毕叽岭。此山上的尸骨、头颅、钢盔、皮鞋、胶鞋、军用品更多。从毒气罐、炮弹箱、刺刀等遗留品来看，日本人死亡较多。由毕叽岭山顶向北看，近处山脚下是毕叽街（现名背溪街），再向北远看是雷鸣鼓刘。由此山顶向东看是墩上郭、马鞍山，继向东北看是大金山、小金山。在张姑山、毕叽岭西边是羊角尖。我们向东和向西看到的这些山头，都是敌我双方来回争夺的激战阵地。敌人企图冲过这一带山地直插白槎、张公渡，以断我军后路，反而被我军包围在这一带山头北面方圆很小的地区之内，伤亡惨重，几被全歼。第三十二军第一三九师第一旅首先在墩上郭与敌人展开激战。继又协同友军在张姑山、杨家山（羊角尖）一带攻击围歼敌人。该旅旅长孙定超（字华峰），湖北省人，日本士官学校毕业，他以前在北平（京）商震创办的河北军事政治学校任学生大队上校大队长。他的学生很多都在第三十二军。攻夺麒麟峰壮烈阵亡的团长郑克己、副团长张树衡、营长秦阔泽等都是他的学生。当我视察万家岭战场时，第三十二军共有六个步兵团长，其中五人都是他的学生。营、连长中有更多人也是他的学生。孙旅中有许多烈士牺牲在这一带土地上，又有很多的官兵血汗流在这一带的土地上，其他友军当然也不例外，或许牺牲更大，血汗流得更多。这是可歌可泣的保卫祖国的英雄壮举，应该永垂史册，流芳万代。

我们下了毕叽岭，沿小河沟、经萧炉苏到了万家岭。沿途看见很多木牌，上写着敌人官兵的姓名；还有弃置在地的尸骨、钢盔、刺刀、水壶、雨具、炮弹箱、炮弹壳等军用废品。万家岭是个矮山头，大金山、小金山都比它高。敌人在万家岭，我第四军占在大金山、小金山，对敌人很不利，因此争夺战非常激烈。据住在万家岭下面的一位七十岁老人讲：在万家岭山头和东南面（对大金山一面）死的人最多。去年（一九三八年）十月在此地打死了成千成万的日本鬼子。鬼子还在他的茅屋吃过饭。老人还告诉我们：敌人第一〇六师团调回日本前派了三百多人来万家岭作招魂祭，所以满山遍野都是木牌。山顶上一列一列的木牌，其中最高一根大木牌写着"噫噫皇军阵殁将士之碑"。又一个大木牌写着"濑川部队奋战之地"。我们捡了约百个钢盔戴在每个木牌上，煞是好看。遍地是子弹壳、刺刀鞘，捡到一把刺刀鞘上面穿过了十六个子弹孔。总估计万家岭山上山下和附近，日军的坟墓同遗骨至少有三千具。毕叽街、张姑山等地还不在内。

我们下了万家岭，顺着山沟走过了一道小河（即博阳河上游）到了雷鸣鼓刘，在近村东边一个矮山下的稻田地里，看到成行成列的死马，皮鞍、铁衔都还系在马身上。附近还抛弃着很多铁鞍、铁箱。在这一块不大的凹地里，就有死马五六百匹。我们捡了七十七个马头骨堆起来，唐师长给它拍了一张相。在他沿途拍照的过程中，还向我讲了拍照取景的艺术和经验。山半坡上，竖立着两个大木牌，上写"皇军爱马之碑"和"濑川部队阵殁爱马之碑"。在雷鸣鼓刘村边大树上写着"雷鸣鼓刘激战之地"八个大字，旁注"昭和十三年十月竹内部队宿此树下"一行小字。大约统计雷鸣鼓刘、万家岭、毕叽街（背溪街）一带战场，日军骸骨至少在六千具以上，马骨至少在千具以上。根据调查已知，敌酉第一〇六师团长松浦中将，即在雷鸣鼓刘村两头农民刘茂良家旧屋里，困兽犹斗，拼命挣扎。雷鸣鼓刘至毕叽街以西以南为山地少将旅团。雷鸣鼓刘村东头至毕叽街村东侧以东以南为青木旅团。在雷鸣鼓刘北面的是该师团预备队第一二三联队和师团直属部队。其炮兵似在雷鸣鼓刘村附近，辎重兵的马匹和山炮兵的马匹隐蔽在该村鼓村东端附近凹地里。最后敌人被我军围攻压缩在南田铺、雷鸣鼓刘、潘家三个村子附近周围约四平方公里内，未能彻底全歼敌第一〇六师团实在可惜。在该村村西头，我送唐师长回师司令部驻地后，也就经毕叽街、张姑山、河桥回抱桐驻地了。不久又奉命南渡修水带走宋大队回赣西地区后方了。

## 忆 后 感

抗战救国是光明磊落的千代伟业壮举，但是蒋介石与其领兵要员都利用抗日作战，消灭杂牌军，发展壮大其嫡系部队。就以在赣北一年来抗日作战为例来说吧。第九战区司令长官陈诚，副长官商震，第一兵团司令薛岳。商震原是第二十集团军总司令兼第三十二军军长，在抗日战争开始后，即在正定石家庄指挥军队作战。继沿平汉路逐步抵抗作战，防守漳河，防守黄河，菏泽、开封作战。于一九三八年八月第三十二军调到南昌附近，商任第九战区副长官，仍任第二十集团军总司令兼第三十二军军长。命他坐守南昌不让他指挥军队，将第三十二军拨归第一兵团薛岳指挥。薛岳将第三十二军分割使用，命第一三九师师长李兆瑛带第二旅防守德安。薛直接指挥李师的第一旅旅长孙定超，率该旅在德安以西二十多公里万家岭西南的墩上郭、杨家山一带同日军作战。命第一四一师师长唐永良率该师（欠第七二三团），到瑞昌县属的南义、王家铺、覆血山（在麒麟峰以西偏北约二十公里）阻击敌第二十七师团。把该师的第七二三团输送到德安、马回岭一带作战，归李兆瑛师长指挥。

命第一四二师师长傅立平率该师（欠第三补充团）攻打麒麟峰（在万家岭西北约三十公里）。将该师的第三补充团调到柘林（在万家岭西南约二十公里）西北地区协同友军阻击由箬溪来犯之敌。以上这样分割使用第三十二军，目的是为了掩护在万家岭打好歼灭战。在万家岭打歼灭战的主角是第四军和第七十四军。第四军和薛岳有历史渊源，非常关心和爱护；第七十四军军长俞济时是蒋介石的亲戚，黄埔一期学生。第三十二军是为主角跑龙套。

一九三八年十月，德安、万家岭、麒麟峰、覆血山一带对日军作战先后结束，部队都撤退到修水以南后方地区休整。当时有黄埔一期的学生蒋介石的得意门生，向蒋告发薛岳指挥军队作战不公。蒋发电报给商震，叫他从中调解。商对王兴纲说："他们是大不公、小不公，我哪有能力调解他们之间的不公呢？"

第三十二军在德安、万家岭、麒麟峰、覆血山同敌生死拼搏，伤亡损失很大。撤到南昌附近地区休整，实际上是大整小补。取消了六个旅长、旅部和三个步兵团。由两旅四团制的师，整成三团制的师；各特种兵单位亦有缩减。武器装备不补，薪饷减少，新兵补充不足。就以我所在的第七二三团来说，到德安作战时两千多人，撤下来时不过四百人，拨补了一个新兵团一千一百多人，加上原有的官兵只是一千五百多人。商震曾对王兴纲说："在北方我们是吃干饭的，到了南方我们是喝稀饭的。"商对当时的整补是不满意的。王兴纲当时是该军中共地下党的领导人，他是原河北军事政治学校的学生，在第三十二军副官处主管人事。商震知道他是中共地下党员，也曾保护过王兴纲两次。不久商震被解除了第九战区副长官和兼第三十二军军长职务，调到湘西桃源专任第二十集团军总司令，但不管指挥作战，只管管行政、后勤兵站，指挥部队作战由副总司令霍揆彰负责。王兴纲也随商去了湘西。第三十二军军长由副军长宋肯堂接替，宋和陈诚、罗卓英是保定军官学校八期炮兵科同学，将第三十二军拨归第十九集团军总司令罗卓英指挥。军师的政治部和宣传队都派员来加强控制部队。

一九三九年三月，第三十二军在吴城、涂家埠、狗子岭沿修河（又名修水）作战后，撤退到赣西宜春地区整补时，大概是五六月间，又将第一四二师划归第九十二军建制，调到皖北归李仙洲指挥。从此第三十二军只剩下两个师六个团了，第三十二军由一九三八年九月开始在德安、万家岭、麒麟峰、覆血山作战时的十二个步兵团，到一九三九年六月只剩下六个团，在九个月之内被减掉了一半，而且商震手中的第三十二军兵权全被夺去。

同年七月，第三十二军奉命接替第七十四军在高安、奉新的防御阵地，对南昌方面之敌作战。十一月，调到九仙汤附近休整，十二月又奉命到敌后打游击，不久就回到赣西地区后方。当时，我觉得因抗日统一战线政策既不能将部队拉到新四军去抗战，不如借去重庆考陆军大学的机会，如有可能时就到延安去学习。所以向唐师长力争，他才同意我离开第七二三团去重庆了。

以上说说我当时的感想，作为到敌后打游击的结束语吧。

# 回忆陈安宝将军

周小莲※

陈安宝将军，字善夫，生于一八九二年，浙江省黄岩县横街乡马院村人。他少年时，天资聪颖，胸怀大志，在小学念书时，深受校长、老师的器重。因家境贫寒，小学未毕业就辍学了。当时还是清末，他感于国弱民穷，立志图强。一九一一年到南京考入伍生队，后转到湖北省陆军预备学校，毕业后，考入保定军校第三期。一九一六年毕业，担任浙江陆军第二师排、连长。

一九二六年，国民革命军进入浙江，他看到了曙光，毅然参加了国民革命军，担任国民革命军第二十六军营长。参加了浙、苏、皖、鲁、冀、豫、鄂等省的北伐和西征各大战役，先后参战四十余次，屡建战功，升任团长和旅长。一九三五年，升任师长。

一九三七年七七卢沟桥事变，陈将军部队在潼关、渭南、高陵一带驻防。同年十月，第九军军长郝梦龄在山西忻口对日军作战中不幸壮烈牺牲，灵柩运到潼关，我与善夫都参加了追悼会，并送了挽联。我想起以往与郝军长夫妇的亲密情谊，而今郝军长为抗击日本侵略者已英勇捐躯，不复相见，感到万分悲痛！善夫心里更加难过，他扶柩痛哭，仰天长叹道："国破山河碎，这是军人的奇耻大辱；郝军长为雪国耻，热血洒在疆场上，我们应该像他那样，为抗日而生，生当作人杰，为抗日而死，死亦为鬼雄。"

---

※　作者系陈安宝之妻。

一九三七年十一月，陈将军部队奉命开赴淞沪一带后，他率领部队从嘉兴连夜急行军赶到平湖以西布防，分兵据守独山、虎啸桥、广陈镇等战略要地，防线曲折八十余里，与日军激战十昼夜，打退了敌人的进攻，坚守了阵地。一九三八年二月，又奉命率领部队从诸暨渡富春江，向余杭敌人进攻。他采用"围城打援"的战术，伏击从杭州方面来援的敌军，与日军激战一昼夜，打得敌人尸横遍野。敌人用了二十多辆载重汽车把尸体拖了回去。他经常对官兵说："我们是炎黄子孙，不能让小日本鬼子欺侮，只要我有一口气，一定要与敌人血战到底！"由于陈将军英勇善战，运筹帷幄，屡立战功，深受上级的信任和嘉奖，部属的爱戴，人们赞誉他是常胜将军。但在我脑子里永世难忘的，是他那颗热爱祖国、忠于祖国、为国杀敌、不惜牺牲的赤子之心。

随着抗战日益激烈，前方战事日趋紧张，我心里对陈将军也日益记挂。部队在诸暨时，我事先未告知就到部队去探望他。他见到我时，既严肃又很惊异地说："在这战火纷飞的时刻，你怎么到前线来？"当天便劝我回到老家上饶。后见我有点不愉快，就说："我也很想家，想念你和孩子。国事，家事，孰轻孰重？你是明理人，不用我多说。现在，将士们都说'日本侵略者未灭，何以家为？'平日我们虽然恩爱，国难当头，怎能儿女情长？望你速急回家，好好抚养孩子。万一我在前线有个三长两短，你也不要过分悲伤，要教育孩子，继承父志。"我听了很是不安，也很感动。从此以后，我每次写信都说我和孩子身体都很好，劝他不要惦念，鼓励他奋勇杀敌，早日光复国土。

不久，陈将军奉命转入杭、嘉、湖沦陷区，开展敌后游击战。他在敌后进行深入的政治宣传工作，安抚在敌人铁蹄下幸存的民众，收编当地青壮年和在杭州、嘉兴等沦陷城市潜伏人员，组织力量，进行暴动。其间击毙敌人，缴获枪支，炸毁车辆，击沉船艇，其数甚多。

一九三八年八月，陈将军以战功晋升为第二十九军中将军长，仍兼第七十九师师长，部队转入江西东乡一带驻防。当时南浔线正面形势严重，陈将军亲率第七十九师星夜进占德安以北阵地，掩护友军安全转移。为了战斗需要，他奉命接替友军阵地，在隘口与日军第一〇一师团激战。敌人凭借鄱阳湖船艇和陆空军优越武器，向我军阵地进攻，陈将军昼夜不息，奋勇督战，坚持了三十一个昼夜。后因部队伤亡过重，才撤回后方休整补充。

一九三九年三月，日军越过修河，进犯南昌。四月，陈将军奉命率第七十九师从浮梁（今景德镇市——编者）兼程奔赴东乡，在抚河和鄱阳湖滨布防。敌人在我军攻击下，处境困难，利用其空军和炮兵优势，进行轰炸和炮击，同时调遣部队增援。五月三日，陈将军奉命指挥预备第五师、第二十六师和第七十九师等部反攻南昌，限五日到达目的地。因时间紧迫，他未等部队全部到齐，就带领幕僚，先行奔赴庄港指挥。因渡河工具缺少，部队行动迟缓，五日下午，才到达沙窝章村，先头部队遭到敌人袭击，军、师后面的通信连、辎重排和两个团，也被高坂的敌人拦腰截断。他当机立断，亲率师长刘雨卿、军参谋长徐志勖，带领身边的特务排（即警卫排）向敌人反攻，很快地夺回了被敌人侵占的桐树庙的西北高地。敌机六架，轮番轰炸，炮火密集攻击，左翼龙里张方面，敌我已处于混战状态。陈将军留下的预备队，已经用光，他就带领随从官兵，冒着敌人的猛烈炮火赶往督战。激战中，师长刘雨卿负伤，陈将军仍然沉着指挥战斗，侍卫劝他从壕沟中转移，他坚决不干，誓与官兵共存亡。五月六日下午五时十五分，陈将军不幸中了敌弹，伤及心脏，壮烈殉国，时年四十八岁。他终于实践了自己的报国誓言，对于他的牺牲，我万分悲痛！事后，国民政府追赠为陆军上将，明令褒扬。中国共产党对抗日阵亡将士，也甚为悼念，一九四〇年十月七日，在延安中央大礼堂，为张自忠、陈安宝等将领举行了追悼会。会场上高悬毛主席挽词"尽忠报国"，朱总司令挽词"取义成仁"，周恩来副主席挽词"为国捐躯"。朱总司令在追悼会上讲了话，号召"全国军人要一不怕死，二不要钱，要为国家民族而牺牲奋斗"。最后，大会通过了致诸抗日阵亡将领家属的慰问电（见一九四〇年十月七日《新华日报》第二版登载延安各界追悼张自忠、陈安宝将军的报道）。

陈安宝将军是为抗击日本侵略者而牺牲的，是无上光荣的。作为他的妻子，我感到骄傲和自豪。

陈将军牺牲之时，我才二十九岁，四十多年来，我历尽了人生坎坷，饱经忧患，但晚年还好。一九八三年十二月，中华人民共和国民政部正式追认陈安宝将军为烈士，黄岩县人民政府为他竖立了墓碑。一九八四年四月，恢复以他名字命名的黄岩县"安宝小学"校名。上饶市人民政府给了我烈属待遇，把我儿子调到上饶市工作，照顾我安度晚年。现在我的孙儿、孙女，都已走上工作岗位，我的心情已大为舒畅。陈安宝将军在天之灵，也可感到安慰了。

# 第 三 章

# 上高会战

# 综　　述

（一九四一年三月中旬至四月上旬）

中日战争已进入第四年，驻武汉日军第十一军，按照中国派遣军在南京召开军司令官、方面军司令官会上确定的当年之作战方针：以活泼、短切作战为主的精神，利用第三十三师团离开安义去山西南部中条山一带作战之前，以驻南昌的第三十四师团与安义的第三十三师团和驻南昌以西望城岗独立混成第二十旅团，对南昌西南锦江两岸的高安、上高一带第九战区之第十九集团军罗卓英部进行短切突击，以巩固南昌外围的占领地区。

由于日军在进攻前，大量征集南昌、安义、望城岗附近的民夫，为其搬运物资、弹药，所以第十九集团军通过侦察后，即做出相应的准备。

第十九集团军根据数年的作战经验，对敌人短切突击，在攻击地区、兵力使用、进攻形式、作战时限和作战部署上，都是大同小异。因此，也摸索一套对敌短期突击的作战方法。就是：当敌进攻时，正面与敌保持接触，两翼进行侧击，一部转入敌后进行破坏扰乱；当敌撤退时，即进行尾击与侧击，在敌后之部队进行游击战。

三月十五日拂晓前，北路日军第三十三师团向奉新；南路独立混成第二十旅团由赣江与锦江合流点，沿锦江南岸向灰埠；十六日第三十四师团沿湘赣公路向高安，分三路向上高地区进攻。

第十九集团军总司令罗卓英以王耀武的第七十四军三个师，利用上高及以东外围之既设阵地，在北翼李觉第七十军、南翼刘多荃第四十九军的配合下，围歼第三十四师团及独立混成第二十旅团于上高以东地区；调王陵基第三十集团军韩全朴第七十二军至上高战场。

日军第三十三师团，因为要调去华北作战，到达村前圩一带，完成其策应任务于三月二十三日返回，至安义地区。

日军第三十四师团向上高进攻，一直遭到第七十四军第五十七师、第五十八两个师猛烈打击。独立混成第二十旅团经灰埠渡锦江北岸，与第三十四师团会合，当该两股敌人于三月二十二日到达上高城东几公里处，与第七十四军发生激烈战斗，至二十四日被中国军队九个师包围于以毕家庄为中心、东西约十五公里、南北约五公里的范围内。第三十三师团奉命前往上高援救，于二十七日到达，掩护其主力撤退。

日军在撤退中，中国军队则以六个师进行尾追，第七十军两个师在泗溪镇以北一带进行阻击。第七十四军发动猛烈追击，第三十四师团与独立混成第二十旅团，被其打得一败涂地，到四月二日返回原驻地。第三十三师团在付出巨大伤亡之后，也于二日返回原驻地。

上高会战从三月十五日开始攻击，至四月二日止，战斗十九个昼夜，中国军队于最初先击退北路第三十三师团，继则对其主力第三十四师团及独立混成第二十旅团适时构成包围圈，予以致命打击。计毙伤敌岩永少将以下一万五千余人。（见《中日战争史略》第三册第三二六页）

日本侵略军在上高地区的失败，使第十一军受到很大震动，认为对王耀武第七十四军作战须特别慎重。第十一军司令官园部和一郎指挥失当，于四月十日被免职，调陆军省次官阿南惟畿接任第十一军司令官。

为庆祝上高地区作战胜利，第九战区在长沙、战时首都的重庆都举行了祝捷会，表彰了在前方浴血奋战的第九、第三两战区部队，蒋介石还颁发了奖金十五万元。

# 上高会战

薛　岳[※]

　　敌困于我持久消耗战略，遂取以攻为守之策，由全面进攻，变为局部侵扰。一九四一年三月，发动所谓鄱阳湖扫荡战，企图攻略上高，摧破我野战军。乃以由长沙下游新增之第二十混成旅团，集结厚田街，是为南支队；第三十四师团除留一部守原阵地外，主力集结西山万寿宫，是为中支队；第三十三师团之第二一四、第二一五联队，及炮工联队各一部，集结港口、左家，及干洲街，是为北支队。各路于三月十二日开始行动，十四日集结完毕。

　　三月十五日拂晓，南路敌由厚田街渡锦江，北路敌犯奉新，与第一〇七师、第十九师对战。十七日，南路敌被第五十一师、第一〇七师于独城、坑里胡节节截击，中路敌开始犯大城、赤土街，北路敌窜伍桥河，被第十九师、预备第九师节节阻击。十九日，南路敌被第五十一师阻击于英冈岭、来脊岭、石头街；中路敌窜至杨公圩、墓田圩；我第七十四军之第五十七师、第五十八师，已进入泗溪、官桥街、棠浦阵地，警戒部队已与敌接触；北路敌被第十九师、预备第九师于华林寨、苦竹坳，连日截击围歼，伤亡甚众，向东回窜，敌右臂遂先折。二十一日，中路敌突过官桥街，被我第五十七师、第五十八师于官桥街西南地区歼灭甚众，阻于东港、三陂桥、樟树下、白茅山之线，未获寸进。南路敌被第五十一师痛击于石头街、华阳，至二十三日，歼其大半，残敌渡锦江与

　　※　作者当时系第九战区司令长官。

中路合股，至是南中两路之敌，悉被困于官桥街一隅。其时第四十九军之第二十六师，由赣江东岸经清江向灰埠疾进，第一〇五师在后续进，第七十二军由修水经雷市向水口圩疾进，第十九师、预备第九师，向杨公圩、官桥街疾进，且占官桥街。二十四日，第十九师进占杨公圩，预备第九师进占官桥街西南，第七十二军进占水口圩东南，反包围势成。敌倾全力猛扑石洪桥、下陂桥（今名"陂下"），被我第五十七师、第五十八师又歼灭甚众，其势大挫。二十五日，牛行（今名"昌北"）之敌千余，以汽车西送急援，奉新之敌两千余，增至棠浦，被困之敌，逐渐会集官桥街，期与援敌合力作最后挣扎。其时第一〇五师由灰埠，第二十六师由卢家圩、石头街，第五十一师由界埠，北渡锦江，分向龙团（潭）圩、杨公圩、泗溪，准备截击败退之敌；合围各部，以官桥街为目标，四面环攻。敌酋大贺，因伤兵两千余未及后送，乃驱残卒千余，于二十七日午向我新编第十五师、第一〇七师（于经英冈岭集结上高时，归第七十四军指挥）正面离楼谢反噬，我稍却。迄夜，敌遂开始东溃。二十八日，第七十四军攻占泗溪、官桥街，第七十二军攻占棠浦，残敌几全被歼，其少将步兵指挥官岩永重伤，大贺仅以身免。第四十九军于龙团（潭）圩、杨公圩，第七十军于杨公圩、村前街间，截击败敌，至三十日，将敌击溃。迄四月二日，第四十九军逐次追占高安、祥符观、西山万寿宫、赤土街，第七十军逐次追占村前街、奉新儒里温村。

按战区二十九年（一九四〇年）五月所策定之反击作战计划："敌如进犯高安、上高、万载，则诱之于分宜、上高、宜丰以东地区反击而歼灭之。"策定反击作战指挥要领，预于抚河东之罗舍渡经市议街沿锦江南岸亘高安以东，奉新、靖安以西，及抚河东之李家渡经丰城、英冈岭、石头街、泗溪、棠浦，迄九仙汤线以东中间地区，构成三线阵地。命第七十军为诱击兵团，于第一、第二两阵地带阻击消耗敌力，诱敌深入后，转于外翼侧击。第七十四军为决战兵团，俟诱敌至第三阵地带时，与敌决战，协同各兵团合击歼灭之。并大胆抽调赣江东岸之第四十九军，适机参入灰埠、卢家圩及龙团（潭）圩、杨公圩之截击，抽调修水之第七十二军，适机参入官桥街方面之决战。规划详确，任务分明，各部又奋勇用命，其克敌非偶然也。又敌分数纵队深入，全部聚集官桥街时，无异深入口袋。我坚定决心，以逸待劳；选择战场，以静制动；以反包围答复敌之包围；以歼灭战答复敌之扫荡战；亦为成功要素。

# 上高会战概述

罗卓英[※]

## 敌之企图与我之作战指导

倭阀西进大陆政策的迷梦，经我四年来之抗战打击，已深陷泥沼，无力自拔。乃企图浑水摸鱼，乘英美有事欧西之秋，发动南进，窃取资源。但欲发动南进，以先天不足的倭国，决难再由国内扩兵，势必由西进中抽兵以行转用，去冬南宁的退出，即其明证。其余各战场为遂行其部分的抽兵，并为巩固其既占的城镇，乃以先发制人的阴谋，对我各战场实施其所谓扫荡战。此种扫荡战，其目的实含有下列三种：

一、军事上的打击：企图击破我之野战军，摧毁我之军事部署，使我无力反攻，俾达其抽兵南进，以攻为守之目的；

二、经济上的掠夺：抢劫我之现有物资，以解决其经济困乏之一部，摧毁我之生产工具，以增加我之经济困难；

三、政治上的毁灭：即以焚杀奸淫的手段，造成政治的恐怖、战地的浩劫，使战场内无村落、无人烟，我军队无法进驻。

敌为达成上之三种目的，其扫荡计划，常为不断的行动，其地区以愈扩大、愈深入为愈好。去岁的浙东战役与今春的豫南战役，已可见其流窜之阴谋。本会战敌企图一举攻略上高后，即经新余（原名新喻）、清江，东渡赣江，骚扰樟树、丰城，扫荡我赣江两岸物资，即企图横扫本集团军全正面，以图巩固南昌外围，达到扫荡战之目的，故敌命名此次

---

※ 作者当时系第九战区副司令长官兼第十九集团军总司令。

进犯为"鄱阳作战",非无意义也。

由获敌文件证明敌企图一斑:

一、三月十二日,龟岛队(第二一七联队炮队)编成表及三月十日第二一七联队上山中队编成表,均冠有"鄱阳作战"字样。

二、敌赣江支队长坂本,于三月二十一日,呈池田旅团长之电报第五条:"速示师团(按:此师团系指大贺师团,盖当时池田亦归大贺指挥——编者)主力渡赣江日期及预定渡点。"同日另一电报第二条有:"支队拟排除万难,在泉港附近,实施师团渡河准备。"

三、敌第三飞行团司令远藤少将,三月二十二日,致大贺师团长之函有:"上高占领,就在目前,希望速收赫赫之战功……"又有:"上高占领,迁延时日,敌(指我军)整顿态势,后方扰乱,亦渐活泼,希望迅速占领后即转移……"

四、所获敌日记簿上,均记载有丰城、清江、新余、上高、宜丰、上富等地名。

观上述文件,足知敌之企图,企先夺取上高,然后转师东渡赣江。并知其企经新余、清江,实施其大规模之"鄱阳扫荡战"也。

我军在赣北方面之作战指导,对于敌人来犯,早经策定反击计划。在第一、第二线,运用磁铁战,实施逐次抵抗,诱敌深入,并消耗敌人;俟诱至地形于我有利之第三阵地前,则运用歼灭战,实行反击,与敌决战。

一九四一年三月十五日起,敌集结兵力两师团一旅团共五万余众,分三路,取分进合击态势,以上高为目标,大举西犯;另以一支队(赣江支队又称坂本支队)沿赣江南犯,企图攻占清江、樟树、丰城,做渡河准备,以接应其主力军攻占上高后之渡江东犯,其来势可谓极其凶猛。但我洞烛其奸,依照既定计划,以坚定决心,指导作战。经两旬苦斗,卒仰我层峰详确指示,与赖我将士忠勇用命,对于其两翼之北南两路及骈支之赣江支队,首先运用各个击破战术,逐次予以摧折。然后以囊形态势,于上高东北地区,复围歼其主力,使敌之"鄱阳扫荡战"变为我之对敌"上高歼灭战"。由此足证上高会战,虽发自敌人先发制人之阴谋,然开战之后,完全由我主动,强敌作战,迫敌就歼也。

此一战役,敌之初步进犯目标,分三路指向上高,我亦以确保上高为中心,运用对敌围歼战术。故此役在敌若得上高,其扫荡计划,即可自诩完成;在我必须凭借上高为囊底,始克完成对敌歼灭战。因之上高之得失,敌我均为胜败之所关,所以定名"上高会战",一就会战态势取形,一就会战胜败取意也。

## 敌我参加会战兵力

在赣北本集团军正面，右起鄱阳湖，左讫武宁，自一九三九年秋长沙会战后，敌即调来第三十三、第三十四两师团担任防守。当鄂西豫南战役时，该两师团均曾抽兵前往增援。此次敌为对我施行扫荡战，鉴于过去迭次所受之挫折，似已经有了相当慎重的准备。自一九四一年元月起，除陆续将第三十四、第三十三两师团他调之兵，全部调回外，另新增池田混成一旅团，并先放弃武宁，抽出第二一三联队，开向安义，彻底集中使用兵力，以图大逞。截至三月上旬，南昌、安义敌军共增至各种兵六万五千余人，飞机百余架（远藤空军少将指挥之第三飞行团），战车四十余辆，并强拉民夫万余，使南昌市上，顿成慌乱。

我军参加会战兵力共九个师，我与敌较，敌军一师团，兵数二万五千余；我军一师约一万二千人，但实际每师平均八千余人，就兵的数量言，我须三个师才与敌一个师团相等。且敌军进攻时，各种配备部队颇多，加上其优势之装备，依据过去各战役经验，我欲攻击敌人，常须五至六个师对付敌人一个师团，才算兵力相等。本会战敌军两师团一旅团，我为九个师（在会战中，曾由战区增加两个师，但仅一部到达参战，我会战胜利即已定局），是我以劣势兵力（若就兵的数量言，则略相等），对优势敌军，然我军终敢施大胆之四面包围战，并获得歼灭敌人之战果，此岂非我军愈战愈强之一铁证乎！

## 会战经过概要

敌总兵力，迄三月上旬，增至六万五千余众，已如前述。其出动兵力约为全兵力三分之二，即为四万二千余，其余二万余则担任其原阵地及后方之守备。出动兵力，初分三路分犯上高：北路敌为第三十三师团，由樱井师团长指挥，兵力一万五千余；中路敌为第三十四师团，由大贺师团长指挥，兵力二万余，为各路中之主力；南路敌为第二十混成旅团，由池田旅团长指挥，兵力八千余；另由池田旅团派出一赣江支队，由坂本大队长指挥，以独立步兵第一〇二大队及独立工兵第二联队池田旅团工兵大队之各一部编成之，其任务已述如前。

北路敌与南路敌，先中路敌发动，其企图显然欲以两臂合抱之态势，先捕捉我军主力于高安、上高间地区而歼灭之。但我洞烛其奸，除令第一线部队遵照既定计划用磁铁战术诱敌外，并令分向两翼作离心的转进，迫敌南北两路部队，不能合犯上高，并不得不与我对战。于是我先摧折其两臂膀之计划，首先完成。在此期间，同时遵照领袖过去指示，由不重要正面，大胆抽兵，随战况之进展，渐次对敌形成反包围。敌以过去各战役之侥进，养成轻忽心理及骄妄行动，故虽陷孤军，仍图深入，终于予我以克奏歼灭之机会。兹将作战经过，概述如左：

### 磁铁战诱敌时期（自三月十五日至三月十九日）

北路敌于十五日三时开始行动，其主力由干洲南下，借空军之掩护，午陷奉新。十六日窜入棺材山东坪，被我痛击后，陆续增援抵水口甘。十七日与由石鼻街经儒里温村窜猪婆大邱，被我击退，转经米岭西犯之一部敌会合伍桥何。此后，我左翼诱击部队主力，即为离心的转进，将敌诱至下观童、花门楼、苦竹坳一带山地，经两昼夜之围击截击，歼敌两千余；另以一部由会埠方面经水口甘指向伍桥何，蹑敌尾击，残敌乃不得不分三路回师，其主力于十九日突围经上富，一部循原路经伍桥何回窜奉新。

南路敌于十五日午到达锦河与赣江合流之河口夏附近，在炮兵、飞机掩护下企图渡河，均被击退。入晚，复恃其优势炮兵与浅水汽艇之协攻，渡过锦河。十六日窜抵曲江附近，与我派出之增援军一营，在仙姑岭、梅仙岭一带激战。十七日分三股，其主力西窜坑里胡，一股窜独城，一股窜坞社里（即赣江支队），均与我派出之诱击部队发生接触。十八日经坑里胡、独城西窜之敌，与我诱击部队在清（江）高（安）路沿线对战。十九日该两股敌与我锦河南岸决战部队在来脊岭、猪头山发生激战。该南路池田敌，其战斗力较之大贺师团稍逊。而我锦河南岸部队，为力量极强之师（第七十四军第五十一师）。以后由赣江东岸抽调担任合围之部队，其战力极强（第二十六师），而后渡锦河对敌退却路担任侧击，更使敌狼狈溃逃，几陷全灭。总之锦河南岸，我以战力坚强之部队，对付敌人战力较弱之部队，故每一接战，均如摧枯拉朽，动辄演成局部歼灭战，使敌各路为之胆寒。上高会战胜利，我锦河南岸部队，实居首功也。十九日来脊岭、猪头山两战斗，各歼敌八百余，该两战地，敌遗尸四百余具。

南路敌派出赣江支队，十八日分窜泉港街、张家渡、经楼圩等地。十九日泉港敌以二百余偷渡赣江东岸，企犯樟树镇。是晨，其先头窜抵新市街时，适我由赣江东岸抽调西进之部队赶到，乘敌半渡，予以迎头痛击，残敌不支，慌乱图逃，乘船大部覆没江心，寇尸漂流，使敌从此不敢再觊觎我赣江东岸。窜张家山残敌，为其支队主力，由坂本支队长率领，十九日经蓝家桥、张家山，企图渡过陈家坊急窜清江县城。殊知我由赣江东岸抽调担任合围部队之先头李团，十八日午后，于樟树在本部直接电话指挥之下，已迅速渡过赣江。十九日午，敌先头窜到张家山、崇祯观、蜀家埚附近时，我李团亦适时赶到，发挥极勇敢之攻击精神，予敌以歼灭打击。崇祯观一地，敌遗尸达四千余具，马三十余匹，樟树、清江，确保无恙，民众有誉该师为神兵者。窜经楼圩之敌，其主力已被歼于崇祯观附近，乃闻风北窜，该赣江支队敌，自二十日至二十三日，始蜷伏曲水河西北，未敢稍动。

坂本支队文件数件：

甲、二十一日呈池田旅团长坂电第二号

一、支队主力，本拟决心十八日晚，由樟树镇北方五公里赣江支流处渡河，十九日拂晓，向清江施行急发后，再向樟树前进。但因河流过多，通过不便，乃将工兵联队主力及重火器，依托河川为掩护，与渡河困难而落后之驮马部队为第二梯团，令集结于清江东北方约四公里之陈家坊。

二、支队长指挥步兵两中队，于十九日晨到陈家坊东北约八里之蜀家埚时，与灰埠方面撤退之优势敌遭遇，激战三日二夜，因无重火器，陷于十分苦战。

三、战斗后始将工兵联队主力及重火器与驮马部队掌握。

四、本战役伤亡官兵数目，已判明者如下：

战死官长三员，士兵十五名；伤官长一员，士兵四十二名。

五、师团主力赣江渡河日时，及预定地点，请速赐示。

六、支队派赴泉港街之一部，尚未取得联络。

七、请用飞机运发（文）子弹十箱。

乙、二十一日呈池田坂电第十二号

三月二十一日一时三分于清江县蜀家埚东北方二公里之王村烧毁文书如下：

| | |
|---|---|
| 部队用暗号书一号 | 三部 |
| 部队用乱数表一号 | 三部 |
| 明码辞典 | 一部 |
| 明码早见表 | 一部 |
| 其他（略录） | |

丙、二十二日呈池田坂电第十五号

一、……（略录）

二、支队拟排除万难，在泉港街附近，实施师团之渡河准备。

三、战死官长四员（内中队长两员），士兵四十五名；伤官长一员，士兵四十六名。

丁、二十三日报告：

一、支队主力于二十三日到达泉港街。

二、撤销支队任务已奉悉。

三、关于支队之撤退，诸蒙关垂，甚感。

基右述，知敌战死官长七员，伤两员，士兵伤亡一百四十八名。敌全队官长约三十员，今伤员九员，达三分之一；而中队长四员，已战死两员，达半数。

中路敌继北南两路发动之翌日（即十六日）开始行动，以高安为目标，先以战车二十辆，冲到祥符观。十七日在飞机数十架轮流轰炸下，除祥符观一股仍继续西犯外，另二股附战车十余辆，由赤土街分经常家巷、熊塘桥，南犯莲花山。经激战后，十七日晚，我自动放弃高安，将该方面之部队，转向锦河南岸，衔接原在锦河南岸部队之右翼，对敌形成反合抱式之右手臂。十八日敌经高安西窜至龙团（潭）圩，十九日继续西窜至官桥、泗溪我决战阵地前，于是敌我两军，开始明（二十）日以后之主力战矣。

### 包围战歼敌时期（自三月二十日至二十四日）

北路残敌于十九日回窜时，复遭我尾击截击，被歼大部，二十日我克伍桥何、车坪，残敌向奉新溃退。至此，北路作战未六日，已先行溃退，我军遂得迅将兵力转用于对敌中路包围歼灭战。

南路敌于十九日在来脊岭、猪头山一带，迭遭覆灭后，仍执迷不悟，二十日再向猪头山猛犯，复被我军歼灭千余。至此，南路敌锋始挫，乃乘夜将主力窜由灰埠北渡锦河与其中路军会合，放敌企图围抱我军之两手臂，经十九日与二十日之战斗，完全被我摧断；而我军依两翼胜利之部队，因得自然对敌形成包围态势，此即所谓以反包围对付敌之包围也。

敌两臂已断，理应回窜。但敌酋大贺，以任务与颜面关系，不顾孤军，仍然深入。二十日起，敌中路在三十余架飞机轮番轰炸下，用锥形突击法，向我官桥、塘坎、泗溪阵地猛犯，当于塘坎附近，被敌突破一部，是晚，我左翼阵地略向后转移。

二十一日，敌继续以第二一七联队攻我白茅山，第二一六联队攻我云头山、源山庙、龟形山各阵地，第二一八联队攻我泗溪阵地，来势甚凶。但我军亦以极机动的新态势，迭予还击。敌我伤亡均极大。本部更以极坚决之决心，除令担任正面作战之军以攻击手段确保上高外，当令北翼包围部队以杨公圩、泗溪、官桥为目标，用突击方法兼程南下。南翼包围部队，以已渡赣江之先头师协力锦河南岸部队，先彻底解决锦河南岸残敌，并逐次向左移靠，缩小对敌包围圈。并令赣江东岸部队继续抽调数个团渡江兼程西进。

二十二日，全线大战。敌池田旅团残部渡过锦河后，于本日丑刻复由锦河北岸渡窜石头街、华阳一带，急图西犯。当时情势，十分险恶。卒因我南岸部队，运用最大机动力，其中抢救华阳之第五十一师胡景瑗团，以每小时十五华里之速度，在敌机轰炸扫射下，先敌赶到华阳，一幕遭遇战，我得以先敌展开有利态势，予敌以迎头痛击。使敌欲切断我锦河两岸部队联系，以遂其包围上高之迷梦，顿成泡幻。同时上高方面，我为缩小正面，已转移上高核心堡垒区，敌在三十余架飞机轰炸下，集结最大兵力，向我下陂桥（今名"陂下"）阵地猛犯，演成上高核心区最激烈之争夺战。是日一日间，全线敌我伤亡均在四千以上。本部为加强各级指挥官决心，及增援第一线兵力，于午刻命令本部特务营开赴第一线，参加作战。

是夜（即二十三日子刻），卓英手拟当前胜利保障十则，颁行各部队，其条文如下：

一、记住委座的训示："我不怕敌，敌便怕我。"

二、记着司令长官的训言："苦斗必生，苦干必成。"

三、记着本总司令的训告："军人事业在战场，军人功罪也在战场。"

四、目下对敌包围形势，业已完成，包围圈也已缩小，今天就是我军全线对敌施行求心攻击开始的时候，也是我军对敌展开歼灭战的良机。

五、我忠勇将士，苦战八日，业已取得八分胜利，今天第九日，必须努力争取九分胜利，以保障明天的十分胜利。

六、依昨日战况判断，敌军攻势，业已顿挫，力量已经耗尽，若无后续援军，不仅不能攻我，而且必遭惨败。纵有增兵，亦不过一大队。而我合围已成，力量凝集，增援部队新编第十四师今日可加入战斗，新编第十五师明日即可赶到参加。预计战局多延一小时，我军多得援兵一营，多延一天，多得援兵一师，围歼力量，绝对优势。

七、过去八天苦战中，万余伤亡将士的血花，正期待吾人今明两日之努力，结成胜利之果，报答国家。第七十军奉新烈士墓，第七十四军高安烈士墓，巍然在望，吾人必须迅速歼灭巨敌，以伟大战果，报慰英灵。

八、吾人必须把握住抗战四年来仅有的对敌取得包围歼灭战有利态势，将十天以后的作战精神及力量，提前到今明两天来，适时使用，充分发挥，俾在赣北战场，收一劳永逸之效，而开今年胜利年之先路。

九、各级指挥官，绝对不许有怕牺牲、保实力之观念，务须指挥中国之军队，歼灭中国的敌人，以表现中华民族革命军人之真精神。凡属最能牺牲最奏战绩之部队，我领袖必然予以优先之补充与厚赏，本总司令亦当负责报请补充，迅恢战力。

十、各级指挥官，务须确实掌握部队，向指定任务坚定迈进，并切实执行连坐法。

二十三日，锦河南岸，我克石头街、灰埠及华阴以北地区，各伤残敌一部，据家屋顽抗之敌，我集中迫击炮，向敌轰击。北岸敌在飞机掩护下，仍尽死力迭向我石洪桥、下陂桥阵地猛攻，我阵地始终屹然未动。是日，我北翼包围部队第一〇七（宋）师已进占杨公圩，向泗溪前进中，第十九（唐）师进抵官桥附近。

二十四日，我北翼包围部队之第十九（唐）师，由官桥向敌大贺师团部所在地之毕家猛攻，第一〇七（宋）师由杨公圩指向泗溪敌左侧翼猛攻，已占领泗溪。此时由战区派来之新编第十四（陈）师，亦展开于水口圩，向东南压迫。同时，我事先由锦河南岸右翼抽出之一师，亦进出上高西北地区。此时锦河南岸，我有三个精锐师，正准备渡锦河北进中。总览全态势，敌本日完全在我南北约十华里、东西约三十华里包围圈中矣。但是敌机更为活跃，被围之敌，迷梦不醒，以为其飞机威力足恃，仍向我上高核心阵地猛攻，企图最后一逞。我守军第七十四军第五十七师、第五十八师，自获悉各路包围情形后，勇气百倍，向敌施行猛烈逆袭，迄午后三时许，敌势终呈动摇，我乃开始部署全线出击。

### 围歼敌突围军与增援军时期（自三月二十五日至三月三十日）

敌因陷重围，尤以我北翼包围部队，以攻击箭头由其背后直指向毕家大贺师团司令部，威胁甚大，其"皇军"荣冠，无法再顾，于二十四日午后开始崩溃，已见前述。但敌以通信灵活，该大贺师团在被围时，曾声请其汉口军司令官复派第三十三师团，由奉新前来增援，于是（二十四日）夜到达伍桥何，二十五日经村前街以一部窜犯棠浦，主力则向官桥疾进。大贺残敌，得此援救，于二十五日晨起，向我东北包围线行极猛烈之突围战。我北翼包围部队，在敌东西夹击之下，是晚稍向北转移，开一袋口，敌增援军与突围军乃得于官桥附近合流。敌既合流，欲图再逞，但以我正面出击部队之奋勇进击，于河塅附近大挫其锋，敌势乃敛。是时，敌因伤亡官兵及残械与骡马待运，乃盘踞官桥、南茶罗一带集团家屋，负隅顽抗。

二十六日，雨雾蒙蒙，敌机不能活动，我正面出击部队尾敌压迫，当进展泗溪、桥头、河塅、南坑、胥家埭之线，锦河南岸部队已渡河向龙团（潭）圩、杨公圩挺进中。

二十七日，我正面出击部队，继续向官桥近迫，右翼当进展敖古山、水南、毕家之线，敌被迫乃开始向泗溪河东岸溃退。但我北渡锦河部队，已进出龙团（潭）圩、杨公圩、虎形岭一线，对敌退路形成长蛇式之侧击阵线。而敌以被围情急，曾到处请援。由九江运牛行（今名"昌北"）下车，经高安来援之敌两千余人，是日亦到达龙团（潭）圩附近，与我进出龙团（潭）圩部队发生激战。其经泗溪河溃退残敌，则与我进出杨公圩、虎形山部队发生激战。敌为掩护退却，以困兽之斗，向我全线猛攻。而我以战胜之威，以极活泼之姿态，向敌进击。是日也，我夺获大炮两门，其他枪弹装具甚多。

二十八日，我正面出击部队克官桥，残敌被歼殆尽。我一部并由桥头渡过泗溪河东岸，右翼连系我南路侧击部队。此时，我北路南下部队，进占打鼓岭以及谅山脑之线。于是从右翼起，我南西北三面部队，复于龙团（潭）圩、杨公圩、官桥，亘村前街西南地区，对敌形成第三次包围。其东向虽开放小口，可是我南路侧击部队之右翼伸展于龙团（潭）圩，终使敌无能循大道退却。同时，我挺进部队，早已设伏于米岭、伍桥何一带地区。故此时之敌，确仍在我包围圈内。总之，进犯之敌，经我数度围歼，伤亡官兵人数，确在二万以上，骡马辎重损失，尤不可数计。

二十九日，被围残敌，犹作困兽之斗，前线战况，仍极激烈。本日我北路部队之左翼，已进展湖城圩，逼近村前街；南路部队之右翼，亦进展龙团（潭）圩东北地区。

三十日，残敌向东溃退，于是我编成两个追击军，全线移于追击。

## 追击时期（自三月三十一日至四月九日）

三十一日子刻，我任伏击任务之挺进纵队克复高安。敌以归路被截，晨起，借飞机十五架掩护下突围，向斜桥方面逃窜。我右追击军乃经高安向西山万寿宫、牛行方面追击；左追击军向奉新、安义方面追击，沿途扫荡。迄四月二日，我除恢复原态势外，并攻占西山万寿宫。八、九两日，克安义外围之长埠、宋埠、干洲、伏桶山、弯弓尖各要点。是后，因我参战部队另有任务，奉令停止攻击。

一、由获敌文件查知（已见前），敌称此次作战为"鄱阳作战"，其企图实欲一举攻占上高后，横扫赣江两岸地区，但结果其作战第一目标之上高，亦无法夺取，则可证明其企图与计划完全被我粉碎无余矣。

二、三月二十二日，敌第三飞行团长远藤少将致第三十四师团长大贺信："大贺中将阁下：连日连夜之战斗，想极辛劳，气象台虽稍报天气恶化，但仍继续晴天，可谓天佑。上高占领，即在目前，请继续奋斗，以收赫赫战绩，不胜盼切。池田支队、坂本支队，已取得联络，弹药已投下，状况较为缓和，请安心！本团虽力量微薄，当尽死力协助于上高占领，倘因时间迁延，则敌将整顿态势，后方扰乱，亦将活泼，希望迅速占领后，即行回师。请示知上高总攻击时刻，本团当以全力协助之！请决定时刻，一举突入如何？"观此信，足见敌陆空两指挥官攻上高不下之焦灼与恐怖矣。

又函："因为侦察负伤将校，对不起！我现回去，但当另派侦察机来协助……"观此信，即知其空军因我地上部队之射击，亦受到极大损失。

三、三月，第三十三师团命令第一条："奉军通报，第三十四师团正面之敌，在上高附近（棠浦南方）顽强抵抗中。"第二条："师团拟突进于棠浦方面，击攘该方面之敌，协力于第三十四师团之战斗。"

三月二十六日，第二十三师团第二一四联队第二大队作战命令第二十二号第一条第二项："滨田支队拟与河村部队联系，于明（二十七日）七时，由茶罗坂西南侧向包围大贺师团之敌侧背开始攻击。"

观上述，足见大贺师团被我围歼惨败之一斑。

四、观前述赣江支队各报告，足知本会战我部队之行动迅速，攻击勇敢，与敌伤亡之一斑。

## 会战检讨

A. 敌失败原因

一、战略上敌指挥运用错误。

本会战敌战略上用分进合击，即所谓外线作战，在包围攻击中本为最能收得大成果之方法。但本方法，如运用不得宜，则亦被敌各个击破。

盖本方法须各纵队能适时进出利害转换线为最紧要条件。本会战敌初以上高为目标，采三路并进之分进合击，在战略部署上，固不失为一积极之案，但实行上敌之本身犯行动不一致之错误。我之对策，更出敌之预料，使敌各纵队终未能齐一的适时进出利害转换线，而遭各个击破的惨败。如其北路第三十三师团之被我诱击部队离心的转进所诱，而被迫放弃其原来会攻之任务；其中路部队滞迟一日进攻，使我得各个击破其南北两路后，而自然对其中路作向心前进，形成反包围的良好战例是也。

二、指挥上，敌缺乏前进指挥机关。

赣北方面，敌第三十三、第三十四两师团，均受其汉口方面之军司令官遥制，于赣北方面，则别无统一指挥之机关，故该两师团，行动上常无法协调。

三、行动上，敌犯"轻""急""忽"三字。

敌初对我军战力估计过低，故其计划陷入轻敌之过。因之一切随行，均极轻装，以致上高东北地区被围时，不能不用大批飞机运送粮弹，甚至投送鞋袜。及上高一再进攻不克时，似觉有失皇军面子，因愤而急，乃不顾孤军，深入重围，致陷歼灭。至于由不重要方面，大胆抽兵，以使用于决战场，对敌施行反包围战，更是稀有之事，敌遂因此养成其骄妄心理，常集结优势兵力，任意击我一点，对其自己背后联络线及阵线侧背，往往疏忽无警戒。本会战，我北翼包围部队，进抵杨公圩、泗溪、官桥一带时，敌即均无守兵，及我唐师由官桥直指向其毕家师团司令部进攻时，大贺始觉察，急谋对策，但此时包围圈已缩小到南北直径五公里。在我四面围击猛攻之下，敌虽顽强，亦终无法挽救其被围歼的厄运矣！

四、天候与交通影响。

会战期间，适值雨季，道路泥滑。据俘虏供称：一遇雨雾，飞机不能出动，敌官兵即呈恐怖心理，惧怕我之进攻，且有哭泣者。可见寇军一离物质，即无灵魂。又观其赣江支队之行动报告，及其飞机之投送鞋袜情形，则可想见其泥足之一斑。

B. 我胜利原因

一、战争指导方针明确，准备尽力。

本部基于层峰指示，事前策定作战计划，将诱击兵团与决战兵团，划分清楚，任务分明。抵抗线亦慎重选定三线，并明确决定以第三阵地线为决战阵地。结果，敌之扫荡顶点，适为我军预定之决战线。

二、战场指挥，争取主动，主宰战场。

我诱击兵团，为离心的转进，使敌只有分进，无法合击；我决战兵团系以逸待劳之精锐部队；且我于判明敌之企图及行动时，大胆由非决战正面、尽量抽兵，变被包围为反包围等，此皆争取主动、主宰战场之明证也。

三、发挥内线作战原则，各个击破敌人。

敌分三路，以抱合态势向我进攻，我既处内线，乃运用内线作战原则，令北翼部队，作离心转进，迫敌进入苦竹坳附近山地内，予以局部围歼，而先断其右臂。次令锦河南岸部队伸出，迎击敌人，该方面之敌——池田旅团，战力较之大贺师团稍逊，而我则为精锐部队第七十四军第五十一师），以上驷对下驷，故猪头山一役，敌即丧胆。红石岭再战，敌全部挫败矣。尔后依我合围部队之紧迫，更摧折其左臂，敌之两臂，先后被我各个摧断，剩下者仅寡头而已，故其中路军及空军，虽费尽死力，亦终无法钻入上高。

四、大胆由非决战正面尽量抽兵，变内线为外线，即变被包围为反包围。

包围为解决敌人之最好方法，故欲解决敌人，必须设法导致态势，形成包围，在大军作战，此包围即所谓外线也。坦能堡会战，兴登堡第八军，在全般态势上为内线，但在坦能堡则为外线。本上高会战，在初期态势，我处内线，但依战况之进展，尤依非决战正面兵力之抽用，迄上高东北地区围歼战时，我已完全导态势为外线。此种大胆由非决战正面抽兵，即所谓兵力经济使用原则，亦即所谓适时适地集中使用兵力于要点之原则，此原则经统帅时时指示吾人以行之之法也。

五、正面部队抵抗坚强，使包围轴稳固，俾担任包围部队，得有余裕时间，渐次对敌紧缩包围圈。兴登堡于坦能堡歼灭战之奏功，固有赖于担任包围之第一军团动作迅速果敢，然若无第二十军团于季耳根堡方面作坚强抵抗，则全局终非矣。本会战任正面守备部队（第七十四军第五十七师、第五十八师）之屹然不动，确保上高，诚有坚固囊底，不容敌人脱颖之殊功。又上高核心阵地为扇形，且背负锦河，为一种背水战，将士用命，尤为难能。

六、机动部队运动迅速，能发挥极大机动力。

甲、抚河东岸，以两日半时间，渡两次河，行约二百华里途程，至赣江西岸参战，得保樟树、清江无恙。

乙、李天霞师及余程万师控制部队，在华阳及下陂桥争夺战时，均以一小时十四五里之行军速度，在敌机轰炸下，向任务迈进。结果均能争得时间上之先制，与空间上之有利态势，不但转危为安，且能歼敌取胜。

七、各级决心坚确，上下信赖诚笃，达成"以战斗保障战术的胜利，以战术保障战略的成功"。

本会战中，各部队均能彻底奉行命令，达成任务要求，危急时能咬紧牙关苦撑，不诉苦，不告急。如上高核心，我正面部队在背水状况下，对于陆空协同、明冲暗袭、志在必得上高之顽敌，苦战五日，迭予反击。其间，各级指挥所位置，均能遵照本部命令，未稍后移，华阳、下陂桥两处争夺，尤均能自动抢救，此皆战术保障战略成功的好战例。又各部队战斗力均充分发挥，伙夫以扁担与敌肉搏，士兵两三人共一把刺刀与敌格斗，此种事迹，在官兵谈话中，到处可以见闻。战后，卓英赴各医院慰劳伤兵，见官兵负刀伤者颇多，其中并有负刀伤至六七处者，尤可想见当时格斗之情景，精神胜物质，此战斗保障战术的胜利之确据也。

八、民众用命，彻底破坏交通，使敌解除优势装备，达成"以破坏战保障歼灭战的成功"。

民众均能努力服行任务，尤以交通破坏，特见彻底。不但使敌机械化部队不能运动，即驮马行走，亦感困难，致其追送补给，仅赖人力，当战斗达到顶点，被围困后，不得不以飞机运投粮弹鞋袜矣。

九、我派出敌后之挺进队与潜伏敌后之地方团队，均能积极行动，使敌无法抽守原阵地之兵，再赴前线增援。例如我第二挺进纵队，挺进奉新、高安，截敌归路及辎重，并发动民众破坏张安公路桥梁；安义自卫队冲入万家埠，焚毁敌兵舍仓库等，使敌一夕数惊，蜷伏不敢稍动。

十、通信灵活，在情况紧急时，本部得直接指挥下级部队行动。例如樟树、清江电话局，在情况极紧张时期，均能从容服行任务，使抽调担任合围之赣江东岸部队之先头团，能在本部直接指挥下，迅速渡河，获得先机。又当敌侵入上高东北地区决战最激烈时，我北翼包围之各师，能在本部掌握下，听受指挥。战区增援部队之先头团，亦受本部直接电话，适时参加合围。锦河下游两岸部队，迅速向高安龙团（潭）圩、杨公圩等地挺进，造成第三次对敌之包围夹击，皆通信不断之效也。

十一、后方勤务良好。

兵站设施，年来已渐臻健全，兵站人员及地方民众，亦极努力。故本会战于敌进犯时，对于伸出之兵站末地弹药，得全部抢救后运，无一损失，而会战进行中及追击时，补给复极圆滑，使部队得专心作战，此于会战胜利，亦有功也。

C. 本会战心得

一、以劣势兵力，对优势敌军，实行大胆包围战，结果，以歼灭战答复敌之扫荡战，打破过去以同等或劣势兵力对优势敌军不能行包围攻击心理。

二、证明我军越战越强，敌人越战越弱，足以坚定各级必胜信念。

三、确保上高，以"守必固"打击敌之"攻必克"，打破过去守不能固之心理。

四、发挥内线作战原则，各个击破敌人，证明在战略上我已长足进步。

五、第一、二线用逐次抵抗，施行诱击消耗战法，诱敌至第三线，始与敌决战，此即由我主宰战场。

六、大胆抽兵，大胆转用兵力，得将作战态势，及内线为外线，即以反包围对付敌之包围，是即我能争取主动。

七、证明我军不但有抵御倭寇的力量，同时，渐有进攻的力量。故我军参谋总长曾言："我过去抗战宗旨，为敌人一日不退出中国领土，我一日抗战不止；而今后则敌人一日不退出中国，我必须进而消灭它。"

八、振醒敌后伪组织，将其心理改变过来。赣北方面，当我军战胜消息传出后，南昌、安义等处伪组织，有向我投诚之事实，及向我接洽做内应之倾向，由此可见一斑。

D. 我今后应有之改进

一、本会战中，当我危急关头，大部分部队均能充分发挥其战斗力，证明"战斗是以保障战术，战术是以保障战略"。但其中尚有少数部队战斗力稍次，致未能尽歼敌人，终使其一部漏网。故国军应特别注意养成齐一的战力，否则，虽计划周密，态势良好，亦难奏全功。

二、破坏交通，使敌解除其优势装备，故我能以同样之武器与敌作战，此即"破坏战保障歼灭战"。嗣后更望军民一致，再加紧破坏交通工作，使敌驮马亦无法运动，则其山炮亦无法随行也。

三、本年元旦，本人曾训告各将士，应注意遵守两种纪律，一为打仗纪律，一为爱民纪律。本会战对于打仗纪律，已充分做到；但对于爱民纪律，则尚有少数官兵，未能自动做到，应注意纠正。纠正的办法，在军队本身上。各级部队长，自须负责，但革命军队，为民众的武力，故地方政府与民众，对于军队军纪，亦有纠正之责任，并须不客气随时据实上报，军队能在此几重监督之下，相信必能完成两种纪律使命矣。

# 罗卓英将军对第七十四军
# 高级官佐训词①

这次上高会战，我们收获到极大的战果，创立了光荣的一页战史。今天，我们在这里集会，适值清明佳节，本人有一种特别的感想。过去每年今日，我们都是踏青扫墓，追吊祖先；今年今日，我们于赣北大捷中，特别是在战迹殷殷的前线，眼看到英勇将士的热血，溅遍了原野，赤染了疆场。血痕未干，将士先逝；战迹未没，浩气犹存；充分发挥了中华民族伟大壮烈的革命精神。我们后死同志，应该如何继承先烈的遗志，踏着先烈的血迹，勇往迈前！因此，今日我们不是踏青吊祖，而是踏红祭烈；不是消极地凭吊，而是积极地效法，效法先烈的伟大精神，消灭敌寇，复兴中华，以竟抗建大业。

在这次战役中，第七十四军发挥了最大的力量，创建了最大的战果，这是非常光荣的。记得北伐时期，第四军以"铁军"闻名……现在抗战时期，我敢大胆地说：第七十四军是抗战期中的"铁军"；第七十四军自参加抗日战争以来，屡战屡胜，愈战愈强，这次又于上高会战中，建立伟大的辉煌的战绩，特别值得我们钦敬。本总司令，今天召集第七十四军高级官佐训话，一方面是表示本人最大的敬意；一方面借此对这次战役，作一精密的检讨，希望大家秉着此次英勇作战的精神，闻胜勿骄，再接再厉，永远保持"铁军"的威名，建立更大的战功！

现在，乘此机会，先向先烈默哀三分钟。

---

① 载于一九四一年六月一日《战地文化》上高会战大捷专号。

## 一

这次战斗中，我们首以磁铁战术，诱敌至有利地区，予以歼灭战之严重打击，使敌扫荡企图，完全粉碎，原是预定的计划。我们为顺利推行这一计划，先将战场分为几个地区，并以主力军，布防决战地区，使敌进入抵抗地区以后，即无生还，因此，这次胜利，可说是预期的成功。不过，这次敌人先后增至两个半师团的兵力，以大量空军配合轰击，并由敌第三飞行团司令远藤少将，亲自驾机，指挥作战，形成了此次大规模的会战，并经统帅部确定此役为"上高会战"；同时，又以我单薄兵力，收获到如此伟大战果，却是出乎我们意外的成功。

## 二

关于这次战役的价值，最高统帅在八中全会开会时，宣读我们的捷报，当时，全体中委，欢欣鼓舞，兴奋异常，作了这次八中全会的一个光明荣耀的预兆，这算是我们献给八中全会的礼物。最高统帅并给予我们以"空前胜利"的荣誉，更值得我们兴奋。

过去台儿庄大捷，是抗战中的最大胜利，而这次的胜利却也不会比它逊色，而且在台儿庄一役中，战区较这次大，兵力较这次多，而其收获，却并不比这次会战的丰富。而且台儿庄一役，虽然胜利，可是结果，台儿庄仍不能保，这次我军竟能始终确保上高。其次，长沙会战，敌以六个师团兵力进犯，被我击溃而确保长沙，固然是伟大的收获，可是，这次我们不独保卫了上高，而且将敌人包围，施展歼灭战，摧毁其主力。因此，上级认为此役是抗战以来的"空前胜利"，我们对于这"空前胜利"的嘉勉，应该更进一步努力。

## 三

这次胜利的意义和影响很大。第一，以铁的事实，证明我"愈战愈强"和敌"愈战愈弱"，以我之强，击敌之弱，我必胜，敌必败，这是必然的前途。由此次战役，更可以坚定一般人"抗战必胜"的信念，加强一般人"抗战必胜"的意志。第二，今年元旦，我们曾说：今年是反攻胜利年，豫南之敌企图向我扫荡，没有结果，这次赣北敌发动攻势，经我以"歼灭"打击"扫荡",而开今年胜利的先路。这一役,不独加强了全国民众抗战的决心,而且增进了各线友军的勇气,使全国军民一致奋发,继续扩大胜利的战果。第三,欧洲战场与远东战场现在已密切联系起来了,东西两战场,合为一个大战场;民主阵线和侵略阵线,已明显分开;我们这次的胜利,一方面是打击远东的侵略者,使轴心国家的攻势,遭受挫折。特别是敌外相松冈,这次奔赴德、意求援之际,敌军在赣北惨败,必然遭受很大的影响。另一方面,我们这次胜利,不独间接地增强了民主阵线的力量,而且足以表示我中华民族,随时增长,敌人随时没落,使各友邦,增加对我们的信心,以扩大我外援的力量,总之,这次赣北大捷,意义特别重大,影响也特别深远,今后我们应继续发扬光大。

## 四

这次战役的经过,在军以下战斗的实际情形,各位亲临前敌,自然明了,不必我来说;现在仅就军以上的全面动作,向各位作一报告。

敌人于南进以前,拟先在大江南北两岸,发动攻势,觅我野战军主力,予以扫荡,因而继豫南扫荡战之后,在赣北发动攻势,企图摧毁我华中主力,使我一时没有反攻力量,以减少南昌外围之威胁,这是"以攻为守"的战略。同时,还妄想借此掠夺我物资,巩固伪政权,由于敌人在豫南一无所得,所以这次便特别希望打击本集团军部队,消灭本集团军主力,因此,他进攻的目标,便以上高为中心。

敌人为达到占领上高之目的,分为三路进犯。北路以第三十三师团沿奉新、上富而进宜丰;南路以第二十混成旅团沿赣江而上,准备侵占清江、樟树;中路以主力第三十四师团,由高安直扑上高;并图由两翼向心迂回,于会师上高后,复沿赣江而下,以完成其大扫荡之任务。敌人这一阴谋,早在我们意料中,当时即断定其必无成就。

## 五

我们在判断敌情以后,明了敌人的各种诡计,抱定最大的决心,遵照统帅部及长官部的指示,曾于上高外围决战地带及棠浦、旧屋一带,作纵深的配备,以最坚强的主力,控制整个战场。恰好敌人到达了我们预定的地区,所以,在这一地区内不是敌人溃灭,便是我们牺牲,胜负关键即在此，因为我们始终能坚守此线，故获得胜利；敌人不能突破此线，故而失败。

敌人南北两翼如两臂，中路如身躯，自三月十六日起，北路由望城岗伸出右手，南路复于厚田街伸出左手，以配合中路身躯之前进。我左翼方面，先在潦河两侧诱敌，予以猛烈打击，待敌进入上富后，复又以两个师兵力牵制，歼其两千余，敌右手首遭重创。我右翼方面，南路敌偷渡锦江后，分向清江独城进犯，我第五十一师依照战略指示，予以截击，特别是第一五一团，牺牲小成功大，使敌无力前进；随后敌渡赣江，又为我第五十一师及第二十六师歼其大半，敌左手又遭大挫。

三月十九日，全线展开激战。南路敌，又从南昌方面增援，进抵清江附近；我第二十六师，奋勇阻击，将敌后援折断，并以两营兵力渡河袭击于蓝家桥附近，歼敌极众，因此保障了樟树、清江，摧毁了敌南进部队。北路敌一部，经诱至苦竹坳山岭地带，围攻四天之久，混战激烈，卒被我消灭两千余，余皆溃退。中路敌至是已深入官桥、泗溪一带，在锦河南岸与我展开血战，苦斗三天（十九、二十、二十一三日）；我以各个击破战术，分路将敌消灭。这时候，敌右手缩回，左手折断于灰埠，伤亡过半，一部渡河与北岸会合强图抢夺上高，三路敌已成一路半了。

自二十二日起，进入决战阶段，我第七十四军坚守正面阵地，前仆后继，奋勇肉搏，与敌激烈争夺，造成最光荣壮烈的一幕血战。这时候，若不是第七十四军发挥伟大的战斗力，大挫敌锋，固守防线。无论怎样好的战略，也不能收成效。同时，第五十一师一部由右翼以每时十五华里速度，迅速转为左翼，先敌赶到华阳、石头街，占领优势阵地，阻敌前进，发挥了最机动最灵活的力量，影响战事全局确大，值得我们以后效法。

南路敌千辛万苦，毫无成就，便转向北岸官桥以南西犯。我预备第九师与第十九师阵地，曾一度为其突破，随后仍能恢复原有态势，牵制敌兵，鏖战数日，敌粮尽弹绝，精疲力倦，使官桥街我阵地得以处置裕如，转危为安，实在是战术上最大成功。在此苦战之时，我右翼各大军，均先后过河向敌围攻，敌后村前街方面，亦经我另一部队攻克。我们对敌的包围，至是已宣告完成，敌人的身躯已孤困于我包围圈中。二十六日以后，包围圈逐渐缩小，各线展开歼灭战，至二十八日，敌全部溃窜，我各路大军乘胜追击，并一面清扫战场。胜利的上高会战，就这样完成了。

## 六

由这次胜利的成果，我们知道，战斗力量是决胜的主要条件，证明了兵学上"战斗保障战术，战术保障战略"两句话，以后我们各部队，要做到幕僚、勤务、各种非战斗人员，都能参加战斗，而成为战斗员。记得拿破仑有一个有趣的故事：拿氏的夫人，平常服装奢华，拿氏有一次对他夫人说，把她每年置装费节省下来，足以增加一团兵力，于危急时使用，即可获得战事之胜利。由此更足证明军队中扩大战斗力是非常重要的。我们以后要做到全部动员参加作战的地步。总部这次曾将特务营交第七十四军指挥参战就是这个意思。

其次，作战要机动，战略、战术要灵活运用，兵力分布尤其要相机抽调。委员长曾对我们说过："在最紧要关头，谁能大胆抽兵，胜利即属于谁。"我这次曾于右翼紧急时，大胆地将我第二十六师及第一〇五师，调集到赣江沿线，一面保卫清江、樟树，一面牵制兵力，收到很大的效果。这是机动的一种运用，以后我们不可不注意。

## 七

总之，这次战役的特征，综合有四点：

（一）各部队均能服从军纪，忠勇奋发，同时，更能在服从中灵活运用，奋发中随机进退，值得嘉奖。

（二）抗战四年，我们很少做到"战斗保障战术"和"战术保障战略"，这次我们确实做到了，可说在中国战史上，创一精彩的战绩。

（三）在此次会战中，团以下之作战，亦能明了以攻为守，争取主动之原则，足证我军战术上有进步。

（四）各部队处处把握战机，发挥全面作战的力量，这一点尤其重要。

（胡雨霖　熊克励录）

# 上高会战之敌我态势

## 赵子立　王光伦[※]

## 第一，会战前敌我态势

一、日军的兵力和概略位置

上高会战前，日军在第九战区正面上的兵力是六个师团；在江西九江、星子、武宁、永修、安义、靖安、奉新、南昌的是第三十三、第三十四师团，第二十混成旅团；在鄂南、湘北、通山、崇阳、通城、蒲圻、临湘、岳阳的是三个师团，其中有第三师团、第十三师团、第六师团。于三月初，中国军队察知南昌以西地区日军增加，有向我进攻的模样。

二、上高会战时第九战区的战斗序列

第九战区司令长官薛岳（此时陈诚在名义上也不任第九战区司令长官，而由薛岳实任了），副司令长官罗卓英、杨森、王陵基，参谋长吴逸志。指挥下列部队：

（一）第九战区前敌总司令兼第十九集团军总司令罗卓英，副总司令刘膺古，参谋长罗为雄，指挥：

第一集团军代总司令高荫槐，参谋长赵玉矜，指挥第六十军安恩溥。该集团军的第五十八军在湘北归第二十七集团军指挥。第六十军辖三个师：第一八二师郭建臣，第一八三师杨宏光，第一八四师万保邦。

---

※　赵子立当时系第九战区司令长官司令部参谋处处长。王光伦当时系第六十军第一八三师营长。

第七十军李觉，辖三个师：第十九师唐寅伯，第一〇七师宋英仲，预备第九师张言传。

第四十九军刘多荃，辖三个师：第二十六师王克俊，第一〇五师王铁汉，暂编第十三师史克勤。该军在会战开始前归第三战区指挥，会战开始后归第九战区转属第十九集团军指挥。

第七十四军王耀武，辖三个师：第五十一师李天霞，第五十七师余程万，第五十八师廖龄奇。

第二挺进纵队康景濂。

（二）第三十集团军总司令王陵基，参谋长宋相成，指挥第七十二军韩全朴、第七十八军夏首勋。这两个军各辖两个师。第七十二军辖新编第十四师陈良基、新编第十五师傅翼。

（三）湘鄂赣边区挺进军总指挥李默庵（前湘鄂赣边区游击总指挥樊崧甫免职），副总指挥王劲修，指挥暂编第五十四师孔荷宠及第四、第五挺进纵队，其中有一个纵队司令尹立言。

（四）第二十七集团军总司令杨森，参谋长邵陵，指挥：

第二十军杨汉域，辖两个师：第一三三师杨干才，第一三四师夏炯。

第五十八军孙渡，辖两个师：新编第十师刘正富，新编第十一师鲁道源。

第三十七军陈沛，辖两个师：第六十师梁仲江，第九十五师罗奇。

第三挺进纵队王剪波。

以上除第二十军外，其余第五十八军、第三十七军及王剪波部，在名义上虽归第二十七集团军杨森指挥，在实际上，完全是归薛岳直接指挥。

（五）第二十集团军总司令兼洞庭湖警备总司令霍揆彰，参谋长郭汝瑰，指挥：

第五十四军陈烈，该军似辖两个师。

第九十九军傅仲芳，辖两个师：第九十二师梁汉明，第九十九师高魁元。

此外似还有第八十七军周祥初……

（六）战区直辖军：第四军欧震，辖三个师：第五十九师张德能，第九十师陈荣机，第一〇二师柏辉章。

三、会战前的部署

第十九集团军：第七十军占领从锦江口至高邮市（不含）锦江南岸线阵地，与北岸日军对峙。第七十四军控置于上高附近。第十九集团军总司令部驻上高附近。

第三十集团军：主力在修水（城）武宁间澧溪地区对东北占领阵地，与武宁方面的日军对峙，一部控置于修水（城）附近，总司令部驻修水西南的渣津。

湘鄂赣边区总部所属各部队以九宫山大湖山为根据，在幕府山山脉地区活动，总指挥部驻南茶。

第二十七集团军：第二十军主力在南江桥地区对北占领阵地，与通城方面的日军对峙，一部控置于平江以北地区。第五十八军主力在新墙河南岸占领阵地，与北岸日军对峙，一部担任从汨罗江口至新墙河口间洞庭湖东岸湖防。第三十七军一部担任汨罗江口—营田—湘阴线洞庭湖东岸湖防，主力控置于湘阴以东地区。王剪波纵队在通城、临湘间地区活动。

第二十集团军，除第九十九军在益阳、沅江、汉寿方面，担任洞庭湖南部湖防外，其余一部在南县、华容、安乡方面担任洞庭湖北部湖防，一部担任藕池口至太平口间长江右岸江防，一部控置于常德、桃源地区，总司令部驻常德。

第四军控置于长沙、湘潭、株洲地区。

## 第二，作战计划和锦江方面的地形与阵地

一、关于作战计划

第九战区于一九四〇年春，即南昌会战后策定的作战计划，经第一次长沙会战认为尚适用，故至一九四一年春发生上高会战，就长官部来说，仍是根据一九四〇年春策定的作战计划来指导的。

第十九集团军有它自己根据长官部一九四〇年春作战计划来制订的赣中方面的作战计划，它的这个计划，有两点值得提出：一是它的作战方针和指导要领，与战区作战计划中的方针和对赣中方面的作战要求，是完全一致的；二是它在战区规定的"决战地区"——上高方面构筑了借以拒止敌人发起反攻的阵地。显然，这个阵地对上高会战，是发生了作用的。

二、关于锦江方面的地形和阵地

上高会战，发生于锦江中下游的两岸地区。锦江发源于湘赣边区萍乡上栗市东北山区中，东流经万载—上高—高安至生米街以南入赣江。锦江的水不大，春季可以徒涉。锦江上游是中等的连山地，愈东愈低，

至万载以下，是丘陵地，上高以下是半丘陵半起伏地。一般地说，南岸的地势比北岸高些。

从当时第十九集团军所报的《上高附近阵地编成要图》中知道我军的主阵地，就选在英冈岭—界埠—泗溪以西这一概略线上，灰埠、泗溪作为前进阵地。主阵地对东呈反八字形。英冈岭地势较高，为阵地的锁钥部。主阵地及各前进阵地，均于会战开始前，筑有野战工事。全线工事，以英冈岭方面较为坚固。阵地的编成是据点式的，由点连成线，由线连成面。阵地重要部分，是由小据点连成大据点。各据点均有四面作战的独立性和互相支援的整体性。全阵地适宜于三、四师兵力的守备。

## 第三，会战经过概况

高安方面的防御配备：

第七十军以主力守备锦江口至高邮市（不含）锦江南岸之线，重点保持于左翼，一部控置于独城以北地区。

第七十四军位于英冈岭、泗溪、棠浦一带。

第四十九军守备罗舍渡、梁家渡、跨抚河亘叶子山、市汊街之线。

高安方面阵地的编成和强度与去年秋第一次长沙会战时略同。

日军进攻的兵力：

上高会战前，在锦江北岸—大城—奉新线上及安义、靖安、滩溪、永修、乐化、南昌地区的日军，似第三十四师团；北路在武宁方面第一线上及德安、星子、九江各点上的日军，似为第三十三师团。南路第二十混成旅团于市汊街以北。三路向上高分进合击。上高会战是日军一个"扫荡"战。至湘北方面，当时未发现日军从那里抽调兵力。日军此次用于进攻的兵力约两个师团加上一个旅团，相当于第九战区正面上日军全兵力的三分之一，它于会战开始前，集结于大城、牛行地区。

序战阶段：

日军约于三月中旬开始，以主力借步炮空的协力，渡锦江向松湖附近阵地猛攻，我第七十军一度与日军战斗后，即向西南节节抵抗，逐渐将兵力转移到曲江以北—独城以南—英冈岭以东之线。

日军于突破松湖、祥符观两方面的阵地后，主力沿锦江南岸松湖—独城—英冈岭线进攻；一部由锦江北岸沿祥符观—高安—龙团（潭）—泗溪线湘赣公路进攻。我军每占一个抵抗线，即能支持一天或一天以上时间，日军进攻到灰埠、英冈岭、泗溪地区时，已经过约六七天的时间，它的伤亡虽然不算大，但已相当疲劳。

战区的处置：

由于去年秋第一次长沙会战时，日军是先由高安方面开始佯攻的，因此，我军怀疑日军此次在高安方面发动的攻势是佯攻或助攻，顾虑它的主攻方面将仍在湘北。所以当时就不敢马上让自己控置在长沙方面的第四军，立即向赣中前进，参加上高方面的决战。只好将高安方面的情况报告军事委员会，请求让第三战区就近抽派部队增援高安方面的作战。经军事委员会转饬第三战区以第四十九军刘多荃部归第九战区指挥，增援高安方面作战。第四十九军当时正以第一○五师、第二十六师担任进贤—梁家渡到赣江东岸的守备，以暂编第十三师为预备队，位置于临川以北。第九战区让第四十九军归第十九集团军罗卓英指挥，以一部守备原阵地，以主力增援高安方面作战。

第九战区一再考察和研究湘北方面的情况，日军是既未减少亦未增加，看不出日军有进攻的模样，这才决心令控置在长沙附近的第四军星夜兼程赶赴上高方面，归第十九集团军罗卓英指挥，参加上高方面的决战。但这时已是会战尾声了。

决战阶段：

当日军开始进攻，突破了松湖、祥符观的阵地以后，第七十四军王耀武部就以主力跨锦江两岸，占领了上高以东英冈岭至泗溪以西的阵地和灰埠、龙团（潭）、泗溪的前进阵地，以一部控置于英冈岭以西地区为军预备队。

英冈岭至泗溪以西这一线上有预行构筑的野战工事，第七十四军占领阵地后，又临时把它加强。

日军继续进攻，连占高安、珠湖、灰埠、龙团（潭）、泗溪，当它向英冈岭—泗溪以西进攻时，仍以为和过去一样，一攻即破。然而它突然遭到第七十四军最猛烈的阻击，打得人仰马翻，毫无进展。翌日敌使用大量空军及少数山炮兵，支援步兵再度猛攻，仅在锦江以北，攻占了局部阵地，至锦江以南激战竟日，始终未爬上英冈岭阵地。这时，第七十二军以背北面南向龙团（潭）、泗溪侧击，第七十军以一部向英冈岭、独城间地区侧击。至此，日军在正面上既不能突破我第七十四军的阵地，而后方又受到我第七十二军、第七十军的攻击，于是就不敢恋战，连夜撤退。

第四十九军受命参加高安方面作战后，它以第二十六师及第一○五师的一部守备原阵地，第一○五师师长王铁汉率该师主力；第四十九军军长刘多荃亲率暂编第十三师分由曲江、丰城渡过赣江。此时,日军已开始撤退,第四十九军随向松湖、珠湖间地区攻击前进。

日军的撤退:

日军撤退时适值阴雨,道路泥泞,增加了日军运动的困难。

日军开始撤退后,我第七十四军由西向东尾追,我第七十二军由北向南侧击,我第七十军、第四十九军主力由南向北侧击。

至于第四军,它的行军速度,确是不慢,但由于第九战区未能及时让它出发,它虽然行动快,但行程有五六百里,等它赶到,日军已撤退。

这一会战,由日军开始进攻起至退入它的原阵止,约有两个星期。

战役后的行动:

第四十九军仍回赣江以东原防,归还第三战区指挥;第七十军将日军最后派在松湖方面的掩护部队驱逐后,恢复了锦江南岸的原阵地;第七十二军将日军最后驱逐后,恢复原阵地;第七十四军仍驻上高附近整训,为赣北方面的控制部队;第四军仍开回长沙附近,为战区的控制部队。

# 上高会战始末

蓝介愚※

上高会战发生于一九四一年三月十五日至四月一日，我亲身经历过上高会战，兹如实追述如下：

## 九战区作战地境线的争议

上高会战时，我是第十九集团军总司令部的少校参谋。一九四一年二月下旬，我对参谋处长（少将）梁启霖说：以赣江为第三、第九战区的作战地境线，极不合理。总司令（指十九集团军总司令罗卓英）曾经发过脾气，他说："赣江东岸的部队，平时不归本集团督训，战时才拨归我指挥。各部队情况一切不明，打了败仗就要杀我的头。"梁处长说："那你写个报告来。"我当即写好报告并附上报的电稿。电报发出后三天，军令部转来第三战区的意见，把以赣江为第三、第九战区的作战地境线，说得振振有词。如是我又拟了一稿，并对梁处长说："您如果有意见，可另拟一稿，如改七改八呈上去，总司令以为我们不敬事，是很不高兴的。"梁处长添了一些意见，另拟一稿，把我的电稿附于底层。上呈总办公厅后，副参谋长黄华国、参谋长罗为雄同样添了一些意见，另拟电稿，把其余各稿同附于底层。罗卓英看了以后，把我们的意见，用精练的文字，加以概括，并添上两条意见。原文如次：

※ 作者当时系第十九集团军总部少校参谋。

一、不能以大河川、大道路为作战地境线，此乃战役、战术一致之结论。

二、第三战区五省正面兼江海湖防，南昌正面让出后，可免战区预备队之奔忙。

三、南昌方面为一整体，赣江两岸的部队统一指挥后，无论攻防，均多便益。

四、练兵与用兵，必须紧密合一。证诸已往，赣江两岸的部队平时不归本集团督训，临时才归本集团指挥，窃以为不可。

电报上呈军令部后，四十八小时内就批准了。将赣江东岸三十华里的正面，一百五十华里的纵深，划归第九战区；将该地区的守备部队第一〇〇军，并入第十九集团军序列，归罗总司令指挥。

接到军令部的电令后，随即调整部署：

一、将战力较差的第七十军，由总预备队调为第一线守备部队，扼守东起赣江西岸、横跨锦江，西至安义县城以南地区。

二、以主力军第七十四军，从第一线调为总预备队，控置于泗溪河及锦江南岸地区。

三、赣江东岸的第一〇〇军的部署不变。

并限电到三日内交接完毕，电令是由笔者主稿的。

如南昌方面之敌，向赣江西岸的我军阵地进攻时：第七十军为诱击兵团，第七十四军为决战兵团；赣江东岸的第一〇〇军为机动兵团，驻邱家街的挺进纵队为游击兵团。

调整部署后，罗总司令将第十九集团军主办的《华光日报》的《战旗》周刊归我主编，刊首木刻为罗清桢所作。

我认为中国军队，自广州、武汉、南昌失守后，普遍胆怯了。为了鼓舞士气，收复国土，曾作《赣北战歌》于《战旗》周刊发表。歌曰：

天苍苍，水茫茫。

鄱阳湖畔好战场，赣江两岸阵堂堂。

短兵时相接，长刀映日光。

战胜归来饮百盅，醉将敌血写诗章。

上！上！南昌就在望，

前头还有巍巍的古庐山，滔滔扬子江。

天苍苍，野茫茫。

上高东北好战场，锦江夹岸阵堂堂。

挥戈除小丑，弹落阵云黄。

歼灭倭奴三百万，黄龙痛饮返家乡。

上！上！紫金山在望。

前头更有巍巍的长白山，滔滔黑龙江。

## 错综复杂、扑朔迷离的敌情

调整部署后一星期，即一九四一年三月上旬，南昌方面之敌调动频繁，可谓错综复杂，扑朔迷离。究竟是增兵还是撤兵？实难分辨。综合各种情况，择其要者，概为下列各点：

一、南昌之敌最近调动频繁，南浔铁路北上火车，每一车厢的窗口均露出人枪。南下火车，则车窗紧闭。

二、据九江坐探报告：九江市内，夜间时有整齐的部队通过。日军当局严令市民，必须紧闭窗户，不许开窗窥视。

三、据南昌坐探报告：最近有部队乘军舰于鄱阳湖登陆。

四、南浔路坐探报告：在夜间贴耳于铁轨，觉察南下火车车身沉重，而北上火车则车身轻浮。

由此，参谋处判断：从上述敌情看来，简直一如第一次世界大战坦能堡会战时德军的调动情况。北上露出人枪，系迷惑我军的假象；南下火车车身沉重，必满载部队与武器装备。判断南昌方面之敌，必有向我大规模进犯的企图。

## 日军分进合击的第一阶段

一九四一年三月十五日起，南昌方面之敌，分兵三路，以上高为目标，大举西犯。南路为第二十混成旅团，向赣江同锦江的中间地区进攻。该旅团由日军名牌部队改编。中路为第三十四师团，沿赣湘公路前进。北路为第三十三师团，由安义县城沿片点线路向罗坊方向前进。但实际道路只能容一路纵队行进，且须翻越崇山峻岭，有些地区连马亦不能骑。

因战地的公路都已破坏，日军的战车、野炮，于序战用了一次后，都不能运动。汉口日军总部特调集一个远藤空军飞行团，轮番轰炸，以空军代替炮兵。

由于三月十五日至十七日，我军第一线扼守锦江南岸的第一〇七师已抵挡不住敌军进攻。预备第九师撤退后，当天即收集了六个营。十七日全师在官桥地区集结，准备再战，第十九师已撤退至险要的苦竹坳。

当时罗总司令还在吉安，副总司令刘膺古则留在南岳未归，一切大事，均由参谋长罗为雄处理。罗经过战阵不多，前线败退后，脸色铁青，第九战区司令长官薛岳，常以电话壮他的胆，说："不要害怕，敌人是扫荡战，打了会回去的！"

罗卓英于吉安闻讯后，日夜兼程，于三月十七日下午五时，赶回上高翰堂总司令部。

十五日至十七日，进犯之敌气焰逼人，猛进无忌，骄矜自许。每天前进速度为六十华里。

十六日下午五时，少校情报参谋王一帆告诉我："已于莲塘口抓获一个俘虏，是由赣江东岸的第二十六师过江来抓获的。我以为可以将第二十六师调过赣江西岸来作战。"当时我表示完全同意。

## 运筹帷幄的幕僚会议

三月十七日晚七时许，第十九集团军总司令部总办公厅对于敌情判断，曾展开激烈的争辩。中将衔的副参谋长黄华国，判断敌人为扫荡战，待敌撤退时再予掩击，可收事半功倍之效，所以力主撤退上高，不予决战。我则认为敌人每日前进六十华里，三日以来，已极疲惫，现正碰上我主力部队的第七十四军，正可振奋朝锐，击其惰归。各持己见，互不相让。最后，我认为黄华国必然受敌人所发的路线图所迷惑。敌人所发路线图，只画到上高为止，我则认为这是用来欺骗我们的迷惑图，因上高以西的公路没有破坏，攻下上高城之后，便可沿着公路直趋长沙之侧背。所以，我提醒黄华国说："你要知道，敌人的企图是会变的呢！"罗卓英听到这里，随即阔步而出，黄氏随在罗的后面，指着军用地图，慎重言曰："敌人是扫荡战，打了会回去的，不必固守上高。等敌人撤退时，再行追击。"罗卓英板着脸孔对黄说："你要知道，上高以西，无阵地可守。"黄默然无言。罗说："好吧，你们有什么意见尽管说。"接着又讲："索性叫参谋人员都来吧！"

幕僚会议开始后，第一个发言的是参谋处长梁启霖，他说了一些正

面攻击的打法，他发言后，无一接嘴。我因官小，认为须让少将高参等先发言。参谋长罗为雄说："蓝参谋来。"（原话）

由于罗参谋长最尊重黄华国，必主张撤退；第七十四军参谋长陈瑜，曾力主撤出上高。因此，我认为，必须首先驳倒撤退论，然后才能论及其他。所以一共列了十大理由。由于官小气盛，看罗的神气，已对我十分不满，再加上我建议：请求第三战区与左邻王陵基第三十集团军协同作战。话未说完，即受到罗卓英的呵斥。他说："我们怎样打呢？"我因受呵斥后，情绪低落，忘记将第二十六师调过赣江西岸来作战的原议了，也和梁启霖一样，说了一阵，语无伦次。

以后，一共八人发言，都反对撤退。其中值得一提的是少校参谋刘金山的发言，他主张把第二十六师调过江来作战，但因官小，平日又未接触过大官，不免显示紧张，语不太达意，罗卓英没有听出来。当时我观察黄华国的神气，我倒听出来了。刘金山与王一帆是同乡，可能是王一帆告诉他的。

以后，罗卓英请参谋长罗为雄发言，罗为雄对着地图，两手比画着手势说："这样逐次抵抗，撤出上高。"最后，罗卓英请副参谋长黄华国发言。黄华国说："上高方面主守，将第二十六师调过江来，由后面进击第二十混成旅团。"我当即高声讲："我完全赞成这一方案。"罗卓英拍罗为雄的肩膀说："这样打，包赢。"（原话）

罗卓英讲评后，我建议："作战方案决定了，就先要用电话通知各部队，如果等到拟稿、层层核稿、译电、发电报，就太耽搁时间了。"结果，由黄副参谋长拟稿，梁处长打电话。

三月十七日晚十时许，黄副参谋长接到第七十四军参谋长陈瑜的电话，陈在电话里坚决反对固守上高，黄没法说服他，感到很为难。我问："是谁的电话？"黄说："是陈参谋长，这个人性格很固执。"我说："应立即报告总司令。"罗卓英听见后，趋步向前接过电话机，并以呵斥的口气说："你是陈参谋长吗？作战期间，讲话不准牢牢骚骚。"

## 对敌各个击破的时期

三月十八日，敌人第二十混成旅团的先头部队窜抵华阳地区，遭到第五十一师的重大打击，毙敌五十余，伤敌一百五十余，缴获步枪五十多支，轻机枪九挺。据二十二日晚送到的战利品看来，所报翔实，其中有敌军死尸上搜获的铜牌三十六枚。

中路敌军第三十四师团，在飞机狂轰滥炸的掩护下，猛攻第五十八师扼守的泗溪河阵地，虽有进展，但伤亡五六百人。

北路敌军第三十三师团，窜抵苦竹坳后，因崇山峻岭，跋涉艰难，已于十七日下午被迫先行撤退。

十八日晚九时许，罗卓英自拟一战报，说成是："北路击退第三十三师团；南路以第二十六师与第五十一师夹攻第二十混成旅团，迫使该敌窜抵锦江北岸与第三十四师团合流，现正对中路之敌进行包围中。"电稿拟好后，他告诉我们："以后向上级说话，就应如此。"罗的意思是：不能是多报喜少报忧。

晚上十时，我向第十九集团军主办的《华光日报》发布战况，编辑张恒存（即张穆）说："打了胜仗是不会错的，敌人于昨晚的广播还趾高气扬，今晚的广播，对上高的战况只字不提了。"

十九日，第二十六师缴获敌山炮一门，预备第九师于官桥上空击落敌轰炸机一架。

中路敌由于增加了第二十混成旅团，第五十八师扼守的泗溪河阵地已被突破。敌人已向上高北城进犯，上高北城守军第五十七师已开始与敌展开激战。

这一天，接到长沙第九战区司令长官部来电："岳阳前线已发现第三十三师团一个联队的番号。"由此可以判断：武昌、南昌方面之敌，有分两路进犯长沙之势。并于当晚收到第九战区司令长官薛岳来电："第十九集团军应确保宜丰，保障战区侧背的安全。"

十九日晚十时许，黄副参谋长建议："把赣江东岸的第一〇〇军调到赣江西岸。同时命令第二十六师北渡锦江，夹击中路之敌。"

三月二十日、二十一日，上高北城发生激烈的争夺战。二十二日上午十时，锦江北岸的第二十混成旅团，派遣一个联队回窜锦江南岸，迂回上高的侧背。第七十四军参谋长陈瑜劝王耀武撤出上高，罗卓英除了呵斥陈瑜之外，派中将总参议张襄前往第七十四军，名为慰劳，实为监督。王耀武给罗卓英打电话："请总司令相信我，我是能够贯彻您的命令的。"罗卓英一面慰勉他，一面派特务营前往增援。

王耀武严令扼守上高北城的第五十七师师长余程万："必须固守上高，失了北城就枪决。"同时命令第五十一师派遣一个团，限十五分钟内跑到锦江南岸华阳，击退南窜之敌。

三月二十二日，整日鏖战，敌机轰炸不停，第五十七师上高北城的阵地，已有部分被突破，师长余程万亲率军士大队，猛击侵入之敌，才保住上高北城的核心阵地。

由于第二十混成旅团已成惊弓之鸟，回窜锦江南岸的一个联队与第五十一师胡景瑗团遭遇后，一击即溃。

上高南城炸成一片瓦砾，晚间遥望上高，可谓：终宵战火入黄天。

二十二日下午，对上高之敌已形成包围。晚上，我对《华光日报》的编辑张穆发布战况时说："现在已不是胜利与否的问题，而是如何趁机收复南昌的问题。"

黄华国随即向罗卓英建议："预备第五师留一个团守备赣江东岸的阵地，其余偷袭南昌。"罗打了电话以后，询问我的意见。我连声说："不可！不可！"因为预备第五师战斗力薄弱，夏季攻势的经验，第五十七师用两个团攻击敌人的据点，牺牲了五百人，才打下两个碉堡，经敌预备队一个反击，两个碉堡又丢掉了。战斗力强的第五十七师尚且如此，何况战斗力弱的预备第五师，一不可也。敌人水陆交通便利，兵力转用容易，调一个联队回来，即可横扫赣江东岸，更何况目前赣江东岸已成空城计了，二不可也。最好能把暂编第二军调来。由于黄华国没有反对我的意见，罗又打电话给预备第五师暂时停止行动。

次早，接到各方电报说："莲塘口上空，日军已升起一个气球，监视我赣江两岸部队的行动。"罗与黄听后都吃了一惊。

三月二十三日，敌军第三十三师团的一个联队回窜战地。据预备第九师电报："该联队的先头部队，已窜抵土地庙王。"由于预备第九师张开一大缺口，使回窜之敌与第三十四师团合流。

这时，我们判断上高北城之敌要开始撤退了，便下令追击。王耀武不愿再担任追击的任务。罗卓英尽量勉励他："打追击战，是不用做饭吃的，敌人做的饭，会送给我们吃。"王耀武也便派第五十八师同第五十七师担任追击。

罗卓英请求战区派遣一个军趁机收复南昌。薛岳只派左邻的第七十二军两个师参加追击，该军每师只有四千多人。

敌撤退前，先向西猛烈突击，第七十二军两个师后退四五华里。罗卓英面向地图问我："你看情况如何？"我说："敌人跑了，撤退前先猛打猛冲一阵，然后再脱离阵地，这是日军的惯技。"罗说："会不会再派一支部队南渡锦江，以迂回上高之侧背呢？"我说："那绝不会的！目前敌人已成惊弓之鸟，你看连远藤空军飞行团长投给大贺师团长的信都甩掉了，大贺师团长也有可能被我军击毙了。"

在追击中，敌军受到两次包围，计官桥地区被围一次，土地庙王被围一次。第七十二军的追击部队异常勇猛，但因敌机的狂轰滥炸，在渡过土地府王的石桥时，被炸得死伤累累，血肉横飞。直至四月一日，敌军才全部退回原阵地。

战火未灭，我即奉罗卓英的命令，偕罗清桢到战地去视察。昔日古书上所说的"尸体枕藉"，才第一次看到实景。

是夜宿于上高东北的下陂桥，彻夜不能入眠。一合上眼，战场上的死尸死马，即出现在脑海，尤其是老鹰争啄死马及其飞起飞落所发出的凄厉声音，在脑中历久不息。而下陂桥下的流水，潺潺不息，曾作诗两句云："下陂桥底三更水，彻旦潺潺枕上闻。"

会战结束后，据西山情报所报告："第三十四师团参谋长引咎剖腹自杀。"

四月二日，军事委员会参谋总长何应钦对新闻记者发表谈话说："上高会战，是抗战四年来最精彩之战。"

笔者曾作《会战行》，刊于《华光日报》的副刊，署名蓝踪萍，今将末段照录如次，以作本文的结束。

> 百里战场尸枕藉，缕缕残烟望不绝。
> 昔时春色满锦江，今日锦江血浸月。
> 月照残旗剩几多？天网恢恢汝奈何。
> 此役吾侪同奏凯，相期更唱大风歌。

# 上高会战纪实

吴　鸢　王仲模※

## 战前形势

一九四一年春，军事委员会决定在西南、西北两地区，各成立两个攻击军（即战略军）为大江两岸机动部队。攻击军与普通军的区别是军司令部编制扩大一些，直属部队庞大，计有：炮兵、工兵、辎重兵各一团，搜索营（半机械化）、高射炮营、战车防御炮营、通信兵营、特务（即警卫）营，官兵人数比一个师还多。在西北地区改为攻击军的是第一、第二两个军；在西南地区已决定的是驻广西全县的第五军军长杜聿明（该军的第二〇〇师是机械化部队），另一个军，各方面竞争甚烈。经军令部提名报请有四个军，内以第十八军和第七十四军旗鼓相当。第十八军是陈诚一手建成的，从内战到抗战，都负有声誉。第七十四军是抗战初期在上海建立的，首任军长俞济时，现任军长王耀武，都是蒋介石的得意门生。第七十四军在抗战中打了几次硬仗，如守卫上海外围罗店三个月，阻止了日军的进攻；而后在南京保卫战、开封外围战、南（昌）浔（九江）线北段战斗中，以敢打敢拼，声誉鹊起。经蒋介石反复考虑后，圈定第七十四军为攻击军。当时第七十四军担任赣北高安、上高一带防务，归第十九集团军总司令罗卓英指挥，接到改为攻击军命令后，全军欢腾，准备交防后撤整补。

---

※　吴鸢当时系第七十四军参谋处科长。
　　王仲模当时系第七十四军第五十一师少校参谋。

当时，在南昌一带的日军有第三十三、第三十四两个师团。日军华中派遣军总部为了破坏中国军队整军计划，打击有生力量和巩固南昌外围，发动鄱阳湖扫荡战，决定进攻高安、上高。入春以来，南浔线军运频繁，到三月上旬，已有独立第二十混成旅团、独立山炮兵第二联队和两个独立大队、独立第一工兵联队、装甲车中队、第三飞行团等，集结在南昌。同时，大量征集民夫，运送军用品，进攻迹象，至为明显。

第七十四军自一月份起，集结在泗溪、官桥、棠浦一带，就地整训。因接到改为攻击军命令，第五十一师于三月七日将担任市汉街、锦江南岸至米岭间的防守任务，移交给第七十军第一〇七师，第五十一师即移驻刘公庙附近。当时，第七十四军军部驻官桥，第五十七师驻泗溪，第五十八师驻棠浦。

三月十五日，全军第一期整训教育终了，举行校阅。第七十军当时情况骤紧，集团军总司令罗卓英以寅删乙尧渡电①令第七十四军准备参战。

第七十四军奉令后，作出如下部署：

第五十一师集结于刘公庙附近地区，以后做机动使用；

第五十七、第五十八两师，迅速在阵地后方集结，适时占领石头街、泗溪、官桥、棠浦之线的既设阵地，阻止日军西进。并令各师加强工事，努力搜索敌情。

军部及直属部队于三月十七日移驻上高西南的高亭桥，并在上高东北的花园设置指挥所，以便于而后指挥。

## 战斗经过

三月十四日，日军兵分三路，向我军阵地进攻。北路由第三十三师团师团长樱井省三指挥，中路由第三十四师团师团长大贺茂指挥，南路由第二十混成旅团旅团长池田直三指挥，采取分进合围，两翼夹击，在上高附近会合。

当日军发起攻击后，在空军配合下，攻势凌厉。北路突破第七十军预备第九师、第十九师阵地，向会埠、伍桥何疾进。中路突破莲花山、

① 寅删乙尧渡电：当时国民政府军政机关发电报和代电，习惯用地支代表月份，诗韵韵目代表日期，"寅"表示三月，"删"表示十五日，"乙尧渡"表示承办文稿科室。

米峰间第一〇七师阵地。南路第二十混成旅团在上下回峰渡过锦江，向独城前进。由于日军陆空配合，又有重炮，我第七十军将士虽浴血奋战，未能挽回颓势，不得不逐次后撤，形势显然不利。

三月十六日，日军在突破第七十军阵地后，一部西犯，一部在尧岭附近渡过锦江。罗总司令命令第七十四军迅速占领第二线阵地，与敌决战（即第七十四军为决战兵团）。王耀武奉令后，命令第五十一师以一个团推进到高安、独城附近，掩护军之侧背，第五十一师主力，在泰和圩附近集结待命；第五十七师、第五十八师，占领石头街、泗溪、棠浦阵地，并各以一部占领杨公圩、村前街前进阵地，拒止敌人。第五十一师当以第一五一团进至独城、泉港街，迟滞敌军行动。

三月十七日至十九日，日军独立第二十混成旅团击破第一〇七师的抵抗后进至独城，与第五十一师第一五一团激战竟日。当令该团逐次向傅家圩、菱角凌之线撤退，占领既设阵地。在第五十一师占领英冈岭、红石岭、鸡公岭阵地完毕后，第一五一团在与日军确保接触的情况下，逐次退到右翼，完成了先遣任务，加入师主力作战。

十八日，第一〇七师在高安附近，又遭到日军夜袭，颇受损失。其张公渡、灰埠的桥头堡阵地，也相继弃守。日军得由高安城、灰埠两地渡河，与傅家圩西犯之敌合股，攻我天子岗、狮子岭等地，与第五十一师激战。与此同时，日军第三十四师团主力突破祥符观第一〇七师阵地后，沿湘赣公路到达龙团（潭）圩。十七日进攻第五十七师杨公圩前进阵地。十九日与北路背港之敌合力钻隙，由土地庙向官桥疾进，攻击第五十八师龙形山、基田圩，警戒阵地。该师命第一七四团出击，攻占猴子岭，侧击敌背，这出敌意外的果敢行动，获得辉煌战果。

再说日军第三十三师团樱井省三部队，配属山炮，突破预九师阵地后，向村前街（在高安、宜丰中间）前进，当与第五十八师第一七三团接战，经反复争夺，遏止日军攻势。

二十日拂晓，日军第三十四师团集中兵力，向泗溪、官桥、棠浦之线阵地猛攻，空军整日低飞轰炸、扫射，鏖战竟日，将第五十八师第一七二团阵地突破。第五十八师以预备队补充团逆袭，虽然暂时遏止日军攻势，但以正面过广，兵力单薄，渐感困难。

二十一日，第九战区司令长官薛岳和第十九集团军总司令罗卓英，联合发出电令，变更部署：锦江南岸采取攻势，北岸采取守势，以确保上高为主。王耀武军长当令第五十一师向猪头山、鸡公岭当面之敌攻击，以确保上高为目的，重新调整锦江北岸部署：令第五十七师仍守索子山、云头山、原山庙斜交阵地；第五十八师改守红家埂、荷舍之线。

二十二日晨，日军猛攻云头山斜交阵地，在空军掩护下，向下陂桥（今名"陂下"）疾进（据情报人员报告，日军纵队通过一地，长达七小时，可见兵力雄厚）。其攻击云头山阵地的主力，突破雷分坑，前锋进至回堡庄，距离第五十七师师部仅两华里。在锦江南岸的日军，猛扑石头街，西窜进迫华阳。当时，第五十一师正奉命攻击高安，第五十八师集结在凌江口附近，第五十七师已陷入日军包围圈内，日空军又将锦江军桥炸断，切断我军退路，一时情况相当紧急。王耀武军长便亲率特务营策应，士气大振；一面通知第五十一师补充团跑步驰援。该团不顾日机轰炸，一鼓作气，以一小时十五华里的速度，奋勇抢占华阳，周陶排长先敌占领关键阵地华阳峰，侧击日军第二十混成旅团。这一着出敌意外，打乱了日军作战计划，粉碎了其从南岸包围上高的企图，战局暂趋稳定。

集团军为确保上高，指示开放宜丰。第七十四军当即修正部署，以第五十七、第五十八两师主力，占领上高城附近核心阵地，吸引敌人。二十三日，日军用全力向石洪桥、下陂桥、曾家岭之线及其以西阵地攻击，重点指向聂家。第三十四师团长大贺茂亲至毕家指挥，志在必得。日军第三飞行团出动飞机架次之多，为上海战役后所仅见。我军以血肉之躯，反复逆袭，双方阵地，犬牙交错，迫使敌空军不得不暂停轰炸。因而在二十四日、二十五日两天，双方都无进展，形成胶着。入夜，日军利用汉奸带路，派出小股便衣队，钻隙潜入我军阵地后方，鸣枪纵火，由于军直属补充团巡逻得力，一一扑杀，情况稳定。第五十七、第五十八两师阵地岿然不动，攻击上高的日军，其前锋离城仅八里，可以看到城墙。然而，就是这八里路，日军无法逾越。

日军攻势顿挫，我两翼大军如赣江东岸的第四十九军，由修水南下的七十二军等，已渐次向上高靠拢，给予日军重大的威胁。为便于指挥，罗总部将第四十九军第二十六师和第七十军第一〇七师，统归第七十四军军长王耀武指挥。我以五个师兵力，全线出击。

日军经过半个月来的作战，人疲马乏，在我军全线反攻的情势下，开始后撤。我第五十一、第五十八两师，密切配合，在攻占毕家傲、古山、长岭、南茶罗等地后，于二十八日收复官桥。

二十九日，我各部分向杨公圩、村前街追击。到三十一日，日军全部狼狈退到南昌外围，恢复了三月十五日以前的态势。上高会战，至此结束。

这次历时半月的上高会战，日军以进攻开始，以败退终止，粉碎了日军"攻必克"的神话。据第七十四军战报，此役俘虏日军少尉以下官兵二十三名，三八式步枪三百零五支，轻重机枪十六挺，山炮一门，掷弹筒十八具，战马一百一十五匹，战刀二十五把，其他钢盔、防毒面具、各类弹药、文件等甚多。把日军遗留下来的尸体，集中掩埋，石碑上刻了"倭奴冢"三个大字，与七十四军阵亡将士陵墓，遥遥相对。

会战结束，参谋总长何应钦在国民参政会上讲："上高会战，是一次最精彩之战。"论功行赏，由国民政府颁授第七十四军以"青天白日飞虎锦旗"（蓝绸、绣有白色飞虎）；军长王耀武，被授予青天白日勋章。锦旗、勋章及有功官兵勋奖章，均由重庆派专机送到长沙，再派专车送到上高，由第十九集团军总司令罗卓英代表军事委员会授予。另外，第九战区司令长官薛岳，发给第七十四军奖金两万元，以示慰勉。重庆、桂林、长沙、泰和的各报社记者，和湘、赣两省慰问团，先后来到上高，极一时之盛。

# 华阳之战

吕 健[※]

上高会战之前，敌我态势是这样的：盘踞南昌外围的日军，约有两个师团以上的兵力，以安义为基点，向西南延伸，分布于新建、安义、靖安、奉新等地区，蠢蠢欲动，其主力在安义。第十九集团军（总司令罗卓英）各部队，分别集结于分宜、上高、宜丰、高安一带，有充分的迎击准备。策定的作战指导方针是以"确保上高"为目的，各自相机予敌以迎头痛击。

一九四一年三月，日军分股集结，企图分进合击，一举夺取上高。高安华阳镇，首当其冲。我当时任第七十四军第五十一师补充团副团长，受命指挥所部王俊行、冷冰的第二、第三两营，迅速奔赴华阳镇，抢先占领该镇及其附近一带山地，立即配置警戒掩护，进行地形侦察和配备兵力，构筑简易工事，完成通信联络。时值春末夏初之际，某日（具体日期已记不清了）凌晨，发现日军独立第二十混成旅团（步骑联队混合组成）在轰炸机六架更番狂炸和低飞扫射掩护下，向我华阳镇地区进犯。

这时，敌机群已在我们头顶上空"张牙舞爪"了。日军第二十混成旅团主力，凭借其地空配合和步骑协同战斗的优势，以其骑兵联队的五个中队当先，步兵大队殿后，形成梯队，势如迅雷，向我华阳镇地区前沿阵地蜂拥扑来。我官兵沉着应战，一面以密集火力制压敌方，一面用电话向上级报告战况。顿时，尘扬火喷，震耳欲聋，天地为之失色。我

---

※ 作者当时系第七十四军第五十一师补充团副团长。

以职责所在，义无反顾，早已置生死于度外，誓与阵地共存亡。战斗打到晌午时分，敌机在天空消失，战斗渐入低潮（敌军在飞机飞走后就蛰伏不动）。我见有此大好战机可乘，决定转移攻势，乃命令发起全线出击。我士气益形高昂，而敌气势衰竭，全股敌人向北回窜，遗弃不少辎重。因时近昏暮，乃命停止追击。战斗至此，始告结束。

华阳之战，属于上高会战的前哨战，是会战组成部分。顶住了顽敌向南深入窜扰，从而达到了有利于实现确保上高安全的目的。

在这次战斗中，冷营机枪第三连中尉排长周陶，表现得十分英勇，先敌抢占华阳峰西北高地，坚守高地，在上有敌机狂炸低扫，下有敌军炮火猛烈轰击的情况下，奋不顾身，坚守阵地，负伤多处，不肯下火线，直至壮烈牺牲。由于排长的英勇坚定，所以全排士兵，人人奋勇杀敌，死守阵地。看到排长牺牲，非常悲愤，斗志更加旺盛，全排无一人动摇，与敌人死拼到底，因而守住了这个高地。这是胜败的关键。

当担架把周陶排长遗体抬下火线时，他浑身上下的军服，都给鲜血染红了。他是湖南道县人，黄埔第十六期毕业生，牺牲时年仅二十岁。战事结束后，经军部报请军事委员会批准，将他死守的那块高地命名为"周陶山"，让烈士的英名永垂不朽！

# 血战梧桐岭

毛羽芳[※]

一九四一年春天，日军集中优势兵力，并附有飞机、坦克、大炮，大举侵犯奉新、高安、上高等地。当时我是陆军第七十四军第五十八师第一七三团第一营第一连连长。

我师第一七四团在奉新县上富、罗坊一线与日军发生遭遇战，第五十八师师长廖龄奇命令第一七三团担任攻击罗坊、歼灭入侵之敌的任务。团长蔡人杰，命令第一、第三两营在二十四小时内歼灭入侵之敌。营部命令我连在当晚拂晓前攻占罗坊左侧梧桐岭。深夜十一时，我连进入攻击准备位置。十一时三十分，团部信号弹飞上天空，全线吹响了冲锋号，喊杀声震天动地。就在这时，我率领第一、第二两排，向梧桐岭冲杀，经过一小时的激烈战斗，梧桐岭的左侧山峰，已被我连全部占领。

在打扫战场中，我们发现日军遗尸十余具，还缴获敌铁把轻机枪两挺，三八式步枪十余支。我连第一排排长王文森负轻伤，第一班班长萧子芳阵亡，战士阵亡三人，伤五人。我随即命令全连官兵抢修已被我军炮火所破坏的工事，准备抵御敌人反扑。

三时左右，我发现我营第二连在梧桐岭右侧被敌人轻重机枪的火力控制，无法强行夺取右侧主峰，我即命令副连长陈壬成指挥第一排坚守阵地，我率领其余部队向第二连正面之敌的侧翼出击冲杀。由于黑夜中短兵相接，日军飞机未出动，大炮因目标不明，也无法配合作战，只有以刺刀相对拼杀，致使敌人的侧背受到严重威胁。第二连连长率领全连

---

※　作者当时系第七十四军第五十八师第一七三团第一营第一连连长。

官兵，在我连发起冲锋的掩护下，人人奋勇，个个争先，以同仇敌忾、誓雪国耻的战斗精神，勇猛杀敌，双方展开肉搏战。经过约两小时反复搏斗拼杀，终于将梧桐岭的日军全部击溃，敌军大部随即向上富方向逃跑。

我第一、第二两连官兵胜利会师，面面相对，几乎每个人的身上都沾有日军的污血。清点人数，方知第二连副连长和第一排排长阵亡，第二连伤亡人数已超过一半，全连剩下官兵，仅有八十余人；我连第二排排长吕得芳阵亡，我在战斗将要结束之际，左腿被日军步枪弹射穿重伤，全连官兵共伤亡三十余人。日军在梧桐岭共遗尸八十余具，我连共缴获日气冷式重机枪两挺，掷弹筒十余具，长短枪四十余支。

东方将要发白，蔡团长、陈营长登上梧桐岭最高峰，详细询问第一、第二两连官兵战斗经过和伤亡情况，并向全体官兵亲切慰问嘉勉，还发了慰问金。

# 上高战役亲历记

邹继衍[※]

一九四一年春，占据南昌的日本侵略军，纠集以第三十三、第三十四师团、独立第二十混成旅团共五万多人，附以大量飞机、坦克，分路向江西赣西北重镇——上高大举进攻。扬言要"拿下上高城"，为其巩固南昌外围，打击中国军队野战军，显示其军事力量。蒋介石为了确保上高，稳定东南地区，立即下令调兵迎击。据闻：蒋曾严令前线指挥官第十九集团军总司令罗卓英："……如果上高失陷，提师长以上人头来见。"会战经过半个月左右的较量，我军不但确保上高城屹立未动，且予敌军以重创，最后迫其在四面被围、伤亡枕藉的困境下，只有在数十架飞机掩护下，从包围圈中的薄弱环节，轰炸出一个缺口，丢盔弃甲，夺路逃窜，从而使日军狂妄吹嘘的"战无不胜，攻无不克"的神话彻底破产。上高会战，是武汉陷落后，在中国战场上一次打得好的、对国内外都有影响的战役。笔者当时任第七十军（军长李觉）第一〇七师第三二〇团第一营少校营长，亲身参与了这场会战的几次战役。由于职位所限，对于整个会战全局，无法详记，特就当时亲历的战斗和见闻以及目击保卫上高城激战的较深印象，回忆写成此文，作为上高会战史实，提供参证。

## 奉新外围防守战

一九四〇年秋末，第七十军从进贤防地开赴浙江途中，忽奉调返回

───────────

※ 作者当时系第七十军第一〇七师第三二〇团第一营少校营长。

丰城、樟树附近赣江以北地区集结待命。不久，我第一〇七师即奉命开抵奉新一带，担任对南昌外围敌占据点的防守任务。在当时战局相对静止的间隙中，除双方有时互派小部队袭扰，偶有接触外，未曾发生过大的战斗，与敌对峙近五个月。

一九四一年二月下旬，从上级发下的敌情通报中，获知日军即将向我赣北地区大举进攻。我师负责防守的这一地段，正是奉新据点和附近敌军出击必经的第一道防线。为了加强守备，师部命令我们第三二〇团，由原驻固县、上江陈一带第二线阵地，推进到第一线。右翼与本师第三一九团衔接，担任以米山为支撑点的左翼地区防务。团奉命后的兵力配备和作战部署大致如下：

一、以王学钦的第三营，进驻虬岭前进阵地，负责警戒、阻击、迟滞出击之敌。

二、以邹继衍的第一营为第一线守备主力，敌如进犯，立予坚决迎击。

三、以鲁麾戈的第二营为预备队，候命应援。

四、团部率直属队设指挥所于主阵地后约五六华里的米岭，指挥全团作战。（余略）

我接受任务后，按照守备阵地的地形特点，作了下列处置：派第一连连长易孝生，率所部附重机枪一挺防守米山，独立作战（因米山是一位于左后侧的险要山峰，与主阵地不相连贯）；派第二连附重机枪一排守第一线主阵地；派第三连为预备队，控置于第一线后约一千公尺的营指挥所附近。随后立即命令各连抢修加强原有工事。我亲率连排长选定增设侧方火力点和改装的高射机枪阵地，派预备队在主阵地正前面的扼要通道上，埋设集束手榴弹和炸药包，防敌坦克（当时无地雷）。

我们进入阵地后的第四天（具体日子忘记），奉新据点附近约一旅团之敌，向我虬岭前进阵地发起进攻。虬岭，是一列横亘在我主阵地前约五华里而又邻近奉新城的小山地，圆锥形的主峰突兀挺立，远近瞩目，它既可俯瞰敌据点内的一切活动，又像插在我防线前面的一颗硬钉子。敌为解除这个威胁和障碍，攻击一开始，便来了一个"猛虎洗脸"：首先出动十余架飞机，轮番轰炸，继之以各种火炮，猛烈轰击，紧接着组成几路步兵纵队，在坦克掩护下，进行波浪式的连续冲锋，妄图一举拔除这一枚钉子，歼灭这支阻击部队。我王学钦营凭借有利地形和既设坚固工事，沉着应付，奋起迎击，打退了敌人一次又一次疯狂冲锋，杀伤一批又一批的敌军。该营由于防区面积不大，在敌机、火炮大肆轰击下，也受到重大牺牲，负伤官兵不断抬下阵地后运。我们在主阵地上，遥望虬岭附近，浓烟弥漫，火光冲天，枪炮轰鸣，声震山岳。其战况激烈，可以想见。鏖战至下午二时许，敌以强攻正面受挫无效，即指挥十余辆轻型坦克，从左侧强行冲过封锁线，迂回至虬岭后面，进行前后夹攻。至此，该营便陷入背腹受敌的困境。我师、团指挥部均以王营基本达成所赋予的任务，又见其伤亡重大，处境危险，命令从虬岭右侧迅速撤退后方整补。敌随后尾追，向我主阵地发动进攻，好在我早严阵以待，当即予以迎头痛击。由于我们在各制高点上设置了高射机枪对空火力网，敌机不敢低飞投弹扫射，又因我阵地正前面，是一片广阔的荒芜平畴，敌军运动前进，就完全暴露于我火力有效射界之内，因此，敌虽尽量施展出轰炸、炮击、冲锋老一套三部曲战术，组织了两次猛烈的进攻，但在严密防守与强大火力还击下，伤亡累累，凶焰顿挫，始终未能前进一步。仅在我营左守备区阵地前面，敌即遗尸四五十具和被毁坦克一辆，碰壁溃退。这时天已黄昏，双方进入胶着对峙状态。

当晚九点钟左右，我接到防守米山的易孝生连长请援报告。原来敌在攻我主阵地正面的同时，又派出一支精锐部队，采取便衣侧面偷渗与正面攻击相结合，于黄昏前向米山进行突袭。我第一连奋起抗击，与敌展开拼杀。该连前哨阵地一个班十二人，除两名负伤先行后运，副班长最后抱着轻机枪撤出外，其余自班长胡晃以下九人，全部壮烈牺牲。

由于米山纯粹是一座嵯峨怪石结构的险峻孤峰，敌炮轰击，威力特大。易孝生这个连被炮弹、石块炸死砸伤的官兵达三十余人，被炸毁轻机枪一挺，因而被逼撤退到山麓靠近主阵地左侧抗击待援。我打电话向代团长王陶报告上述情况，请求亲率一个连去恢复米山阵地。王当即指示："米山失陷，团已获知，并转报师部，可静候上命，再作行动。"不一会儿，王团长在电话中传达了师长宋英仲的电话命令要旨："……本师现守阵地，前无据点，左失依托，已不利于防守。着第一线第三一九、第三二○两团，立即后撤五华里，围绕米岭为轴心，建立一道半环形的新防线，继续坚决阻击敌军……"接完电话，我派人与右翼友军取得联系，通知第一连归还建制，即率全营连夜退到米岭调整部署，改派第三连附重机枪一排，守第一线，并命赶筑工事，以利防守。

第二天正午十二时，敌军进抵米岭附近，开始向我新阵地全线发起进攻，拉开了米岭阻击战的序幕。战斗至下午两点多钟，右翼第三一九团防守的突出部阵地，被敌夺占。该团第一线部队，纷纷动摇，独自后撤，敌之大部分兵力火器，转而集中压向我营。由于新阵地系临时构筑的简易工事，抗不住强大的炮火轰击，守军不断伤亡，阵线渐呈不支。我见情况危急，即亲率营防毒排增援正面，加强抗击；命预备队派重机枪两挺，推进到左翼高地，猛烈侧射；命第二连连长沿山麓、山腰堎塝掘壕据守，敌因天黑，未敢逼迫。是役，我第三连连长何鑫左手右肋两处受重伤，少尉排长刘国兴中弹牺牲，全营伤亡官兵六十余人，这一仗打得是够激烈艰苦的。

当晚八时许，我登上米岭主峰，向四周瞭望，看到前后左右两侧一二十华里的纵深地带，全是一片火光，这是敌军到达线"放火为号"的明显标志。只有以米岭为中心约十华里的一小块狭长地区，黑沉沉地躺在四面火光中，好像漂浮在大海波涛中的一座孤岛，说明我营和团预备队的第二营两部，已完全陷在敌军包围圈中了。自当天下午三点钟后，我们便与师、团中断了联系，未奉上命，又不敢擅自后撤，内心不免感到紧张。我当即带着几个传令兵去第二营找鲁营长筹商对策。见面后，我问他是否与团保有联系。鲁答："下午曾两次派人去后方，一直没有找到团部，师、团主力，去向不明。"我把他拉到屋外高地，指着四周的形势说："现在我们的处境，非常不妙，两个营，千多人的生死存亡，都搁在你我肩上，必须在拂晓前突出敌围，否则后果不堪设想。"

鲁营长完全同意我的看法，但彼此又考虑到，军人守土有责，无命擅自撤防，是要受到军法制裁的。几经研讨，决定各派干练士兵两名，立刻向后方寻找团、师联系，请示行止。不管找到与否，务在凌晨二时以前回报，再作最后的决策。打发四人出发后，我在鲁处吃了一些点心便辞别回营，刚走出两三百米，恰好迎面碰到派去联系的人，匆匆带着团部两个传令兵送来要我们撤过锦江的命令。于是又重返第二营与鲁营长磋商撤退措施，鲁即主动提出，由第二营接防掩护，待第一营撤离一小时后，他们继续跟进。交接阵地完毕，我即集结部队整顿动员，指派第二连为前卫，并命在行进路上两侧各派一个加强班，枪上膛，刀出鞘，手端机枪开路挺进，遇有敌阻，即猛扑上去予以歼灭或驱逐，掩护大部队通过，旋率全营以急行军速度向后转进。

我们在撤退途中，曾多处发现两侧山头，已有敌军设立的班、排哨所亮着火光，但见我大部队经过，即熄灭火光，远远退避。我们未放一枪，于拂晓前顺利地赶到锦江河边，团部已雇集民船十余艘，并派兵守护迎候。我们渡过锦河，刚把部队、船只疏散隐藏好，天已大亮，敌机三架，飞临上空，接着又引来轰炸机六架，围绕渡口上下游反复盘旋，投掷了十几颗轻磅炸弹，向江岸两侧树丛村庄，低飞扫射，进行火力侦察。幸我早有防备，未被发现目标，旋向上高方向飞去。可是，久不见掩护我们的第二营赶来渡河，只好嘱咐团部守兵，继续等待迎候。以后才获知该营接防后，因与敌接触交火胶着，未能及时甩脱，跟上我营。只得仍留山地，在敌丛中游转周旋了两天，到第二天午夜，于高安上游二十多华里处，找到几只小船渡过锦江归建。但全营伤亡、冲散官兵四十余人，还丢掉一些辎重行李。

我第一〇七师在这次防守战役中，从虬岭前进阵地到米山主阵地以至米岭临建的新防线，在连续的几次战斗中，由于广大官兵激于仇恨日军、保卫神圣领土的爱国热忱，是守得好的，打得硬的。我们杀伤了大批敌军兵员，消耗了它的大量军火，阻击迟滞了它的进军速度，为上峰指挥部调度部署赢得了时间，获得了应有的战果。

但是，敌我部队在军事战术技术的训练与武器装备上相差悬殊，特别是制空权全操敌人手中。所以我们付出了惨重的牺牲代价，仅我们第三二〇团，即伤亡连长以下官兵近五百人，约占全团战斗兵的三分之一，还损失了部分武器装备。其他两团听说损失、牺牲也不小。

## 堵击合围途中见闻

我们在高安附近休整了一天，全师奉命急速开赴清江，负责防守、堵击沿赣江西进之敌。我营为团的先头部队，出发当天下午五时，赶到清江县属之临江镇，接替了镇北张家山一个川军营的防守阵地。据交班营长说，他们已在当地守备三天，起初从南昌外围出击西进之敌，似有向其发动攻势进而迂回侧击上高企图，曾与他们前哨部队有过接触。今早，敌之攻击矛头，忽而左转，指向高安、上高之间，当面十余华里，已无敌踪，只能听到左方远远的隆隆炮声。我营守备到第二天下午四时，忽接团部转发前线最高指挥部的命令，调第七十军参与保卫上高城的战斗，限第一〇七师于某日某时到达上高城某地待命（具体时日忘记）。团长在电话中指示说："此地距上高城有一百多华里，团部率第二、第三营，将于午后七时出发先行，你营交防后，迅速埋锅造饭，准备干粮，稍事休息，即沿团的行进路线，尽快跟进。"我向东北军一个连交防后，即集结部队做好一切准备工作，睡了几个钟头，于午夜一时出发，追赶主力。我们在行进途中，不断碰到友军。其中有的是刚在前线作战受损撤到后面整补的，有的是从这一地段调到另一地段堵击的，还有的是从后方增调赶来合围的。真是人马辐辏，摩肩接踵。这些部队，大部分属于川军。天明后，我看当中许多队伍，大都服装破烂，军容欠整，武器装备杂乱陈旧。特别是天近正午时，我们行进在一片较开阔平坦的田野，恰好与迎面开来的一个川军步兵团会合。正在这时，敌机三架飞临上空，我即令部队疏散隐蔽，架好改装高射机枪，对空监视。而我们这支友军，看到飞机临空，就像一群无头苍蝇，不顾队列秩序，惊慌地乱跑乱撞，既无军官出来指挥制止，士兵也不会利用地形地物掩蔽。敌机发现这一大好目标，立即俯冲投弹，并低飞扫射，使该团数十名官兵遭受伤亡，辎重行李更被炸得一塌糊涂，造成一笔无谓的牺牲，说明他们平时的军事训练很差。

当天下午三时，我营行进到一个两山夹峙的山垭前，有第七十四军第五十一师的一个营，在此列阵防守。据称：他们奉命严阻一切军队撤到上高附近，以免干扰保卫战的部署。因我出示了参与上高保卫战的命令，便由一位军官接待，通过垭口。我见该部官兵，精神饱满，军容甚壮，他们使用的武器，步兵是一色的中正式步枪，每连有捷克式轻机枪九挺，还配有六○炮、枪榴弹，机枪连有马克沁重机枪六挺，每连有战斗兵一百五十六名。仅就这些，也可看出其武器装备是相当齐全划一的。我把上午看到的川军与之比较，两部之间的差别，极为明显突出。再拿自己的部队与他们对照衡量，我觉得，我们这支湖南地方部队似乎比川军稍胜一筹，却也远远不及第七十四军第五十一师。

## 上高保卫战目击记

我率部通过第七十四军第五十一师防守的山垭后，于下午六时赶到上高城南一座高山下，归还团的建制，当晚露营于山麓树林内。

日军进攻的最后目标是"拿下上高城"。这时各路敌军均汇集到上高城外围，完全陷进了我军预设的口袋阵地内，所以虽在黑夜，仍然枪炮轰鸣，响彻终宵。

次日拂晓，代团长王陶带领我们几个营长，爬上山巅瞭望观察，上高城就坐落在我们立足山岭左前约十余华里。城池东、西、北三面环山，锦江横贯南面，成为天堑。锦江南岸，是一片宽约五六华里，纵深狭长的平野田畴。平畴两侧，右面高峰连绵，左面山脉较低，丘陵起伏，形势险要，易守难攻。的确不愧为一座巍然屹立于赣西北中心，具有重要战略意义的重镇。我们登山时，敌军早已开始拂晓攻击，天稍明亮，敌出动飞机，从最初的二三十架到最多时的七八十架，有如蝗虫一般，遮天蔽日地连续飞临上空，围绕上高城周围，反复盘旋侦察。旋即向城池和设防阵地及其外围轮番俯冲投弹，狂轰滥炸，各种火炮集中猛烈轰击，坦克开路，掩护步兵冲锋猛扑。眼看上高浓烟滚滚，一片火海，从飞机、炮群倾泻下来的钢铁，炸得地动山摇，震耳欲聋。敌军使用这样多的飞机和如此强大的炮火，这是我参战以来所仅见的。最令人惊服的是，当敌机、火炮猛轰时，我方阵地静悄悄的毫无反应，好像守军已被消灭，或全部撤走。可是一待敌步兵冲锋达到有效射界，设置在战壕、山洞中各种隐蔽巧妙的火力点内，轻重武器喷射出来的弹雨，就像泼水一般洒向敌群；配备在后方远射程、大口径火炮，也紧随着发出雷鸣怒吼，进行地毯式的迅猛疾射。在我严密火网与步炮协同反击下，打得敌军晕头转向，丢下一批尸体和被毁坦克，仓皇溃退。就是这样一次又一次的反复拉锯战，使得凶顽的日军，在这座铜墙铁壁的坚城面前碰得头破血流。眼看上高城近在咫尺，就是可望而不可即，未能靠拢一步。这场持续近十二小时的恶战，实在算得上攻防战中演出的威武雄壮的战例。

当时保卫上高城的主力，是王耀武军长统率的第七十四军第五十七师。该师凭借阵地地形优良特点和各方面的支援，大胆地只部署一个团专心防守正面，当这个团疲惫或被打垮，另一个团立即顶上去，全师四个团，轮番接替，所以在兵力使用上，能够应付裕如。整个第七十四军从外围到城防，与敌周旋了两天一夜。第五十七师能够顶住这样强大的攻势，的确称得起是一支善于防守、战斗力很强的精锐部队。我第七十军奉有参与保卫上高城的任务，每到战况紧急关头，我们曾一再向上请战，但一直没有奉到投入战斗的命令，只得蹲在山上作整天的壁上观（军辖的第十九、预备第九两师，是否参加其他地段的战斗，我记不清楚）。

当天下午六时，我前线集团军指挥部发出了总反攻的命令，所有合围部队纷向当面之敌发起进攻，守城的后备军也从城郊分路出击。已成强弩之末的敌攻城部队，抱头鼠窜，纷乱后撤。敌败局已成，即在距上高城约二三十华里的东南方向，使用数十架飞机，在我合围部队的接合部分轰炸出一个缺口，掩护着地面败军，突围夺路脱逃。

这次会战，我以优势兵力，在四面合围的有利形势下，未能把这支打得筋疲力尽的侵略军一举歼灭，而令其大部漏网脱逃，真是令人感到莫大的遗憾。

## 奉命出击追堵逃敌

　　我师奉命为第二批出击部队，任务是从上高防线东南侧翼插出，防止、堵截敌向赣西北窜扰，肃清前进路上残存敌军，并清扫战场。我团黄昏后从待命地出发，渡过锦江，进入上高城，城内一片漆黑，已成废墟，阵地上所有的钢筋水泥工事与坚固战壕，均被轰塌炸平，硝烟尸臭，刺鼻难忍。证明守城部队伤亡重大，打得很苦。由于敌军是战败后用飞机掩护夺路逃窜的，根本不可能分出什么力量再向赣西北窜扰，所以防止、堵截的任务，就用不着执行了。又因为有了第一批出击的部队先行，残存敌军自然已被基本肃清。我们是第二批从敌侧出击的后到者，因而缴获甚微。我营只在出城不远的地区，捉到十几个被冲散和负轻伤的日本兵，缴获长短枪二十余支和几箱完整的小钢炮弹与轻重机枪子弹，其中两支王八匣子枪，是在敌军官尸体上取下的。在打扫战场时，我们收集浅埋了二三十具被击毙的敌兵与战马尸体，收集了一批军粮、罐头、纸烟等军用食品，至于遗弃的零碎东西和大量的枪炮弹壳，则遍地皆是，就没有去管它了。我们在搜索、警戒追击途中，看到道路两侧的稻田、山坡，到处布满杂沓人马脚印蹄痕，由此可见敌人当时惊慌夺路逃窜的狼狈丑态。这也是敌我以往作战从未看到过的现象。我们追了一昼夜，于第二天下午进抵奉新外围附近，前面已有部队布防，我师即奉命转进至靠近宜丰地区休整。我团其他两个营，在出击时，也有些收获。

# 夜袭西山万寿宫

李顺昌<sup>※</sup>

一九四一年三月中旬，日军在南昌事先作了一个多月的周密计划，调集了第三十三、第三十四两个师团与一个独立混成旅团，加上飞机、战车以及重炮、野炮等重武器装备，向我高安、上高等地进攻，企图夺取上高。结果被我军迎头痛击，杀得他们狼狈不堪，逃回南昌城，彻底粉碎了日军的"扫荡"计划，使他们的企图变成了一枕黄粱。

上高会战战场属第九战区管辖，战区司令长官薛岳，副司令长官罗卓英。直接参加这次会战的部队是罗卓英的第十九集团军，指挥第七十四军王耀武、第七十军李觉、第四十九军刘多荃和第二挺进纵队康景濂，陆续参战的部队还有第七十二军韩全朴和江西保安纵队。江西保安纵队是由六个保安团改编而成的，熊滨为司令，黄新富兼副司令，统归罗集团军总部指挥。当时我任第九团第二营第五连连长。我团原在九江岷山游击区，后调回泰和县担任省政府外围警备。于一九四一年三月中旬奉命乘民船北航至峡江县登陆，一律轻装强行军，当夜赶到单家圩，增援高安南城。这时第一团团长黄新富正与敌人接触。我团开往途中，突然接到紧急任务，阻击敌人渡江。我团奉命立即在邱家渡、松湖街、罗家渡、高邮市、湾头街等一线占领阵地。因这一线较空虚，敌人企图强渡南岸，扰乱我后方，迂回高安，包围上高。同时敌人还在锦江北岸布好了防线，想以虚张声势的欺骗手段，牵制我军，而敌人的主力部队，实际上配备在罗家渡、高邮市一带，用猛烈的炮火，向我南岸射击。此时

---

我团也在南岸布好防线，配备了交叉火网，严阵以待，予以抵抗、阻击，使敌人强渡不致得逞。第二天拂晓前，本纵队第七团又及时赶来增援，我方防线更加稳固。为了减轻我团负担，明确防线任务，指挥部临时划分了界线，高邮市以上归第七团防守，以下归本团防守。

是日，司令部挺进三桥胡家。第三天凌晨，保安司令熊滨亲自视察前线阵地后，立即召开连长以上军官紧急会议，传达罗集团军总部命令，命令我纵队限四天以内，拿下西山万寿宫，否则以军法论处。当时敌我武器装备悬殊，敌优我劣，但上级交给的命令既要完成，又要尽量减少牺牲，在这两个原则性的问题上，绝不能违背。经过大家反复的研究，认为非有一个强有力的营或久经战场考验的连，采取智取的办法，才能完成上级交给的任务。当时熊司令有意问我的意见如何，我也看出了他的动机，只好挺身而出，接受了这个任务，大家鼓掌同意。但我向上级提出了一个要求，即在全团内挑选精锐的士兵，编成一个甲种连（人数二百四十人），配备优良的武器。这个连编成十个步兵班，一个破坏班，一个指挥班，两个工兵班，共计五个排，由我指挥。以上要求均获批准。会议结束后，我把所挑选的官兵召集到连部，布置任务。记得是三月二十四日，我率领两个排长，三个班长，由一个当地渔民做向导，化装成渔民，绕道偷渡至西山后面侦察地形。侦察任务完成后，我把所有联络通信暗号和兵力布置妥善安排好，又把一切战斗需要的东西做了详细准备，经上级批准，在一个偏僻的地方休息了一天。第二天，我连悄悄地出发了，接着打响了夜袭西山万寿宫这一仗。

三月二十六日，这一天正好下着蒙蒙细雨，真是天助我也。黄昏时，天黑得伸手不见五指，是进攻敌人的绝好时机。同时敌人恃着自己有着优越的武器和装备，也就麻痹大意。下午七时半，我连到达预先测定渡涉点，顺利偷渡成功，并及时采取机动快速的行动，通过西山敌人后方，在公路首尾埋下地雷五十枚，指令罗季甫排长，带两个步兵班、一个破坏班至敌后住的严家岭大据点附近，用猛烈的火力射击。并令两个排埋伏西山万寿宫后面，离公路右翼约六百米处的小山坡上，作侧射和策应。我亲自带两个排和指挥班，潜伏公路左侧小山顶和畦地指挥。凌晨二时，先由罗排长用猛烈的火力开始对严家岭射击，诱西山万寿宫敌人抽调来援。敌人果然中计，抽调约一个大队的兵力来援。当敌援军进入我预先埋伏好的射击区，顿时地雷爆炸，我即用信号枪打出信号弹，接着四面的火力开始了猛烈的射击，一时敌人着了慌，到处乱窜。正好公路两侧都是深泥田，跌下去爬不起来，死伤不少。我立即通知司令部和团部，赶快渡江。南昌敌人赶来增援时，又遭到罗排在该地的阻击和地雷的爆炸，炸毁汽车两辆，并燃烧殆尽，使敌人捉摸不清，再不敢前来增援。防守锦江的敌人也立即放弃后退，使我军大部分部队得以安全渡江，及时猛烈攻击西山万寿宫山地，结果敌人便都溃退下去，绕道逃回南昌城，我团胜利地占领了西山万寿宫。这时，天刚拂晓，敌人派来飞机数十架掩护敌人溃退，我军为了避免空袭，隐蔽在树林中，停止了射击和追击。夜袭诱敌歼灭战胜利结束。

战斗结束后，我连奉命及时归还我团建制所占领阵地，与第七团第二营第四连连长袁光中并肩联络，固守西山万寿宫后山阵地。当时我连清理人数，阵亡者五人，其中排长一人，伤十四人，缴获轻机枪十挺，掷弹筒十个，步枪二百余支，烧毁汽车二辆，俘敌八名，敌人死伤惨重。所有战利品都交团部，由团部如数上交司令部。第三天，保安司令部命令调我团至二线做预备队整补（即筒山喻家），防守任务由第一团接防，继续固守。

四月初，司令部派参谋长和副官等前来一、二线慰劳，携带奖励品和礼物至本团祝贺，并由团长唐仕林和营长等陪同参谋长、副官亲临本连监发奖状和勋章奖章，奖状字号是"长胜连"称号。

# 锦江会战记

庆　天[※]

　　沉寂经年的赣北战局，于三月十四日（一九四一年）突趋紧张，窃据南昌之敌，集众五万余（约两个半师团），分作三个纵队，向我锦江前线进犯。其左翼纵队为独立第二十混成旅团，由厚田街（赣江锦江汇合处）渡河南窜；其中央纵队为第三十四师团，沿大城、高安、湘赣公路西犯；右翼纵队为第三十三师团，出安义、奉新，沿潦水西侵。各纵队均附以骑炮兵、战车等号称五万余人，采分进合击的态势，企图会师上高，将我野战军主力包围于锦江、潦水（由上高至宜丰境内，为锦江交流之一）地区而击破之。

　　首先由右翼发动攻势，因为第三十三师团在赣北日久，地形比较熟悉，于十四日突破我奉新城附近阵地后，即大举南下。十六日上午八时，主力渡过潦水，向缺夫岭（海拔千余公尺）、伍桥何前进，另以一支队沿潦河窜上富。十九日经村前街南行过港背，抵棠浦附近，与我第七十四军第五十八师接战。其中央纵队之敌，十八日越高安，十九日在杨公圩附近与我第七十四军第五十七师部队接触，而以大部绕至官桥、泗溪间，与我主阵地守军鏖战。南岸左纵队之敌，在独城附近，与我第五十一师陈传钧团激战后，绕窜至经楼圩（樟树西二十里），经我军迎击，乃西向傅家圩、五里谌、灰埠之线进犯。于十九日与我第七十四军第五十一师部队激战。此时敌势嚣张，我赣北军事长官罗卓英将军以实施诱敌歼灭战之目的，决定确保上高。在樟树、英冈岭、上高、宜丰之线，配置纵

---

　　※　作者当时系国际新闻社特邀军事记者。

深阵地，与敌决战。而于泗溪、官桥间，故留一空隙，诱敌深入（此即袋形阵地），三月二十日晨，此赣北空前之大会战，壮烈展开。

锦江南岸之敌，于二十日晨与我军争夺灰埠西端之五公岭、甑鼓岭、猪头山各要点，恶战竟日，迄未得逞。敌虽突破我阵地数处，但旋即逆袭恢复。最后敌竟不顾人道，施放毒气，我遂扼守鸡公岭、河岭、红石岭之线，地势优越。敌虽在空军助战下，亦未得手，而伤亡累累，攻势已戢，乃以步骑兵千余，黑夜沿江窜至石头街、华阳间，向我河防部队第五十一师卢醒团谢营施行包围，一时情况严重。因我南岸阵地左翼与北岸阵地右翼，均受威胁，如万一谢营被敌击破，则上高东方门户洞开，可以长驱直入。幸我援军迅速加入战斗，内外夹击，苦战终宵，窜入之敌，无一漏网，并生擒敌上等兵下田松明等六名，开战局胜利的先声。无如敌军野心不死，又向我右翼包围，更以数小股钻隙窜扰，均为我各个击破。我复乘势猛攻，一举收复灰埠（按敌之江南纵队独立第二十混成旅团，系由敌第五师团扩编者，其干部曾参加诺门坎、台儿庄、桂南三次会战，为敌精锐部队之一）。

二十一日，敌机竟日狂炸上高市区，千载精华，毁于一日。入夜，敌即向我云头山、聂家、泗溪、官桥、棠浦之线猛扑。我方按照原部署在云头山、龟形山、下陂桥（上高城北五公里，今名"陂下"）、徐楼、塘背、白茅山之线，布防迎战。

二十三日，敌之主力军已会合，在大量空军掩护下，进犯我下陂桥一带之主阵地，敌机并投下烧夷弹、汽油等，使满山着火，诱我守军脱离阵地。我官兵忠勇沉着，救火与应战并进。是夜，敌以全力将我白茅山阵地突破时，我军背临漳水，右连锦江，左有崇山，已成绝地。王耀武军长乃亲自指挥反攻，官兵振奋，卒将阵地夺回，敌我伤亡之重，以此役为最。

二十三、二十四两日，敌人重点指向下陂桥。以步、炮、飞机联合力量，集结三千余人，沿上高大道猛冲。我第五十七师杜鼎团扼桥而守，步兵少尉赵相卿死守桥头，左手指被炸去三个，曾不稍却。继由步兵中尉张宗贤接替，不幸阵亡。将士前仆后继，形成拉锯式之恶斗。敌曾一度冲至上高城北三公里之山口，步机枪已可射击市区，终为我整个消灭（事后据俘虏供词，及我所获文件，证明敌第三十四师团长大贺茂，曾在官桥南之毕家附近指挥督战）。同时，敌机除狂炸外，还投下当日南昌出版之伪《江西民报》，捏造战报；另以报纸精印告第七十四军军长王耀武书，荒谬绝伦，不值一顾。夜间，汉奸到处鸣枪放火，图做内应，均被

——捕获捕杀。当时敌军猛攻不已，情势危殆，由于各级指挥官艰苦支撑，决心毫不动摇（罗卓英将军发表诚挚文告，激发士气。王耀武将军誓与部属不南渡锦江）。官兵同仇敌忾，反复肉搏，刀光剑影，惨烈已极。此时为全局胜负关键，双方均以全力角逐，卒以我军坚韧，将阵地保持。两翼友军——第七十军、第四十九军，已于是夜由东西两面，向敌侧背后疾进，形成包围态势。敌因主力消耗殆尽，无力再战，恐遭全军覆没，乃于二十五日晨四时，大部经江家洲东北逃窜。记者执笔时，虽敌机多架阻我追击，但我军仍不顾一切，分抵高安、官桥、伍桥何之线。至尚未漏网之敌，犹凭险顽抗，我正分兵围歼中。

敌军此次大举进犯，动员兵力达两个半师团。其目的概为：

一、在未南进以前，拟在各战场发动攻势，觅取我野战军主力决战，予以各个击破（按战争目的，为攻占敌国战略要点，与击破敌之野战军主力），然后问鼎南太平洋。年初的南阳会战，与此次锦江会战，均同一意义。

二、敌酋畑俊六，走马到任，为表功起见，所以在各线欲蠢动一下，而在战术原则上，以攻击应选择敌人弱点，或最感痛苦方面而指向之。南昌外围，沉寂已久，我守军兵力稍薄，河流分歧（赣江、锦江、潦水、泗水等），利于优势装备之敌（因敌有汽艇、橡皮艇等），自信突然进攻，出人意料，颇有胜利把握。

三、为榨取鄱阳平原资源（鄱阳平原，自古称为鱼米之乡），确保南昌外围，造成进可以攻、退可以守、西侵长沙、南窥吉安之态势，自以攻略上高为有利。

至我军胜利原因，归纳起来，以官兵平日饱受爱国主义熏陶，在战斗中，发扬了"我不怕敌，敌便怕我""军人事业在战场，军人功过亦在战场"，以及王耀武军长明耻教育为主因。因能见危授命，不顾死生。他如指挥官之镇定，各部队或以机动攻击见长，或以韧强抵抗卓著，用奏厥功。至赣北之敌，经此重创后，已属"倭人不敢再犯矣"！

统计会战十二日，敌我伤亡均巨，而缴获之多，实为本年所仅见。计俘虏七十余名，步机枪八百余支，山炮二门，掷弹筒二十余个，弹药十余万发，军马一百八十余匹，文件甚多。击毁敌机一架，敌官兵伤亡当在七千人以上，第三十四师团少将步兵指挥官岩永负重伤，联队长以下军官，伤亡达二十余人。其他战场凭吊，壮烈故事，容另文记述之。

228

# 上高会战的胜利

陈熙乾[※]

上高会战是中国反攻胜利的开始，是给敌酋畑俊六来华当头的一棒！

这次会战，从敌方文件上查出敌人使用兵力共两个师团有半；各师团照原有编制之外，另加空军、炮兵、战车、装甲车等临时配备，分北、南、中三路向西窜犯。

北路第三十三师团，由奉新攻取五步城、棺材山、伍桥何共约二万五千人，内守备及后方勤务约一万七千人，进犯兵力为八千人。

南路第二十混成旅团约八千人，由赣江、锦江合流处，向锦江南岸，进犯曲江、独城、泉港街。

中路第三十四师团，由南昌出发至祥符观、高安、泗溪，共二万八千余人，除守备及后方勤务人员八千人，进犯兵力约二万人。

这三股进犯的敌人，目的地都在上高，兵力最多是中路，发动最早与我军首先接触的是北路和南路，其次是中路。

敌人打上高的企图：第一，想打击我们的野战军，解除南昌所受的威胁；第二，妄想削弱我军之后，进而威胁湘赣；第三，企图掠夺赣北物资；第四，刺激敌国内民众，挽回不可救药的反战厌战的情绪。

敌人的战术战略，是先打击我军的左右两翼，再以主力攻我正面，夺取上高。"器小易盈"的日军，满以为可达愿望，所以分三股进犯时，负实际指挥责任的第十一军司令部却设在汉口，军司令官园部和一郎坐在汉口下命令。在赣敌各师团长也毫不在乎，各自为战，各事战

---

※ 作者当时系中央社记者。

功。这种"轻浮疏忽"的举动，正犯着军事上的大忌。

当敌人在南浔路向西伸出三个指头时，我军已严阵以待了。首先北路敌人八千，在空军协助下，打到伍桥何，就伤亡了两千；更经我军诱至东北地带，朝着敌人的后方挺进，大有"敌人如果犯上高，我军就攻打奉新安义"之慨。因此北路敌人，不但没有剪掉我军的左翼，反而被我军打弯了一个手指。同时南路敌人，在炮兵掩护下，进到曲江、独山时，我军以神速的动作，从侧面截击。激战之后，敌军瓦解，有的向南昌退却，有的向西窜窜，敌方原定由南北两路包围我军的阵式，也被完全粉碎了。

中路敌人，在这种严重关头，从南昌攻到祥符观，到高安，到泗溪，因为力量雄厚，颇为自得。然而在我们观察，这已形成孤军深入的现象，我军指挥部迅速将打退南北方面敌人的部队，转用于对付中路日军，由"内线被包围，形成外线反包围"。这时敌人在南北夹击之下，急得发跳，仍然采用中央突破，打算挽回颓势，不停地向西猛攻。白天飞机，晚上大炮，炸弹炮弹，狂落如雨，阵地上草石树木，炸得粉碎，火线上的山头，打得好像耕牛犁过的田一样。然而我们扼守西面的精兵，屹然不动，而南北部队，奋勇夹击，完成包围阵势。

敌人被包围之后，弹尽粮绝，负隅求援，汉口敌酋在仓皇之中，一面派援军解围，一面派飞机空投粮弹，苟延残喘，总算找出一条小路，在飞机掩护下，狼狈地溃退。我军跟着打，跟着追，迅速恢复会战以前的阵地，而造成赣北空前的辉煌战果。

会战是三月十五日起，至四月二日止，敌方伤亡二万四千余，遗弃尸体三千余，伤毙军马四千余，遗弃马匹千余具，俘敌兵七十二名，炮十八门，机枪九十六挺，步马枪两千二百零四支，掷弹筒一百零四个，俘军马五百六十四匹，击落重轰炸机一架，击伤轰炸、侦察机三架，击沉浅水汽艇五艘。

会战中有华阳的遭遇战、下陂桥的决战、官桥街的歼灭战。我们从消耗敌人起，继之是包围歼灭敌人，再次是敌人突围，与我白刃相持，末了是追击溃退日军。其间，军民奋勇杀敌，震天动地，可歌可泣的事迹数不胜数。何应钦总长说："上高会战，是我军最精彩之作战。"这是长官运筹帷幄、指挥若定和士兵忠勇奋发、浴血苦斗的伟大收获。

罗副长官说："军人事业在战场。"又说："打仗是军人的天职，打胜仗尤其是应该的。"

会战之后，民众没有忘记军人苦战的功勋，军人也没有忘记民众热忱的期望，军民一致地争取着更大胜利的来临。

# 最精彩之战

胡　天[※]

　　敌人扫荡战目的，本不在扩大占领，而在打击我野战军；我们反扫荡战目的，也不仅在恢复失地，而在捕灭敌出击队。在扫荡与反扫荡的战斗中，要总结双方胜负，不能专就城池得失着眼，须从战场、双方战斗精神盛衰与双方伤亡和俘虏的多寡去清算，才能作正确的决定。因为在这样的战斗中，敌败我胜，敌固回窜老巢；敌胜我败，敌人除了在扫荡区域撒几把野火，泄几次兽欲而外，依然会回窜老巢。认识到这一点，才会理解这次上高战役，是抗战以来最精彩之战。

## 敌我作战方略

　　这次上高战役起因，虽由敌方想自赣北战场，抽兵转用于南进，敌人怕在抽兵之后，南昌地位易受动摇，所以先来一个釜底抽薪的攻势，给我们锦江两岸野战军以致命打击，减轻南昌外围的威胁。他事前调集了两个师团一个旅团约五万的兵力，分三路西犯。从夺获的文件，证实敌人企图，第一步想就高安以东地区，击溃我第七十、第四十九两军；第二步会师上高，消灭我第七十四军，然后回窜老巢。我们的对策，是在高安前后第一、第二阵地带，运用磁铁战予敌消耗，诱敌深入；在上高附近之第三阵地带，运用歼灭战，将敌反包围而一网打尽。

---

　　※　载于一九四一年四月十四日《江西民国日报》。

## 樱井跑得太快

战斗系于三月十五日拂晓开始，四月二日薄暮终结，全战斗期，凡十九日。敌军北路樱井师团，就是以前甘粕重三郎统率的第三十三师团。我们记得长沙会战，甘粕师团曾在鄂南的麦市、桃树港，与我作兼旬的山地战……当时敌稻叶师团已经进逼长沙外围，满以为获得甘粕师团的策应，殊不知他还落后二百余华里。这个师团的战斗力，我们早已领教，现在虽改由樱井统率，它的素质，仍没有改变。三月十五日拂晓起，分由会埠、干洲向奉新进犯。我军于儒里温村及从九山予以严重打击后，诱其进至奉新西南伍桥何、水口甘，及上富以南之洪城一带地区，再以数纵队绕其侧后反击。激战至十九日，前后只五天，樱井就不顾另外两路友军的死活，率部向安义败逃。樱井这样迅速脱离战场，和前年甘粕的迟迟不进，确有异曲同工之妙，照样的使我们解除了一翼的威胁，暴露了敌人自身的右侧背。

## 池田怕硬拼

南路的池田旅团，就是由著名的板垣第五师团，于南宁退出后所编成。这是敌酋板垣遗留的精锐，也是我们急欲猎取的对象。他和樱井师团同时发动攻势后，由厚田街、喻家渡两处偷渡赣江，在渡河中，曾被我们击沉船艇五艘，使他出师不利。他渡过锦江，首先窜到距丰城五公里的曲江，我们不仅不让他进丰城，而且压迫他沿锦江南岸西去。接着他又窜到离清江十余公里之独城，我们又没有让他进清江，还是压迫他继续西去。等他于二十二日窜到灰埠、石头街、华阳地区，我们才从东西夹击，开始将他聚歼。池田最怕集中兵力和我们硬拼，老是把每个大队分成几个纵队，来逐次使用，这样的一个精锐旅团，就零零碎碎被我们各个击破。不过池田比樱井还算聪明，他受到这样的创痛，并不脱离战场，却带着他的残部，由华阳北渡锦江，与他的中路友军会合。可是在华阳渡口，被我们的追兵击沉他满载官兵最后待渡的船艇十五艘，使他的残部溺死过半。在八天之内，把这样一个有名的精锐部队，打得落花流水，溃不成军，这是我们最快意的一次狩猎。

## 大贺轻举妄进

中路战事，是决定这次战役胜负的主力战。敌人担任这路攻击重任的，是和樱井师团号称姐妹队的大贺师团。他和南北两路同时发动后，沿着湘赣公路的旧迹，浩浩荡荡，毫无顾虑地轻举妄进，孤军深入。六天之内，下高安，夺村前，逼上高，自以为新刃锐不可当。他做梦还没料到，这是我们故意叫他扑空，故意诱他西来，等他在二十日那天，全部到达上高附近泗溪、官桥地区，我们就想开始聚歼。为顾虑池田南支队的残部，还没有渡过锦江，不易一网打尽，所以只一面以优兵伺其后，一面以重兵阻其前，使他向前既不可，脱身又不能，这就是磁铁战（愈吸愈近，愈近愈紧）的战法。二十二日以后，我们证实了池田南支残部已北渡锦江与大贺师团合流的情报，反包围战的序幕，才逐渐展开。

## 扬　　威

这时候的大贺、池田，既不顾樱井师团败逃，一翼已折断，右侧背暴露，又不顾孤军深入，身陷包围，已临绝境，还仗着一路顺风，不断向上高进攻，想达成预定占领上高计划。自二十三日起至二十五日止，在飞机三十余架、大炮百余门的掩护下，连续与我在上高东北十余华里的白茅山、下陂桥、石洪桥一带山地发生争夺战。其中以二十四日最为惨烈，白茅山几得几失，上高危若累卵，结果终被我们击退。白茅山麓，伏尸遍野，草木尽赤。王耀武将军在此役中所立的赫赫战功，救上高事小，救全部反包围战局事大，假定没有王将军在上高正面这样硬顶，反包围态势固无由形成，战斗的结果，更不成其为精彩。

## 阵线无恙

经过这样恶斗，敌攻势已挫。在它远离根据地二百华里作战所携的粮秣弹药又消耗殆尽，不易补充接济。我们把握敌人的这种（士困粮绝）弱点，在狂风暴雨的二十八日，以泗溪、官桥为核心，开始缩小反包围圈，核心地带的困寇，被我们杀的杀、擒的擒，官桥大贺师团长的司令部，也被我们冲入摧毁。激战至三十一日晚，因为反包围圈的东北角略露缺口，致有一残部敌由杨公圩向高安漏网，这真是美中不足的一个遗憾。我们紧接着追击，四月二日，将高安、奉新次第收复，同时还占领西山万寿宫。介于洞庭、鄱阳两大湖有闻名的马奇诺阵线南翼，坚固完整无恙。我们并且以继续取得威胁南昌外围的优势，来结束这幕精彩战役。

## 光荣的战绩

在战场上遗留的几千尸体，委弃的大批械弹，击毁的敌机残骸，已由专家细察清算，公布战果。这里只就成班成队被我们生擒的俘虏而论，竟达七十四个之多。以记者随军四年之久，目击一次有这样多的俘虏，实在尚系创举，这就是精彩战的最精彩节目。至于敌人的少将步兵指挥官岩永在火线上重伤，也是这次战役中另一精彩节目。由于这次精彩战的影响，我们得到一个宝贵经验，就是以"扑灭重于驱逐"来回答敌人的"扫荡重于进攻"。今后的反扫荡战中，我们的英勇将士，将从捕捉和歼灭两方面争取更大的实际数字，来打破这次纪录，而创造更精彩之战。末了我们要知道，光荣的战绩，是由我们将领脑力所设计、魄力所督导，和全体将士的热血忠魂所铸成的。我们对于这次精彩之战，不能不向各级指挥官和赣北战场全体将士致以无上的崇敬。

# 第四章

# 浙赣会战

# 综　述

（一九四二年五月中旬至八月下旬）

一九四一年十二月七日，日本侵略军偷袭珍珠港，美国对日宣战。同盟国为增强在远东战场作战能力，因而在我国后方的浙江、福建、江西、湖南、广西、云南、贵州、四川等地，扩建、增修空军基地。

一九四二年四月，美空军杜立特上校率在北太平洋"黄蜂号"航空母舰起飞十六架 B－25 型轰炸机，轰炸了日本东京、名古屋、大阪、神户，然后西飞，到杭州湾入陆，大部分飞机返航后在衢州、赣州、长沙等地迫降。

这次轰炸，对日本的陆军、海军、政府、皇室冲击很大，他们开始感到本土已不安全。于四月二十一日，日军参谋本部为防止美军使用我国机场对日本本土进行轰炸，向中国派遣军下达指示：（一）必须集中空军力量，对浙江就近地区之衢州、丽水、玉山等机场进行攻击、轰炸，将其彻底破坏而无法使用；（二）为使上述地区的机场完全失去作用，确定由地面部队予以攻占，进行彻底破坏，然后视情况撤回。

中国派遣军以第十三军主力由杭州、萧山、绍兴出发，攻向诸暨、金华，占领衢州、玉山、丽水；另一部在主力两侧，并肩向衢州、玉山进攻，攻占第三战区所在地上饶。以第十一军主力由南昌东南沿抚河攻向临川、南城，然后一部沿浙赣铁路向东进攻，与第十三军会合。

中国军队驻第三战区较多，计有四个集团军、十一个军、三十五个师，又是驻于我国东南沿海人口众多的富庶地带，和易于进行防守的山区；由于与同盟国家一致抗日，士气旺盛，又与日军作战数年，对日军的情况比较熟悉，这些都增强了战胜日本侵略者的信心。第九战区以三个军、八个师部队，在赣东部署，迎击东犯之敌。

浙江方面，日军第十三军五个师团又三个混成旅团，于五月十五日发起进攻；第七十师团从奉化向嵊县、新昌进犯，第二十二师从绍兴东关沿曹娥江进犯，河野混成旅团从绍兴经枫桥向诸暨进犯，第十五师团从萧山经浦阳江进犯，第一一六师团从富阳开始行动，第三十二师团尾随第一一六师团行进。先后占领嵊县、诸暨、东阳、浦江、永康、建阳、金华、武义、汤溪、龙游、寿昌、兰溪。日军第十五师团长酒井直次中将在兰溪北踏响地雷身亡。六月三日向衢州发动全面进攻，与中国守军第八十六军发生激烈战斗；至六日，第八十六军突围，七日衢州沦陷。

赣东方面，日军第十一军以第三十四及第三师团，加上四个支队，于五月三十一日开始渡过抚河向东南进攻，夹击浙赣铁路中国军队。先后占领丰城、崇仁、宜黄、南城。此时浙江方面日军占领江山、常山、玉山、上饶。赣东方面日军攻占鹰潭、贵溪。至七月一日，浙江方面津谷支队与赣东方面岩永支队在浙赣线上横峰会合，浙赣路全线被日军打通。

日军大本营这次作战目的是要彻底破坏这一地区机场群，以防盟军利用而轰炸日本本土。进攻作战一结束，其第三十二师团破坏玉山机场，第一一六师团破坏衢州机场，小薗旅团破坏丽水机场。日军大本营于七月二十八日下令中国派遣军停止浙江方面之作战，确保金华附近，同时指示调回部队时间为八月中旬，于是中国派遣军决定撤回时期为八月十九日。其第十三军留置第二十二师团于金华、武义、东阳地区，其余部队撤回。第十一军至二十七日将其部队撤至南昌附近集结。

在上述日军撤退时，中国军队乘势追击。迄八月底，除浙东金华、兰溪一角外，已恢复战前原态势。

# 浙赣战役回忆

岳星明※

## 太平洋战争爆发后第三战区的战略地位

一九四一年十二月，太平洋战争爆发。此时，第三战区统辖苏南、皖南、赣东及浙闽两省，处于长江南岸、抚河东岸、浙闽沿海的重要战略地位。在第三次长沙会战结束后，日军南下政策得势。针对日军的军事行动，军事委员会从抗战全局着眼，于一九四一年底从第九战区抽调第四十九军和第十九师转用于第三战区；一九四二年春，又从第九战区抽调战斗力较强的第二十六军和第七十四军转用于第三战区，以增强第三战区的兵力。在这期间，第三战区的部署概要如下：

一、第二十五集团军总司令李觉指挥的第八十八军何绍周部三个师，担任钱塘江南岸诸暨、萧山、绍兴等地域的警备，防制杭州方面的日军；暂编第九军冯圣法指挥所属三个师，控制浙东武义、永康、丽水一带地区，针对向浙东、浙南蠢动的日军，做好战斗准备。

二、由浙江保安处长兼金兰警备司令宣铁吾指挥的浙江保安团队，负责曹娥江南岸、宁波、温州等处的江防海防任务。

三、第十集团军总司令王敬久指挥的第四十九军王铁汉部三个师和第八十六军莫与硕部第七十九师以及第六十三师，控制金华、兰溪及其以东富春江南岸一带地域，做好对付杭州方面之敌的战斗准备。

四、第三十二集团军总司令上官云相指挥的第二十五军张文清部三

---

※　作者当时系第三战区司令长官部参谋处少将处长。

个师和苏浙闽赣边区游击总指挥陶广部第二十八军两个师，警备苏南、芜宁铁路和浙西方面的日军，并派出部队游击袭扰苏南、浙西敌后。

五、第二十三集团军总司令唐式遵指挥的第二十一军和第五十军，共六个师，担任皖南和赣东自荻港到湖口长江南岸防务，并趁机炮击、布雷，阻断日军航运。

六、第八十六军莫与硕指挥的第十六师、第六十七师，驻衢州、龙游地域，加强既设阵地工事，进行作战准备。

七、第七十四军王耀武部三个师控置于龙游以南及遂昌一带地域。

八、第二十六军丁治磐部三个师控置于江山、玉山一带地域。

九、第一○○军刘广济部两个师及预备第五师担任抚河东岸、临川的防务，警备南昌和抚河西岸的日军。

十、第三战区司令长官部设上饶。

## 浙赣战役的发动

一九四二年四月十八日，由美国航空母舰起飞的 B－25 型轰炸机，轰炸了日本东京、大阪、名古屋等城市，这是日本本土历史上第一次遭到空袭，它使日本国内人心惶惶，极为震恐，舆论哗然。日本大本营迫于形势，令日军驻上海第十三军和驻汉口第十一军，分别急速从中国战场拼凑兵力，发动浙赣战役，企图彻底摧毁衢州、玉山、丽水等国际机场，防止遭受美机穿梭轰炸，以达到安定本国民心和战场官兵士气的目的。

当时，江南已届梅雨季节。入夜，阴云密布，月黑无光。四月十八日深夜，顾祝同司令长官打电话给我，要我通知当地政府和部队全面出动，协力营救跳伞降落的美国飞行员。当得知日本本土遭到轰炸的消息时，全战区人心士气大为振奋。一周内，以美国空军上校杜立德为首的十余名执行轰炸日本本土任务的飞行人员相继被寻获，在上饶第三战区司令长官司令部，顾祝同偕参谋长邹文华和我，对他们嘉慰有加。这批飞行员经过治疗、休整后，被第三战区妥善送到重庆。

自此以后，日军调动频繁，根据情况，判断有蠢动西犯的企图。顾祝同司令长官要参谋处做应战的准备。四月底，奉军事委员会急令：坚守衢州、玉山、丽水国际机场，加固既设工事，诱敌深入，以衢州为核心，捕捉战机，与敌决战，粉碎敌人西犯企图。长官部本此精神，即作如下部署调整：

一、第三十二集团军上官云相率第二十五军速开赴寿昌以西地区集结待命，第二十八军陶广部南调淳安，令所部加强兰溪、寿昌的守备，相机袭截沿富春江方向来犯之敌。

二、第十集团军王敬久应尽力守住金华，并派出有力部队支援第八十八军，努力阻击敌人，消耗敌人有生力量。

三、第八十六军莫与硕部继续加固工事，做好坚守衢州城及机场的准备。

四、第二十三集团军唐式遵部调整长江南守备部署，仍应趁机炮击、布雷，并抽调第二十一军（欠一个师），开往江西德兴集结待命。

五、第二十六军预定待命归第三十二集团军指挥，积极做好应战准备。

六、第七十四军预定待命归第十集团军指挥，积极做好应战准备。

七、暂编第九军和金兰警备部队均应提高警备，执行现任务。

八、第一〇〇军并指挥预备第五师，警备抚河西岸之敌，加强工事，守备现阵地。

随着时间的推移，敌人情况逐渐明了，判断大规模的军事行动即将开始。同年五月上旬已获知敌军兵力部署概况如后：

敌第七十师团大部集中在奉化溪口一带；敌第二十二师团主力及伪军第十三师集中于余姚、绍兴地区；从华东抽调的敌第三十二师团、原田混成旅团，经津浦东运，集中于杭州地区；驻南京的敌第十五师团和驻长江一带的敌第一一六师团各一部，以及驻常州、苏州地区的敌独立第十七旅团，经沪杭集中于萧山、临浦、富阳、余杭等地区；敌海军陆战队亦从厦门北调。敌军总兵力约十万余人，编为第十三军，直辖五个师团、三个混成旅团，由敌酋泽田茂指挥，并在五月十四日以前分别完成一切作战准备。

对此，第三战区司令长官司令部的作战方针是：坚固守卫衢州及机场，以此为核心，诱敌胶着于核心周围，运用主力从南北两面夹击包围日军而歼灭之。长官部的作战指导要领是：

一、第十集团军逐步向遂昌方向转移，第七十四军归其指挥，以龙游为衢州外围坚强据点，配合暂编第九军夹击进出龙游之敌，重创其有生力量。如敌进犯衢州，应以全力从灵山镇、遂昌向衢州东南的敌人侧背猛攻。

二、第二十八军应固守兰溪、寿昌，策应拱卫衢州方面之作战；调第二十一军之第一四六师归其指挥。

三、第二十五集团军使用暂编第九军之主力，配合第十集团军夹击犯抵龙游之敌。如敌越龙游南犯，应从武义西北山地向龙游以东击敌侧背；第八十八军先配合第七十九师切断兰溪江，如敌已转进，应相机向义乌、永康地区转移，不断袭击窜犯之敌，并归还第二十五集团军建制。

四、第三十二集团军指挥第二十五军、第二十六军，从衢州西北地区，以全力攻击衢州外围之敌，配合第十集团军的夹击作战。

五、第一〇〇军逐步消耗敌人，滞阻敌人东进。调第二十一军之第一四七师归其指挥。

六、第二十一军之第一四六师驰归第二十八军军长陶广指挥。

七、第三战区司令长官司令部暂从上饶转移至福建建阳，在崇安县境内武夷山上的武夷宫设立战区指挥所。

八、铅山设立警备司令部，由宪兵团团长王一飞担任司令。

## 战役经过概述

一九四二年五月十五日，日军以四个半师团的兵力，从奉化、余杭开始向我进攻。二十四日，日军到达武义、金华、孝顺、兰溪、建德等地区。这时，敌人判断我金、兰守军似已逐次撤退，无抵抗企图，决定向衢州猛烈追击，迫使我军决战。

第三战区司令长官司令部针对敌人的凶猛攻势，对浙东几处要地的作战，采取了积极的对策，各部队对来犯之敌进行了顽强的抵抗。

五月二十七日，敌陷龙游，我金、兰守军愈形孤立。我第四十九军第二十六师向进犯金华之敌进行阻击后，二十八日，我放弃兰溪，二十九日放弃金华，向北山转移。第二十八军在富春江方面，第八十八军在义乌、苏溪镇等地进行游击战，对敌后方兵站、运输线进行袭扰破坏，予敌后勤运输线以沉重打击。

第二十八军第一九二师沿新安江阻击敌人，坚守寿昌。第二十一军第一四六师在大小长山与敌进行激烈战斗。该师独立工兵第八营，在一个步兵营的掩护下，突进兰江东岸，设置障碍，埋设地雷群，破坏公路、铁路。五月二十八日上午，敌第十五师团长酒井直次中将触雷毙命。

五月二十九日，敌第十五师团沿铁路西进。三十日，敌第二十二师团、第十五师团及河野旅团集结于龙游及其以南地区。敌第三十二师团攻陷寿昌后，与敌第一一六师团之一部联结，进出于衢江北岸的峡口、杜泽、莲花镇一带。敌小薗江旅团也向龙游移动。敌各部逐渐完成进攻衢州的准备。

与此同时，第三战区司令长官司令部积极部署，充分备战。我第四十九军暂编第十三师在北界镇；第二十五军第四十师在大洲镇、石室街附近；第七十四军在湖山镇、溪口街、黄坛口一带；第四十九军主力在衢州以西招贤镇附近；第八十六军在衢州；第二十六军在衢州西北浮河村、芳村镇一带；第二十五军在寿昌以西夺塅头、大同镇、上方镇一带，准备包围歼灭进攻衢州之敌。我军按计划以衢州城为核心，吸引敌人，官兵们斗志高昂，摩拳擦掌，誓歼敌军，保卫国土。

五月三十一日，从南昌方面东犯的敌第十一军一部，渡过抚河，向东南方向猛烈进攻，与进攻衢州之敌东西呼应，企图打通浙赣铁路线。

军事委员会判定日军旨在破坏各国际机场，作有限的进攻。为了避免我主力部队作不必要的损耗，蓄积力量，待机捕捉战机，重创敌人，遂命令第三战区避免与敌在衢州附近决战。第三战区接到命令后，即变更部署，于六月三日令第八十六军仍继续守备衢州，吸引敌人；战区主力则撤离铁路正面至南侧山地，一部撤至北侧山地，准备在敌沿铁路突进时，出其不意，分段截击。

我第八十六军（欠第七十九师）为获得战区重新部署的时间，力保衢州，与敌展开激烈的攻防战。在与优势之敌激战四天四夜后，于六日由南面突出重围。

六月七日，敌陷衢州后，其第二十二师团、第十五师团、第三十二师团继续西进，相续攻陷江山、玉山、广丰。十四日，敌陷上饶。

在南昌方面，敌第十一军于五月三十一日沿浙赣路东犯，以配合敌第十三军的作战。敌第三十四师团、第三师团及今井、井平两个支队渡过抚河右岸。我守抚河的第七十五师及江西保安纵队，对由抚河东进之敌岩永支队节节抵抗。敌第三师团南下攻陷临川，敌第三十四师团由宜黄、崇仁南进。

六月六日，军事委员会急令第九战区赶调第七十九军、第四军、第五十八军，先后投入攻击已陷临川之敌第三师团，以策应第三战区的作战。第三战区以第一〇〇军会同第九战区友军会攻临川，日军不得不转用第三十四师团增援第三师团，抗击我各军，并向南攻陷丰城、南城，以减轻我对其第三师团右侧背的威胁。敌续与我各军转战于上述各地及宜黄、崇仁一带，后敌又转用第三十四师团于进贤、东乡、鹰潭等浙赣路东段与岩永支队联合向东进犯。敌平野支队与海军配合，在鄱阳湖东岸登陆，陷瑞洪，继续东进，相继攻陷进贤、东乡。六月十六日，敌陷鹰潭、贵溪。

敌东西对进，至七月一日，在横峰会合，浙赣路全线打通。

浙赣线被敌打通以后，第三战区根据军事委员会的命令，对部署作如下变更：

战区主力第七十四军、第二十六军转移至衢江南岸之峡口、仙霞岭一带及广丰、上饶间信江南岸至汪二渡之线，归第三十二集团军指挥，其任务是阻敌南犯，确保浙闽边境及浦城要地，并派出有力部队对占领浙赣线之敌，袭扰游击，消耗、牵制敌人。

第十集团军指挥第二十五军、第四十九军转进衢江南岸遂安、古市地域，确保云和、松阳之线，阻敌南犯，并向占领浙赣线及丽水之敌袭扰游击。

第二十八军和第二十一军之第一四六师、第一四七师配合常山、华埠一带的第一四五师，向占领衢州、江山、玉山、贵溪、寿昌之敌进袭，广泛开展游击战，牵制敌人南犯，掩护主力转移。

第二十五集团军指挥第八十八军和暂编第九军在浙赣线金华至杭州段、富春江东岸及浙南地区展开游击战，不断袭击牵制敌人，策应战区主力作战。

上述部署在六月中、下旬先后调整就绪。在广大战场上，我各个部队四处出击，并配合地方武装，破坏铁路、仓库、撤运物资，使敌人抢获物资的东运计划受到扰乱。我军在沙溪及信江两岸击溃敌三个联队，获重大战果。

七月底，日本大本营鉴于破坏机场的目的已基本达到，再加上到处遭受我军的打击，消耗大，战线长，固城守点，兵力捉襟见肘，有深陷泥淖之感，于是作出了东西背进后撤，确保金华、兰溪一隅和抚河西岸及南浔路的决策。

敌纷纷东向金华、西向抚河逐步撤退，经过沿途各市、县、乡镇，一逞愤退之恨，疯狂掠夺骚扰，残害人民。我军民同仇敌忾，协力追袭，敌人损失难以计数。

在撤退过程中，敌第三十二师团一部曾北犯，以掩护浙赣线撤退部队，与我第一四五师在常山、华埠交战；上饶之敌第二十二师团北犯郑家场，与我第一四六师交战；我第二十六军在上饶以南土官桥、坑口、冷滩与敌激战，予敌第二十二师团以重创，敌被迫败退上饶。敌第十五师团之一部为掩护其主力东撤，攻占了仙霞岭，经我第四十九军第一○五师奋力反攻，于八月九日收复仙霞岭。浙南方面之敌虽于七月下旬至八月上旬先后攻陷瑞安、遂昌、松阳等地，但被我第八十八军、暂编第九军两面夹击，遭受损失，退向金华。

八月底，敌第十三军各部退缩金华、兰溪一角之地；敌第十一军放弃临川，退过抚河，据守西岸及南浔路之线。浙赣战役至此结束。

此后，我第二十五军调赣东南城；第一〇〇军调归驻临川的第三十二集团军指挥，守临川抚河东岸；第十集团军指挥第四十九军、第八十八军驻衢州，与金华、兰溪之敌相对峙。浙东丽水、温州也相继收复，仍归浙江保安司令部所属部队守备。第一四六师、第一四七师与守备开化、常山一带的第一四五师，归还第二十一军和第五十军建制。

第七十四军、第二十六军先后调回第九战区。

第三战区司令长官司令部于九月由福建建阳迁回江西上饶。

## 结 束 语

浙赣会战自一九四二年五月十五日发动，到八月底结束，历时三个多月。在东西战场上，敌人使用的兵力，包括旅团及编组的支队在内，东段约六个师团，西段约三个师团。我以军为单位计算，东段为七个军，西段及赣西为四个军。以步兵而言，我军较为优势，但日军的炮兵、坦克和航空力量则占绝对优势。在这样长的作战过程中，双方动用的兵力众多，我敌装备悬殊，据此，我军以防御为主，敌以攻击为主，攻守势异，敌损耗和伤亡亦大，这是很自然的。

在浙赣战役的前一阶段，时值江南的梅雨季节，雨量颇大，遇到六十年来从未有过的大暴雨，河水泛滥，平地水深达丈余。由于降雨的影响，日军为了保证作战目的的实现，不得不投入更多的兵力。但因时机选择错误，天不助敌，其作战目的不能顺利达到，结果是得不偿失。

从军事上的战略角度来看，敌人破坏国际机场的企图虽然达成，然而最终还是因为作战线过长，占据地域太多，造成补给困难，兵援不足，而被迫放弃已获战果，匆匆撤退，仅占据金华、兰溪一角之地，所获甚微。

我方原定诱敌深入，在衢州与敌决战，但随着战势的发展和对敌之作战目的与规模的了解，判断日军这次作战只是为摧毁丽水、衢州、玉山等地的国际机场，并不能确保上述地方，攻击十分有限。为了减少牺牲，保存力量，待机给敌以更大打击，我方因此决定避免衢州决战。从此次会战的结果看，这一决策无疑有它的正确性。

# 浙赣战役随上官云相
# 作战指挥经过

武之棻[※]

一九四二年五月十五日，日军东自杭州、西起南昌，同时从浙赣铁路两端发起进攻：南昌之敌直犯临川、南城，再至鹰潭；杭州之敌一股南渡钱塘江，窜犯萧山、诸暨、东阳、义乌，直趋金华，一股沿钱塘江北岸经临安、建德，趋寿昌；有会合进犯衢州之企图。我军逐次抵抗，节节撤退，拟以衢州为核心，捕捉战机，与敌决战。

## 前期战况

五月二十二日前后，第三十二集团军总司令上官云相奉令率部从衢州东北的淳安、寿昌地区驰援衢州。六月初，上官云相的前进指挥所从皖南的徽州进至浙江的常山，准备接替第十集团军总司令王敬久，指挥衢州会战。不料指挥所刚布置就绪，就接到第三战区司令长官顾祝同的电话指示："照原定作战计划，衢州会战仍由王敬久担任指挥，如仍不能阻止日军西窜，司令长官部将移福建建阳、崇安一线。那时，所有浙赣线两端作战指挥将统由纪青（系上官云相的别号）兄接替担任……"上官云相接此电话后很不高兴，他自以为指挥能力很强，本想在衢州会战中一显身手，现在却要等衢州会战失败、司令长官部撤走后，所遗浙赣路两端作战的烂摊子，叫他去收拾。但军令不能违抗，只得将指挥所退

---

※　作者当时系第三十二集团军总部少将参谋处长。

到遂安，离开衢州战场远远的，坐观成败。他命令第二十五军张文清部开至衢州以北的杜泽，以侧击围攻衢州的日军侧背，策应防守衢州的第十集团军第八十六军莫与硕部阻击日军。同时，第三战区司令长官部已另派第二十三集团军第五十军的第一四五师孟浩然部，星夜驰赴淳安，填补我集团军的空防。

这时，由建德南犯的一股日军，其先头部队已侵占寿昌并继续前进中，司令长官部恐日军窜犯淳安，就命第三十二兵站分监部分监李笃忱在徽州、屯溪征用汽车十六辆，交第一四五师先运轻装战斗部队一部分星夜驰往淳安，重武器及行李辎重等则利用新安江水运，其余部队急行军奔驰淳安。次日上午，第一四五师的后续部队特务连，在途中遇见一辆昨夜被征用后返回的商办长途汽车，又拦车再拉一趟，士兵们争先攀登上车，连车顶上也坐满了人。行至木结构的威坪大桥，因车载超重，将桥压断，人车灭顶，无一生存。桥梁一时难以修复，后方交通断绝。上官云相的前进指挥所带有汽车三辆，因威坪桥桥断路堵，不能沿原路返回皖南绩溪总部驻地，只得将指挥所从常山推进到开化的华埠，该处是公路交叉点，汽车可经常山去江西上饶，也可以绕道江西浮梁回徽州。他命我先乘大卡车一辆到华埠布置驻地，上官云相则晚一两天再来华埠。因连日降雨，马金溪水猛涨（马金桥系石面堤坝，水大时溪水就从路面漫过，水位再涨后汽车就难以过河），后来上官云相乘小轿车驶过马金溪石坝桥面时，车内进水没足，车身浸入水中几乎灭火，随时都有覆车被山洪冲走的危险，在万分紧张状态之中勉强涉水冲过，在大雨中半夜到达华埠。

此时衢州我军已被日军包围，战斗十分激烈，常山、玉山一带所有公路已开始破坏。上官云相立即打电话给所属的第二十六军军长丁治磐，要他晚一天再破坏常山的公路，以便让他的三辆汽车经常山开往上饶，但为时已晚，公路已被破坏无法通车，他只得乘汽车经浮梁返回徽州。

不久，军事委员会为蓄积力量，避免我主力作不必要的损耗，命令第三战区避免与敌在衢州附近进行决战。主力撤离后，困守孤城的第八十六军莫与硕部经激战后亦突围溃退。六月七日，日军进占衢州。上官云相闻讯后，立即按照顾祝同原先电话中的命令，将集团军总部从皖南转到上饶，以便接替第三战区司令长官部原先对浙赣路两端的作战指挥任务。他自己先从华埠徒步前往紫湖口；次日又带参谋长陈以忠、副参谋长吴某、高级参谋兼参谋处副处长陈镇庚等再徒步到玉山第二十六军丁治磐的军部；再连夜西行至沙溪（常山一带的公路破坏到此为止），才遇到第三战区司令长官部所派的汽车来迎接，到达上饶的南岩顾祝同的作战总部。此时顾祝同本人已去福建，仅留几个幕僚人员，也整装待发。他们见到上官云相，只是把一份敌我态势要图和一部电话机交接留下，就匆匆坐上汽车去崇安了。

上官云相去玉山后，指挥所全部人员及直属部队，均由我率领经樟树街、八都（在上饶以北）直接开往上饶。经八都时，因时已黄昏，总部机关人员不惯长途行军，队伍拖得很长，后尾尚未到齐，无法在夜间继续行军，只得在八都就地宿营，次日再行前进。只有医务所主任王铭阁所率的医务人员，半夜赶到八都时，听说当地随时都有日军窜犯的可能，就既不休息也不待天明，慌慌张张地带着医务人员连夜直奔上饶城而去。

次晨，我率总部及直属部队由八都出发，下午到达上饶附近的南岩，遇见医务主任王铭阁，才知道上官云相的指挥部就设在南岩，我旋即去见上官云相报告总部人员已经到达。他说："第三战区司令长官部已迁往崇安，我已接替浙赣线指挥作战的任务。第十集团军已转向仙霞岭方面；东正面日军已窜到上饶以东，上饶城内仅有第二十六军之一部，其主力在城南山地占有阵地；上饶以西有第十九师控制，机动使用；第二十五军由常山向横峰西撤中；西正面有第一〇〇军在东乡、金溪与日军保持接触。此地（南岩）已临近第一线，不宜设置指挥所，你率总部人员稍事休息，拂晓前出发，在铅山附近侦察指挥所位置，先完成通信设备的架设。我在此利用现有通信线路临时指挥，看情况再定。"我遵照他的指示，提前于后半夜二时许出发，沿公路西撤。次日午间到达石溪附近休息时，有士兵向我报告说：有人看见上官云相乘坐三轮摩托向西驶去。我当时尚不相信，天晚到达铅山时，城门警备森严，军民人等一律不准进城，守城门的卫兵讲，上官总司令在城内，严防汉奸坏人混进城内……我叫部队绕城开往城南的八水源新驻地，自己进城在铅山警备司令部见到上官云相，报告了部队开到八水源驻地情形。因我对当时全线战况不明了，就在旁边休息。只听到上官云相对浙赣铁路局长张经吾说："上饶城已难确保，火车不能运行，所有铁路一切设备即可全部炸毁，免于资敌。"张经吾说："铁路方面对于要破坏的水塔、电路、机车及停车场都已装好炸药，只待命令一到，就能开始破坏。总司令认为应该立即施破，请下手令给我，我立即执行。"上官云相边说边写了一张手条交给张经吾。就这样，浙赣铁路仅存的从上饶到鹰潭的一段铁路上的重要设备，就全部爆破毁掉了。

## 后期战况

一九四二年六月中旬，第三十二集团军总部在铅山城南八水源设好指挥所，开始执行浙赣铁路线两端的作战指挥任务。

当时敌我一般的态势：

一、敌情：铁路东端从浙江方面来犯的日军窜占上饶后，暂时停止西犯；铁路西端江西方面之日军在窜占东乡后，正继续向鹰潭进犯中。

二、我军方面：第二十六军丁治磐部三个师，在上饶城南山地完成防御部署，与侵占上饶之日军呈对峙状态；第十九师唐伯寅部在上饶以西，以一部对上饶之敌防御，主力在河口附近机动（以上为东正面）；第一〇〇军刘广济部两个师防守鹰潭，阻击由东乡及金溪进犯之日军（此为西正面）；第二十五军张文清部两个师在策应衢州作战后，由常山向横峰转移，因连日大雨，山洪暴发，部队行动迟缓，集团军总部令该军在横峰或弋阳选择渡河点，将部队转移至河南岸，作为集团军的总预备队；另外，尚有地方保安部队均配入各军、师指挥。

六月十六日，铁路西端日军分两路进犯鹰潭。上官云相虽有严令命第一〇〇军军长刘广济固守鹰潭，但当命令到达时，刘广济的主力早已撤出鹰潭，只留下少数部队与敌周旋，因此未经激战，鹰潭即被日军侵占。上官云相闻讯大为震怒，说："刘普航（刘广济的别号）作战不力，不听命令，擅自放弃鹰潭，虽系好友（刘曾当过第三十二集团军的参谋长，系上官云相保举他当第二十六师师长再升任第一〇〇军军长的），我也不能原谅他。"立即电请顾祝同对刘予以撤职查办的处分，所遗军长职务暂由副军长韩文英代理，退守贵溪、资溪之线。不久，将刘广济押送至崇安再移至建阳的第三战区司令长官部，与防守衢州作战不力被撤职查办的第八十六军军长莫与硕一起转押重庆交军法审讯。

日军侵占鹰潭、贵溪后，铁路两端之敌分由上饶、鹰潭东西两面同时进犯，企图打通浙赣铁路全线。此时，我第二十五军正由弋阳南渡信江，因连日大雨，山洪暴发，水涨河宽，只得利用弋阳城墙作为上船的码头分批渡河，行动异常迟缓。总部感到兵力分散，难以集中使用，此时第三战区司令长官部虽已有指示，不得已时第三十二集团军总部可撤到崇安，但上官云相仍坚持留在铅山。原打算将留在皖南绩溪的总部后方人员及眷属经婺源、德兴、弋阳全部接来铅山，再送往福建，后因阴雨不停，沿途大水，行动不便，迟疑未定。同时，日军亦因受大雨山洪的阻滞，分别退回鹰潭、上饶两端，双方呈对峙状态。

在这段时间里，第三十二集团军在江西只保有横峰、弋阳、资溪和铅山一小块地区，且随时都有遭受日军进犯的威胁。上官云相对衢州会战失利后接替顾祝同指挥浙赣战役残局，分担过失，劳而无功，十分不满；再加上他的母亲留在皖南徽州，浙赣战役失利后皖南遭日军包围，与大后方交通断绝，他派人送母亲去上海避居，不幸途中在宜兴县的张渚病发死去……由于这种种原因，上官云相牢骚满腹，又兼一腔悲伤，精神极不愉快，动辄发怒。当时有一件事给我留下很深的印象：第二十六军根据蒋介石关于非经"中央"任命，不准擅自借抗日名义成立武装组织的命令，把石塘以南山区某村的一个"抗日游击队司令部"，从司令（据说是黄埔一期生，不知姓名）以下官兵共四十三人全部逮捕（总共仅十余支步、机枪，一部电台，以及通信、卫生、勤杂人员等），呈解到第三十二集团军总部。正赶上上官云相有气没处出，看到第二十六军送来的呈文，就怒冲冲地在上面批示："当今乱世，该杀不杀的贪官盈朝盈廷，该杀不杀的乱民满坑满谷，长此下去，何堪设想！全案所有人犯，不分主从，一律枪决。"当时我感到此案不同于战场杀害（此案原签意见以总部军法人员未随指挥所来铅山，无法审理，将所有被捕人员转送福建建阳第三战区司令长官部），如不经审判等法律程序就一律枪决，尔后若受到控告，就必须承担非法杀人的责任。因此，我向他提出建议："将该案发交铅山警备司令部，饬警备司令王廷拔审理具报以凭定夺。"这时上官云相盛怒渐息，冷静下来以后想想"一律枪决"未免过分，也就同意照此办理，重新批了"照签办理"，把王廷拔叫到总部来，当面交代："对祸首要犯等级别高的严为审讯，附具口供押送战区司令长官部。对于下级官员及士兵等，由你酌情处理好了。"后来此案人犯一直押在铅山，并未押送建阳，更未被枪决，总算是死里逃生。

六月底，日军再次企图由上饶、鹰潭东西两端进犯，最后打通浙赣铁路全线，铅山城内居民逃避一空。我兵站机构存放在铅山的粮弹、汽油、器材等，除尽可能发给前线部队外，将剩余的汽油弹药匆忙运至崇安后方。第三十二集团军总部除指挥第二十六军及第一○○军在东西两面应敌外，还控制着第十九师（在铅山外围的河口）和第二十五军的两个师（在铅山以南的杨村、陈坊附近）作为机动。

上官云相口头上虽然表示要固守铅山，粉碎东西两线日军打通浙赣线会师的企图；但又派参谋李欣斋到铅山以南的紫溪去勘察总部预备指挥所的驻地，做了随时可以后撤的准备。七月一日，我军阻击失利，赣东日军岩永支队在横峰与沿浙赣线西进的日军津谷支队会合,实现了打通浙赣铁路全线的企图。在此前后,上饶方面的东路日军一股,曾沿信江北岸,进攻到大河口;鹰潭方面的西路日军一股,则在贵溪附近掠夺骚扰。我集团军的任务是阻敌南犯,确保浙闽边境要地,并派出有力部队对占领浙赣线之敌军袭扰阻击,消耗牵制南下的日军。因连日大雨,山洪暴发,公路又遭我军破坏,日军车辆骡马无法行动,向浙赣线两侧进犯之敌都不得不自行退回。

九月二十八日,上官云相升任第三战区副司令长官,第三十二集团军总部开往崇安武夷宫等待新任集团军总司令李默庵前来进行交接。七月底,日军大本营因破坏衢州机场的目的已达,而打通浙赣线后,战线过长,兵力不足,难以久守,决定沿浙赣线向东西两个方向后撤,退守浙江的金华、兰溪和江西的抚河西岸及南浔铁路两端。我军各部队分别尾追击敌,收复了浙赣铁路沿线的大片地区。八月底,历时三个多月的浙赣战役宣告结束。

# 建德三昼夜激战

## 吴幼元[※]

一九四二年春末，美国空军由航母起飞轰炸东京、名古屋、大阪、神户，给日本侵略者一大打击。返回飞机在中国降落，引起日军对衢州等空军基地重视，为此决定发动浙赣线战役，破坏衢州、丽水等地飞机场。

军事委员会准备予日军以迎头痛击。除第三战区原有兵力外，统帅部又调湘赣境内的第七十四军王耀武（作为主力）、第四十九军王铁汉、第七十九军夏楚中，加上原第三战区第二十八军陶广、第二十三集团军唐式遵的两个军以及浙江省保安部队共十万余人，在金华附近与敌决战。当时预备第五师在赣江、抚河间防守，战役开始后，奉令开赴金华，所遗防务，交由江西保安纵队接替。该师交防后，徒步到邓家埠上车，至金华下车，到达建德集结。十日后，调至桐庐西乡，构筑工事，左与第二十八军陶广部衔接，右以富春江为依托。后总部电话告知："作战计划变更了，各军撤向铁路两侧，准备持久战斗。预备第五师在富春江北岸独立作战，阻敌前进，掩护附近各县人力物力及仓库粮弹、伤病官兵撤离。"师奉令后，即撤离桐庐。旋奉总部电令：预备第五师死守建德三天，若擅自撤退，按军法惩办。现司令长官部、总司令部在转移中，三天内不能联系。

基于总部指示，师长曾戛初立即重新部署兵力，向全师官兵训话，表明以死来执行上级交付的任务。经侦察地形，分配任务：以师工兵营

---

※　作者当时系预备第五师第十四团团长。

守建德城（归第十四团指挥）；第十团占领乌龙山及通城大道；第十五团右接第十四团，占领大坞之线；第十三团为预备队。师战斗指挥所与预备队均在第十四、第十五两团之中后方，以便指挥及策应。

　　部署完毕，加固工事。看到有利地形，人人信心十足。第三天凌晨四时许，第十四团前哨发现敌军向我前进，全团进入阵地，准备战斗。半小时后，山下地雷响了，霎时硝烟弥漫，沙石四飞。五时三十分，第二营营长章雄毅向团部报告，敌向该营正面进攻；第三营营长谢文虎也报告，该营正面山脚下有大批敌军移动。于是第十四团迅即展开战斗。八时许，三架敌机飞临阵地上空扫射、投弹，敌炮也发出排炮轰击，步兵在空炮协同下，向我猛冲。我官兵沉着应战，击退敌人一次又一次冲锋。总司令得悉战况后，重申固守三天的命令，并发奖金五万元，告以三天后用无线电联络。

　　我师奉命后，决心坚守阵地。曾师长向参谋长讲："单独作战，不受牵掣，我们可以大干一下。"他向各团、营长宣布："各团营阵地，必须固守三天，人与阵地共存亡。擅自撤退者，杀无赦。"各团、营长纷纷表示决心，慷慨激昂，士气旺盛。当时有敌战车三辆、步兵百余人，正向第十四团第二营正面冲来。大家用集束手榴弹投掷，一辆战车被打坏，另两辆战车忙向后逃，那躲在战车后的敌人一百多，在我火力压制下，缩成一团，动弹不得，立即被全部歼灭。下午四时，敌人飞机、大炮向第十四团阵地猛烈轰击、扫射，步兵二百余，分向第二营、第三营阵地进攻，一股已冲到第三营阵地障碍物边上，均被我军击退。战斗持续到深夜，我阵地屹然不动。

　　第二天，天刚亮，敌机和大炮疯狂地向我阵倾泻炸弹、炮弹，阵地成为一片焦土，被炸倒的树木枝桠到处都是，官兵伤亡增多。九时许，一个中队的敌人冲到山腰边阵地，情况十分紧急，我命副团长指挥战斗，自己亲率特务排和预备营的一个连，从侧面出击，与第二营配合，形成钳形攻势，将山腰之敌击退。第三营正面之敌，企图夺取通山道口，猛烈进攻，我团当即将全团十二门迫击炮集中，向该敌射击，计击毁敌战车两辆，打死打伤敌人一百多，其进入我阵地前沿之敌被全部歼灭。敌见正面进攻失败，乃调集汽艇十余艘，拖带木船，满载部队，沿富春江逆水而上，向乌龙山背后围攻建德城。我守建德城的工兵营，俟敌汽艇进入我火力圈内，枪声齐发，顿时将汽艇、木船打翻、打沉，没有打死的敌人，齐向江对岸奔逃。这样，第二天又胜利地结束了。

　　第三天黎明，敌集中全师团兵力，陆、空、炮并上，以排山倒海之势，向我阵地猛扑，抱非攻下建德不可之势，而我们决心死守不退。因地形利于守而不利于攻，双方展开猛烈的搏斗。中午，总部发来电令：预备第五师勇敢沉着，固守阵地，予敌以重创，着即传令嘉奖。经过三天战斗，业已达到消耗敌人、阻敌前进之目的，着即相机撤离建德，沿新安江向淳安转进。伤病员兵，利用新安江向淳安运输，又电令皖南、遂安野战医院派人迎接。这时，第十五团团长刘鸣球报告："有数倍于我之敌来犯，形成对我团包围，请速派队援救。"曾师长在电话中讲："无论如何，要坚守阵地待援。"接着，敌人施放毒瓦斯催泪弹，士兵中毒，情况严重，一股敌人已向师指挥所冲来。曾师长立即命预备队第十三团抽出两个营堵截。此时第十五团电话已不通，师长亲率两个营向敌逆袭，打死敌人百余，俘虏十三人，将敌赶下山去。天色已晚，师长与参谋长商议，决定按总部指示撤出战场，由第十三团任掩护，各部队到寿昌集合。建德之战，至此结束。

回忆整个浙赣线战役，开始日军虽然进展甚速，并打通了浙赣线，但由于战线长达千余里，防守深感兵力不足，第三战区所属各军，在沿线两侧伺机出击，使日军变成处处被动挨打的局面。八月上旬，第三战区下令反攻，连战连捷。预备第五师从淳安调广丰，参加反攻，克洋口，取五都，歼敌一个联队。八月中旬，全部收复失地，恢复五月份前的态势。

# 激战兰溪击毙酒井师团长

韩正礼<sup>※</sup>

一九四二年，太平洋战争已经爆发。为了攻击日本本土，盟国空军在我国浙江衢州建筑了一个规模较大的国际机场，以便就近轰炸日本本土和亚洲大陆沿海的日军空军基地。我军指挥部估计，日军对此绝不会等闲视之，必将集结兵力前来夺取机场。于是决定以一个军的兵力固守衢州，另以第七十九师守金华，第六十三师守兰溪，扼守衢州机场的水陆两扇大门。当时，我在第六十三师第一八八团任第二营少校营长。日军发动浙赣战役后，我亲身参加了兰溪战斗，这个战斗规模并不算很大，但它却产生了很大的影响。这是因为我们在兰溪战斗中，击毙了一个日军中将师团长酒井直次及其幕僚等人，震惊了日本朝野，使盟军对我军也刮目相看。在八年抗日战争中，也是少有的战例。现把记忆所及的有关情况整理如下，其中某些具体细节，难免有回忆失误之处，尚望当年参战的其他亲历者予以补充修正。

## 阵地配备与工事构筑

一九四二年二月，第六十三师经过对兰溪地形的侦察，决定在这里构筑一个钩形阵地。兰溪城防核心阵地南第一八七团构筑和防守。从兰溪市折向东北，沿石廊（骨）山北延伸约二十华里，构成一个侧面阵地，由第一八八团构筑和防守。第一八九团及师直属部队则驻守兰溪东郊大

---

※　作者当时系第六十三师第一八八团第二营少校营长。

云山与金兰铁路之间，为师预备队并协助其他两团构筑工事。这种配备形势，在战术思想上是吸取了当时欧洲战场上盟军对德作战的经验而制定的，打破了一线式或圆圈形守城市的老观念，优点是可使侧面阵地与核心阵地互为掎角，火力互相交叉，兵力互相支持，以分散敌人攻击重点。这一计划上报到第三战区司令长官部后，司令长官顾祝同亲率第十集团军司令王敬久和兵工监到这里作了实地勘察，认为很好，当场批准。

三月初，我们开始按计划紧张施工。在这一过程中，有几件事是值得一提的：

一、农民的支援。兰溪东郊的北山山区，有一种树的枝干上生有尖刺，比荆棘还厉害。我军阵地前沿的障碍物如仅靠铁丝网，数量太少不敷用，而把这种有刺的树干埋在阵地前，就成为障碍力很强的鹿砦。当地农民知道这一情况后，都踊跃地把老树更新或整枝时砍下的废枝干卖给我们，对构筑工事作出了很大贡献。另外，我营第五连连长底柱是侗族人，祖传一种用毒草制毒竹签的技术，为了能利用这种技术杀伤进犯之敌，兰溪农民又踊跃地把他们砍伐毛竹时剩下的枝梢支援给我们做毒签，我们用这种毒签插在路上，覆以伪装，敌人踩了只要刺破皮肤就溃烂不已，给了敌军以不小的伤害。

二、步兵机枪击落敌机。在我们构筑工事的过程中，时遭日军飞机的轰炸，因为轰炸衢州、上饶等地的敌机在返航回杭州时，常把剩余的炸弹在兰溪找一目标投完才走。为此，我们特设置了一处伪装阵地工事，专门吸引他们投弹。由于怕暴露真的阵地工事，即使有敌机来作威力搜索，我们也不开枪回击。因此敌机总是肆无忌惮地在我军阵地上空低飞，连山头上的树梢都常被飞机驱动的风所刮动。四月初某日黄昏，敌一架中型侦察轰炸机正在低空搜寻目标，我第一八七团某连机枪前哨恐被其发现并轰炸我阵地，遂举枪射击，恰巧击中了敌机油箱，顿时起火遁去。次日接寿昌县（现为建德县的寿昌镇）通报，得悉这架敌机逃到寿昌上空机身坠地摔碎，机上四人全都摔死。为此上级奖赏我部一万元奖金，全师每人购胶鞋一双，又买了几十头猪加餐庆贺。

三、拆宝塔。兰溪大云山上有座七级浮屠，名叫能人塔。在兰溪军政联席会议上，有人提出，日机轰炸兰溪总是利用这座宝塔作为瞄准的指示标，因此必须将它拆除。但有人认为它是历史文物，应当保留。还有人说宝塔是"镇水"的，拆掉了兰江就会闹水灾。经过一番争论，最后还是以"军事第一，抗战需要"为由予以拆除了。碰巧，那年夏天浙江地区多暴雨，钱塘江上游山洪暴发，沿江城镇受了水灾，为此，当地百姓对我军拆塔很表不满。

## 浙赣战役的催化剂

一九四二年四月十八日晨，美军十六架 B－25 型轰炸机由队长杜立德（James. H. Doolittle，亦有译为杜利特）上校率领，在太平洋接近日本海的"黄蜂"号航空母舰上，秘密起飞去轰炸东京。日本防空军发觉后，立即起飞战斗驱逐机近百架迎击，但已被美机掌握了高空的制空权，迅即向东京市区投掷下炸弹后，向我国沿海飞来。日机恐有后续美机再来轰炸本土，不敢追出国境。美机按与我军预约的计划，从钱塘江口向衢州机场飞来，拟在此处降落。岂知当大批日机在东京起飞迎敌时，我衢州机场却得到一个误传情报，说有大批日机前来轰炸衢州机场；加上美机从太平洋起飞的时间、地点通知有误；因此阴差阳错，衢州机场当晚立即熄灭灯火，全部关闭。美机从钱塘江口按地图坐标向上游寻找衢州机场，又正值大雨，看不见机场和跑道，竟在杭、衢之间上空来回转了很久，最后因汽油耗尽，只好各自寻找地面降落，机上人员弃机跳伞。这一来在钱塘江两岸和天目山一带，许多地方都有美国空军人员降落。第三战区司令长官部当晚发出紧急命令，通知各部队、各县悬赏寻找美空军降落人员。这次虽然损失了十多架飞机，幸而人员伤亡不大，以杜立德（现已晋升为美军四星上将）为首的多数降落人员，受到各地抗日军民的热情接待和保护，先后安然返回盟军部队。这次美机首次轰炸日本本土，就成了浙赣战役的催化剂。为了摧毁衢州等地供美军使用的空军基地，侵华日军就急不可待地于一九四二年五月间发动了浙赣战役。

## 兰溪战斗经过

一、敌军开始向我进犯。五月中旬，日本侵略军从富阳、诸暨分两路进攻桐庐和义乌，大肆轰炸浙赣铁路各车站，义乌车站被全部炸毁。这个地区的我方守军战斗力不强，日军一进犯，义乌立即失守。此时有一列载有千余枚地雷的火车，因日机猛炸金华车站，被迫疏散到金兰铁路支线上来，进退维谷。我们闻讯后趁机前去交涉，终于将这千余枚地雷全部移交归我师使用，我营阵地上因此增加了几百枚地雷。正巧连排长中有几人是军校第十五期工兵科毕业的，对埋设地雷很内行。这批地雷是四号甲雷，引爆方法有四种：一是轻压即爆，炸散兵用的；二是重压才爆，炸车辆马匹的；三是用绳索拉发的；四是电发的，是预埋供伏击用的。我们把这些引爆方法都用上了。由于当时老百姓都已逃难他乡，无须顾虑误炸乡民，因而山上、路上、树上、房屋里，处处都摆下了地雷阵，在不久后的作战中果然发挥了很大的作用。日军第七十师团长内田孝行在手记中哀叹："金华、兰溪的阵地上，主要交通线上，埋设了无数地雷，以阻止我军行动，我军因此受到严重损失。"至于日军第十五师团长酒井直次中将竟因踏中我军埋设的地雷，当天伤重毙命，则更是敌我双方都始料未及的。此事详细经过，下面再作专门记述。

五月十五日，日军向浙赣线发起全面进攻，我第六十三师师长赵锡田（黄埔二期）、副师长唐肃（黄埔三期），第一八八团团长邓光锋（军校六期）到阵地上来检查工事强度，我怕他们不知埋设地雷的暗号，即前往引路。在石廓山坐下休息时，副师长夸奖我们说："这工事虽然不是钢筋水泥的，但不比当年南京郊区的国防工事差多少。"师长说："南京的工事可惜没有用上，敌人把主力避开（我军）坚强工事，绕道先攻芜湖，而唐生智指挥的缺点是对侧后方的威胁太敏感，才仓促撤退，造成那么大的损失！"这话使我若有所悟，便问道："敌人倘若和在南京一样，不攻打我正、侧面阵地，而从兰江西岸绕到后面攻兰溪，我们花费了这样多的人力物力岂不落空？"这一问，他们三人愣了半天，最后师长说："兰溪东郊的好地形都被我们占有了，敌人来了无踏脚的台阶。人家是内行，他会眼睁睁吃这个亏吗？"遂即命令我快把岩头和石埠岭之间的前进阵地全部填平，让敌人来占领。又令邓团长速派第三营向桐庐挺进，与敌人保持战斗接触，边打边退，把敌人引到石廓山来。此时我体会到兵法上说"将欲取之必先予之"的道理，便迅速带人去前进阵地毁坏原有工事，并用枪炮向估定的可能敌占火力据点试射，将射击诸元的数据记录下来，以便夜间射击。我安排了一个班留在岩头山上，叫他们和敌军打一下就退到石廓山主阵地。

约五月二十四日，枪炮声愈来愈近，估计敌军将到兰溪城东北四十华里的马涧。第三营营长涂犹龙（军校十期）在距马涧五华里的石渠市（村）和敌人打了一天之后，全营退了回来。他笑着对我说："我把敌人请来啦，以后看你们的了！"

二、阵地战的开始。五月下旬某日，日军侦察机沿我石廓山阵地用机枪扫射，接着用轰炸机四处投弹。我们知道他是威力搜索，寻找我工事位置，便置之不理。接着，日军以步炮协同进攻我离兰溪城约十华里的大坞村第一营阵地，同时以岩头、石埠岭高地为据点，集结兵力准备进攻石廓山我营阵地。这样一来，日军居然完全按照我们预定的作战计划来进攻，我心中不由暗喜。次日晚，日军麋集于岩头和石埠岭村庄里，杀猪宰牛，炊烟弥天，对近在咫尺的我营阵地毫无顾忌，其骄横轻敌可知。入夜，我令迫击炮连将八门迫击炮推到阵地前沿，每门炮配发二百发炮弹，按事先测定好的方向距离，连续向岩头、石埠岭发射。一时炮声大作，日军的战马受惊四下乱跑，我营设在秘密点的拉发地雷同时拉爆，轻重机枪也一起向日军猛扫。第二天清晨，敌人在飞机和炮兵的掩护下前来收尸，民间的席子、门板为之搜尽。后据逃出来的民夫说，日军死伤有好几百人。这一棒子打得日军停战两天，我们从日兵遗尸身上的番号才知悉当面敌军是第十五师团的酒井部队。

两天后，敌后续大军到达，猛攻我第一营大坞阵地，该营第一连连长陈锁才和机枪连连长均负重伤。营长黎殿臣（军校十一期）向团部告急，团部令第三营于是夜偷袭石渠市敌军后方，才使第一营阵地的战况缓和下来。又过了两天，敌集结大批部队进攻我营石廓山阵地，日机丢下烧夷弹烧毁我阵地前的鹿砦，轰炸机猛炸我轻重机枪掩体和掩蔽部，炮兵从上午七时一直打到中午。我营阵地被打得沙石飞扬，敌步兵随即向我阵地猛扑，其先锋从鹿砦缺口处跃入。幸好我阵地前的鹿砦有几层，当敌兵冲入第一道鹿砦后，我侧防重机枪即从秘密火力点中向敌侧射，使敌兵前进不能，后退不得，只能停滞在我火力点下来回蠕动。敌机和炮兵则因敌我距离太近无法协助。直到黄昏后，困陷在我前沿鹿砦阵里的敌兵才利用黑夜撤了下去。

三、激烈的核心阵地战。敌军感到在我石廓山侧面阵地上花的代价太高，划不来，于是便把攻击重点转向兰溪城防的我第一八七团核心阵地。兰溪核心阵地上烟尘四起，枪炮声、炸弹声震天动地，从早到晚敌机盘旋不停，其战斗之激烈在我师历次战斗中是少有的。激战了两天之后，大云山麓的担山中学（现兰溪一中校址）和大云山被敌攻占，敌军从山上居高临下向我军发射猛烈火力，我兰溪守军伤亡过半，核心阵地岌岌可危。师预备队第一八九团（团长陶绍唐是黄埔四期生）夜袭担山中学之敌，得手后又猛攻大云山，与日军肉搏了一天一夜，卒将该阵地夺回。我团第三营则逆袭石廓山当面之敌，我营也以炮火支援我军争夺收复大云山，夜间又派迫击炮潜行至敌炮兵阵地附近，以迅雷不及掩耳的突然袭击速打速回。此时敌人感到我侧面阵地对其威胁和打击太大，便改变决心，又把攻击重点转回我营的石廓山阵地。

五月下旬某日拂晓，敌机数架在我营阵地上投弹后，敌炮兵又向我阵地轰击，因为他们的观测气球升到我阵地上空来指挥炮兵射击，所以打得很准。我看到这是个很大威胁，便立即集中机枪火力向气球猛射，打瞎了敌炮兵的"眼睛"。不一会儿，敌军又派来小型战斗机两架，与炮兵协同为之指示目标，使我营工事被击毁不少，我掩蔽指挥部也被敌炮弹击中，浮土埋到胸膛，幸未受伤。接着日军又不顾国际公法施放毒气，幸好当天刮风，莽莽山原，几十发催泪弹起不了什么作用。中午，敌机和炮兵愈炸愈凶，敌炮火开始向我阵地纵深延伸射击。敌步兵手摇太阳旗，脱去上身军装，分几路向我拼命扑来，对地雷、竹签、鹿砦、铁丝网等障碍物完全置之不顾，真像疯了一样。我营官兵抱着与阵地共存亡的决心，跃出掩体投手榴弹，与敌人拼刺刀，进行激烈的肉搏厮杀。战斗中，五连连长底柱阵亡，六连连长陆钦治负重伤，机枪二连连长吴楚才失踪，全营伤亡三分之一以上。第二天，敌我已处于犬牙交错的状态，由于双方伤亡都很大而削弱了作战能力，所以彼此只是反复拉锯式地小打了一天。

四、退出兰溪战斗。五月二十八日，我六十三师接到第三战区司令长官部命令，大意是：衢州防务已布置就绪，你师任务业已完成，望迅速撤出兰溪脱离敌人。是夜，我们埋完战友们的尸体，将带不动的山炮和器材隐蔽埋藏起来，在第一八九团的掩护下，退到金兰铁路西南山区进行整补。不久，我师奉命担任截断金兰一带敌人后方补给线的任务。我营以北山为根据地，进出于马涧、石渠市、洲上埠、岩头一带，截断富春江敌人的水上运输线。六月间，日军被迫废除了富春江水上兵站线，以后战事转入衢州会战阶段，本文从略。

## 击毙酒井直次中将的经过

当时，日军第十五师团长酒井直次中将临阵兼代军司令官职务，进攻金华等地的日军其他师团也暂归他指挥，而他自己的师团却因遭我军猛烈抵抗，几天还攻不下兰溪，使他格外恼火，遂亲自来到兰溪前线督战。五月二十八日那天，敌机比过去增多一倍，向我兰溪前沿阵地狂轰滥炸，许多敌兵扛着木梯越过我前沿堑壕，猛扑不止。但我第一八七团官兵仍死守阵地不退。我在石廓山侧翼阵地上闻得正面阵地上杀声大作，而机枪声却逐渐稀疏，知敌我已进入白刃肉搏战，兰溪城防已处危急状态。在此同时，又发现金华方向有敌军沿金兰铁路向兰溪方向疾进，我第一八九团遂迅将主力抽去守铁路，严密注视敌军动向。

是时，敌酒井直次中将师团长偕幕僚五人（川久保少将参谋长，参谋间濑、古谷次郎、吉村，及一专属副官），正在石廓山下有一个华表石柱的地方（为当地郑姓墓地）指挥作战，日军则正在继续向兰溪城逼进中。我营在昨夜曾派一个班潜伏在附近的义冢地内，正巧发现了酒井等一行日军将佐，误以为是前来搜索他们的日军前哨，觉得与其被敌人发现后被动挨打，倒不如先下手为强。于是我营这个班的战士立即用轻机枪和步枪向酒井等人猛烈扫射，当场有随从的日军中弹身亡，其余日军仓皇四散隐蔽，刚巧又误进我埋伏的地雷区，一时爆炸声四起，血肉横飞。我营四连刘连长率部赶来，集中机枪向中伏的日军猛打，但敌军却并未进行猛烈的还击而很快就悄悄地撤走了，战场迅即沉寂下来。我们当时虽觉日军方面似乎有些异常，却不知其详情。事后方知这次被我军伏击和踏地雷毙命的有日军第十五师团长酒井直次中将及其幕僚官佐四人（川久保少将参谋长死里逃生，暂时负责在现场指挥师团作战，六月一日由山内正文中将赶到战场接任师团长职务）。据后来川久保参谋长的回忆和日军战史资料记载，酒井直次中将是在五月二十八日上午十时四十五分骑马前进中踏响地雷，身负重伤（左腿皮肉被炸掉，脚心粉碎），经抢救无效，于当日十四时十三分死去。同时中雷负伤者，还有宫下兵器部长、佐野兽医部长和兽医部员佐山中尉等人。日本防卫厅防卫研究所战史室编写的《中国派遣军》上卷在记述这一史实时叹曰："现任师团长阵亡，自陆军创建以来还算首次。"正是由于这一原因，日军当时决定"暂时不向外宣布"。

敌酒井师团长等将佐被我军击毙后，日军在杭州西湖某山庄举行了"兰溪战役阵亡将士追悼会"。我潜入情报工作人员曾将会场的重要文件图片等偷摄回来，只见那祭台下挂着五张相片，中间一张是师团长酒井直次中将，左右各两张是在兰溪战斗中同时被我军击毙的四个日军官佐幕僚人员。在其余的照片中，有一张注明是酒井等骑着战马上前线的镜头，另一张是他被击毙的地点现场，看得出就是在兰溪郊外石廓山下一个有华表石柱的义冢地旁。此外，有份材料说明，酒井在阵亡前两天，曾有一奏折写给日本天皇，其中详述了中国士兵不怕死的顽强抗战精神，请求天皇不要轻视中国的"国魂"，谨慎行使对华的战争步骤，等等。

第三战区司令长官顾祝同，将以上的文件图片，和我们自己在战场上缴获的日军文件印成专辑上报中央，在重庆散发给各部院、各部队作广泛宣传，并向盟军通报。

# 衢州保卫战亲历记

陈颐鼎<sup>※</sup>

太平洋战争爆发后，中国政府与美国协定，美军将在我国东南沿海地区登陆，开辟第二战场。自一九四一年秋起，我方先后将浙江衢州、福建长汀、江西赣州三处原有的飞机场进行扩建，以备美国空军必要时使用。一九四二年四月十八日，美国远程轰炸机轰炸日本东京、横滨、名古屋等城市，使日本朝野十分惊慌，民心惶惶，社会骚动。日本当局为安定本国民心，防止美国空军对其本土轰炸，令日军驻浙东、杭州、萧山等地的各部，并从其他各地调集部队，发动浙赣战役，打通浙赣线，摧毁衢州飞机场，用以剪除对日本本土的空中威胁。我当时任第八十六军副军长兼第六十七师师长，亲身参加衢州保卫战。现就回忆所及，提供有关这方面资料如下。

## 日军作战企图和我军作战方针

一九四二年五月中旬，日军大举进犯时，在浙江方面是以绍兴、杭州、萧山、富阳等地为主要据点。除使用这一地区原有的日军第二十二师团及第十三旅团外，又从各地抽调部队，另配有伪军和地方汉奸武装，不下五万多人。敌发动攻势后，在浙赣线正面，首先击破守备钱塘江南岸的我第八十八军何绍周部和固守浙东地区的我暂编第九军冯圣法部及暂编第十三师史克勤部等防御阵地，以主力沿浙赣线两侧地区前进；另

---

※ 作者当时系第八十六军中将副军长兼第六十七师师长。

以一部由绍兴经东阳、永康，向金华、衢州方向深入，以求歼灭我军于这一地区。尔后会同南昌方面沿浙赣线东进之敌，会师上饶，打通浙赣线，以达到破坏衢州飞机场的目的。

我军针对日军作战企图，对这一会战主要指导方针：在浙赣线上让开正面，采取逐步抵抗、逐次后撤，诱敌深入衢州地区。我以一部坚守衢州城，各以有力部队在衢州外围两侧占领侧面阵地，尔后以合围之势，歼灭进犯之敌于衢州地区。具体部署：

第八十六军莫与硕部第十六师、第六十七师，坚守衢州城和飞机场外围阵地，阻止敌人向纵深发展。另以该军第七十九师段霖茂部在浙赣线正面与敌军保持接触，逐步诱敌深入。当敌军进犯到金华、龙游地区，该师留在金华附近敌后，打击敌军后续部队，牵制敌人沿铁路线活动。

第四十九军王铁汉部、第七十四军王耀武部在衢州以东溪口、灵山地区占领侧面阵地，待机合围进犯衢州之敌。

以上三个军，均归第十集团军总司令王敬久指挥。

第二十五军张文清部、第二十六军丁治磐部在常山以北地区占领侧面阵地，待命配合第十集团军王敬久所指挥的各军合围，歼灭进犯衢州之敌。以上两个军归第三十二集团军总司令上官云相指挥。

以原守备浙东地区的暂编第九军冯圣法部和原守备钱塘江南岸的第八十八军何绍周部，分别留在浙赣路的两侧地区，做敌后游击活动。

因此，一九四二年五月中旬，日军大举进犯浙赣线时，如入无人之境。到六月二日，浙赣线正面后方重镇衢州，便完全暴露在敌人兵锋之下。日军大举深入到衢州地区后，除沿路重要据点要留兵防守、维护交通外，能对衢州城进攻的兵力不到三万人。从数量上看，敌军劣势，我军优势；从形势上看，敌军分散，我军集中。如在衢州地区与敌决一死战，是可以给敌军以歼灭性打击的。可惜兵临城下，中枢突然改变决策，致使耗资巨万建造的飞机场，未经使用便付诸流水；执行防守任务的官兵，白白送掉两千多人生命。现虽事隔四十多年，每一忆及往事，犹感慨不已。

## 保卫衢州准备工作部署概要

当时，我国政府为迎接美军在东南沿海地区登陆，在浙赣线方面将衢州城北门外原有飞机场进行扩建，派航空委员会陈处长和美国空军一位联络官（已记不清名字），到衢州负责扩建任务，并指示第三战区司令长官顾祝同对扩建机场积极支持，还抽调战斗力较强的第八十六军到衢州准备保卫工作。一九四一年十二月，顾祝同命令第八十六军从浙赣线正面绍兴、诸暨地区撤回到衢州，积极备战。第八十六军是蒋介石的嫡系部队，辖第十六、第六十七、第七十九三个师和军属炮、工等团，营以上军官大部分是黄埔军官学校各期毕业的，在第三战区当时所辖各军来说，是战斗力较强的部队。

第八十六军调衢州时，顾祝同要军、师长先到上饶长官部见面，设宴招待，表示慰勉。他说："衢州是扼守浙、赣、闽、皖四省交通要枢，居战略上极为重要地位。委员长决定在衢州扩建一个为盟军在东南沿海登陆使用的飞机场，供美国空军任何型号飞机的降落和起飞之用。为了贯彻这项计划，防止日军发动攻击，进行破坏，要你们到衢州着手准备保卫工作。这项准备工作，首先要构成两个师兵力，使用环形核心野战工事，尔后逐步加强。要根据具体情况，拟好防守计划，报批后即积极实施。"第八十六军（欠第七十九师）于一九四一年十二月开到衢州，即秉承上述意图作如下部署：

第十六师（欠一个团）担任新安江西岸构成以杜泽为核心的对西、西北、西南半环形阵地，阻止敌人向衢州城左侧背迂回。

第六十七师配属第十六师一个团，担任以衢州城、飞机场为核心的构成对东、东北、东南半环形阵地，阻止敌人进攻。

军部及其直属部队位置衢州城内。

另外，顾祝同为检查衢州城防工程设施和备战情况，曾两次到衢州。第一次是一九四二年二月，顾祝同在衢州行政专员公署，召集衢县、龙游、江山、常山各县县长和第八十六军团以上军官举行会议。浙江省主席黄绍竑也参加。会上，顾祝同一再强调衢州备战的重要性，要各县县长对飞机场扩建、征用民夫和木、石等建材供应，都要按计划规定及时完成。对部队构筑野战工事所需的木、竹、石、水泥、钢筋等材料作价，也要放低些。第二次顾祝同到衢州是一九四二年四月，日军向浙赣线发动攻势之前。顾祝同在第八十六军军部集合连长以上军官讲话，说明盘踞浙江境内日军已蠢蠢欲动，不久浙赣线上将展开大规模作战，要大家坚强地担负起这一光荣使命，只要能坚守一个星期的时间，胜利就是我们的。他还当场宣布提升我为第八十六军副军长，仍兼第六十七师师长，以示鼓励。

## 衢州保卫战打响和撤走经过

当时，衢州守备兵力部署：

第十六师（欠一个步兵团）配属军野战炮兵一个营，守备新安江西岸以杜泽为核心的各个既设据点，阻止敌人沿新安江向衢州城左侧背迂回。

第六十七师配属第十六师一个步兵团和独立炮兵团及高射炮兵连，守备樟树潭、西伯垅、飞机场、衢州城既设阵地，确保这个地区，给进犯敌军以重创，尔后协同友军全歼入侵之敌。

第八十六军军部及直属部队在衢州城内。

防御工事大部是野战性的，只有重机枪掩体和部分指挥所用钢筋混凝土，全部副防无铁丝网，仅用木、竹材料钉成木栅，无照明设备，阵地前敷设少数地雷群。

衢州城内居民原计划每户留一人在家看守私人财物，但到情况紧张时多已逃走，原因是他们留在城内没处吃饭，守城部队事先也没有计划这项供应。部队虽囤积一个月的粮弹，但蔬菜、食油、肉类全无一点存储。居民跑光，守城官兵又无副食品供应，部队常有纪律废弛，发生任意抢劫居民食物的事情。我迫于事实无法解决，明里叫人制止，实乃装聋作哑罢了。

侵犯浙赣线日军于一九四二年五月十五日，分由奉化、上虞、绍兴、萧山方向同时出动，主力沿浙赣路前进，一路沿富春江以西地区窜扰。五月十六日，敌陷嵊县；十七日陷诸暨；二十日，敌陷东阳；二十一日陷义乌；二十二日，永康被敌占领。舆论哗然，叫喊当局应惩办作战不力者。顾祝同在这样的压力下，一天晚上和我通电话，除问备战情况外，他要我不惜任何牺牲守住衢州，使这次会战能顺利进行，只有这样才能把社会上七嘴八舌的责难去掉，言下心情极为沉重。

五月二十六日，我们接到第三战区司令长官部转发蒋介石致第八十六军军、师长电，大意是：当前敌人除企图割裂我东南沿海地区与中央联系外，更为重要的是要破坏我与盟军在沿海地区作战计划，要第八十六军坚守衢城，造成衢州地区作战有利态势。我们当时将电文印发到连级单位，并在全军进行政治动员，各作战单位也都填具守住所在阵地的保证书，当时我军士气确实是很高的。

五月二十七日，敌军攻占龙游县城后，以一个联队兵力，渡过新安江，溯江而上，向第十六师两个团阵地猛烈进攻。二十九日傍晚，第十六师各个阵地多被敌人攻占。该师师长曹振铎、副师长顾宏扬、参谋长朱恺仁，仅带少数随从人员，于黄昏后渡过新安江，来到衢州城里，要求我给以收留，并愿意协同我保卫衢州作战。二十九日下午五时许，第八十六军军长莫与硕在电话中对我说："第十六师各个阵地已多被敌攻破，我去航埠方面收容他们。"莫与硕一出走，军部直属部队相继离去，给人造成衢州不守的错觉。于是，城内放列的炮兵部队挽上车马准备出城，城内的各种机动车辆也争夺城门外出逃走，一时城内外乱作一团，非常紧张。后来，我从城外指挥所赶到现场，才将这场自相惊扰的乱局安定下来。莫与硕擅自脱离衢州战场后，即沿通往江山县公路逃去。五月三十日，第三战区司令长官部发现莫与硕这一行动，勒令他即日重返衢州城，但由于敌军攻占新安江西岸第十六师阵地后，即向衢州城以南地区迂回，占领了通往常山、江山水陆交通要点双江口，形成对衢州半包围态势，给莫与硕造成返回衢州城的障碍。于是，蒋介石要顾祝同先将第八十六军军长莫与硕、参谋长胡炎立即免职，押解重庆交军法审判。后将莫、胡两人各判处有期徒刑五年；第十六师师长曹振铎作战不力，予以撤职处分。

六月初，浙赣路正面的日军第二十二师团主力，在衢州外围向我樟树潭、西伯坞等阵地猛烈进攻，集中了大量炮火向我阵地射击，掩护其步兵前进。同时，敌出动了十多架飞机全日轮番轰炸，协同地面部队作战。西伯坞阵地经过三次得失争夺，终于稳住，使敌军遭受较大伤亡。后敌军继续以一部向西伯坞地区进攻，其主力由石室街、上叶渡过乌溪河，迂回到衢州以南地区，与双江口之敌会合，对衢州形成四面包围态势，尔后逐步缩小包围圈，企图全歼我守城部队。两天来的战斗打得很激烈，我伤亡官兵一千二百多人，第六十七师的团长石补天，副团长汪忠民，营长戴锐、徐隆铁、阎思柱、朱正秋先后英勇牺牲。我军阵地屹立未动，士气和信心仍然很高。我通过无线电台经常与顾祝同和第十集团军总司令王敬久保持联系，他们对我的指示是：拖住敌人，给敌以重大杀伤，尔后按预定作战计划实施。

六月三日，敌军对衢州城进行全面进攻，缩小包围圈，出动更多的飞机滥肆轰炸，我所有阵地、野战工事和炮兵阵地多被敌机炸毁，连我自己掌握的三架无线电收发报机也先后被敌机炸毁，不能使用，对外完全失去联系。是日午后二时许，敌有两股小部队，每股约百余人，从衢州南门附近，在炮、空火力掩护下，冲进城内。经我守城防核心阵地第十六师第四十六团团长谢士炎反复组织反击，打出去一股；另一股冲到我当时在南门内指挥所附近，经第六十七师特务连连长高远举率其所部与敌肉搏多次，消灭一部分，余敌退出城外。高远举在战斗中手、脸都被敌刀刺伤多次，最后饮弹阵亡。这天战斗，第十六师谢士炎团伤亡一百多人，第六十七师也伤亡一百多人。

连日暴雨未停，一时间山洪暴发，新安江、乌溪河大小河流都涨水，所有阵地工事都积水盈尺。从三日起，敌军从衢州火车站对南门我阵地不断发起进攻。敌人突进来被我打出去共有三次之多。这是衢州保卫战中最激烈的一次战斗，每个官兵都发扬了为民族而战的最大勇气，终于把敌军再次打退，稳住了核心阵地。这一天战斗，第十六师阵亡上校参谋主任袁福崇以下官兵一百多人，第六十七师伤亡副团长李实以下官兵六百多人。敌军在这场战斗中也付出很大伤亡，在不到一千公尺的战场上，血流成渠，尸横遍地。

衢州保卫战已进行五昼夜，我先后伤亡官兵已达两千二百多人。我军处在四面包围、对外失去联系的情况下进行战斗，官兵信心仍不减当初。我于四日晚间召集有关部队长研究下一步作战方案，接到守城防核心阵地第十六师第四十六团团长谢士炎电话报告，说守西门的连长报告，由新安江上游浮来一个老百姓，说有事要见师长。我要他们把这个人速送来见。此人姓乔，名叫大年，江山县清湖镇人，二十六岁，从事船运行业，经常来往于新安江、新安江、富春江各口岸，给人运输货物，今晚由后溪街游来衢州送信。他从裤带中取出用蜡纸写的字条，上面的字虽已模糊，但还可认出，写的是："又新（我的别号），速设法前来，我在风林街等候你。平。"我问他这条子是谁交给他的？"平"是什么人？他说，这条子是他师傅姜××（已记不清名字）要他送来的，其他一无所知。"平"就是第十集团军总司令王敬久的别号，名叫又平，日常我们私人函电来往都是用这个名字，至此我已完全理解王敬久要我向外突围的暗示。此时，仍然下着倾盆大雨，我们的心情像雨点般频频跳动。我想，敌人已被我军拖住，正是围歼的大好时机，为什么要我们向外突围？最高统帅既是决策在前，要同敌军在衢州地区决战，为什么甫经交战，就要我们撤走？眼前敌军已将我们围困得像铁桶一般，水泄不通，就是撤走，成功的希望不大，更不忍心将几百名重伤员遗弃在这里，他们的后果是悲惨的，如何对得起这些久共生死的袍泽。如果没有外援，战斗下去徒丧一些人生命，也不会得到预期战果。我冥思苦想，定不下决心。后经第十六师师长曹振铎、副师长顾宏扬和第六十七师副师长戚永年、参谋长唐化南一起分析，认为王敬久能在万分艰难中派人通知向外突围，已属不易，必将另有部队在外围迎接我们，如不按指示办事，那将是抗命行为。大家坚持按指示办，利用大雨滂沱的深夜，丢掉重武器、骡马、车辆和不能行走的重伤员，准备突围。我只好同意他们的想法。衢州是个两面环水的城市，西面紧靠新安江，北临乌溪河，这两条河流经连天大雨，河水猛涨，均宽在三四百米，深到三至五公尺，人员不能徒涉，只有东南两面狭小地带可走。再从当前敌人部署看，敌军第二十二师团主力已从上叶、石室街渡过乌溪河，除以一部监视东南两面第七十四军王耀武、第四十九军王铁汉外，大部使用在衢州东南两门和火车站附近，企图压缩包围圈，全歼我守城部队，尔后向浙赣线西进，期同与南昌东进的日军早日会师上饶。对此，当时突围的部署是：以原守城防的第十六师谢士炎团，指派一部兵力在东南两门与敌保持接触，其他部队一律到北门外飞机场集合，兵分两路，分别向溪口方向我第七十四军防地靠拢，即一路经茅坪、孔家，另一路沿乌溪河南岸，均向溪口方向前进。每路皆组织能通日语的数人走在部队先头，准备同日军进行答话。另外，每路又组织破坏通信设施小组，负责剪断敌军有线电话线，混出敌人包围圈。我当时是走乌溪河南岸这一路，一出飞机场就遇到敌哨盘问，我第十六师副师长顾宏扬用日语说明我们是皇协军某部（具体番号记不清），奉命由胡村调去上叶，另有任务。这时大雨如注，天黑得对面不见五指，我军官兵都身着雨衣雨帽，敌人分辨不清真伪，信以为真，居然一枪未放，就闯出敌军包围。自六月五日午夜一时许开始突围行动，至四时许已走了三十多华里路程，到达我第七十四军第五十七师阵地前沿，眼看敌军在天将黎明时，到处施放信号弹，好像是已发现我们突围行动。但这时我们以各种联络信号同第五十七师取得联系，进入他们阵地内。我利用第五十七师前沿电话，同王耀武通了话，请他代向王敬久或顾祝同请示今后行动。不久，得到王敬久指示，要部队开去福建浦城整理。衢州保卫战到此就这样虎头蛇尾草草结束了。

大约是六月九日，我在部队开往浦城途中，路过凤林街，同王敬久见面。王说："请姜老先生派人给你送信，是出于无奈中的办法，这是请青帮老头子想的法子，虽是花些钱，总算达到了目的。"对此，我代表突围的官兵表示对他的谢意。他接着说："衢州会战计划的改变是六月一日才定下来的。老头子（指蒋介石）这项会战计划，事先未得到盟军驻华总司令魏德迈同意。魏说，衢州会战即使胜利结束，日本在华军事行动也不会因此告终，何况这一胜利尚要付出许多代价，而且你们国家内部还存在许多问题，有生力量消耗掉，那将是最大的危险。因此，触动了老头子改变在衢州决战的决心，放弃了会战计划。"我听了王敬久有关会战计划改变的谈话后，不禁为战死在衢州的官兵落泪。

# 血战衢州

## 包崇跳[※]

金（华）衢（州）兰（溪）三角地区扼浙皖赣闽四省的咽喉，是浙江的战略重地，兵家必争，古有"铜金华，铁衢州"之称。谁控制了金衢兰，谁就控制了全浙，控制了浙赣线，所以敌人必欲侵占之。

一九四二年春，第八十六军第十六师在衢州附近一带布防，一面加紧构筑工事，一面加强整训，提高部队素质，增强战斗力。当时，我在第十六师第四十六团第二营营部任中尉书记。二营营部设在徐家坞村。

五月下旬的一天，我第四十六团奉命进驻衢州城。二营营部设在下营街一家民房里，部队立即按计划部署进入城防阵地。衢州部分城墙基本完好，工事构筑在城墙的底部，有坑道可通，有电话联系，既是厚实坚固的掩蔽体，又是四通八达的交通壕，还有电线密布的通信网，敌人看不清我们，而我们视野开阔，这样的工事，可说是相当好的了。

我们部队进城后，衢州专员公署、衢县县政府等机关团体都已全部撤出，并且贴出布告立即疏散全城居民和物资，限三日内全部疏散完毕，做好坚壁清野的工作，做死守衢城的准备。群众肩背行李，手提布包，担箱挑笼，扶老携幼，离别了家乡逃难，城内显得一片沉寂凄凉。敌机每天轮番轰炸，炸弹四起，繁华的衢州被炸得断垣残壁，瓦砾一片。

金华、兰溪两城经过激烈战斗失陷了，衢州就成为敌人的主攻目标。我第四十七团、第四十八团在樟树潭、飞机场一线布防，是守衢州的外围部队；第四十六团团部及部分营连奉命转移城外布防，是守衢州的内

---

※　作者当时系第八十六军第十六师第四十六团第二营营部中尉书记。

线部队；我第二营三个步兵连、一个机枪连和迫击炮排、通信排以及划归第二营指挥的连队、炮队组成加强营，是守衢州城的核心部队。当时，师长曹振铎和第四十六团团长谢士炎任命我第二营营长宋汉武为衢州城防指挥官，命令死守衢州城，若有违令，军法从事。

营长宋汉武（字子寅，湖南省邵阳县人）是一位骁勇善战的中年指挥官，曾与日军多次作战并多次负伤。他临危受命，毅然表示："人在城在，我决与阵地共存亡，誓死保卫衢州，决不有损爱国军人称号，若不幸为国捐躯，亦心甘情愿，虽死犹荣。"

六月一日，第二营营部也就是城防指挥部移驻靠近南门城边的一幢洋房里（记得房主人是银行工作的）。我们立即安装无线电台、电话机，挂起军用地图，大家在这里研究敌情和作战方案。宋汉武营长、彭如龙副营长和各连连长相互鼓励，各表决心，一定要把保卫衢州这个光荣使命担当起来。

各连在城内各城门通道加紧堆叠泥沙土包，修筑防御工事，筑起鹿砦，扫清射界。大街小巷也堆叠沙包，摆起铁蒺藜路障，房屋挖好枪眼，打通屋与屋之间的通道。战士们擦好枪炮，储足粮弹，养精蓄锐，严阵以待，准备迎接一场激烈鏖战与厮杀的到来。

六月三日，日军在飞机大炮的掩护下，向龚家埠进犯，企图直逼衢城。龚家埠离衢城仅三四华里，中间隔着衢江，江上原有浮桥，已被我军拆除，以阻敌人前进。宋营长命令步兵严守阵地，用轻重机枪组成火力网交叉扫射，又指挥西安门内阵地上的炮兵，向龚家埠的敌人猛轰，把敌人打得人仰马翻，败退回去。这次首战告捷，我无一伤亡。

四、五两日，敌机、大炮不断向城内轰击，敌军还使用毒瓦斯弹。我军当即以牙还牙，以血还血，炮轰枪击，针锋相对，毫不相让，炮战频繁。毒瓦斯是国际公约禁止使用的武器，日本侵略军在穷途末日之际，竟然丧心病狂使用这种特殊武器，真是太残忍了。我们没戴防毒面具，遭到毒瓦斯弹袭击，顿时奇臭难闻，感到头昏脑涨，立即涕泪横流，四肢乏力，动弹不得，丧失战斗能力。后来，我们戴上了防毒面具，敌人的毒瓦斯弹也就不起什么作用了。

六月六日拂晓，信号弹突然掠过天空，敌人开始向我火车站猛攻了。敌人上有飞机掩护，下有大炮开道，向我阵地猛扑过来。我坚守火车站的官兵，同仇敌忾，依靠坚固工事，予以迎头痛击，打死打伤敌人一大群，其余敌军退回去了。敌人不肯罢休，继续组织力量，数次猛扑，均未得手。但因敌军炮火猛烈，我军伤亡惨重，不得已放弃阵地，退回城里。

约上午十时许，敌军又开始从火车站向我新开门猛攻。新开门是通往火车站新开的城缺，群众就叫新开门。这里外有鹿砦和城门口堆叠的沙袋，两旁城墙工事均有重兵把守，组成交叉火力网，封锁敌人前进道路。因这里地位重要，成为敌我双方的攻防重点。敌人凭借优势武器，在飞机、大炮掩护下，向我新开门守军阵地猛扑。我城防指挥官宋汉武营长在这里亲自指挥，把敌人打得尸横遍地。敌军数次进攻均未得逞，恼羞成怒，就用飞机轮番轰炸，大炮集中轰击，又投射毒瓦斯弹，把这一带阵地摧毁得七零八落。我军仍坚守阵地，斗志昂扬，愈战愈勇。宋营长身先士卒，奋勇当先，指挥战斗，表现了一个爱国军人不怕牺牲的精神。激战至下午二时许，敌人的子弹射进了宋营长的胸膛，也射中了在他身旁的副官邹勇，他俩倒下去了。临终前，宋营长还打起精神吃力地断续地叫着："彭副营长，我不行了，望你继续指挥，战斗下去，誓死保卫衢州，弟兄们，前进啊！……"周围的官兵们都低下头，流着热泪，为宋营长的英勇牺牲而感到万分悲痛。

六月七日，我守军终因伤亡惨重，奉命撤离衢城。一场壮烈的衢州保卫战到此结束。

# 壬午（一九四二年）衢州抗战记

徐映璞[※]

衢州为浙赣皖闽边区重地，东南有事，首当其冲。自岛夷入侵，淞沪嘉杭，相继失守。己卯（一九三九年）、庚辰（一九四〇年）间，萧绍鄞镇，复陷敌区。金、永为省府所在，衢郊又有国际机场，握军政之枢，当建瓴之势。敌既溯大江而上，由南京而安庆、而九江、而武汉、而岳阳，所以睥睨于粤汉、浙赣两路者，唯长沙与衢州，同其重要。

辛巳（一九四一年）冬，敌扑攻浙赣路，响应湘粤战局之企图日亟。我方略仿长沙设计，以城市及机场为中心，因地制险，建立要塞四环：一、循信安、东迹两江沿岸，迄于城南，周二十余里；二、自鹿鸣山、杨家岭、姜家坞、鸡鸣山、樟树潭、西伯坛，迄于崇文，四十余里；三、为白云山、芥山、滂川、小林山、赤山、横路、大洲、东岳山等处，约七十余里；四、为苦竹岗、宝山、杜泽、莲花、耿山、安仁街、贺辂头、全旺、九仙岩等，约九十余里，均呈半圆形。

于是衢严金处各属十四县，木材咸集，咿哑背负之民夫，前后相望，不绝于途，自十二月至次年四月乃已。雨雪泥泞，冻馁僵毙者，不知凡几，而衢境林木之合尺度者，不问主权谁属，一律砍伐备用。第八十六军奉调来衢，配合民丁，从事构筑。第十六师驻江北，第六十七师驻江南，划疆分督，克期完成。

---

※ 作者徐映璞（一八九二至一九八一年），自号清平山人，浙江衢州人。曾任浙江省制宪委员会委员，浙江省参议院参议，浙江省通志衢州分纂，浙江省文史研究馆馆员等职。抗日战争时期避居衢州乡间从事著述。

一九四二年四月，美机轰炸东京、名古屋等处，而降落于此，衢州益为敌军所注目。工事既竣，第八十六军方拟后移，更番休息。敌大举内侵，自杭来者，由诸暨、浦江；自绍来者，由东阳、义乌；自鄞来者，由上虞、磐安，其势甚锐。

我以重兵分两翼，左自寿昌、兰溪，右自汤溪、武义，分头迎击，高呼"金兰作战，死守衢州"口号。全部阵形若袋，第八十六军分布袋中各要隘，第四十六团谢士炎为守城防核心。袋以外环山而伏者，南有第七十四军第五十一、第五十七、第五十八诸师，第四十九军第一〇五师及预备第五师；北有第四十九军第二十六师，第二十六军第四十一、第四十四、第三十二诸师，第二十五军第四十、第五十二、第一〇八诸师；西有第五十军第一四五师，第二十一军第一四六、第一四七、第一四八诸师。而驻寿昌之独立第三十三旅，驻上方之第一游击纵队，驻济源之奋勇队，尚不在当敌之数。

二十三日，敌北路由浦江趋兰溪，南路由武义趋汤溪，凡七军十六路，同时奔突。我军静伏不动，张袋口以诱其来，并撤除诸堡垒外视线之障碍，大厦丛林，拆毁甚伙。二十八日，敌北路沿龙游北鄙趋峡口，我军稍战即退；南路由草鞋岭趋尚论岗，守军拒战，互有死伤。二十九日，北路趋杜泽，第四环之重点也。我军退，敌复分两支，一趋宝山、苦竹岗，一趋上林、蟠塘坞。

三十日，敌大至，衢北诸村镇，数十里内皆被占，西及滃川，而设兵站于上童村。我军纷纷拒战，炮雷弹雨，不可遏止，第三环遂被攻破，堡垒毁灭无遗。三十一日，南路第四环亦失守。

六月一日，南第三环，北第二环，战况甚烈。我两山伏军，凭高远轰，火网繁密，而不能命中。二日，北路姜家坞、杨家岭、锦桥、赤山等垒皆陷；敌南路前锋达樟树潭，第六十七师凭东迹江拒守，敌不得逞。

三日，北路敌大队攻芥山要塞，以飞机猛炸，被陷。别队南路袭浮石潭北岸诸堡垒，及第十六师师部，我军被迫入江。时连日大雨，水已渐涨，随波逐流，得达南岸者，十不一二，用是死者千余人。同时，南路敌围攻大洲镇、东岳山要塞，亦被陷落，团长石补天阵亡。遂西趋烂柯山、下学埠，强渡东迹江，入寺前，出赤姑山，与北路芥山之敌，遥相呼应。

四日，复分股西侵后溪街，大股北侵城南车站。北敌越梁溪，夺白云山炮垒，激进，渡金溪，袭篁步镇，占雨灵山。时江水大涨，四野尽成泽国，敌军劫夺难民蓑笠西追，而我军不知也，故死者甚众。于是南北山我军纷纷后撤，连日狂奔不能止。唯城防军犹固守，北路敌欲架桥渡江不得逞。

六日，南路敌先逼城关，第四十六团二营悉力拒战。下午，营长宋汉武中弹死，团长谢士炎阵亡。樟潭之敌亦越乌溪而西，第六十七师不支，溃入城中，麇集峥嵘山司令部，觅司令不获，奔驰城北。敌一部已登北城，复奔城南突围走，敌凭城射击，死亡枕藉。唯西城守军，犹与北路敌隔江对射。

七日晨，江水退，敌蚁附入城，我军死伤略尽。窜篁步之敌，复缘金溪两岸西上，一趋五十都，入常山东安、芳村；一趋招贤，入马车溪口。九日，合窜常山，常山遂陷于敌手。南路沿文溪趋江山之敌，先后越大溪滩、双塔岭之险，亦于十日入江山城。分江山、常山两路，同时并进，南趋广丰，北趋玉山，沿途如贺村、渎口、球川、草坪，及开化之华埠等，均被杀掠焚劫。

十三日，两路并窜上饶，空城无守御者，敌以大队驻此。十六日，复沿浙赣路趋横峰。我军由南路退者，经铅山入福建崇安；由北路退者，伺隙突过敌铁路防守哨，亦向南撤走。时南昌之敌，亦自东乡、余江，东进贵溪，所未衔接者，特横峰、弋阳间一小段耳。

是时，浙省五区属县，衢、龙游、江山、常山及开化之一部，并金属、处属、赣东附近各县，均陷于敌。敌设总部于衢城，沿铁路、公路及水陆冲要，均设防守堡垒，分驻日军数十百人不等。利用我机场，停机多至八十余架。江中舟楫，多被拘劫，载运搜刮物资，扬帆东驶。

六月二十一日，江水猛涨不已，为六十年来所仅见。飞机场水深及丈，停机均漂往墟墓间，敌兵游泳打捞，三日乃集。水退后，物资给养，来源告竭，益加紧搜罗，环城三四十里内，一日可以往返者，莫不遍及。米盐牛畜，日常用品，扫地以尽，有不满其欲，则全村焚毁，杀人如麻。初犹架桥设渡，装置电话线，维护据点间相互交通，并百计寻求智识耆老，引诱民众入城，久之，迄无应者。

七月中旬，知不可与守，乃变本加厉，为彻底毁灭之暴行。城郊各处，大火连续，经月不熄。参天乔木，及拱把之小株，炮轰斧斫，无一幸存。掳劫民夫数万人，被俘士兵数千人，连日枪押绳牵，趋往机场，掘堑埋雷，迄于撤退乃已。诸兵民既饥且渴，在日曝水蒸之下，强迫服役，少不如意，鞭扑随之，有病即杀，日数百人，伏尸相望，臭秽不可响迩。而民庶之奔避山谷间者，不罹于敌，即围于兵，进退失据，颠沛流离之苦，有未可言喻者。

八月中旬，敌开始撤退，由横峰而上饶、玉山、广丰、常山、江山。二十日，前队交会于衢，自西徂东，凡十二路，日夜不绝。时方溽暑，日行二三十里，沿途肆掠，掳奸焚杀，残忍惨酷，为史册所未见，亦人类所罕见。

二十六、二十七两日，敌机三十余架，分批轰炸南北乡镇，如五十都、石梁、杜泽、峡口、云溪、后溪、石室、大洲、全旺等，及诸小村落，疑似军事目标者，无不疯狂投弹，烟焰蔽空，伤亡遍野，尤为惨烈。

初，敌之西侵也，集合关东军、朝鲜军、田中部队、石塚部队，及降将孙良诚部，骑兵约万人，步兵输卒十万余；及其退也，马队以我破毁道路，及气候郁热之故，倾跌病死者过半。而搜劫物资，强拉夫役，人数则倍增于前。

二十八日，盘踞城市机场之敌，撤退净尽，唯两翼尚络绎如故。九月初，龙游敌亦尽退，据守兰溪、金华、武义、永康、义乌、浦江、东阳等县，旅进旅退，而大队则径赴杭州。

我军民自二十九日以后，稍有还城探视者，瓦砾榛芜中，血肉狼藉，不可居，亦无从得饮食，辄逡巡村墟山野间。城中如南市街、新桥街、上街、下街、坊门街、浮石街，及中、东、西、三河沿、化龙巷、后街巷、峥嵘山、新河沿、止马湾等，焚毁殆尽。唯县西、水亭两街，存屋较多。公共建筑，县政府、县党部、地方法院，至圣家庙等，间架仅存。衢州中学、衢州师范、五区专署、平民工厂，则摧毁独重。村外村庄，如清献书院、沙湾、大教场、桃园、梨园、乌溪桥、楼底、戚家、魏家，均全部焚毁。樟潭镇、沈叶杨村、田铺、严村、慈姑坞、姜家坞、果山方、徐家坞、上窑、梅坞、竹篷头、后村等，亦焚烧过半。当时有"十无"之谣，谓市无人，田无谷，山无木，村无屋，食无粮，着无衣，病无药，死无棺，家无丁男，室无贞妇。

嗣有第二十一军踵敌东下，衢县县长柳一弥率属进城，收合余烬，布告安民，民稍回里，以稼穑无收，当劝导补种莜麦。第三战区司令长官部，派政治部主任邓文仪等，来衢宣慰。本省长吏，复派浙江省第五区行政督察专员姜卿云等，携款赈恤，衢县得法币二十一万元，江、龙、常等县，同时赈恤有差。十月，略事苏息，而粮缺价涨，供应繁重，已而复被霜灾，莜麦不熟，遗黎益困。

一年之间，寇灾、战灾、匪灾、兵灾、火灾、水灾、旱灾、霜灾、疫灾，交通而来，民不聊生，实亘古所未有。总计损失，就衢一县言之，士兵死亡，约万余人；民众被杀害者，二万余人；被掳而失踪者，三万余人；房屋被焚者，十余万架；耕牛被杀者，万七千余头；猪被杀者，十一万九千余只；米粟被劫者，九万七千余石，他物称是。江山损失亦重，龙游次之，常山又次之，开化之华埠，同遭焚劫。至因敌军蹂躏，间接损失，尤不可以数计。忆清咸丰间，衢民酷罹兵祸，迄今八十余年，未能恢复，是役被祸之惨，实有过之。欲重见昔年熙攘景象，殆非百年以上不可，呜呼其矣！

中枢定计，原拟金兰作战，死守衢州，凭南北两山之险，严处为外卫，衢境为内拒，如葫芦，如布袋，俟敌入口而围歼之。不意敌分七路，以重兵配两翼，沿袋侧来攻，阵势既破，则环中与山外伏军，消息隔绝，不得不向后撤退，拟易战地玉饶间，更不意一退而不能中止也。

慨自岛国凭陵，我军民抱抗战决心，奋勇杀敌，平津之役，淞沪之役，徐州之役，武汉之役，长沙之役，邕宁之役，中条山之役，莫不枕戈浴血，震悚当时。而衢州之役，历九十余日之久，敌自宁、沪、杭垣，开列士绅名单，多方物色，极威胁利诱之能事。全体人民，忍饥冒暑，艰苦备尝，始终无一降敌、附敌、屈服于敌，而为之设计谋，供奔走者，人民意志之坚强，得未曾有，此乃我民族性之充分表现也。

事后，党政军各界，均有详报，学者亦各有记述，顾以地位职责关系，言人人殊，或详于小而略于大，详于己而略于人，详于近而略于远，未能本末具举。予独据耳目所及，案牍所陈，私家所辑，删繁就简而条理之，俾资参考。

276

# 浙赣战役中仙霞岭战斗

刘汉玉※

## 战前态势

一九四二年五月，日军约两个多师团的兵力，由金华、兰溪沿浙赣路大举向西进犯。六月七日，敌攻陷衢州。迨其进至江山后，其主力仍沿浙赣路西进，其一部约七八千人，由江山沿衢（衢县）、浦（浦城）公路南下，向我转进福建的第四十九军进击。

我第四十九军军长王铁汉率第二十六师（师长王克俊、副师长曹天戈）、第一〇五师（师长应鸿伦、副师长刘汉玉）、预备第五师（师长曾夏初、副师长王辅卿），自浙赣线江山向福建省撤退。第一〇五师为后卫，经淤头、凤淤、峡口、保安、二十八都，逐次掩护军主力撤进福建境内。

## 阵地占领及部署

六月下旬，我第一〇五师达保安时，接得军长王铁汉命令，要旨如下：

窜犯浙赣路之敌，其主力约两个师团，仍沿浙赣路继续西进，其先头部队已到达上饶县城（我第三战区司令长官部驻地，此时我司令长官部已先转进至福建省），其一部约六七千人由江山南下，向我军追击中。

---

※ 作者当时系第四十九军第一〇五师副师长。

军以拒止该敌南进之目的，拟在保安、仙霞岭一带拒止该敌。

第一○五师在保安街、仙霞岭一带构成两线阵地，拒止敌人南进。

军部在二十八都。

我师接得命令后，即先行阵地侦察，侦得地形是：保安街南即是仙霞岭北部的支脉，是连绵不断的高地，愈向南而愈高，再南直入仙霞岭的主峰，公路两侧尽是高大稠密的竹林，单人可勉强通行，但不能联络，因此大军作战困难。乃将师主力在仙霞岭北口公路两侧占领阵地，以一部在保安街南方高地占领第一线阵地，又一部在仙霞岭顶峰占领第三线阵地，以拒止敌人南进。

第二线阵地守备部队为第三一四团和附第三一五团的一个营，占领仙霞岭北方公路两侧高地，用纵深的配备对公路构成密集的火力网，并利用丛竹林构成侧防的秘密火力点，拒止敌人前进。

第三线阵地守备部队为第三一五团（欠一个营），在仙霞岭顶峰公路两侧，利用丛竹林的隐蔽，构成据点式的阵地，拒止敌人南进。

师部在第二线阵地中央后公路上。

七月三十日，各部队都完成简单立射掩体，并扫清了射界，公路也大量破坏，还设置了鹿砦障碍物。

## 战斗经过

七月三十一日，与我第一线接触之敌约三千余人，向我攻击甚烈。经我据高地坚守，敌伤亡三百多人，攻势受挫，未能得逞。我后两线阵地正积极加强。

八月一日，敌集中炮火向我第一线阵地猛轰，并利用飞机扫射，掩护步兵前进，战斗至为激烈。战至午后，有部分阵地被敌突破。战斗入夜，我始将第一线阵地放弃，撤至第二线阵地后方。仙霞岭顶峰改为师预备队，并在主峰后构筑第四线阵地。

八月二日，敌约四千多人，在我第二线阵地前展开，并用威力搜索，向我第二线阵地侦察。飞机数架，在我阵地不断侦察扫射，没有大的战斗。

八月三日，敌人对我阵地进行陆空联合的详密侦察后，对我阵地又展开了攻势，先用空军和炮兵向我猛烈地轰击，掩护步兵前进。因我阵地借竹林的隐蔽，其位置敌难识别，致使敌盲目轰炸，我阵地守兵没有什么伤亡。当敌步兵与我接近时，突遭我秘密火力点的集中袭击，使敌伤亡重大，死伤约四百多人，终未得逞。

八月四日，敌在一天的攻击中虽无进展，但我全线阵地已经完全暴露于敌，因而敌炮兵和飞机都有了比较清楚的目标，得以大肆轰击，步兵也对我阵地猛攻，终因我阵地居高临下，又有工事的依据，敌攻势仍未得逞。

八月五日，敌鉴于全线攻击受挫，改用一点突破的攻击方法，对我阵地右翼靠公路较近的制高点（全阵地最高之点），集中全部炮火猛烈轰击，飞机四架同时投弹轰炸扫射，我高地守兵大部牺牲，该据点遂陷于敌手。敌夺取该点后，即向左右作席卷的攻击，因该点瞰制全线阵地，敌乘势全线猛攻，我伤亡很重，阵地动摇。战斗至入夜，我不得已放弃第二线阵地，据守仙霞岭顶峰的第三线阵地。

八月六日，敌对我第三线阵地仙霞岭顶峰作重点攻击，均被我拒止，因借竹林的隐蔽，我无大伤亡。

八月七日，敌鉴于地形对其攻击不利，大炮、飞机轰炸无效，遂用大量炮击毒瓦斯弹（催泪性）攻击，乘我守兵慌乱之际，攻占了仙霞岭顶端公路上的一点，其他两翼阵地未动。我重行将第四线阵地在公路附近的据点联结，形成凹形防线，坚决固守。

因仙霞岭主峰一部分失守，军部派第二十六师在二十八都附近占领后方阵地，以备万一，并由预备第五师派一个团到仙霞岭附近，归第一○五师指挥。该团于是日到达仙霞岭南第一○五师师部附近，师部即令该团构筑第五线阵地，节节抵抗。

八月八日，敌因地形对其攻击不利，不能运用大部兵力，遂未再行前进。这一天没有大的战斗，形成对峙状态。

八月九日，敌因地形关系，只占领仙霞岭中央之一点，在我三面包围中，遂即撤退，据守保安东西之线。我恢复仙霞岭，与敌形成对峙状态，至此战斗结束。

这次战斗，敌伤亡约千余人，我伤亡有五百多人。

## 结　语

这次战斗之所以能拒止敌人南进，一是我借地形之利，用重层配备，逐次抵抗，迫使敌人节节被动，致敌以重大伤亡；二是判断敌的企图是要将我军压迫远离浙赣线，以掩护其主力军的安全撤退，没有大举南进入闽的企图。

# 衢州飞机场的抢修与破坏

汪振国<sup>※</sup>

衢州飞机场是抗战期间扩建的巨大国防工程。机场修建后，不但一次未使用，而且给浙东人民带来巨大灾难。这个机场的抢修与破坏，曾吞噬埋葬了成千上万人的生命。一九四五年，作者在开化县长任内，曾去衢县参加浙江省第五区行政会议，亲往机场凭吊，只见荒烟蔓草，满目凄凉，沙碛丛中，黄土垅畔，骷髅白骨，触目惊心。

衢州飞机场开始修建于一九三三年，当时并非考虑国防上的需要，规模不大，时作时辍，三年未成。抗战军兴，杭州笕桥机场随即不守，衢州机场又一度加工赶修。在赶修中，敌机第一次飞临轰炸时，即死伤民工五十余人。一九四○年二月，敌人乘漫天大雪，渡过钱塘江，占领萧山，迫近临浦义桥，有向浙赣线西上之势，当局又下令破坏机场，漏夜征集民工七千余人，在机场纵横掘沟数千米，附近建筑亦予摧毁。但这次敌锋止于临浦义桥之线，机场破坏工程亦随之停止。这是衢州机场第一次的赶修与破坏。

一九四一年十二月七日，日本偷袭珍珠港，英、美随即向日本宣战。不久，第三战区司令长官顾祝同、副司令长官兼浙江省主席黄绍竑来到衢县，召集了一次专员县长会议，会议中心问题，就是要扩建衢州飞机场，为大反攻作准备。扩建的标准要求能容纳五十架美国重型轰炸机起飞降落之用，顾祝同还规定要在六个月以内完成，违限以贻误戎机论处。参加会议的专员、县长听了面面相觑，没有一个人敢说话。黄绍竑心里

---

※　作者当时系浙江省常山县县长。

也清楚这是一项极其艰巨而又不能不拼力完成的国防工程，他含泪忍痛地说："我们负地方责任，固然有我们的困难，但军队方面的困难，比我们还要厉害。长官的命令要怎么办，就得绝对服从去做，流血牺牲，就是我们最后的责任。"专员、县长们听省主席这样一说，也就不能不立下军令状，表示拼死以赴。要征集二十公分直径大木三百六十万株、毛竹九十万根，这样大的木材都不是衢属各县所能完全办到的。除邻近几县外，北至遂安、淳安、建德、桐庐，东至武义、永康、缙云，南至遂昌、松阳，都属征集范围。分配的任务都是难以想象的，如开化当年人口不过十万，分配的任务木料十万株，人均一株，而且还要负责运送。开化还可以通水运，有些远的县路程达二百公里，也只得背负肩抬。时值春节，大雪封山，各县动员了全县丁壮，开山伐木，随伐随运，几十万人冒风顶雪，踏着坚冰形成人流，向衢县涌来。有的县长、县党部书记在大雪纷飞、泥泞载道的人流中与老百姓一起背木头，寿昌县长林希岳，背木头跌倒受伤，久治不愈。民工之冻伤、跌伤、淹死者，日有所闻。竹木运到机场，又受到验收人员的挑剔，不合尺度者，两根或三根算一根，因之实际运送的木头、毛竹，远远超过规定的数字。堆在衢县城外四周的竹木，像山一样。黄绍竑不时到衢县巡视工程进行情况，他在回忆中说："我到那里去巡视，只见竹木如山，少见人头，真不胜其沉痛与悲感哩！"

征料征工同时进行。工人的征集，按各县的人口丁壮数字分配，自带干粮，自备炊具，抬石头，平壕堑，扩场基，修跑道，日夜赶工。现场工人经常在两万以上，最紧张时达四万人。敌人侦知机场在扩建，不时前来轰炸。敌机临空时，无处趋避，民工时有死伤。有一次，五十余民工躲在一个壕沟里被炸中，死者四十余人。加以敌人动态不定，敌人有向金、兰窜扰模样时，即下令破坏，敌人不来又下令复修，忽破忽修，疲于奔命。工地饮食住宿卫生不备，工人饥疲疾病以死者，日有所闻。白天警报，就彻夜赶工，在监工人员的手杖下，工人欲小休亦不可得。机场尚未全部修成，地方官民苦头已吃够，为了赶走日本侵略军，流血牺牲在所不顾。

一九四二年四月十八日，盟国飞机从太平洋上的航空母舰起飞轰炸东京等地，事先通知我方，返航要在衢州机场降落。当美机飞临浙江沿海上空时，各县以为是敌机夜袭，都发出空袭警报。衢州机场虽然事先得到通知，因气候恶劣，狂风暴雨，盟军飞机迷失方向，盲目乱飞，未能与衢州机场取得联络，燃料耗尽，飞行员被迫在三门、临海、江山、临安等地跳伞降落，一共有五十余人，包括领队杜立德上校，都经我省军民营救，送往后方。杜立德回国后晋升为美国第八航空队司令，成了第二次世界大战中出色的空军英雄。这次轰炸东京等地，对日本是一次严重的打击。日军大本营认为美机轰炸东京，是以浙江衢州机场为基地，所以立即采取军事行动，先出动飞机对浙赣路沿线狂轰滥炸，衢州机场就是其摧毁的主要目标。

敌人连续轰炸后，五月中旬，日军调集十余万兵力，开始大规模沿浙赣路进攻。第三战区司令长官部立即下令对衢州飞机场进行破坏。机场上两万余民工，上午还在抢修未完工程，填平敌机轰炸的弹坑，下午接到命令，即开始破坏，限令三天内完成彻破任务。在场民工不够，又临时征集七百余人，丁壮不足，老弱妇女亦参加，还调集了一批工兵，参与爆破及埋设地雷。刚修好的跑道，要分段掘壕，附属建筑一律要摧毁。历时三日三夜，将已接近完成的机场作了一次彻底破坏。这是衢州飞机场第二次抢修与破坏。

机场破坏不到两天，敌人已迫近衢境，机场外围防御工事，数日间即被敌人突破，我守衢城的官兵伤亡甚多。六月七日晨，敌人分两路进入衢城，机场沦入敌手。敌即驱使我被俘的军民七十余人，贯以长绳，赴机场搜掘地雷，填平壕堑，稍不如意，即鞭抽刀劈，弃尸沟中，平之以土，旬日之间，我同胞埋骨于机场者以千计。经过数日抢修，敌机即在机场降落，日停十架、数十架不等。时适遇阴雨连朝，山洪暴发，江水陡涨，一夕之间，机场上敌机四散漂流，敌人泅水打捞，无济于事。水退后，敌机多漂搁坟茔村墟间，又费数日之力，始移回机场，从此敌机再不敢在机场降落了。但机场抢修工作仍在继续。八月下旬，敌人开始撤退，撤退前，兽骑四出，拉集丁壮近万人集中机场，又进行彻底破坏。在皮鞭刺刀之下，民工日夜挥锄，饥不得食，病不得休，稍一逡巡，即用刺刀刺死，或以锄头击其脑壳，视其死而后已。机场内外，血流遍地，泥浆为殷。破坏工程较我方彻破时尤为彻底，附近建筑一间不留。这是衢州机场第三次抢修与彻破。

敌人退后，当局又曾倡议修复机场，但衢州人民谈机场而色变，地方上虽不敢公开反对，也无当初之热忱。不久，敌人第二次向浙赣路流窜，一九四四年六月二十六日，衢县再度沦陷，机场修复之议，无敢再提者矣。

# 赣东广丰作战经过

吴幼元　吴　鸢※

　　一九四二年春，美国空军首次轰炸东京，日本国内人心惶惶。日军为了破坏东线最大的空军基地衢州国际机场，决定发动浙赣战役。

　　五月中旬，日军由杭州、南昌两地，调兵遣将，采取东西夹击的态势，企图打通浙赣铁路。起初，重庆统帅部准备在衢州进行会战。后来统帅部改变初衷，决定放弃浙赣线，沿线守备部队，撤向两侧地区，伺机打击敌人。到了七八月间，日军因兵力不足，处处挨打，无法固守这漫长的铁路线。我军首先在鹰潭到东乡间打开了缺口，开始反攻。南昌方面东进之敌，被迫撤退到邓家埠以西；由浙江方面来赣的日军，退到广丰、玉山间，择点构筑工事，企图固守。

　　八月上旬，第三战区长官部决定先收复广丰、玉山、常山，相机收复衢州。第四十九军王铁汉部负责收复广丰、玉山。根据情况，再进军江山、常山。第四十九军原辖第二十六、第一〇五两个师，为充实该军战力，将在浙江淳安地区整训的预备第五师（师长曾戛初）划归第四十九军建制。预备第五师是抗战后新建的部队，官兵以江西籍居多。他们对家乡被蹂躏，亲人被残杀，有切身之痛，人人都有坚决杀敌的决心。当第四十九军军长王铁汉来到预备第五师驻地，召集连长以上军官开会，讨论作战方案时，他发表了热情洋溢的讲话，回顾了第四十九军与预备第五师在赣江、抚河并肩作战的情谊，今天，同属一个军，由过去的朋友变成一家人了。他代表第四十九军欢迎新来的战友。接着，传达了第

---

　　※　作者吴幼元，当时系第四十九军预备第五师第十四团团长。

三战区司令长官部的命令：预备第五师的任务是攻占洋口、五都、广丰三个据点；第二十六师攻占沙溪、玉山；第一〇五师为军预备队。预备第五师奏功后，再配合友军，进入浙境作战。进攻日期，另行通知。王军长希望预备第五师先将当面敌情摸清，然后制订作战方案。

广丰，位于赣东北，东界浙江江山，南接福建浦城、崇安，西毗上饶，北靠玉山，属半山区、半丘陵地带，浙赣铁路穿过县境北部，有公路通玉山、上饶。洋口、五都是全县有名的两大集镇。五都在东，离县城十五华里，进出走东门；洋口在西，离县城二十华里，进出走西门。驻在县城里的敌军，共约一个旅团，他们构筑工事，形成犄角之势。这个旅团是日本后备兵役和部分朝鲜族人组成，素质不高。

根据最新情报，驻广丰之敌，正在征集大批民夫，把伤病兵员运往江山，活埋病马，似有行动模样。洋口、五都之敌，过去经常盲目乱发炮弹，从数十发到数百发不等。近几天来，却闷声不响了。

八月十七日，第四十九军下达作战命令，预备第五师、第二十六师均于八月十八日拂晓全线出击。为充实预备第五师战力，将军属炮兵营拨归预备第五师指挥。军部命令：在攻克广丰后，直趋江山，拊玉山之背，使玉山敌军站不住脚，非走不可。军部还规定，预备第五师攻击洋口、五都的兵力各为一个团，必要时，不留预备队，务在必克。当夜，我炮兵集中火力，向敌阵地轰击，日军据点工事大半被摧毁。我步兵在炮火掩护下，逐步跃进，十八日黎明前，发起冲锋。经过三小时的搏斗，第十四、第十五两团先后攻入洋口、五都，两处残敌狼狈逃入广丰。预备第五师当即乘胜追击，直抵广丰城下，完成包围态势。敌军利用城垣和既设工事，负隅顽抗。这时，军部通报，我第二十六师已攻克沙溪，向玉山挺进。这一胜利喜讯，大大鼓舞了预备第五师的士气。在炮兵的集中射击、轰塌城墙一角后，官兵们在塌方处奋勇争先，登上城墙，虽遭到伤亡，仍前仆后继，终于冲入城内，与敌巷战。敌军眼见大势已去，纷纷向江山方面溃逃。我军除以一部追击外，从事清扫战场。这次战斗，共进行三日，我阵亡连长一人，排长五人，伤亡士兵一百三十余人；敌军遗尸八十余具。房获仓库一所，内弹药较多（说明敌有久守企图），被服和医药器材次之。击伤敌战车一辆，缴获步枪三十五支，手枪两支，以及战刀、"武运长久"的太阳旗等。

我第二十六师于八月二十二日攻克玉山，浙赣铁路线江西境内东段已无敌踪。在浙境的我军，也全线转入攻势，在收复衢州后，于八月二十九日收复龙游，恢复五月份以前的态势，浙赣会战就这样结束了。

# 浙赣战役南城之战

徐会春[※]

在浙赣战役期间，笔者任陆军第七十九军第一九四师上校副师长。部队由湖南开赴赣东，在南城一带参加战斗，前后半个月。现将战地所见所闻，忆录于后。

第七十九军是机动部队，举凡浙、赣、湘、鄂四省地区，哪里发生战事，需要时，就把部队投到哪里去参战。一九四二年初第三次长沙会战后，长江以南各地区，战况比较缓和。本军就利用这个机会，在浏阳、株洲一带整补。

一九四二年五月，日军发动浙赣战役。从五月下旬起，敌在南昌附近逐渐集结兵力；五月底，开始向南活动，企图先占领临川（即今抚州市），然后相机转移兵力。

当时在临川及赣西一带，我方兵力配备比较薄弱。第七十九军于五月三十一日奉军事委员会电令："着该军克日兼程驰往临川，参加赣东会战。"并着暂归第三战区司令长官统一指挥。军奉令后，即令暂编第六师为第一梯队，于当日下午一时起，由现驻地出发，经醴陵、萍乡、宜春、分宜、清江向临川方向前进。令第一九四师为第二梯队，第九十八师为第三梯队，各由现驻地出发，沿暂编第六师前进路线前进。军部及直属队，在第一九四师后跟进。

---

※　作者当时系第七十九军第一九四师副师长。

## 临川、丰城附近战斗经过

在南昌附近集结之敌，兵力约四万余名，于一九四二年五月三十一日，分两路南下。左路敌兵近两万人，经东乡地区进迫临川；右路敌兵约万余名，沿赣江右岸进迫丰城。六月三日，左路敌到达临川附近，即与江西保安部队发生战斗，该部因寡不敌众，被迫向南撤退，转向金溪而去，临川即陷入敌手。右路敌于六月四日到达丰城附近后，即继续向白马寨及桥东一带前进。十四时左右，即与我暂编第六师在桥东附近发生遭遇战。双方激战一小时后，暂编第六师即将全部兵力投入战斗，阻击敌人。双方战斗，愈战愈烈，激战到天黑。后因暂编第六师伤亡惨重，而军的后续部队又未到达，被迫向崇仁方向撤退。

同日晚，第七十九军军部渡过赣江到达新淦（今名新干）时，得知暂编第六师被迫后撤和丰城、临川先后陷敌的情报后，即下定决心，在临川以南的东馆附近到龙骨渡地区，布置防御阵地，痛击敌人。一面电令暂编第六师回到桥东及白马寨附近，扰击敌人，掩护军主力于敌翼侧行进；一面令第一九四师星夜驰赴东馆附近，展开阵势，阻击敌人。军部率第九十八师驰赴龙骨渡以东地区，占领阵地，相机迎击敌人。各部队奉令后，暂编第六师即按指定地点掩护军主力前进。第一九四师星夜由新干出发，经龙骨渡向东馆前进，将到达东馆时，该地已发现敌骑兵，部队即转赴腾桥占领阵地。后据报，当面之敌先头部队约三千名已由临川向东馆前进，其后续部队，仍在继续不断跟进中。师认为敌众我寡，兼之地势不利，即留第五八〇团第一营在腾桥附近迟滞敌之前进，师主力急向南城占领阵地，阻击敌人。军部率第九十八师于五日中午渡过龙骨渡后，拟占领阵地阻击敌人，在部队尚未全部展开阵势时，由临川向南前进之敌约数千名已迫近阵地前方，仓促中和敌发生战斗，双方激战到日暮，均无进展。入夜，据报由丰城南进之敌已到崇仁附近，暂编第六师被逼退往乐安。这时，军恐有被敌包围的危险，即向棠溪方向撤退，并拟在棠溪附近占领阵地，拒敌南进。

## 棠溪附近战斗经过

六月六日拂晓前，军部及第九十八师到达棠溪后，即利用沟渠作为天然障碍，展开兵力，占领阵地，一面利用有限的时间，赶筑简易工事，

286

准备迎击来犯之敌。午后三时左右，当面之敌与第九十八师发生战斗，敌虽猛烈攻击，然被天然障碍所限和我炽烈的火力所阻，迄无进展。午后六时，敌数百名由我阵地右翼迂回，拟抄袭军部右侧，遭第九十八师预备队及军部特务营奋勇阻击，致未得逞，双方相持到天黑。入夜后，战况略趋沉寂，双方保持断断续续的相互射击。午夜十二时，据报由崇仁南进之敌，将迫近宜黄城。军即率第九十八师于七日一时许，自动撤离阵地，急向宜黄以东地区撤退。十二时左右，部队到达宜黄附近，拟进宜黄占领阵地，拒止敌人。旋据报，宜黄城郊已发现敌骑兵，军恐受敌两面夹击的危险，急令部队向南城方向转进。

## 南城战斗经过

第七十九军第一九四师于六日十一时到达南城后，即以第五八〇团（欠第一营）负责防守南城北门外一带的阵地；以第五八一团负责南城西门一带的阵地守备；以第五八二团负责防守南城城防。师部及直属队位置于南城东门外附近。

六月五日十六时，东馆敌先头骑兵约二百余名，到达腾桥附近，即遭我第五八〇团第一营的伏击，歼敌骑兵三十余人，敌顿时仓皇四散。半小时后，敌展开兵力和我部发生战斗。双方激战约两小时，因天黑，敌骑兵仍向原路退去。六日上午七时，近万名敌由东馆向腾桥方向前进，我部采取节节抵抗的方式，迟滞敌人前进。无如敌骑兵行动迅速，更向我右侧方绕道抄袭迟滞敌前进的我军部队后方，该营见情势不利，即自动向宜黄方向山地转进。

午后六时左右，敌骑兵约五百名，迫近我南城北郊，即和在北门外阵地的守军第五八〇团发生战斗。以后敌后续部队陆续到达，即展开阵势，作试探性攻击。从晚上八时起，双方就发生激烈的战斗，我军利用工事阻击敌人，敌在夜间发动三次攻击，均被我火力所阻，双方相持到次日天明。

七日六时起，敌以野炮向我阵地大肆轰击。七时许，敌机四架飞临南城，向民房滥施轰炸，随即又在我阵地上空低飞扫射，敌步兵趁机向我阵地猛扑，均被我官兵奋勇击退。敌复用野炮对我阵地轰击达两小时，我阵地工事大部被毁，伤亡官兵达数十人。这时，敌机四架，复来轰炸，在东门外投弹十余枚，炸沉木船一艘，死伤民众七人。十一时许，在敌炮火延伸射击的同时，敌步兵复发起攻击，战况较前更为猛烈。我阵地后翼被敌突破一处，我预备队立即驰往增援，进行阵地争夺战三次，均因损失惨重，无法恢复原阵地，当即在第二线占领阵地，继续阻击敌人，相持至黑夜。

入夜后，敌利用夜暗迫近我阵地前，再行发起攻击，遭到我在阵地前事先埋设的地雷多处爆炸，又受我火力压制，攻击顿挫，双方互相断续射击到次日天明。当战况稍行缓和时，我守兵一面监视敌人，一面赶修被毁坏的工事。八日晨，敌野炮对我阵地滥施轰击，同时敌机两小队，每队三架，轮流在我阵地上空投弹扫射。敌步兵在空、炮协同下，向我全线发起攻击，双方鏖战约一小时，我中央阵地被敌突破。我将守在西门外的第五八一团主力（欠两个步兵连）驰往堵击，与敌反复肉搏，一连三次，始夺回原阵地，双方伤亡均较重。敌经受这次挫折之后，气焰稍敛，双方在原阵地相持。

午时左右，我军部及第九十八师在宜黄附近被由棠溪、崇仁两路前进之敌压迫，转移到南城东南地区的上塘附近集结，第九十八师作为军的总预备队。午后四时许，由宜黄向南城前进之敌，分为两路：一路由宜黄通南城的大道，直趋南城西门外，向第五八一团的阵地攻击；一路由宜黄小道直迫南城南门外，到达后，即以一部兵力向南城西门外（因南门有盱水之隔）与由宜黄大道前进之敌，向我夹攻。其主力在南门外（距南城南门约有四里）渡过盱水，转到上塘以北地区，拟绕到南城东门外，包围我守军于南城附近而歼灭之。被我驻在该地附近的军总预备队第九十八师发觉，双方发生战斗。午后六时起，当面之敌，向我南城守军作三面围攻，枪声、炮声以及敌机炸弹的轰炸声，不绝于耳，震动了整个山城。

就在这时，我第五八一团在北郊增援第五八〇团的主力，却被敌吸引住，无法抽回原阵地（西门外）增强防御力量。这时，在西门外的兵力，只有该团的两个步兵连。起初对付由宜黄大道方面前来之敌，尚能利用工事作顽强抵抗；后遇城南之敌，向我守军作两面的夹攻，我守军的防御力量益形薄弱，但仍和敌作殊死战。激战约一小时三十分，我守军受敌炮火轰击和双方肉搏战，牺牲殆尽，西门外的阵地即告全部失陷。

敌占领西门外后，一面用野炮攻城，一面由西门外直趋城北。好在城外西北角有我第五八〇团一个步兵连控制小高地（地名忘记，山顶有小庙）据点，与城的西北角组成浓密的交叉火力网，敌未得逞。这时，师长郭礼伯得到情报后，认为北门外情势危急，万一此地失守，整个北门外守军有被敌全部包围的危险，即令第五八二团从城内抽调一个营，驰往增援，阻敌前进。

正在这时，北门外之敌仍继续向我攻击前进，我守军与敌浴血战斗，牺牲惨重，阵地将被敌突破，幸我第五八二团的一个营兵力到达，增援及时，阵地才转危为安，双方激战到天黑。入夜，师根据第五八〇团团长许其进的要求，另派部队前往接替防务，当即令第五八一团抽调一个营入城接替第五八二团的城防。同时令第五八二团再派一个营前往北门外接替第五八一团的守备任务，俟第五八一团全部开回城内接替城防后，即由第五八二团团长刘柏青率领该团全部出城接替第五八〇团的守备任务。

晚九时左右，双方先后移接完毕，第五八〇团（欠一个营）即开到东门外，作为师预备队。夜九时三十分起，三面之敌（城东有吁水之隔，尚未发现敌人）复行发起全面攻势，双方的步机枪声，密如连珠，整个阵地情势越来越不利。十一时许，北门外之敌将第五八二团全部阵地形成包围状态，展开了更加激烈的战斗；同时，在西门外之敌用野炮向西门城楼附近集中轰击，不多时，城门被毁，敌步兵乘势突入城内，与我第五八一团发生了激烈的巷战。

正在这紧要关头，由城南方向前进之敌，已迫近我东门外，距我师指挥所只有四里，和师的警戒部队搜索连发生了战斗，枪声由远而近。师长郭礼伯见情势危急，就叫我带特务连一个排，前去打听情况。我走后，搜索连方向的枪声越打越烈，郭礼伯见势不佳，即亲率特务连（欠一个排）向东撤走，原拟沿黎水左岸而上，又恐碰见敌人，后见黎水右岸未发现敌踪，即在万年桥上游寻找船只渡过黎水右岸。师直属部队也匆匆忙忙跟着转进。

这时，在东门外的第五八〇团听到搜索连方向发出了剧烈的枪声，认为师指挥所及该团位置将发生危险，即自动派出一个营的兵力，增援搜索连，阻敌前进。我布置阵势后回到师指挥所，见有一班通信兵正在拆收电线，我问他师长在哪里。回说"已走了，您赶快和我们一道走"。我想：电话线已全部拆收了，电话机也带走了，和各团已无法联络，留下来也无用，不如见了郭礼伯再说，即同通信兵走到黎水边，见到郭礼伯仍在那里等渡船。当时我问他："我们都走了，部队无人指挥，关系到全军的安危，怎么办？"郭说："已告知第五八一团团长潘宇烈代为临时指挥，等我们到黎水右岸后，再设指挥所和各团联系。"他同时问："有谁会游泳？赶快到对岸去把那只渡船拉过来。"我当即令卫士黄文申泅过去，旋据回报："黎水中流，二公尺宽的地方水深一公尺上下，其余的约四五市尺，可以徒涉。"于是每人手挽着手渡过黎水，登上右岸。

师指挥所撤退后，各团通信联络中断，均感到惊异，皆派人和师联系。当得知师指挥所已撤退，群龙无首，岌岌可危，便各自突围。东门外的第五八〇团向黎水左岸急退。在城内的第五八一团得知第五八〇团撤退的消息后，即分令各部队一面派出掩护部队，一面迅速脱离战场，沿第五八〇团转进路线撤退。

这时，北门外的第五八二团，已全部处于被敌包围状态，战况越演越烈，情势万分危急。该团团长刘柏青决心突围，令各部队迅速做好突围准备，并令转告知士兵，将所携带的手榴弹揭开弹盖，拉出导火线，悬挂于各要道口的木柴上，使敌追击时，一触及手榴弹导火线时引起爆炸，从而迟滞敌之前进。一面组织第一、第二两突击队，担任突围时的突击任务。在没有突围之前，突击点选择在阵地右前方敌人兵力最薄弱的飞机场附近（该地过去是飞机场，现已成为一片大空地），右靠近盱江，突围成功后，可以沿江而下，向敌后转进。

在突围时，即以第一突击队向在飞机场附近的敌人突击，第二突击队即沿盱江左岸做开路先锋。在突围开始时，突击还很顺利，不到三十分钟，突击就告成功，官兵们认为已有生路，很快地沿盱江左岸顺江而下。但东渡盱江时，水深不能徒涉。前进不到四华里，即被敌拦住去路，双方发生了激烈的战斗。无如战斗的时间越延长，敌人就越来越多，终于再次被敌包围住，无法突出。各官兵在死中求生，与敌肉搏，作殊死战，反复冲击。后因包围圈逐渐缩小，阵势已乱，即被敌逐渐消灭。结果，除一小部人员泅水脱险外，绝大部分官兵均壮烈牺牲。战后统计，归队官兵不上二百人，牺牲人数达一千五百余，损失极为惨重。

至此南城完全陷入敌手。

## 南城外围继续战斗经过

南城失陷后，第七十九军暂编第六师已转到硝石附近。军为阻止敌军继续南进，即以第九十八师展开于上塘以南地区，暂编第六师展开于上塘以西（即盱江左岸）、南城以南地区，继续阻击敌人；一面令第一九四师主力负责切断由南城到临川的敌之运输补给线，并令派出一部分兵力，在南城通向宜黄的要道上，负责切断敌的南宜联络线；一面派暂编第六师政治部少将主任潘光和刘新丰任南城县戒严司令，负责该县党政军的统一指挥，并负责组织地方团队，维持后方的治安及筹备补给等事宜。

六月十日拂晓起，第九十八师及暂编第六师，按照军的指示，分别进入阵地，展开兵力，阻敌继续南进。同日，第一九四师即令第五八〇团第一营负责切断南宜敌的联络线，师主力即转赴游家边、腾桥、东馆等地区，切断敌之运输补给线。我第九十八、暂编第六两个师，一面与敌保持接触，一面在阵地内赶筑防御工事。

敌攻南城后，一因损失很重，二因补给困难，亟待休整，也没有再行发起攻击，一连五日，双方对峙，仅有断断续续的射击。

第一九四师于六月十二日拂晓前到达目的地后，即在游家边、腾桥附近设伏。当日中午，有由临川方向运载粮秣敌卡车十余辆，骑兵数百名，到达腾桥附近后，遭我伏兵阻击，当场毙敌百余名、敌骑百余匹，焚毁敌卡车十二辆，残敌急向东馆方向遁去。十三日上午，有敌骑兵约四百名作先导，后有运粮卡车八辆，又在游家边附近遭我伏击，当场毙敌人马各五十余，卡车八辆全部烧毁。残敌见势不佳，急行回窜，到腾桥附近，再遭我军伏击，毙伤敌约四十余，残敌分向临川方向逃走。

经我连日伏击后，南城之敌补给线完全断绝。十四日，南城敌军派出护路队千余人，分布在游家边、腾桥一带，防我伏击。我伏击队即将主力移伏于东馆附近，另派两部兵力，分向游家边、腾桥作游击战，扰乱敌人。十五日，敌由临川开出运粮的大小木船数十只，并派掩护，溯江而上，到浒湾附近，又遭我友军（番号忘记）伏击，无法前进，退回临川，敌军补给线至此已完全处于中断状态。

## 反攻南城的战斗

六月十二日，军奉第九战区司令长官部电令：一、已令在资溪、金溪的第四军向盘踞临川附近之敌采取攻势；二、着该军克日向南城之敌攻击前进，支援第四军先行收复临川。军奉令后，当即令第一九四师先行攻占腾桥及攻击游家边护路之敌，尔后将师主力转移于南城以北地区，攻击南城之敌侧背；令第九十八师与暂编第六师在南城以南地区的防御部队，迅即采取全面攻势，向当面之敌攻击前进。

十二日晚九时起，第九十八师及暂编第六师，利用夜暗迫近敌阵地，向敌攻击前进，双方激战终宵，我方迄无进展。第一九四师奉令后，考虑到敌我力量的对比，认为若以一师不足两团的兵力，同时攻击两处，很难取胜。最后决定，派出一个营的兵力牵制腾桥之敌，主力直趋游家边，夺取该地，切断敌之后路，威胁南城之敌。各部队按照命令，分途向目的地前进，在十八日拂晓前，出敌不意，一举攻占敌阵地。

十三日四时左右，第一九四师第五八〇团一个营，向腾桥之敌正面攻击前进，敌二百余名，在仓促中受我三面夹攻，一面抵抗，一面急向东馆方向遁去，该营当即占领腾桥。午后五时左右，向东馆撤退之敌，结合在东馆之敌约五百名，前来反扑，该营凭临时的简易工事，进行抵抗。双方激战约两小时，该营逐渐不支，正拟准备转移阵地，不料敌又自行向原路撤走，腾桥仍在我手中。师主力于十三日拂晓前，乘敌不备，一举攻占了游家边，毙敌四十余名，残敌向南城方向窜去。我军乘胜追击，到午后三时许，在距南城北约二十里处，遭敌增援的骑兵五百余的阻击，双方激战到黄昏时，敌再增援一部兵力，因天黑，双方在原地对峙。

同日中午，在南城东面（盱江右岸），有第三战区的部队（番号不明）在对岸向敌发射迫击炮。这时，南城除西门外，在东、南、北三方面，均发生了激烈的枪战，敌仍作困兽斗。我围攻部队，与敌激战终日，均无进展。

七月九日，敌因给养发生问题，兼之后路又被我切断，于上午七时起，开始由南城分成两路向临川方向撤退。右路之敌万余，沿南临公路撤退；左路敌万余，向宜黄方向撤退。在撤退前，敌向第九十八师及暂编第六师发动佯攻。七时三十分，又来了四架敌机，向我阵地投弹及低空扫射。我攻击部队认为敌将南进，立即转攻为守，与敌对峙。

沿南临公路撤退之敌，先头部队分成左右侧卫纵队，掩护其中路主力撤退。当时第一九四师也认为敌将大举出击，即将部队迅速转移于南临公路左侧地区。这时敌如脱缰之马，一遇我军向其袭击，即迎面奔腾而来，我袭击部队无法抵御，避入山地，一面伺机出击，一面将敌撤退情况转报军部。军即令第九十八、暂编第六两师乘势向当面之敌攻击前进。无如敌之掩护部队仍作坚决顽抗，很少进展。午后三时，南城附近之敌已全部撤离完毕。敌掩护部队边掩护边撤退，到午后五时，全部撤离南城。

## 第七十九军追击战经过

南城敌撤退后，第七十九军即指定暂编第六师向敌右纵队追击前进，第九十八师向敌左纵队跟踪前进；令第一九四师继续在南临公路附近截击敌人。

暂编第六师于七月九日五时许，向由南临公路撤退之敌追击。夜十时左右，在游家边以北地区跟上了敌人，和敌的掩护部队发生了战斗。敌一面掩护，一面急向腾桥方向逃窜。该师因夜暗恐中敌伏击，搜索费时，行动迟缓，尔后没有再跟上敌人。第九十八师于同日六时在南城西门外集结出发，因山道险峻，沿途派队搜索，更行费时，到十日天黑，才到宜黄附近，而敌已向崇仁方向逃窜，一路上均未跟上敌人。第一九四师于同日在游家边以北到腾桥之间，分成两个截击队，不断向敌伺机截击，第一次截击战毙敌百余名；第二次截击战受敌掩护部队的猛烈反击，未获战果；第三次截击战虏获步枪二十余支，马骡九匹，并跟踪追到腾桥附近地区。后据报在东馆附近，有敌万余名，当即停止追击。

七月十一日，军部令第一九四师、第九十八师集结宜黄待命，暂编第六师留在腾桥附近，监视东馆方向之敌。同日午后，东馆敌已向临川方向撤退，暂编第六师即进驻东馆附近。十三日，该师据报，浒湾之敌有千余人，每当午后三至五时，有大批敌兵在盱江中沐浴。该师为歼灭这批敌人，派出一个重机枪连，携带重机枪四挺，又派出一个步兵加强连，携带轻机枪十五挺，于同日夜前往浒湾对岸（盱江左岸）设伏。十四日午后二时，果有敌兵百余名来到盱江沐浴，四时许，敌兵下盱江沐浴的将近有六七百名。我设伏部队一声号令，所有轻重机枪火力齐向江中敌兵射击，敌兵惊慌万状，争奔上岸，又被我火力封锁，无法逃脱，霎时间，敌尸满江，江水尽赤，真是打了一场大痛快战。敌受此挫折后，仓皇向临川方向撤退。我伏击部队凯旋回营。赣东战役，至此结束。

# 第 五 章

## 浙省诸役

# 天目山告岭之战

凌压西※

## 战前态势

一九三七年十一月，我军第四十八军第一七六师自上海随军退集浙江孝丰，原定稍加休整，再开往浙西集中。第一七六师（师长区寿年，副师长凌压西），辖第五二六团、第五二七团、第五二八团。第五二六团团长陆代隆，第五二七团团长马伟新，第五二八团团长覃振元。

孝丰位于天目山北麓，城市虽不很大，唯物产丰富，给养便利，而且东南两面又有天目山屏蔽，敌机很少到这里侵扰，很适于部队战后休整。但正当第四十八军军部和第一七三师、第一七四师向于潜移动时，由长兴窜犯泗安、广德的日军约一个旅团，即向孝丰进犯。大约在十二月中旬，敌已接近孝丰，与我前哨在西亩开始接触，当时我第一七六师负有掩护军主力转进的后卫任务，本无与敌激战的必要。但是，由孝丰往于潜，必须越过海拔一千五百米的天目山，山路崎岖狭窄，军行甚慢，后卫要在掩护主力安全通过天目山后，自己才能开始转进。因此不得不把后卫战转为阵地战，就孝丰城东北郊山地塔山岭，且战且筑临时的野战工事。阵地被敌炮火轰毁后，继续利用城郊李家巷、北村等地民房，实行村落战，坚持步步为营、节节抵抗。激战了两日一夜，使敌不能危及我军主力，完成了后卫的任务。但当后卫在与敌胶着状态中撤退时，敌人竟尾随追击，迫使我军且战且退，绕过孝丰城，直趋登龙桥、老五

---

※　作者当时系第四十八军第一七六师副师长。

坎等地，凭溪负险，阻击敌人前进。及退至天目山北麓谷口外之报福镇时，山谷内只有仅能容单人行进的小路可以越过天目山，其余都是悬崖峭壁。我军不能急速排成一列纵队前进，且值黑夜，几乎完全无法运动，大有后有追兵、前无去路之势，于是就来个回头强烈反击，迫使敌反追为退。十二月二十一日拂晓后，我军即能安然进入山谷越过天目山。

告岭为天目山一部分山峰的名称，是孝丰通于潜要道的必经之点。由报福镇上山，只有两条山路：里面一条叫深溪坞，山径较宽，由冰坑盘旋上岭；外面一条叫景溪坞，山径甚窄，由钱家庵迂回上岭。两路南北相距不过四五华里，中隔山岭，平时除打柴者往来外，行人很少经过，但两路都会合于告岭的顶界线，本地人叫羊角岭。至岭的南面下坡时，即合而为一，中途还有百丈坑、一线天等险峻地段。告岭的地形相当复杂，虽然南北纵深不到四百公尺，东西也不开阔，但顶界线前后，还有好几个峻峭的小山峰参差屹立，使阵地前缘很难成一线，视域更不开阔。在这样的特殊地形部署作战，左右既不能展开，前后更无纵深配备的余地，不仅不能容纳大兵团作战，即使一个步兵师也挤不下去。加之时值隆冬，气温特低，山下虽不降雪，岭上却冰凌遍地，劲草都变银丝，树枝状如玻管，山沟流水俱已冻结，口渴只有嚼冰，既无房屋可供宿营，草木均难遮蔽风雪，寒气刺骨，手脚冻僵。尤其是我军只有一套棉夹衣服的广西草鞋兵，更难忍受。但是地点又属非常重要，如果告岭不守，敌人即可越过天目山，直下于潜、分水、桐庐。这样不仅能截断我杭州地区友军的后路，即浙江东南地区也会很快沦于敌手，告岭之得失，对整个战局的影响也很重大，故第一七六师布置一个团兵力于告岭地区。

## 战斗经过

我第一七六师以此处山高路险，半山上冰凌封冻，自我军转入山谷后，沿途并未发现敌人追击，认为日军不敢向我进犯，因此负责守备该地的第五二七团，只就顶界线放出哨兵警戒，没有实施战斗部署和构筑工事。十二月二十日下午八时左右，我警戒景溪坞路口石门洞之排哨，发现阵地前面有敌人，不久枪声突响，敌我即开始接触。起初枪声稀疏，后来敌人用迫击炮和机枪向我前哨猛烈轰击，战斗相当激烈。我警戒景溪坞路口的排哨长阵亡，士兵死伤十余名。我即令第五二七团赶速增强兵力，一面战斗，一面构筑工事，顽强抵抗，无论多大牺牲，绝不能放弃阵地后退。师部同时饬令其他两个团协同作战，务必将来犯之敌击退，确保告岭。我军士气旺盛，勇敢善战，与敌一接触就进行激烈搏斗。敌人猛烈轰击，我伤亡惨重，但我阵地却无丝毫动摇。到晚上十一时，我增援部队第五二六团从于潜一都、东关到达，轮班调换作战，战况更形稳定。但是敌人装备较优，火力始终炽盛。

十二月二十日深夜十二时，浙江省主席黄绍竑来电话向我询问战况，他说："此役确属重要，告岭的得失，关系到杭州、富阳地区我军的后路和浙江东南的安全问题。我们广西人怕水不怕山，山高有利于固守，必须坚强抗拒敌人，不使告岭失陷。"黄绍竑是浙省主席，不是我们军队的指挥官，却以指挥官的辞令，责成我们完成这一战斗任务，这是因为我们广西部队自总司令至军长以下的军官，大多数是他的旧部下，所以他直接打电话给我，而不找师长。我在电话中向他说："我们有决心和信心，一定要把敌人击退，请放心。"这天晚上，敌人向我阵地右翼（即景溪坞路口）进行四次强烈的袭击，企图一鼓作气夺取告岭。因我阵地建筑在顶界线上，占有居高临下的优势，守兵用手榴弹轰击和轻重机枪扫射，每次都将敌击退，使敌伤亡很大。十二月二十一日拂晓，阵地前沿发现很多敌尸未及拖走，雪地上血迹斑斑。我军四次予敌重创后，敌仍不甘心失败，再复增兵，把重机枪安置在山峰上，向我阵地瞰射，我死伤二十余人。

二十一日晚上，敌人在上半夜枪声仍甚稠密，六〇炮亦不时乱轰，下半夜枪声逐渐稀疏，及至拂晓，敌阵地竟寂无声息，我第一线守兵以步机枪搜索探射，亦不见还击，原来敌人在拂晓前已全部撤退。我第一七六师官兵不怕牺牲，确保阵地，完成了固守告岭要隘的任务，于十二月二十三日奉令开赴于潜集中，准备调往安徽，归第五战区司令长官李宗仁指挥。告岭之战，至此即告结束。

告岭战斗虽然不大，敌我兵力不多，但一昼两夜的战斗，我军阵亡排长两人，特务长一人，战死和冻死的士兵五十余人，战伤和冻伤的官兵八十余人。敌人的伤亡在我一倍以上。天目山的群众爱护抗战部队，我官兵有的冻死，有的奄奄一息，他们立即召集二十余人，把冻死的士兵就地掩埋，把冻伤的士兵抬到家里，盖上棉被，增加体温，喂以稀饭。经过群众细心护理后，使他们得救，送到于潜第一七六师师部，全体官兵都万分感激当地群众对我军的热情爱护。抗战胜利后，浙西各界人民群众在天目山建造了浙西抗战阵亡将士公墓和纪念堂，纪念抗日阵亡将士。

# 富阳战斗

邓国钧※

一九三七年冬，陆军预备第十一师师长胡达，率部由上海金山卫后撤，过了王店，奉令守卫桐乡、德清、武康之线，掩护友军撤退。等到我预备第十一师殿后撤退时，钱塘江铁桥已由陆军工兵学校爆破系中校教官丁怀谦奉命炸断了。我师以民船强渡钱塘江，占领渔街之线，利用钱塘江天然屏障，构筑工事，继续作战。旋奉令整编为第一九二师，辖三团，归第二十八军建制。第二十八军所辖第六十二师、第六十三师、第一九二师，均以湘人子弟居多。我是中央陆军工兵学校第六期毕业生，此时任第一九二师第一一一九团第二营第五连上尉连长，随军作战于浙江战场。

## 守备富阳临安之线

一九三八年初夏，我第一九二师调金华、兰溪整训。整训时间为半年，根据实际经验进行训练，部队战斗素质有所提高，士气很旺盛。同年十月初，奉令接替浙江保安纵队宣铁吾部，担负新登、临安之线的防务，与富阳之敌对峙。我第二十八军军长陶广，为了加强部署，令宣铁吾部仍继续守正面左翼二分之一的防务（临安方面），交出右翼二分之一的防务（富阳方面）给胡达师接替。正值两军交接防务之际，日本军发动攻击，来势凶猛。

---

※ 作者当时系第二十八军第一九二师第一一一九团第二营第五连连长。

当时胡达的部署是：第一一一七团团长蒋本嵩接替石灰山阵地守备任务，与富阳城的日军对峙；第一一一八团团长徐馨仁接替方家井前面扬山阵地，担负扼守富阳通新登公路要冲的守备任务，与富阳之日军对峙；第一一一九团团长蒋鑫率部驻千家村，为机动部队，以部分兵力扼守梅坞里。第一九二师司令部以及直属部队驻新登县城，前进指挥所设方家井附近，有中校作战参谋黄涤芜、上尉通信参谋李中奇等，跟随副师长驻指挥所，指挥作战。

富阳日军蠢动，企图打通富阳通新登的公路，进攻桐庐、兰溪、金华，直捣江西。日军在富阳集结重兵，用飞机大炮掩护，向我守军阵地全面进攻。十月间，敌人以强大的陆军、空军、机械化部队、坦克车、装甲车以及骑兵等，协同作战，大举进攻。他们首先向我第一一一八团阵地猛烈攻击，遭到我守军猛烈还击，在青龙桥、乌龟山等处，日日夜夜激烈战斗，来回冲杀。我军士兵用训练有素的大刀和劈刺，与日军肉搏，发挥作战威力。但日军攻击猛烈，杀声震天，我守军阵地失而复得多次，形成拉锯战。日军配有工兵抢修公路，他们的山炮、榴弹炮，在富阳公路上发射和移动，我军用望远镜观察，一目了然。当日军的陆军、空军疯狂进攻时，我第一一一八团团长徐馨仁，督战阵前，身先士卒，沉着应战。血战乌龟山，我军终于将日军击退，取得了全面胜利。

第一一一九团团长蒋鑫，根据机动任务，从左翼敌区渗入敌后，迂回攻击敌侧背。他指挥第三营营长刘浩然率所部攻击敌炮兵阵地，充分发挥了手榴弹、刺刀的威力，而以第一营营长杨成文部、第二营营长聂恒元部为主力。是役，我担任第二营第五连上尉连长，参加了战斗。我团团长蒋鑫，身先部属，全力以赴，大举攻击，切断京杭国道（南京通杭州）交通，与日军增援部队拼搏战斗，鏖战三天三夜，双方都有伤亡。攻向我第一一一七团石灰山阵地的敌人，也失去了救援。同时，我们孤立了富阳城的日军，使之得不到增援，削弱了他们进攻的声势。

## 石灰山激战歼敌

第三日，富阳城方面之日军作最后的挣扎，集中炮火向我第一一一七团守石灰山之线的阵地猛烈轰击，我石灰山阵地的工事全被摧毁。敌骑兵队有战马六十余匹，跟随步兵六百余人，越过开阔平原上的荒芜田畴地带，插入石灰山麓阵地，沿着运石灰的大路，向纵深地方深入，到达石灰窑场后停止。他们稍事休息，继续向松溪方向山坞小路透迤前进，直到骑兵无法前进时才停止下来，但步兵仍向前突进，实际已经前无去路。

师长胡达命令第一一一七团对来犯之敌坚决予以歼灭。团长蒋本嵩根据敌情和地形，以一部分兵力与敌保持接触，以一部分兵力协同石灰山阵地守军堵截突入口，防敌回窜，并阻击敌军增援。我军主力部队取捷径，从东西两面夹击，迫使敌人决战。十时，我第一一一七团已完成包围形势，与敌展开激烈战斗。在我军凭借有利地形地物（毛竹林）由主力猛攻之下，此时敌人失去空军掩护，虽进行殊死顽抗，但败局已定。我军充分发挥机枪、步枪、手榴弹和刺刀的威力，浴血搏斗在密密的毛竹林中，敌人乱作一团，东奔西突，绝大部分被我军歼灭。

回窜的敌骑兵退至石灰窑场附近，复与我伏军激烈战斗，敌骑兵弃马步战，双方反复肉搏冲杀，我军卒将该敌全部消灭。

战斗至第四天中午，分散隐藏在山中的零星敌人，也一个个被我军俘获或击毙。但敌机扫射不止，直至黄昏才沉寂下来。

是役共歼敌七百余人，消灭稻村一个骑兵中队，稻村自杀。我军击毙和俘获战马六十余匹，获马上发射的掷弹筒（这是我军初次发现的近战锐利武器）五个，轻重机枪、步枪、发报机、指挥刀、黄呢衣、绒毯等战利品甚多，分别拍照十张上报，并将俘获的战马献给军政部及第三战区司令长官部各四匹。我军阵亡营长陈国雄以下官兵八百余人，伤官兵五百余人。

## 打扫战场

战后清理战场，收集阵亡将士遗体六百余具，葬在方家井咸迪山。师长胡达撰挽联一副，刻碑立于墓前，联云："热血洒春江，惊涛怒浪摧三岛；英魂邻岳墓，忠臣义士并千秋。"将士们捐躯救国，可永垂不朽矣！

## 潘木匠有功于国

我师能取得全面胜利，固然是将士忠勇用命，也有赖于军民合作。战后了解，石灰山之战获胜，不能不归功于潘木匠。潘木匠住富阳城，看到同胞遭日军蹂躏，义愤填膺。他被迫为日军劳动，久之，渐通日本话。他有个十五岁的女孩，因日军逼奸，投井而死，他更加恨之入骨，报仇心切。他曾经悄悄来新登，跪求我军早日收复富阳，表示愿做向导或内应。后来，日军稻村找潘木匠，询问通往新登、松溪的小路，潘即以运灰路相骗。稻村查对地图，并无通路，斥潘不诚，潘说路是走私走出来的，并说现在常有骡马运货来往。稻村因此不疑，雇潘为向导。后因骑兵行抵石灰窑地，前进困难，稻村才发现上了当，大怒，将潘木匠砍死。杀身成仁，潘木匠不愧是爱国义士！战后，我师政治部将潘木匠的事迹编成话剧上演，以彰忠烈，而励来者。

# 镇海、奉化作战片段

徐会春※

## 首次收复镇海要塞的战斗

镇海要塞是战略要地，浙东重要门户，位于甬江口南北岸，南与象山港相连接，北与杭州湾相遥应，东有金塘、舟山、普陀等群岛林立，西通宁波、奉化、慈溪、余姚、上虞等县。当时防务配备，在甬江口左边有要塞炮四门，右边有要塞炮五门，分为两个中队，归镇海要塞总队指挥。从象山港横山起，经梅山岛、大樨岛、柴桥至三山一线，归第一九四师第五八二团防守；从三山起，至镇海要塞南岸镇海城南虹飞机场、霞浦、龙山一线，归第一九四师第五八〇团防守，其海岸线长达一百六十华里。第一九四师第五八一团为预备队，控置在宁波的宝幢附近。师部位置在宁波城内。

八一三淞沪抗战后，敌舰不断向我海岸线摄影和炮击。一九四〇年七月上旬，敌海军陆战队一旅分乘军舰二十余艘，汽艇百余艘，集结在普陀以北海面上。七月十四日，敌机数架由海面起飞，分批向我甬江口南北要塞滥施轰炸。午夜敌舰二十余艘，以大炮向我要塞及其海岸线要点实行炮击。十五日拂晓，敌海军陆战队借其猛烈炮火的掩护，分向甬江南岸要塞及甬江北岸南虹飞机场强行登陆，当经我要塞炮兵及守军还击，敌登陆未得逞。这天黎明，敌又凭飞机连续轰炸和炮火的掩护，向

---

※　作者当时系第一九四师第五八一团中校团附，后任上校团长。

我甬江口南岸阵地前强行登陆，我阵地被敌突破，经我守军第五八〇团奋勇还击，至午前十时左右，我守军伤亡殆尽，预备队未及时赶上增援，南岸阵地大部失守。我预备队第五八一团奉令驰援，只能扼守土地岭至陈家山一线，阻敌前进。这时，师部得到第十集团军总司令刘建绪电告："总部已派部队驰往增援，其先头一部乘汽车当天可到达，令你师诱敌深入，以期一鼓而歼灭之。"第一九四师师长陈德法认为诱敌深入是下策，万一宁波失守，即无法恢复，仍根据已定决心，集中兵力，阻敌前进，俟增援部队到达后，即行反攻。

七月十七日，镇海沦陷。我增援部队第八十六军第十六师星夜急行军从上虞赶来参战。该师到达宁波后，即驰往前线，协同第五八一团向敌反攻，当日争夺某高地得而后失达七次。十八日拂晓前，第五八一团协同增援的一个团，集中力量向敌全线反攻，把某高地再次夺回，并乘胜追击。这时我增援部队第十六师已全部到达，即行全线出击，敌不支溃退入海。二十一日，镇海要塞收复。这次战斗，敌军拥有军舰上的火炮和飞机配合，占有海空优势。我第一九四师最好的武器是重机枪和迫击炮，第十六师的装备略胜一筹，也不过多了几门小钢炮。但我军英勇奋战，前仆后继，一举收复镇海要塞，在我抗战史上开创了光荣的一页。

## 镇海要塞再次沦陷的战斗经过

一九四〇年七月十七日，日军陷我镇海要塞，二十一日即被我收复，将敌驱逐入海。一年多来，除敌舰、敌机时向我守军炮击或侦察、摄影外，无正式接触。一九四一年四月初，集结在普陀山以北约三十华里的敌军舰和汽艇四十艘，驶到镇海以东约三十华里的海面。四月十七日凌晨三时左右，敌第五师团一部乘快速汽艇百余艘，在猛烈的炮火掩护下，迫近我海岸线，一路由甬江右岸突破我第五八〇团防地，直扑镇海甬江右岸要塞及其附近地区，至十八日天明时，敌机十八架分两批轮番轰炸我阵地，我守军被迫逐渐后退。敌军另一路由甬江左岸距镇海要塞约十五华里处的南虹飞机场附近进迫，该地我军只有一个排，虽作顽强抵抗，但伤亡殆尽，防线遂被突破，敌后续部队乘汽艇由此登陆，沿贵泗桥、骆驼桥向宁波前进。镇海左岸要塞我炮兵及海防守兵，因后路被敌截断，即相继撤退。敌浅水兵舰及炮艇汽艇由甬江口陆续向甬江疾进。四月十九日，镇海再度沦陷。

我第五八一团除留一部兵力在穿山掩护苏本善部由定海撤退外，其余守海岸线的兵力迅即全部撤回，集结在清水桥附近，乘甬江右岸之敌立足未稳，施行反击，准备夺回甬江右岸要塞。我军不顾敌机轰炸，向甬江右岸之敌施行反攻，在土地岭至陈家山之线和敌激战，战斗约两小时，敌不支丢下大炮一门，向海岸线撤退。我团正在追击扩大战果时，奉师长陈德法令："宁波北面及西北方向已发现敌情，刻已令第五八二团分兵防守，你团迅即脱离战场，撤回宁波集结待命。"并云部队转移至宝幢时，应即和师部用电话联络。我团奉命即留一部兵力作掩护，于午后三时开始脱离战场，急向宁波转进。至宝幢时已午后四时，和师部联络，电话不通，部队转进至盛垫桥时，证实宁波已于十九日午夜失守。我团分兵两路向宁波江东桥以东之敌作试探性攻击，与敌前哨部队接触一小时，敌增援部队已到，激战至午后七时许，天色已黑，遂形成两方对峙。午夜师部送来命令，大意是："敌已进占宁波，师部及第五八〇团一部和第五八二团以及宁波防守司令部等部队，已向奉化江口撤退，你团应即向江口附近集结待命，并应和师部取得联络。"我团奉命乘天不亮脱离敌人，向江口方向转进，至此镇海要塞的战斗已告结束。

## 奉化战斗

奉化城距江口十五华里，距宁波四十五华里，地处偏僻，在战略上不甚重要。江口距宁波三十华里，系通溪口至嵊县要道，可以扼敌南进。敌第五师团于十九日占领宁波后二十日即以主力沿鄞奉公路向江口前进，当日中午即占领了江口，我军全部退入奉化县城。第五八一团于二十日在宁波外围脱离敌人后，转进到江口十余里处，得知江口已失，即向奉化县城转进。

我军在奉化县城的兵力配备：第一九四师第五八〇团以两个营兵力配备在奉化城正东及东北方向，以一个营控置为预备队；第五八一团配备在城的西北方向；第五八二团控置为师预备队。奉化自卫大队配备在我的正南及西南方向。师部指挥所在奉化城内。

敌第十五师团号称最精锐的部队之一，配有重炮及坦克部队。四月二十一日晨，敌由江口分两路向奉化县城进犯，一路由萧王庙前进，迂回奉化西北方向，以截断我向西退路，经我第五八一团凭险奋力阻击，敌未得逞；一路由杨树浦直趋奉化县城，系敌主力，有十八架飞机及敌炮火掩护。战斗至二十三日，敌进迫县城东北角，十二时起敌分向城的东北角及东门猛攻，至午后四时止，我第五八〇团损失惨重，弹药不继，城遂被突破，我师部即向西退却转移到嵊奉公路上枫树岭一带凭险阻敌南进。

## 反攻溪口

溪口东距萧王庙十五华里，距奉化县城三十华里，东北距江口三十华里，南距嵊县百余华里，背负高山，南有二一〇高地，中间平坦。由溪口至嵊县有公路可通，公路两侧俱系高山峻岭，我军守住溪口，可以阻敌南进，保住蒋介石的家乡。敌占领溪口，就如扼住了我们的咽喉，要收复宁波就有困难，其战略的重要可想而知。从四月二十二日敌占领溪口后，就想尽方法劝蒋介石的亲属出任维持会会长，当时蒋介石曾电师长陈德法从速营救，并责令陈德法负责收复溪口。四月二十八日，敌第五师团长还亲临蒋母坟祭奠，这都有政治上的原因。

日军于四月二十三日攻占奉化县城后，二十四日即以主力推进至萧王庙及溪口。敌驻江口兵力约一个大队，奉化县城约一个大队，萧王庙及溪口约两个联队。驻宁波之敌约一个联队，于四月二十四日向江口方向推进，我第一九四师由奉化县城撤退后，即转进至陈家坪、枫树岭、妙高台以北一带，凭险阻敌向南推进，敌我两方在这一地带对峙。敌机不断向我阵地侦察、轰炸，敌炮日夜向我阵地轰击，战车时常出没在嵊奉公路上。

我军奉命反攻溪口。反攻前，我军兵力部署：以宁波防守司令部右地区苏本善部佯攻奉化县城，达到牵制敌不能转移兵力增援溪口的目的。以宁波防守司令部左地区章桂岭部攻击江口之敌，使敌无暇抽调兵力增援奉化城及溪口，并派出有力一部伏击由宁波向江口增援之敌。以第一九四师为主力反攻溪口，并派出有力一部截击由萧王庙方向向溪口增援之敌。待溪口攻克后，迅即乘胜向萧王庙之敌追击前进。各部队战斗开始时间为五月二日一时。

五月一日夜间十二时，我军已秘密进入预定发起攻击的位置。我第一九四师以第五八一团为主力，由嵊奉公路两侧向溪口之敌攻击前进；以第五八二团由溪口东北向溪口之敌作背后攻击，并派出有力一部截击由萧王庙方向增援之敌；以第五八〇团为师预备队，控置于枫树岭一带，并派出一部迂回溪口西北向溪口之敌作侧面佯攻；使敌四面受到威胁。二日一时，我第五八一团第一营占领溪口南面二一〇敌主要阵地，当场击毙敌中队长一人和敌兵数十名，虏获大炮一门、步枪三十余支。全营集中火力，以居高临下之势，向溪口之敌猛烈射击。这时，溪口之敌行动不便，非常紊乱。时我第五八一团第二营及第三营的一部由嵊奉公路西侧攻击溪口桥西小高地，未果，以致无法冲进溪口收两面夹击之效。我第五八二团又未及时到达敌之背后，使溪口之敌退出后，得以从容转攻我已占领的二一〇高地，形成争夺战，可说是失了战机。敌反攻二一〇高地后，我第五八一团第一营全力抵抗，阵地得而复失者计三次，我第一营损失惨重。增援部队和敌作殊死战，阵地失而复得者又四次，战况之烈，为浙东战役之冠。午后五时许，江口、奉化城以及萧王庙之敌齐向溪口增援，战况更趋剧烈。战至十时许，因我军兵力损失惨重，遂撤回原阵地依险固守，反攻溪口战斗于此结束。

# 绍兴反攻战

何聘儒[※]

一九四一年七月，第四十九军第二十六师参加江西上高会战后调回浙江诸暨，担任枫桥、汤浦一带防务。我们部队到达驻地还没有得到休整，就接受了反攻绍兴的任务。

当时日军占领萧山、绍兴以及杭甬铁路沿线各重要据点，战线过长，兵力分散，补给运输困难。这年十月，第三战区司令长官顾祝同，根据日军上述弱点，命令第四十九军刘多荃部收复绍兴，相机收复萧山。刘军长命第二十六师王克俊部为收复绍兴的主攻部队，命第一〇五师王铁汉部为助攻部队，并向绍兴西北方面严密警戒，阻击杭州、萧山增援之敌。

第二十六师接受任务后，师部由诸暨溪北推进至绍兴南面的青坛，以该师的第七十八团为主攻团，从平水镇以西的天柱山、香炉峰西侧，向绍兴南面进攻；以第七十七团为助攻，从平水镇以东丘陵地区，经禹陵向绍兴东面进攻；工兵营在平水埠头担任平水镇以北地区的警戒，并监视香炉峰敌人的活动；野战补充团为预备队，在汤浦以西地区集结待命；第七十六团仍守原防，并抽调部分兵力作为机动部队，以备必要时使用。

这天夜里，正值中秋节前夕，星光闪烁，凉风习习。各部队按指定任务，静悄悄地分左右两翼前进。左翼第七十八团，决定先拔除香炉峰敌人据点（香炉峰是绍兴南面的一个制高点，可以俯瞰绍兴全境），掩护部队顺利前进，命令第一营营长刘升三担任这一任务。香炉峰山高路陡，

---

※ 作者当时系第四十九军第二十六师直属工兵营中校营长。

上面有日军一个加强排，四周架设三层铁丝网，各险要处均有碉堡、地堡，火力封锁严密，工事坚固，易守难攻。一营经两昼夜的攻击，均未奏效。时日军发现一营指挥所在香炉峰西南的190.9高地附近，便用迫击炮猛烈轰击，营长刘升三不幸中弹牺牲。这时，军部电话通知，第一〇五师先头部队即将接近绍兴南门，命第二十六师迅速前进。我第七十八团乃不顾香炉峰敌军火力封锁，率团直属队及二营、三营进迫绍兴城南。第三营营长杨松林（黄埔军校第八期），一向作战勇猛，他抱定"不成功则成仁"的决心，利用黑夜，带领一个步兵连先渡过城河，攻入五云门。日军发觉后，惊慌失措，立即打开沿河照明设备，光度极强，目为之眩。敌人一面用机枪火力密集封锁城河，阻止我后续部队继续渡河；一面集中兵力，堵击我攻入城内的部队。我后续部队因敌人火力封锁城河，被阻于五云门外。攻入城内的第三营一个连，与敌军激烈巷战，一时机枪声、喊杀声，混成一片。我后续部队无法渡河增援。在前有强敌、后无援兵的情况下，营长杨松林仍身先士卒，勇猛作战，因众寡悬殊，被敌军包围，弹尽援绝，全部壮烈牺牲，可歌可泣，不愧为民族英雄。据事后逃出来的老百姓叙述当时巷战的情况："绍兴城内全部关门闭户，情势十分紧张。日军军眷和重要物资已准备向萧山方向撤退。我部壮烈牺牲时，最后只见一个身穿黄呢军服的军官，身中数弹而未倒下，直至头部被击中，才倒在地上，光荣牺牲。壮烈之情，令人敬佩！"

我右翼第七十七团进至禹陵庙下时，日军从绍兴东面百官方向调来炮兵向我军猛烈轰击，我官兵虽伤亡五十余人，仍不顾一切，向绍兴攻击前进。夜间，我军向绍兴稽山门进迫，但几次渡河均未成功。正准备再次强行渡河，以图再攻时，师部得悉日军趁我部队主力在绍兴附近，已派兵数千从柯桥、漓渚方向南下，向我后方师部进攻。师长即命令第七十七团撤至师部左前方之青坛西北约十华里地区集结待命，工兵营撤至师部附近担任警戒，第七十八团撤至平水以东，第七十六团在防区内集结待命，野战补充团仍集结在汤浦以西地区。果然不出所料，当第七十七团到达指定的地点不到一个小时，日军已逼近该团前沿阵地开始进攻，枪声密集，多次冲杀。副团长何军章命令部队坚守阵地，与敌拼搏。他爬上团部后面的高地，用望远镜观察敌情，命令迫击炮集中火力向日军猛烈轰击。敌人处于山地峡谷之中，不易疏散，受到我炮火猛烈轰击，伤亡较大。黄昏以后，敌人利用黑夜全部撤回绍兴城内。绍兴反攻战就此结束。

这次战斗，我阵亡营长二人，伤亡连、排长及士兵二百余人。敌人伤亡亦甚多。绍兴虽未收复，但给敌人打击很大。

# 第三十二集团军

# 在浙东南的几次战斗

楼绛云[※]

从一九四三年七月起，我在丽水碧湖第三十二集团军总司令部当秘书有五年之久。现就记忆所及，将李默庵部在浙江抗战的一段史实，叙述如下。

## 李默庵与第三十二集团军

李默庵，湖南长沙北山乡人，长沙师范学校毕业，做过小学教员，后入黄埔军校第一期，北伐战争中屡立战功，为当时最年轻的师长之一。他好读书，家藏图书颇富，除古籍外，还有其他著作。平日生活整饬，对子女教育较严，我曾两度兼他子女的家庭教师。他每到一地就要办报刊，如碧湖时的《突击队月刊》，浦城时的《集训日报》《浦城日报》，南通时的《绥靖日报》，常德时的《开平日报》，并常亲自过问。我一直为他主持剪报资料工作，分类剪贴，以供他个人或各处室研究问题之参考。我曾编辑《突击队月刊》《集训日报》。

李默庵治军和打仗颇有些创新精神，一九四一年，他提出"山地兵团"建议和以后的"敌后兵团"设想，后来体现在突击队这种特殊编组之中，应该算是卓有见地的。在实践上，突击队机动灵活地运用游击战、运动战，往往能争得主动，出奇制胜，即施之阵地战，也往往能起到一

---

※ 作者当时系第三十二集团军总司令部机要室秘书。

般正规军所不及的作用。

李默庵曾获得英皇所颁的 ABC 勋章，是英国蒙巴顿将军来杭州授勋的，他还获得国民政府所颁的云麾勋章。

一九四九年八月，李默庵调任长沙绥靖公署副主任兼第十七绥靖区司令官时，随同长沙绥靖主任程潜和第一兵团司令官陈明仁在长沙起义。后去巴西、美国定居，最近返回祖国。他现任黄埔军校同学会副会长、全国政协常委、文史资料研究委员会副主任。

一九四二年九月，李默庵继上官云相接任第三十二集团军总司令，负责浙东防务。总司令部设在丽水碧湖采桑，参谋长初为汤尧，后由曹耀祖、罗觉元继任。当时第三十二集团军总部仅辖第八十八军一个正规军，军长刘嘉树，所属各师分驻浙东、浙南各战略要点。李默庵带来两个突击队，每个突击队有五个加强营，亦称突击营，还有警卫部队一个特务营。另由第三战区司令长官部划归第三十二集团军指挥的挺进第三（司令贺钺芳）、挺进第四（司令田岫山）、挺进第五（司令张俊升）三个纵队。

李默庵率部进驻浙东时，把第一突击队从江西靖安调到浙东，所属各营分驻仙居、磐安、天台、嵊县一带；第二突击队在湖南祁阳整编后，调到浙江丽水，拱卫集团军总部的外围，作为机动部队；西南干训班也从祁阳移到丽水碧湖对江的南山、松坑口，继续招收一批知识青年，训练通信、工兵等技术兵种，成立通信工兵连，并为编组第三突击队训练骨干力量。

当时，突击队是属于西南干训班编练的，它是一九四一年中英军事合作的产物。英军代表团副团长先后由英方詹森、傅瑞泽、骆克睦上校充任，偕蓝士德、乔治少校等，随同李默庵来浙抗日。傅瑞泽死在仙居，曾建墓立碑。英军代表团部分成员担任西南干训班教官或顾问。第一突击队还有英军少校郭洛赛率领的十多名英军组成的爆炸小分队，参加浙江抗战。

第一突击队司令官周淘漉，副司令官胡旭圩，代号为"唱凯"；第二突击队令司令官魏人鉴，代号为"歌凯"。司令官相当于师长。一九四三年，在第一、第二突击队之上成立突击总队司令部，相当于军编制，李默庵兼总队司令，胡琪三为副司令。一九四四年扩编了第三突击队，司令官刘建修。

### 转战浙东

一九四三年春夏，第一突击队先后在新昌、嵊县、东阳等地袭击日军，主要战斗有：

一、新昌儒岙战斗：一九四三年三月二十七日，敌第二十二师团第八十六联队之第二大队集结新昌、嵊县一带，一部由西山向黄坦进犯，其主力经姚官、青岭脚向儒岙进犯。我军乘黑夜行军，向黄坦、儒岙、镜头、尖山一线出击，第一突击队以一个营进击黄坦流窜之敌，又以四个营抢占儒岙、镜岭高地，经两天两夜激战，歼敌于儒岙。

二、夜袭西头门：第一突击队进驻新（昌）、嵊（县）、东（阳）公路以南后，原进至镜岭地区之第五营附第四营的炮兵连，于四月七日悄悄进抵嵊县西头门附近，以原驻白鹤殿的浙保二团牵住敌人视线，八日夜袭西头门之敌，九日晨二时袭击得手，随即撤出，围点打援，在途中伏击从嵊县增援之敌，歼敌甚多。

三、东阳水竹、含山之战：四月十六日，第一突击队第五营袭击水竹敌据点，先侦悉有七辆卡车满载敌兵向东阳方向驶来，我军先炸毁其中一辆，其余车上的敌人慌忙下车应战，被我军伏击歼灭。二十二日至二十四日，我军又在东阳含山伏击了驻长乐的敌第二十二师团第八十六联队第二大队一支出动骚扰的敌军。

六月，第一突击队第二营袭击东阳李宅伪军据点，从李宅南山的里岭居高扑下，战斗打响后，由于没有完全包围，伪军逃到东阳城内敌据点，只有少数被我军击毙，缴获了不少战利品。不久，第一突击队第二营袭击东阳城东北三十里的戚高山日军据点，由于消息封锁不严，敌有准备，我军通过开阔的吴良溪滩时，遭敌军炮火轰击，伤亡多人，连长刘云龙阵亡，只好撤退；后又袭击东阳巍山敌据点，亦未得手。营长陈屏因无战果而撤职。经过这几次战斗，敌人不敢轻易出动骚扰。

### 龙（游）衢（州）战役

一九四四年六月，日军在浙赣路沿线发动大规模攻势，进攻龙（游）、衢（州）。我第八十八军第三十三师和第二突击队投入了龙衢战役，后第一突击队也参加战斗。

第一突击队第二、第三两个营由章村兼程趋天台，前卫抵东岭时，得报新昌西山之敌一百三十余人和伪军一部正过嵊县北漳向东林前进。我突击队在东林伏击，将日伪军围歼。

侵占浙赣线金华等处之敌，分兵两路西犯，一路窜犯汤溪，一路窜犯龙游，进袭灵山、溪口。六月十日，汤溪失守。十二日至十三日，龙游、灵山、溪口相继陷落。第一突击队奉命驰援，十四日收复溪口，十五日克灵山。十七日，我第三十三师移驻衢县大洲，第一突击队配合该师向占据金旺之敌猛攻，十八日激战于乌溪江两岸。十九日后，我军集中兵力将敌包围于衢州以南，与敌激战，未能阻敌前进。二十六日，敌攻占衢州，我军两个师各有一团长阵亡，战士伤亡很大。二十八日，第一突击队仍在衢州外围奋战，夺回石室街，肃清乌溪江东岸之敌。二十九日被围之敌不支，分路溃退。三十日收复汤溪，七月一日收复龙游。不久后，日军退出衢州，据守金华、兰溪，龙衢之役结束，恢复战前态势。

## 丽（水）温（州）之战

一九四四年八月，驻杭州、金华之敌分兵两路，一路由武义岭下汤，一路由缙云进犯丽水，我第八十八军第二十一师和第一突击队及地方团队进行阻击。二十六日敌猛扑丽水，我丽水城守军第二十一师第六十三团与敌奋战，团长彭孝儒阵亡，丽水告陷。营长赵楚皓、朱恩施擅离阵地，只身逃命，受到军法处决。第一突击队奉命增援，由衢县经松阳，于九月四日抵达丽水城郊，向占领丽水之敌展开反攻，在周坦、范用一线激战。十六日丽水守敌沿太平港，经葛渡、双溪一线，向永康、武义、义乌佛堂溃退，第一突击队分头追击至和尚弄、岭下汤，十六日收复丽水城。

九月三日，日军为了配合南犯丽水之敌，由海上派出一股部队，配合海军陆战队，窜犯温州登陆。我军阻击未成，九日永嘉失陷。由于侵占丽水之敌已经溃退，窜犯温州之敌不久也撤退。

在这次战役中，丽水、温州先后失守，第三战区司令长官顾祝同颁来书面训词，于十二月二十八日在丽水大港头第八十八军军部召开了一次军事会议，李觉、李默庵、刘嘉树、周淘漉等人参加。顾祝同在书面训词中对这次战役大发脾气，认为我军迎击不力，军事情报掌握不灵，夸大敌情，直到敌犯清溪口时，连敌人主力部队、兵力、兵种和主攻方向及其意图都没有侦察明白，防守部队没有充分利用山地有利地形机动出击。敌窜桃花岭，沿山岭南犯六十多华里，山峦起伏，地形复杂，防守部队彼此观望，不及时阻击，误失战机，丽水城防守部队在一昼夜间被敌击溃，丽水失陷，守土失责的应予严处。

丽水战役中，俘获日军七人，其中一名日本士兵叫桂康雄，中国名字叫李康伯，是在宣平境内俘获的。

# 丽水守城战斗

## 陈序青[※]

一九四四年七月，占领金华的日军向龙游以西的第二十五集团军阵地发动零星进攻，装出倾巢西犯模样，另在白浦、下杨一带向我第七十九师阵地发动零星炮击，这些都是敌人的佯攻。八月下旬，日军突然以一个联队（相当于一个团）的兵力，向驻防在永康东南的桐琴、黄碧一带我新编第二十一师阵地猛攻，该师两个团被迫南撤，日军即经缙云直趋丽水。

日军向丽水进攻时，我第三十二集团军总部估计金华之敌将经丽水沿瓯江西上，进犯浙江省政府所在地云和，故决定将第七十九师撤至宣平一带，三个突击队结集在松阳附近，令第八十八军新编第二十一师原驻在丽水的第六十三团利用已构工事，死守丽水，另外两个团撤至丽水守卫瓯江南岸，掩护第六十三团，遏止日军渡江。俟敌深入，准备在松阳、宣平一带与敌进行决战。

驻在丽水县城的新编第二十一师第六十三团团长彭学儒，陆大毕业，原任第三战区长官司令部作战科长，年轻有抱负，到任后曾对部队进行整顿。他接受命令后，将小水门的浮桥拆去，表示坚守丽水县城的决心。彭团长把家属转移到大港头，并对妻子说："守卫国土，军人天职，我决与丽水城共存亡。"丽水城北面环山，背临瓯江，江面宽三四百公尺。第八十八军指挥所在离云和不远的小顺，第六十三团在丽水城内的万象山上设立指挥所。该团补给准备充分，守城的决心很大。八月二十三日，

---

※ 作者当时系第八十八军司令部人事股少校股长。

日军攻破桐琴、黄碧一线我军阵地后，即经缙云直下，仅三天工夫，即八月二十五日晨，就兵临丽水北面山地，开始炮轰城垣。第六十三团守军奋起抗击，双方炮声不绝于耳，入夜后，枪声更为密集，战斗十分激烈。敌人从正面攻坚困难，改从白云山西面爬城墙而入，突破我军布防，并以一支小分队直插小水门包抄我守军的背后。晚九时，小顺军指挥所从电话中已能听到巷战的喊杀声。第六十三团全体官兵表现了中华儿女的爱国主义精神，奋勇杀敌，毫不气馁，巷战持续至十一时许才趋沉寂，第六十三团官兵大部牺牲，团长彭学儒阵亡，丽水城遂于八月二十六日午夜沦陷。守卫丽水城的战斗，仅持续了一天多就结束了。

战斗结束后，第六十三团官兵大部牺牲，仅有少数官兵泅过瓯江生还。渡江而归的有副团长姜浦、第二营营长赵楚皓，另两个营长已逃到另外地方。按当时国民党《国军抗战连坐法》的纪律，团长阵亡，下级军官要受到惩治，遂将第二营营长赵楚皓就地正法，后在丽水警备司令部执行枪决，副团长姜浦押解上饶判刑。

日军侵占丽水后，并不渡江南犯云和。丽水城内驻敌约三四千人，与我增援部队有多次接触，但无重大战斗。敌人在城内搜集民船，至四郊"扫荡"，抢劫物资，即于八月二十八日派出一个大队的兵力，沿瓯江两岸护送满载物资的民船沿江东下，向青田、温州进发。其余敌军于九月中旬起开始分几路从丽水向永康、义乌、武义、金华北撤，我第一突击队奉令追击，九月十六日我军收复丽水。

# 第二十六师在龙（游）衢（州）
# 战役中一段沉痛回忆

曹天戈※

在未涉及正文之前，有必要提一下第二十六师划入第四十九军建制后的矛盾由来。自从一九三九年第二十六师反攻南昌有功，刘广济、王克俊分别调升正副师长，并开始划入第四十九军建制，军、师之间，特别是在王克俊升任师长后，潜在的摩擦日益显著。由于当时的第四十九军及其第一〇五师是东北军班底，而第二十六师是四川部队，军在师与师之间的对待上，特别在任务分配上是一贯偏颇不公的。诸如王克俊当师长、曹天戈当副师长的阶段，一九四一年冬，以第二十六师为主，反攻绍兴，夜袭绍兴城，仰攻香炉峰，造成营长杨松林、刘升三及连排长、士兵两百多人壮烈牺牲，而当时第一〇五师名为助攻而等于袖手旁观。一九四二年日军第一次大规模流窜浙赣路时，第四十九军任务是保卫衢州东侧外围，军在配备的轻重区别上显见其损人利己、弃客保主的意图；又如曹天戈升师长后，一九四四年日军再次窜扰龙衢的一役和一九四五年八月十日（正是日本宣布要求投降的一夜）正在星夜巷战中的第二十六师，于拂晓前驱逐浙北分水城内之敌一役中，无不包藏着消灭异己的祸心。再如一九四五年十二月下旬，日军已经缴械，准备再次内战前夕，军又单独令第二十六师从常州渡江进占泰兴等等。总之，在第二十六师划入第四十九军建制后的几年中，所经历的大小五次战役，无一役不是以第二十六师当作马前卒首先渡河迎敌保驾的。正由于军部本身从来机

※　作者当时系第四十九军第二十六师师长。

心过重，以致一九四四年六月十一日，在金华的敌军蠢动前夕，终于造成我第二十六师一次灾难性的遭遇，详情如下：

第二十六师自一九四三年副师长曹天戈升任师长后，一直是防守在兰溪、龙游、汤溪之线，与盘踞金华之敌对峙中。一九四四年六月八日，才接到第四十九军军部通知说："军已饬第一〇五师于明日（九日）开往龙游，接替第二十六师全线防务，限十二日前交接完毕具报，并着第二十六师交代完毕后，开回衢州集中整训。"第二天（九日）一早，第一〇五师师部及其先头部队陆续到达龙游，当经双方师长协定，准于十一日晨开始交接。第二十六师师部也分饬第一线各团做好交防准备，并按军部指示先以一部送大行李等去衢州驻地。

不料，十一日晨情况突变。第一〇五师师部直接通知第二十六师说，顷奉军部电令，限第一〇五师立即开回衢州，第二十六师防务改由第七十九师（当时第七十九师不属于第四十九军建制）接替。问其突变原因何在，答："不知道。"追问军部也推说是上级命令，原因不明。当时，我深感疑虑，哪有无缘无故来个一百八十度的急转突变的怪事，没奈何，只得探问一下第七十九师再说。我摇了半天电话，没有接通，晌午接通了，却说他们师长出去了，不在师部。直到午后，第七十九师师长才来电话，他说："对不起，你来过几次电话，我都不在家。接防命令已经收到，可有个难题请你帮个忙，要求你师架设的电话线路不忙拆收，借用一下，行不行？"我攒着眉头反问说："电话线不拆，留下来，那我们怎么办？从来没有过类此交接先例。"他答："你既然无法通融，我们也无法如期接防，再看吧。"话筒就搁上了。我对这一天的遭遇，真感到诧异出奇：昨天第一〇五师匆匆开来，今早又急急回去，而军部竟推说原因不明；另一个师长奉命接防竟敢借故推托，究竟葫芦里装的是什么药？迫不得已，只能再向军部反映刚才联系经过，并请军部直接责成该师遵限接防。军部还是答复说："防务第七十九师必须接，通信线路第二十六师必须拆收。"好吧，只能硬着头皮等消息。直到日薄西山，译电室送来军部急电，打开一看，并不是什么有关防务交接的指示，而是霹雳一声，命令我第二十六师立即准备战斗。天哪！第一线全体官兵捆好行装正在等候交接；我本人呢，一整天除了反复探问防务交接和揣测军部意图外，没有干过一件别的事，更想不到在交接防务问题上，竟会掩盖着一幕哭笑皆非、穷于应对的恶作剧。最焦灼而使人不安的是，经过这一天不应有的捉弄，导致了全师官兵情绪恶劣，士气沮丧，万一敌人在我们毫无准备情况下就采取行动，将怎么办？看军部电报要旨大意如下：奉长官顾（祝同）电，迭据密报，连日来，兰溪、金华、汤溪方面日军调动频繁，金华敌军显著激增，有迫切西窜，再犯龙衢模样等因。军为防止当面敌人全线突击，保卫龙衢，迟滞敌人西窜，着饬第二十六师前线各团就地配置警戒，监视敌人动态外悉趁本日（十日）晚向龙游县城南北两岸之线转进……到此关头，大敌当前，我明知已无申辩牢骚余地，立即要求前线各团停止一切空想，坚决准备战斗，并根据军部电报要旨，分别指示大意如下：

一、着兼第七十六团团长李佛态立饬中校团附龙霖带一个营，驰开龙游，加强城防工事，确保县城。

二、第七十六团、第七十七团（欠一个营）归副师长李佛态统一指挥，并于即晚天黑后，除配置警戒、严密监视敌人行动外，应迅向龙游县城东郊转进并迤南北之线展开，保卫龙游外围。

三、第七十七团何骏武营暂归师直接指挥，应于本晚夜暗向寺后师部南侧高地附近转进，集结待命。

四、守备兰溪的第七十八团应酌量当前敌情，加意监视敌人水陆动态，相机趁即晚夜暗向龙游西岸转进待命。如情况许可，应尽可能在龙游西岸征封渡江船只（已明知是不可能做到的要求）。

五、师前进指挥所在寺后以西八公里处×××，原寺后师部决定于即晚二十四时撤销，撤销前余仍在寺后。

同时通知龙游县长陈谟迅即疏散城厢居民，并请其大力设法在江北征封船只五十艘，以备必要（据其答称，本晚已无可能，且看明天情况再说）。

匆匆处理了以上必要措施，已是初更时分。当时万般无奈的我，唯一祈求的有两件事：首先是但愿明天一天太平无事，没有敌情，稳定一下士气，加强一下攻防手段，能控制到渡江的必要船只；其次是但愿各团、营部队能如期到达指定地点。

当晚第七十六团中校团附龙霖率同一个营首先进入龙游；副师长李佛态带同第七十六团、第七十七团各两个营亦于午夜光景相继到达预定地区。唯兰溪第七十八团与第七十七团何骏武营尚无消息，感到焦虑。为防万一，嘱咐参谋长黄惕斋带同师部官佐和部分直属连队先去指挥所，并向军部和龙游部队保持联络，同时派传令军士几人立即过江与第七十八团取得联系。我为便于等待第七十八团及何骏武营的消息，仍留在寺后，可是内心越焦灼而时间过去亦越快，十二日拂晓终于伴同着隐约疏落的枪声而来到，看来，今天的一场仓促应变的战斗是无法幸免的了。

时间已经过了六点，城郊枪声越来越近，江北于丕富团和江南何骏武营仍无信息，决定结束寺后师部，先到指挥所再说。不料出门向西行，不到几分钟，便遭到师部南侧高地上一小撮敌人的猛烈射击，那正是我指定何骏武营集结待命的地区。当经我随身侍从散开反击，我循着一条北向的干沟前进，边走边想：这一堆敌人有可能是乘隙而入的敌左侧支队的搜索兵，万一有后续部队的话，那就糟透了，会立即威胁到我龙游部队的侧背退路，一个光棍师长简直如身临麦城。好在随即据报，一小撮敌人已经退走，没有出现想象中的最坏局面。再一想，当面日军第二十二师团的一个旅团正开始用飞机、大炮联合轰击，对我发动攻势，我们匆促应战的五个营能苦战多久，是很难设想的。一旦我龙游守备部队支持不了而被迫撤退，则在我第七十八团尚在西岸无法渡江、何骏武营又迄无消息的情况下，我这个"光棍"师长束着手死待在这里，等于待毙；而先回指挥所去束手待着，也同样无济于我撤退官兵被动挨打的悲惨局面。由于第四十九军的这个"螟蛉子"，第二十六师一到危急关头是从无兄弟见援的，因而我抱定决心立即过江，确实掌握到第七十八团为第一着，与其无所为而束手看着部队挨揍被吃，何如有所为而力争主动。说也凑巧，我走出干沟后，不知不觉已接近江边，望见了派去联络的几个军士已经过来，据告，他俩尚未见到第七十八团于团长，部队正在陆续来到；又据告，昨晚兰溪江面也出现一些敌情，可能因而耽搁了撤退时间，在此情况下，征封船只更是无法办到，现在对岸还留着两个联络军士正在等候于团长的到来云云。我听了立即将眼前情况和我个人的决心以及必要时后撤的意见，分头派人送信告知指挥所黄参谋长及前线李副师长后，立即带着随从过江。旋即见到了于团长，他向我报告了一遍昨晚扼要情况，并对昨天防务交接纠缠造成今天尴尬局面感到愤慨。我也将我的决心和打算告知之。及等到部队到齐，时间已近晌午，立即命他们继续向衢州疾进。当时听龙游方面枪炮声已经相当激烈，焦念之余，不禁使人想到，如果没有昨天纠缠，早些告知敌情，早些备好船只，让第七十八团能及时渡江，今天就大有应对回旋余地，何至狼狈至此。

可是，当天部队行进速度快不起来，走到夜暗还没走到五十里路，显见官兵饥饿疲乏，猛一想，拖垮了上火线也不中用，干脆叫他们停下来，边造饭，边休息，一早带饭赶路。到达衢州北岸时，雨后水涨，过江浮桥正开着，为找寻浮桥管理人员合拢浮桥花了不少时间，直到部队过江进城已是午后黄昏光景。我与军部前进指挥所副军长王克俊取得联络，得悉敌人先头已越过衢州以东二十五公里的安仁附近，我第七十六、七十七团已如预期，排除万难，到达衢州东郊沿乌溪江西岸的花园之线转进。我根据上述情况，立即率同第七十八团出城，接着第七十六团的左翼展开，加强了衢州正面防务力量。上灯时分，从警戒线撤回的哨兵报告，敌军先头已逼近我防线正面，同时也听到了零落的枪声。

十四日凌晨，敌军开始全线进攻。六时许，敌机也轮番出动，敌人步兵在其炮、空协同轰击掩护下，疯狂猛扑，企图一举夺取我方阵地。经我全线官兵沉着反击，在我炽盛火力交织下，敌死伤累累，寸步难进。敌恼羞成怒，继续硬拼，一波才退，一波又上。这一整天，在敌我双方反复较量中，炮火、枪声之激烈，战况之紧张，达到了惊人的高峰。最近，我偶尔看到一位老前辈徐映璞遗著《甲申衢州抗战记》结尾一段中说："南路二十六师鏖战之烈，为浙东诸役所仅见，若人尽如此，扫净倭寇，收复失土，可也！"虽其言推奖过甚，但说明了人民群众的眼睛毕竟是雪亮的。当时巡视阵地，我对李佛态、于丕富等说："为民族尊严，为第二十六师荣誉争口气，今天我们大家只能咬紧牙关，支撑下去了！"直到黄昏，我军部前进指挥所发现我右翼东南侧出现敌骑，似有敌后续部队增援模样，为增强衢州防御，命令第二十六师趁即晚夜暗分头向衢州东郊乌溪桥及其向南延伸的黄家之线后撤。

十五日凌晨，突然发觉敌人紧逼跟踵而到，行进速度远出意外，似有蓄意报复昨天一战之恨的企图，乘我立足未稳，突破我中央，分割席卷我右翼师部。至此，师部迫不得已，只能伴同负伤营长杨继先及一些伤员撤过港山江，向后溪街军指挥所报告当前情况，并奉命如下：

一、左翼第七十八于丕富团暂归军直接指挥，保卫衢州。

二、第二十六师师部及其第七十六、七十七两团过江官兵，应即撤至江山地境，整休待命。

从那天起，除我第七十八团守卫衢州外，全部战防任务才交由第一〇五师接替。但当日第二十六师全体官兵对我七十八团处境感到十分不安。也就在那一天，第七十七团营长何骏武突然出现在我面前，他嗫嚅而支吾其词地打算向我说明事由。我立即摇着手说："甭开口啦，如果今天我思想上不是清算了军对师这笔总账，全师官兵非要你脑袋不可；现在撤除你的职务，姑且留下你一条老命，准备去管理农场过活吧。"

保卫衢州的战斗，连续几天，互有进退，相持至二十五日，敌又开始用飞机、大炮联合轰击，准备攻城，当晚炮轰衢州城墙尤为猛烈。第二天凌晨，衢州东城已被轰毁坍塌，敌军由此冲入，蜂拥登城，首先击溃了专守东城的第一〇五师的一个营，跟即分向西、北方向扫射疾进。

我第七十八团在团长于丕富指挥下，奋起反击，浴血苦战，但终于在上下敌人火力交叉下，官兵死伤过重，无法立足，被迫冲出西、北门，打算泗水强渡，过江再说。可奈仍在猛烈敌火有效射界之下，不死于城，便死于江，幸存生还者，寥落无几，真可说"血战江城赤，骨铮视死归"，壮哉烈也！衢州经过这场拼搏，再度失守。此番衢城保卫战中，伤亡之多，可能不亚于一九四二年浙赣会战中衢州城里官兵牺牲的人数，约而计之，除第一〇五师的一个营伤亡惨重外，我第二十六师的第七十八团牺牲团长于丕富一员，营长张雄虎、陈橄文两员，其下尉级官佐、士兵伤亡之数可以想见。

衢州陷后次日，北岸居民在江边捞起浮尸一具，见到衣袋中符号，知是第二十六师团长于丕富，事闻于衢州行政专员姜卿云，特为之筑坟立碑焉。

日军于二十六日入占衢城后，由于孤军深入，伤亡既大，补给亦难，更慑于我三面大军增援，不敢久恋，到二十九日就撤出衢州。

当衢州失守之日，我第四十九军军部呈送第三战区长官部的战报中，竟然将衢州陷落的责任归罪于第二十六师于丕富团。幸经当时长官部参谋长温鸣剑仗义执言，严正指出说："此次负责衢州城东门防守者是第一〇五师第三一五团的一个营，而敌军正是首先攻破东城而入的，诿罪于第二十六师于丕富团是无理的。"这才把第四十九军军部说得哑口无言，也才免除了于丕富团为保卫衢州而英勇牺牲的官兵一场含恨九泉、死难瞑目的不白之冤。说句迷信话：温公一语积得阴德不浅！

时过四十多年，痛苦的记忆已经随着岁月的消逝而淡忘，满不打算无聊地到今天再来对人揭疮疤，算老账。可是最近见到一位东北老同事写的一篇避实就虚的有关《龙衢战役》的史料中，竟只字没有提到我七十八团为保卫衢州、血染城河的事迹，立即引起我"天良"难安。为使我对得起那次在龙衢战役中为国牺牲的第二十六师官兵，和那八年浴血抗战的第二十六师应有的历史评价，无论如何，我有根据当年那次战役经过的是非得失，原原本本如实反映一下的职责。

# 第一○五师参加衢州战役的概况

刘汉玉※

## 战前的情况

先是我军第四十九军（军长王铁汉）指挥第二十六师（师长曹天戈）、第一○五师（师长刘汉玉）、预备第五师（师长曾戛初），以第二十六师为第一线，守备兰溪、龙游、汤溪之线，与在金华、兰溪之敌对峙。第一○五师在衢州附近整训，预备第五师在江山附近整训，军部驻江山县城。

一九四四年夏，约有一个师团多的敌人，将我守备龙游的第二十六师击退，占领龙游后继续向衢州前进。

我军方面，第二十六师除第七十八团防守衢州城外，其余撤至江山休整待命。

第一○五师在衢州城以南地区占领阵地，掩护第二十六师转进。

## 兵力部署及阵地占领

第一○五师接军部命令，要旨如下：（一）约有一个多师团附有飞机、坦克之敌，自占领龙游后，仍继续向衢州前进，其先头部队已达安仁附近。（二）军拟拒止该敌西进。（三）第一○五师占领右从黄坛口起、左至衢州城，拒止该敌。（四）预备第五师速即进出后溪街附近，准备向

---

※　作者当时系第四十九军第一○五师师长。

溪口、黄坛口之线增加。（五）军前进指挥所在后溪街。

第一〇五师接军部命令后，作如下部署：以第三一五团的一个营，附平射炮及迫击炮各两门，独立守备衢州城；第三一三团为右地区队，在右自黄坛口、左至×地止占领阵地；第三一四团为左地区队，在右接第三一三团左翼、左至衢州城占领阵地；两地区队应在大洲至樟树潭线上派出警戒部队；第三一五团（欠一个营）为预备队，位置于二十里街迤南附近。师部在二十里街。

各团就阵地前，即开始阵地构筑。约两天的时间已构成立射散兵壕的工事，在阵地前扫清了射界，并设置鹿砦等障物。

## 战斗经过

二十三日晨，接得樟树潭警戒部队的报告，得知有兵力不详之敌现已通过安仁向我西进，先头部队已与我警戒部队发生战斗，敌兵力不断增加等情。

师部接报告后，即命令各团进入阵地，准备战斗。

当日中午已将我樟树潭的警戒部队撤回。敌人北起新安江，南至大洲迤北之线向我阵地进攻，与我左地区队发生战斗。直到夜间，敌无进展。唯大洲迤南尚未发现敌情。

二十四日晨，大洲附近已发现敌情，我大洲的警戒部队亦被压迫撤回。至午与我右地区队发生战斗。于是敌向我全部阵地（除衢州城外）攻击，被我拒止。

二十五日，敌用飞机、大炮掩护向我阵地大举进攻，对我左地区队攻击尤为激烈，均被我阵地守军以工事的依据而拒止，敌无进展。当日夜间，敌集中炮火向我守备衢州城的部队（第三一五团的一个营）猛烈轰击，步兵也随之而攻城，于是发生了激烈的夜战，双方伤亡均重。至拂晓时，敌用炮火猛轰，将东北角城墙轰毁，敌乘此攻进城内。

二十六日晨，我守城部队逐次被压迫到西门附近涉水退出，于是衢州城失陷。敌攻占衢州后，全线沉寂，无大战斗，双方对峙。因衢州城失陷，我左翼危急，师即命令左地区队（第三一四团）的左翼阵地稍行后撤，转向衢州城方向，用火力封锁防其出城。师预备队（第三一五团）以一个营接近左地区队左翼，向西延伸至江山江之线，占领阵地，拒止衢城之敌南进。命令右地区队抽出一个营到二十里街，归第三一五团王团长指挥。

二十七日，敌又在飞机、大炮掩护下，向我阵地全线大举进攻，均被我阵地守军阻止。只有小部分阵地被突破，马上由各地区预备队填补，构成局部的凹形阵地，继续对战。

二十八日，敌仍继续向我阵地猛烈进攻，想利用昨天的突破点扩张战果。我军利用夜间对已突破的地方做了坚强准备，集中火力设施，使敌扩张战果无效，全线形势渐趋稳定。

在这六天当中，由第一〇五师独立支持对敌作战。当衢城失守后，第四十九军军部已命令预备第五师在溪口、后溪街之线占领第二线阵地。

此时，第三战区司令长官顾祝同已调第二十五集团军李觉和第十集团军王敬久的部队，先后到达战场，将衢州城及其迤南之敌形成三面包围（各部队的番号、位置都记不住了）。

二十九日，敌见我军兵力集结很多，不能再孤军深入，遂被迫撤退。当日，我师尾追敌人，收复衢州城。

七月一日，我军恢复龙游。敌退守金华，战斗结束。这次战役，敌伤亡约千余人，我第一〇五师亦伤亡约千余人。

# 甲申（一九四四年）衢州抗战记

徐映璞

金衢龙兰之交，为浙江上游心脏，原野相错，鸡犬相闻，无高山大泽为之防，无关梁险隘为之塞，所谓进可以战，而退不可以守者也。壬午之役，敌弃衢龙而据金兰。甲申四月，敌再侵衢州，威慑闽赣。敌兵在金兰者，不及万人，前线我军，尚倍其数。

会我南路第二十六师，及瓜而代，第一〇五师，未克接防，以第七十九师充之。调度未竟，而敌增兵自杭至。先遣部队，东路由金华趋永康，永康遂陷，不为城守，此次敌至，则整衢清道，似欲久踞者。同时南路由武义趋宣平，有窜松阳、丽水之可能；北路自兰溪跨江为浮梁者三，或北进遂淳，或西袭龙衢，不能测其所指。

六月八日，东南两路皆退，北路因水涨，浮梁减三为一。金华、兰溪，日军阗溢，或谓东退则集于金，南退则集于兰，非增兵也，而不知兵数实增倍蓰。

九日，西犯之讯甚亟。下午，当局集议应变及疏散计划。十日，敌自古方正路西上，人心惶惶，扶携老弱，走南北山中者相继。十一日晨，敌抵汤溪，我军移转阵地，湖镇、洋埠、尚皆无恙；古方接火，互有死伤。是夜，敌突袭龙游南乡，溪口、灵山皆震动。

十二日，衢城老幼，奔避一空，政治机构，皆易地办公。五区专署、地方法院往南乡岭头，衢县府、公安局往北乡双桥，高等法院往上方，县党部往西乡源口，交通税务局所往石梁。十三日，敌西驱石亘，北犯龙游县城。我南路军拒战于草鞋岭、尚论岗等处，并拟以东北郊丛冢为鏖战阵地，分兵防于浮石潭北御史坟。是日，专署保安队亦全部撤离。

十四日，敌至全旺附近，我南路第二十六师，首当防冲，深入敌阵，为肉搏战，敌死二百余人，我军伤亡，亦以百计。第七十九师傍南山退，第一〇五师傍江退。敌别队张右翼，跨龙北平政浮梁，沿江北岸虎头山，护帆船百余艘，运辎重西上。

十五日，第二十六师激战于横路、贺邵溪诸丘陵地，敌不支，小却。我北路第一四五师守潭石山，扼江路之冲，敌舟不得进。

十六日，行政机构之一部仍入城，民众亦有回城探望者。我南路军东进，拒战于草鞋岭以东，炮声彻夜不息。

十七日，敌增兵向南路猛袭，仍达全旺迤北诸村落，邵家、岩头、尹家，均枪炮密集。别队北侵安仁街，舟师亦西进至龙兴殿。敌南我北，隔江对峙。我第一四五师阵地，为敌炮所中，伤亡二十余人，遽向西北退莲花镇，继又退云溪。敌舟上溯盈川潭，据北岸山险搭棚守望，为犄角之势。傍晚，我政枢及民众，仍疏散出城。

十八日，第一〇五师入城，严令居民迁避，挨门驱逐，不得逗留，城中唯兵丁而已。午刻敌窜毛家、清水桥、余家山等处，第七十九师依山炮轰，第二十六师且战且退，迄潘家垅、西伯垅、闹桥以东而上。

十九日昧爽，敌兵突进石室街，第二十六师退响谷岩，隔东迹江炮轰甚烈。第一〇五师在机场附近，第七十九师在黄坛，突击队在济源，呈三面包围之势。激战至下午三时，敌复不支，东走三十里，退屯上下山溪一带。时盈川之敌，窜高家西进，我北路第一四五师，由云溪撤至杨家溪边，及上下瓜园，沿江居民，迁避一空，守军亦不能驻足。

二十日黎明，敌续到骑兵四百余，步兵民夫约千数百人，沿公路越樟潭站，直达沙埠，欲强渡松毛潭、崇文滩，窜上叶、孔家、官碓等处。我师借缸窑、寺前等丘陵地作战，火网甚密，炮声达旦。北路军由杨家溪边，退蒋家滩。沿江之敌复由彰德埠上窜。

二十一日，为旧历五月丙辰朔（初一），大雨，炮声益烈，东自乌溪桥，西迄十八里叶，首尾二十余里，敌南我北，互轰不绝，双方均有死伤。城南二十里山底村，毙敌酋一人，敌退四里，哭声大作，以为将东遁矣，而攻势益锐，向西北进抵铿溪，折而北窜，作围城状。北路彰德敌舟，进孟家湾，步兵登黄甲山。我第一四五师一部，退石鼓山、香炉峰、航头街等处。下午，樟潭敌炮甸北轰，第一四五师西撤。

二十二日，南郊鏖战，自朝至暮。我北路第一四六师，渡江欲进城，旋过通和浮梁，驻西鄗鹿鸣山；南路第二十六师，有入城者，江面鸡鸣塔以下，除敌舟外，交通断绝；北路敌由黄甲山进踞白石山。

二十三日，南路上叶官碓之敌，皆北趋五坪、田铺，逼近南郊；闹桥、沙埠之敌，续渡东迹江。午正，北路白石山之敌，由上窑袭排门山，进金家山，呈一大包围圈，唯城西一隅未合耳。

二十五日，为重午节。上午，敌复增援东迹渡，由正面袭击东门。东门外有筑机场时余土，堆积成山，高与城堵相埒，敌前部约四百人踞之，向城射击，守军亦以机枪对峙。我军伏于机场昔年日军所掘坑堑间者甚多，群起环攻，毙敌过半。我余土为敌所利用，敌坑堑为我所利用，作战之际，瞬息百变，于此可见。敌败退十里，至乌溪桥罗星水口，南路敌闻之亦少却。下午，炮声疏落，以为不堪再战矣。城中军伍，屠宰猪羊，不敢宴于室内，列方台数百，置酒衢路相庆慰，自孔子家庙前，至南市街，群聚而饮啜者数千人，长达二里。初更后，皆醉饱困倦，月落天黑，敌自北隅城缺，掩进百余人，分布僻巷，鸣枪示威，红绿信号，凌霄互起，我军酒后应战，不知敌所从来，纷纷向西城移转。南郊之敌，亦炮声大作，亟趋火车站，突入南新门；西南路敌，窜双港口，夺取行商竹筏，浮江而下者数百人，袭通广门；东路敌以重炮向城轰击。我军第一〇五师，知形势不利，不欲战而退。第二十六师阻之不获。初北路第一四六师，欲由鹿鸣山入城，第一〇五师不纳，乃向西撤退，于是西北岸无接应者。

二十六日黎明，城中守军，纷夺西安、水亭两门，奔走江滨，浮梁已断。仓促中，舟者，筏者，木板者，徒步而泅者，滩急水深，皆不得达北岸，顺流下泛。敌追至南岸，与北路金家山、雷峰坞日军，各以机枪，夹击江面。日出后，敌机三架，复低飞扫射，江中我兵无幸免者，尸骸蔽江，水为之赤，殉难者约三千人，惨矣！正午，敌大队入城，盘踞保安司令部、县党部等处，掳取物资。敌舟直达浮石潭载运，沿途张贴伪示，引诱人民入城，或于门巷粉书"请你不要逃"字样，皆粗浅恶劣，卒无一人应者。我军移阵西郊，及走南北山中，多于敌者，犹以倍计。

二十七日，敌酋知众寡不敌，一乏汉奸为之内应，城大而虚，无可守御，急谋退却，仍恐我军半途截击，乃以进为退。清晨，敌复增二百余骑，由江北岸抵航头街，及西郊河上埗、排门山、鸡鸣山等处，亦增搭数十棚，为前进及驻守状，其实则加强南北外围防卫线，准备掩护撤退而已。

二十八日，双方枪炮，绝不闻声，东乡居民之走南北山中者，皆络绎回里。卓午，敌舟东下。下午申正，大队出东门，由樟潭退去，见者犹以为调防也，穷寇之计，亦狨矣哉。二十九日，南北两路皆退，每一处退尽，则放火，故沿江、沿路房屋之被焚者颇多。三十日午后，衢境无敌踪，唯龙游尚有千余人。南路灵山、北路潭石等处，亦未退尽。时衢县县长梁济康，正征派民夫，负荷箱箧，远走上方。傍晚，专署由南乡先遣回城。七月一日，各机关次第回。我北路第一四六师、第一四七师，南路突击队，踵敌东进，民庶亦还其所居。

自敌蠢动，迄于退却，凡二十有六日，虽数度增兵，充其量不过骑兵千余，步兵二万余人，我军以五万之众，分防设守，环而攻之，不能遏其西窜，卒致沦陷三城，深入二百余里，震慑数十万人，损失物资，以百万计，此其故何哉？地势平夷，歧途四达，分守则势有不能，少却则全局悚动，利于战而不利于守者，一也；浩劫之后，民穷财尽，荒城焦土，为兵家所不争，而我军之责，重在北障遂、淳，南屏松、丽，西护江、常、闽、赣，不能专力于一路者，二也；列兵虽多，战士盖寡，加以指挥不一，意旨未能集中，三也；敌未至而民庶先逃，兵乏食而纪律愈弛，军民失其联系，四也。噫，是谁之过欤？天未厌乱，大难方殷，其以此为前车之鉴可矣。

南路第二十六师鏖战之烈，为浙东诸役所仅见，若人尽如此，扫净倭寇，收复失土，可也！乃闻长其师者，传以消耗兵力获咎，岂不异哉？

衢州一隅，屡胜屡败，屡败屡战，毙其敌酋，歼其锐卒，经月而未尝少馁，终使处、严巩固，闽赣安宁，衢龙亦随即收复。自此以后，敌军始有戒心，不敢轻于尝试矣。保障河山，胜利信心，于是建立。我国人或有未能悉其本末、定其功罪者，故记。

# 第 六 章

# 湘粤赣边区作战

# 综　述

（一九四五年元月上旬至二月上旬）

一九四四年四月，从河南郑州地区开始，日军以打通中国大陆交通线进行一次大规模作战，至年底十二月上旬在广西中越边境结束。接着日军第六方面军制订攻占粤汉路南段及摧毁江西遂川、赣州、新城等机场计划。

第六方面军以第二十军第四十师团在道县、零陵，第六十八师团之第五十七旅团于耒阳附近，于一月中旬对韶关以北之粤汉铁路进行奇袭占领，为此，第四十师团组成、训练、运用四支挺进奇袭队，使之对铁路沿线的重要建筑物，能予无疵攻占。第二十七师团攻向江西遂川、赣州，占领该地区的中美空军基地。第二十三军第一〇四师团、步兵第八旅团策应第二十军作战，以奇袭攻占韶关及以南铁路沿线地区，占领韶关后继续东进，攻占南雄中美空军基地。

中国军队第九战区司令长官部位于汝城，第九十九军位于耒阳以南耒水两岸及铁路两侧；整编第二军位于粤汉路高亭司至永兴一线；第三十七军新编第二十师警备零陵方向，暂编第五十四师警备道县方向；第四军第五十九师位于兰山地区，第一〇二师、第三十七军第六十师位于铁路线上之白石渡、坪石地区；第五十八军位于茶陵以东；第四十四军位于茶陵以南马江、龄舫一带。

第七战区司令长官部位于赣南龙南县，第六十五军第一五四师位于英德方向，第一八七师担任曲江守备。

作战开始，日军地面部队避免中美空军袭击，主要利用夜间进行活动。中国军队依然实行正面防守节节后退的作战方针，致使粤汉铁路南段被日军占领，而且部队又遭到较大损失。

日军这次以第四十、第一〇四、第二十七师团及第六十八师团之第五十七步兵旅团、独立步兵第八旅团，从一月三日至二月九日，占领了我国抗战以来一直是后方的湖南郴县、宜章，广东的乐昌、韶关、始兴、南雄，江西的大庾、南康、赣州、遂川、永新、莲花等地。

由中国派遣军发动的打通大陆交通线，占领沿线空军基地的大规模作战，从一九四四年四月十七日，第三十七师团于河南的中牟县西面新黄河开始，至一九四五年的二月九日，第四十师团与第二十七师团在赣南大庾县东约三十公里之新城会合，该作战全部结束。

一九四五年四月一日，美军在冲绳岛登陆成功。中国派遣军司令部认为在中国南海沿岸防御已失去其价值，决定逐步撤离这些地区的沿岸防守部队于广州、香港地区，准备对付盟军可能的登陆进攻。五月二十八日，日军大本营下达命令，从广西、湖南、江西以及广州、香港外的广东全省，全部撤退。

驻广东的第二十七师团及第四十师团，由南雄、信丰、大庾沿赣江两岸北撤调往华东地区。在这两个师团撤退中，遭到中国第九战区所属部队的堵击、侧击、截击、追击，至八月日本侵略者宣布投降为止。九月，第九战区接受南昌与九江地区日军投降。

# 湘赣边区阻击战

薛　岳<sup>※</sup>

　　一九四四年初冬，德以轴心国首魁遽败于盟军，美海军亦政入硫磺岛，控制日本海面，且大举袭倭本土，闽浙海防，又时虑美军登陆。内外煎迫，进退失据，乃图据我东南沿海，破坏我南雄、赣县、新城各机场，断我东南各战区之联络，因于一九四五年一月上旬，以其第二十七师团集中茶陵，第六十八师团集中耒阳，第四十师团集中道县、零陵，分循茶（陵）莲（花）公路、粤汉铁路，向湘粤边区进犯。

　　茶陵之敌第二十七师团，一月十一日开始东犯，我第五十八军阻击于高陇、冯家大屋；敌且以千余，出茶陵东南，第四十四军阻击于严塘、马伏江，激战十昼夜，敌未获逞。第五十八军当面之敌，不断增加，十九日陷莲花，敌续犯永新，第五十八军跟踪截击。二十一日，永新又陷，敌再犯遂川，我第四十师、第一八三师于遂川之北阻击。二十三日，遂川及零田墟机场均陷，敌续犯赣县。嗣第七十二军于遂川、永新间，第五十八军于遂川、永新、莲花间，第一八三师自遂川西南，往复进击。二月二十三日，第五十八军克莲花。三月一日，第七十二军、第五十八军合克永新，三月十一日，第一八三师、新编第十一师合克遂川。

　　耒阳之敌第六十八师团，一月十九日开始循耒河两岸南犯，暂编第二军、第九十九军，往复阻击于关王庙、五里牌、栖风渡各地。二十三日，东岸之敌大部西渡耒河，向郴县进犯，桂阳敌亦向东犯郴县西，第九十九军据城阻击，激战四昼夜。二十七日，退保鲤鱼江、张家坳之线，敌继续向东犯，第九十九军及暂编第二军一部，阻击于鲤鱼江、木江桥圩之线。二月五日，第九十九军保东江以东以南隘路，与敌对战。敌一部北渡，犯三都圩、蓼江市，且续北犯永兴。十日，永兴陷，迄三月上旬，暂编第二军据东江附近，亘资兴以西迄鲤鱼塘之线，与敌对战，第九十九军集缮旧县市备敌。

道县、零陵之敌第四十师团，一月十一日分向东南犯，新编第二十师、暂编第五十四师、第一突击总队，阻击于上埠港、白茫铺、插花坪、麻江瑶洞间。敌经由湘粤边境突击白石渡、坪石，第一〇二师及第六十师一团猛烈阻击，第五十九师尾敌追击、侧击。二十日，上埠港、白茫铺、鸡公神之敌，分向嘉禾南北向东犯，第三十七军自常宁南经桂阳侧击，新编第二十师固守嘉禾，暂编第五十四师固守宁远截击尾击。二十三日晚，宜章白石渡、坪石守军退保东南高地，敌一联队沿坪石公路东犯九峰，第一〇二师及第六十师一团阻击，第一〇二师于坪九公路间隘路，分置伏军，四出狙击。三十日，九峰失而复得，敌溃乐昌。其时第三十七军，进至良田和平，暂编第五十四师薄宜章城西，第四军又自宜坪公路突出夹击，敌所据公路、铁路，无法畅通。

陷曲江（今广东韶关市）之敌第一〇四师团，由曲江窜始兴。二月四日犯大庾（今大余——编者），第九十师阻击于梅关之南，敌未获逞，乃间道扑大庾。七日，我移守城西北，与敌搏战逾月，毙敌甚众。

自湘南阻击战后，敌陷我于湘赣粤边区丛山间，我运用游击战术于正规战间，收效颇大。

此次敌攻粤汉路，使用小部队，先期分段钻隙流窜我后方，欺骗我民众，窃据我要点，吸我兵力。乘我主力转用之际，其主力随而压迫，使我首尾不能兼顾。此种奇正相生之进攻战术，固值赞许。而我利用后方控置部队，配合地方武力，运用节节伏击、截击、搜击诸战法，迫敌人于绝地。而后以有力部队，分别围歼敌先遣分股流窜之敌，第一线部队，仍据原阵地堵击，主力置于战略要点，机动截击敌后续主力，纵敌冒险深入，我亦尾其猛击，不使分散主力，陷于被动，亦御敌之一法也。

# 湘粤赣边区阻击战

鲁 元[※]

　　一九四五年,第五十八军将士在第九战区长衡会战后,与敌转战于湘、赣、粤边区。因档案多佚,经多年搜索,今始得军于该时期战斗中的部分档案,爰结合当时指挥战斗之回忆,秉笔续述,以供参考。

## 高陇桥头之战

　　一九四四年秋,敌占桂林,进袭柳州,并进至独山后,其在湘南与广东敌军会攻韶关。因第九战区大部队多转进山区,时扼其后,如芒刺背。同时,我遂川机场邻近粤汉路,该机场是我空军东线最大基地,为轰炸日本本土之根据地,敌势必攻取而甘心,乃于一九四五年初,兵分两路进犯。一路由粤北沿粤赣公路陷赣州;一路由湖南茶陵、攸县,及江西莲花,攻永新、遂川,企图击破我边区野战军。

　　第五十八军当时分驻宁冈、永新地区整训,派新编第十一师第三十二团驻龚山口、万古石地区,对莲花、茶陵方向之敌警戒。一九四四年一月十二日,敌由茶陵向高陇附近窜犯,与我第三十二团第一营接战。次晨,该团全部驰抵高陇,将敌击溃,旋敌增援反扑,未能动摇我军阵地,形成对峙。十三日,敌三度增援,步兵在炮兵掩护下,向我猛攻,同时较远地区,均发现敌军运动。军即令新编第十一师萧本元师长,率领全师推进至路江、桥头地区,并令莲花县张县长派自卫队警戒功德岭、

---

　　※　作者当时系第五十八军参谋长。

九曲山之线，监视敌军行动，又令赣保安第六团徐大队长迅即开赴南岳庙，暂归第三十二团团长郑社科指挥。十六日，敌我展开激战，高陇之冯家屋附近，敌增至千余，在炮兵协力下，猛攻我正面阵地，经我反击不得逞。敌复以大部向我侧翼迂回进攻，因徐大队长未能遵限到达南岳庙，使我侧背受到严重威胁。当另派部队阻击时，正面情况又紧，敌同时以后续部队向我右翼围攻，我官兵前仆后继，血战至十七日晚，高陇、雷打石、界化陇之线，敌全面进攻，我主阵地被突破，主力转移，控制各大小道路，阻敌前进。

十六日晨，约五六百之敌，向扼守桥头之新编第十师侯镇邦部段经团阵地猛攻，另一股约四百余，绕至水岩山向段经团右翼迂回。段团长出敌不意，以精锐之一部，由桥头右方小鹤仙高地出击，几经肉搏，将敌击溃。晚间，步炮联合之敌千余，窜抵桥头西南之朱岭坳，同时，桥头东之陇山口，敌与我守军激战。在连日战斗中，我军伤亡甚人，乃暂转第二线整补。

## 沙市、澧田之战

沙市、澧田，位莲花、永新大道之要隘。一月十九日，军令新编第十师侯镇邦师长，以有力之一部，据守该两地；并令对通向莲花之大小道路，全力死守，以确保永新。

二十日，沙市附近，发现敌蜂拥而来，莲花南郊，有万余之敌，向东运动。军令侯镇邦师主力，驰至永新，并指挥军在该地之炮、工部队，阻敌进攻。二十一日，沙市到敌约一千六七百，会合路江西南、桥东以东文竹之敌一千五百余，向侯镇邦师正面进攻，侯师电话线突被截断，在激战中敌陷沙市，并迂回至该师杨又斋团右翼，继续向东运动，杨团奋勇阻击。时侯师在澧田、路江、五马山之线奋战，而敌主力自澧田以北直趋永新。二十二日，五马山、路江、澧田我阵地先后失守。段经、郑社科、杨又斋各团，退至新阵地应战。自二十三日后，敌虽不断增援进攻，但我各团死力固守，相机转移攻势，一时成为对峙状态。窥测敌之企图，显系声东击西之惯技，正面主力与我激战，另以一部绕道向攻击目标突进。果然，其后续部队即从沙市、澧田以北东窜，攻陷永新。随而经城南观音阁向南攻略南山，进窥遂川。如我兵力许可，分兵堵击，于永新、遂川置重兵守备，并派出突击队，捣其后方，敌谋必不得逞。

## 遂川、金山、银山之战

友军第四十师，原来守备遂川，二月中旬，新编第三军之第一八三师余铭新（余建勋），自新淦（今称新干）来接遂川防务，并奉战区司令长官部电令，暂归第五十八军指挥。该师第五四九团接替城区及外围据点阵地，立足未稳，而于田方面战斗爆发，遂川机场顿遭突破，从而展开金山、银山之恶战。

敌我在金山展开激战时，我派队驰援，被强敌阻击，山上守军伤亡达三分之二，干部多壮烈殉国，阵地不守。当金山方面苦战时，银山情况亦同时紧张。据守银山之杨保鸿营，反复冲杀，卒以伤亡殆尽而告失守。银山是遂川城屏障，关系整个战局。军严令余建勋师以全力反攻，夺回银山，以保遂川机场安全。余师长遵令执行，派余绍桓团长督攻，高喊"不夺回银山，誓不生还"的口号，向白雪皑皑的山上顽敌进攻，一时手榴弹爆炸声、密集的步机枪声、双方喊杀声、人马倒地声，使银山成为从未曾有的血战场。我官兵同仇敌忾、奋不顾身，将大部敌军砍杀，少数残敌狼狈溃逃，遂将银山收复。旋敌纠集步炮联合之大部队，环绕银山猛攻，敌众我寡，我官兵被紧紧围困，誓死奋战，终于全部忠勇殉国，事极壮烈。

是役，虽未能扭转局势，但我将士之浩气丹心，将永垂不朽，典范后世。银山沦陷，迫使遂川易手，第一八三师续在遂川城郊西南山地与敌战斗。

## 克复永新与遂川之战

二月十七日，与我萧本元新编第十一师对峙之敌，因被我不断攻击而开始出现动摇之势。军据报后，电令侯镇邦之新编第十师，协攻澧田、永新之敌，侯师之第三十团进至拿山附近，截击由永新南窜之敌。二十八日，我军全面攻势转移，荷花塘、洋埠之线先后发生激战，里旗山、双乳山、洲湖各地亦展开战斗，敌势不支，纷向南退。新编第十师第三十团协同新编第十一师主力，于三月一日午夜，力克永新城。敌军南走，萧本元师之第三十一团，经观音阁跟踪追击，侯镇邦师之第三十团扼拿山、白沙塘间堵击，毙敌甚众，并缴获大批战利品。

永新收复后，军令侯师第三十团、萧师之第三十一团，追击窜向遂川之敌，并令第一八三师余建勋师长，迅速准备进攻遂川，并堵击由永新窜逃遂川之敌。三月三日，由永新南窜遂川之敌，甫达水口附近，即与余师堵击部遭遇。同时，萧师之第三十一团，侯师之第三十团，亦将回窜盐山之敌包围。此时回窜与南窜之敌，狼狈万状。

永新奏捷后，薛司令长官来电："着即迅攻遂川而克复之。"军当即部署第一八三师为主攻部队，并令侯师之第三十团南下，归余师长指挥，猛攻遂川之敌。

反攻遂川之战，于三月五日开始，敌据坚固工事与险要地形顽抗，并多次出击。我军将士，奋勇冲击，七日，攻至镜下。八日，攻达枫树坳。九日，围攻金山、银山与象形坳。尤以象形坳制高点之争夺战，最为激烈，得而复失者再，我将士死命战斗，夺下这个制高点，歼灭守敌殆尽。十日，我全力进攻金山、银山，血战竟日，终于克复，残敌退守城内。十一日拂晓，我军攻达四里街并城区，与敌巷战，双方伤亡均大，我将残敌驱逐，光复遂川。其时，残敌奔洋村渡河向东南逃窜，我追击部队跟踪痛击，敌军溺毙河中者甚多。十二日，敌曾一度反攻，未逞。十三日，敌逃离赣州。

遂川收复后，军令余建勋师长督同地方行政机关，做好安抚群众、恢复秩序等工作。

十四日，军奉薛长官电令："第六十师接防遂川，第一八三师交防后开驻吉安，第五十八军军部率一个师驻永新，以一师驻泰和。"当即以新编第十一师驻泰和，并派一个营驻兴国，构筑泰（和）兴（国）间据点工事，对雩都（今于都）方向严密警戒。湘赣粤边区激战，告一段落。

# 湘粤赣边区战斗片段

刘识非<sup>※</sup>

## 战斗前敌我情况

一九四四年夏天，日军侵占长沙、衡阳。入秋以后，又沿湘桂铁路窜抵桂林、柳州。入冬并以一部沿黔桂铁路进入贵州境内，听说重庆已大为震惊。之后，敌则沿粤汉铁路分头窜犯。第九战区司令长官部，由长沙退到耒阳，再节节退避，最后退到湘赣交界之桂东附近。长衡会战结束后，敌我形成犬牙交错的对峙局面，并没有严格的阵线，战斗一经停止，双方也就互不侵犯，整个战区都进入沉寂状态。据侦察所得，长沙、衡阳之敌，数目不详（敌随时流动），醴陵有敌约一个联队，其附近要点，常有敌小股出没。

第三十集团军总司令王陵基，指挥第七十二军，军长傅翼。该军辖第三十四师、新编第十三师、新编第十五师等三个师，总部还有正待补充之直属新编第十六师，另有三个挺进纵队（每个挺进纵队等于一个师）。原先有四个挺进纵队其中第一纵队孔荷宠，已编为暂编第五十四师，调往他处，已不受集团军指挥。集团军部署，概要如下：

第七十二军之第三十四师（其中一个团，由总部直接指挥）、新编第十三师隔渌水和渌水支流与窜驻醴陵之敌遥相对峙。军部率新编第十五师驻湘东（萍乡西北约三十华里）附近。

---

※ 作者当时系第七十二军第三十四师参谋长。

总部率第三十四师之一个团驻宜春附近。

新编第十六师，则留置于赣北之修水地区，补充整训。

其三个挺进纵队，始终都在长江南岸赣鄂边区，虽受总部指挥，但实际上是第九战区司令长官部直接指挥。各挺进纵队武器粮秣（多在当地自筹）被服等项补充，直接向司令长官部请领。

## 战斗经过概要

一九四五年一二月间（春节前），第三十四师（欠一团）奉令增援莲花（属江西省，该方面敌我情况不详），受总部直接指挥。距永新约二三十华里，侦知原驻永新友军（番号不详）已于两日前经敌一度进攻，即行撤走，去向不明。该城被敌窜据，在城西北四五华里处，设有警戒阵地。敌军兵力，约为一个大队，另有一部蒙伪军。师根据当时情况，决心向该敌攻击，克复永新城。正行动间，又奉电令，驰援遂川，如遂川已为敌占，即向该敌攻击，努力克复遂川城。这个电令系由第三十集团军总部转达第三战区司令长官部的命令。师侦知永新到遂川大道，不时有敌军部队通过，马骡苦力（敌军征用民夫）颇多。师即以战斗姿态，由小路（距大道十几、二十华里的一条路）向遂川前进。并令右侧卫相机袭击敌辎重部队，以迷惑敌人，迟滞其行动。在袭击战中，曾夺获山炮两门，炮弹数十发，马、骡三四十匹，还俘虏了敌兵两名。我先头部队距遂川约二三十华里，即与敌接触，一鼓作气，向敌攻击，敌向遂川城退走，我乘胜攻击前进。在攻击前进中，忽从永（新）遂（川）大道方面窜来敌骑百余，将师通信连、输送连、野战医院、师部炊事班等冲垮，散藏于附近山林。师同总部遂失去联系，孤军作战。当时天气寒冷，连降大雪，我官兵尚未领到棉衣。师部也没有一份赣南详细地图，向导也不易找到，但我军克服重重困难，继续向遂川之敌发动攻击。遂川之敌，沿赣江支流，凭借原构筑之坚固工事（距县城约四五华里）顽抗。

此时我已侦知江西省政府所在地泰和，已陷入敌手，该敌正沿泰（和）遂（川）公路南下，永（新）遂（川）大道有大部敌军向我侧背进逼。赣江东岸情况不明，且河宽水深，流速大，又无船只可渡。师鉴于在此狭小的三角地带（纵深约二十华里，横广约十余华里），回旋不便，决定乘夜将部队向北撤退。第一步撤至后方二十华里之珊田附近，以便看情况再决定行动。次晨，到达珊田，尚未发现新的敌情，即以遭遇战之态势，继续向北疾进。十一时左右，师到达潞田（遂川北约五六十华里）。此时在两日前被敌冲散藏在山林间之师直属部队归还建制。同时侦知敌约两千余，沿泰（和）遂（川）公路南下，其先头便衣队数十人，已到达高陂（潞田北约二三十华里），将我伤员二三十人全部砍杀。师立即同集团军总部联系，将两日来情况概要报告，准备由高陂左侧山区小道绕向敌侧背攻击，获得批准，立即行动。午后，我先头部队将敌便衣队击退，在高陂北端丘陵地区，与敌前卫部队遭遇，展开激烈战斗。在驱逐敌便衣队时，曾夺获敌通报："前面敌三十四师，各个队要谨慎。"该敌系侵华军第二十七师团，参加过"长衡会战"。在醴陵地区，同我激战数日，双方伤亡均大，我生俘敌小队长以下十余人，缴获雨衣、背包、弹药盒等各千余件，是该敌参加侵华战争以来较大的一次损伤，其戒惧之心颇大，故行动迟缓（据我昨天午后估计，该敌应在本日八时左右，到达珊田以北，乃至十一时许，其主力部队尚未到达高陂，实给我以最好转移机会）。师将当面敌之番号及缴获敌人的通报，立即通知各部，我军士气，更加振奋，一致认为该敌系糍粑糖（软弱意）好吃。因之，尽管敌以浓密炮火，企图阻止我军攻击前进，但我接连夺获几个有利山头，掩护师主力由左侧山区小道安全转移至敌侧背，形成外线作战的有利形势。至次日午前，我军已绕至马家洲（高陂北约三十华里，在赣江支流北岸，水陆交通都便利）。而马家洲西北侧，尚有敌之少数警戒部队，我即将其驱逐。据侦察，泰和县城仍为敌占领，我即以有力之一部，向泰和急袭，该敌败退，向赣江方向逃窜，我遂克复泰和城。而高陂附近之敌，乃向遂川之敌靠拢。

泰和克复之次日，原撤退在附近之江西保安团此时归来，在沿江渡口设立关卡，对来往商贩征收过道捐税，无论蔬菜、柴火都要抽税。问之，则说是奉命征收。我们当即饬令其立即将关卡撤销，如违则从严惩办。并令部队，进城维持治安。

我第三十四师克复泰和后，将主力部队集结于马家洲附近待命。此时总部已由宜春移至安福附近，军部移驻永阳（永新至吉安公路线上）附近。

# 乐昌战役

林廷华[※]

## 敌我双方的部署

日军为了打通粤汉铁路备作内陆撤退路线，急切攻占广东临时省会之曲江，便分南北两路进攻，广东第七战区和湖南第九战区各在南北分别阻击。在广东方面，以余汉谋为司令长官的第七战区本来有第六十二、第六十三、第六十五共三个军（第六十四军驻西江不属粤北正面），第六十二军部署于良口、翁源一线，第六十三军部署于东江方面，第六十五军部署于曲江至英德间原粤汉铁路线两侧，并作为第七战区的预备队使用。但是粤北正面的部署与北江以西的暂编第二军（系中央系统邹洪部）和西江方面的第六十四军（李汉魂嫡系）都不互相照应，形成一字排开，单面挨打的局面。一九四四年秋，第六十二军又被蒋介石调往衡阳作战，粤北正面战线只留第六十五、第六十三两个军的兵力，余汉谋于一九四四年七月间，当南面之敌跃跃欲试的时候，设立曲江守备区司令部，派我为守备区司令，负责防守曲江。余汉谋当时给我的任务是负责指挥英德、翁源、曲江这一地区内的武装部队（包括正规军和地方团队），最后死守曲江。

曲江守备区司令部成立不满三个月，于一九四四年十月间便被取消，另成立乐（昌）仁（化）守备区司令部。一个月后，加上乐昌西南角的乳源一县，成为乐仁乳守备区司令部，司令部设在乐昌县城。配属兵力，

※ 作者当时系第七战区第十二集团军第六十五军第一五八师师长。

连地方团队在内共五个团。

原来设立曲江守备司令部的时候，余汉谋对于日军将由北而南，抑由南而北，还捉摸不定。后来看到长沙以北的日军先动，就判断战场在北面，认为日军进攻曲江必然由北而南。虽然当时湘北日军南距曲江千余里，还须跨越横亘湘粤间的崇山峻岭；而此中广阔地带，又另有第九战区统属各个军，加上由广东北调增援的一个军防守。他怕一旦乐昌经仁化通南雄的公路被日军切断，对战局发展不利，因而就决定把守备重点从曲江北移到乐昌。

日寇方面，这一次为了急速打通粤汉线，预先训练了特种部队，采取了特种战法。乐仁乳守备区司令部成立不久，获悉日军训练了四个爬山突击队，每队六百余人，专门训练爬山和从悬崖绝壁间突击偷袭。这种部队的特殊任务是专门袭击我军司令部，破坏我后方交通（通信），变我军后方为前线，使我军陷于自相混乱之境。他们的服装是以利于防寒防雨的胶布特制的，手套、脚套也装上铁爪，随身携带绳索，钢帽特别坚硬。行动时每人携带十五至十八天的干粮，一日夜可窜行一百五十华里以上。作战时分为左右两个梯队交互前进，如前窜部队被我军阻击时，后续部队仍然续窜，并不增援，只有在后续部队被截止时，才相机另派第三个梯队增援或继续交互窜扰。他们每队配有小钢炮一门，子弹二百发，轻机枪一挺，子弹五百发，此外每人配驳壳或快掣手枪一支，子弹三百发，行军粮弹完全不靠后方补给。

上述就是我在守备司令任内所了解到的当时敌我双方部署的大概情况。

## 五天失曲江

日军打通粤汉线战役是在粤汉北线首先发动的，时为一九四四年十二月下旬。至一九四五年一月十五日，一股敌军越过湖南，已窜进广东北界。十九日上午，我正在坪石部署阻击，却接守备区司令部参谋长云春霖由乐昌县城打来的电话，转达余汉谋由曲江发来的电报说：广州方面日军于十五日（正是北线日军窜进广东境的一天）沿粤汉线两侧分为四五个梯队不等开始北窜，敌军行动迅速，我军无集中截击机会。十九日敌军已窜抵曲江近郊，第七战区长官部即日向江西龙南转进。就这样，作为广东战时省会的曲江，在南线敌人开始进攻该城后的第五天，即二十六日就失陷了。

## 北线日军窜进广东

在南线日军攻占曲江之前，由湖南南窜的日军也已窜抵乐昌城北郊。抗击从北线窜进广东之敌，我身历其境，整个情况，知之较详。

日军的特种部队于一九四四年十二月下旬分两路沿粤汉线两侧山地南窜，第九战区司令长官部也在这时撤往汝城（与广东仁化县毗邻）。十五日，日军特种部队窜抵连县星子东南侧的新岩下附近，与第九战区高保德师的一个团接触。余汉谋于一月十六日上午九时由曲江以电话令我轻装进出坪石指挥第一六〇师与第九战区高保德师密切联系，迎击由耒阳南窜宜章的一股日军。我率通信兵一排当日下午五时抵达坪石以南的牛角湾，立即派遣第一六〇师第四八〇团（团长黄锡彤）挺进新岩下西侧会同高保德部截击新岩下之敌。为了防止日军交插窜进，又以第一六〇师第四七八团（团长张宗岳）挺进旧坪石圩，向西北方面警戒。新岩下的日军自十五日下午时起与高保德师相持竟日。十七日上午三时许日军开始南窜，每人持一火把，在山岭蜿蜒前进，目中无人，明火行军。日军窜至新岩下以南的禄面塘时，被我第四八〇团截击，至同日下午二时以后，日军不支，退入一个纵深千多公尺的大山洞企图固守待援。我军即以炽热火力封锁洞口，急由乐昌调运火水、汽油来准备火攻。到了十八日下午四时许，火攻材料运到阵地，立即集中轻重机枪猛射洞口，约发射二十分钟，不见回枪。我军即迫近岩洞，将催泪弹抛入洞内，仍未见动静，我军再投入柴草、汽油、火水等火攻材料放火烧洞，结果将由新岩下南窜的二百多日军全部烧毙于洞中。

在我军火攻岩洞日军的同时，另有一股日军约四五百人由坪石正西六公里的三拱桥向坪石圩西南的狮子岩窜进，企图进犯我军指挥部所在地的水牛湾。我当即调原驻旧坪石圩的张团回击，并命黄团将清理岩洞战场任务交高保德师负责后即开回水牛湾布防。十九日上午一时，日军已窜至水牛湾西南六公里的黄石坑、高坪塘之线，被我张团堵击。日军遇截击，即溃进群山之中，我军乃扼守山隘峡口，与敌对峙。

余汉谋撤离曲江前给我的电报只命令我撤回乐昌县城堵击南北会窜之敌，至于今后如何作战？第七战区粤北正面部队如何配合？没有指示。

粤汉线北段日军于十五日窜抵坪石圩后，也仅花了四天时间就穿越崇山峻岭进占乐昌城郊。由坪石圩南窜的日军估计不过一千人，他们行动迅速敏捷，在行进中有时集中突击，有时分散流窜。我军在崇山峻岭间进退不灵，要靠山间原有小道交通补给。日军能攀登悬崖绝壁，时而在前，时而在后，使我军难于堵击。在抗日战争历次战役中，日军最后打通粤汉线这一战役的进展是迅速的。

## 乐昌失守前后

日军南北会合打通粤汉线之役，截至一九四五年一月二十日止，中国军队在粤汉全线上乐昌县城是一个孤立的据点。乐昌是当时粤北的后方重镇，是第七、第九两个战区的门户，又是两个战区的后方，军队和商民存下的物资相当多。曲江沦陷后，乐昌南北受敌，守备区司令部手里没有坚守乐昌的兵力，且曲江失守后，也无坚守乐昌的必要和可能。因此我在乐昌的守战主要是争取时间，尽量疏散物资。曲江失守的那天，乐昌也陷于混乱状态，军民人等正像热锅上的蚂蚁，走投无路。当时乐昌北行铁路线因坪石圩失守，两军正在对垒，不能通行；乐昌南边的铁路、公路、水道也都行不通；东北通向九峰山之路因第九战区也有战事，不能行走；西通乳源，因崇山峻岭交通困难，且日军正在流窜更难通行；只有东南通仁化一线当能畅通，因此很多人都向仁化转移。可是因交通阻塞，更多人只好坐困危城，听天由命。

一月十九日，第七战区司令长官部撤出曲江那一天，我即由水牛湾指挥所回抵乐昌县城守备区司令部，着手防守乐昌县城。乐昌三面环山，在群山间俯瞰县城，了如指掌，郊区没有既设阵地，敌人自山间攻下，我如于城郊山下布防，则情况将十分不利，因此必须争取控制远郊的制高点。我便命黄锡彤团自水牛湾乘火车撤回乐昌。（乐昌原有火车北通衡阳，南达曲江。战事起后，乐昌、南通、曲江的一段，已经被第七战区破坏，北通衡阳的一段，仍然行车。黄团撤回乐昌县城，是粤汉全线最后一次行车了。）在武江（乐昌河）西岸长塘岗湾之线布防；同时令第七战区干训团集训大队（大队长马挥）挺进乐昌以西五公里附近的黄屋坑设防，又令县长詹宝光率县属警察队于北门附近，准备伏击；还命令原驻狮子岭的张宗岳团会合截击兽古岭之敌。十九日整天全线平静无战事，只有一架敌机在乐昌县城四周盘旋侦察。当天夜间在乐昌县城内向西瞭望，看见从山间忽而火点连成一线如火龙蜿蜒起伏，忽而火点分布满山有如繁星，这是日军的爬山部队正在乐昌西面的崇山峻岭间分途向乐昌县城推进。二十日上午五时，我曾命令参谋长云春霖即转令黄锡彤团派一营进出乐昌以西五公里的兽古岭占据制高点，迎击向乐昌进攻之敌。

云春霖没有及时转达命令，误失战机致被日军先占了制高点。后来黄团一营到达兽古岭山腰时，敌军从山顶向我军猛攻，黄团连长以下官兵死伤颇多。至于长塘岗湾阵地，我军先在制高点布防，敌军窜达时被我军射击，伤亡颇重。是日夜间敌军另一部约三四百人向乐昌西北四公里处的老虎头詹宝光阵地攻击，詹部一触即溃。敌军不进攻乐昌县城，却每人持一火把由县城北郊越过铁路经棺材渡向乐昌以东的廊田迂回。二十日晨，乐昌县城三面被困。由狮子岭南窜之敌五百余人与长塘岗湾之敌会合后，向我阵地猛攻，激战至晚，我方伤亡甚重，张团已失联络，黄团退守乐昌城郊武江（乐昌河）西岸阵地。二十一日，乐昌城郊由武江西岸至城北二公里的琵琶山及棺材渡至九峰公路之线整日有接触，但敌人在白天并不积极进攻，我军环城布阵也不出击。是日傍晚，敌人越过武江猛攻我军老虎头阵地，我河西部队陷于背水作战，只好撤回城内。乐昌河以西地区便告失守，敌军由西、北两面进攻市区，是夜十二时后，敌人已进入乐昌县城北门，城内陷于混乱状态。我即命令县长詹宝光速向五山（乐昌东面的大山）撤退，并令黄团坚守九峰公路，又令副司令龚楚率领民众自卫队在乐昌以南的长垌布防以掩护司令部撤退。二十一日上午二时许，我司令部遭受敌人袭击，我便率领司令部人员冲出敌人南北两面的机枪交叉火网，退出乐昌县城。至此，粤汉全线最后一个据点乐昌终告沦陷，粤汉线便被日军打通了。计前后不足一月。广东境内南北纵深，在敌人攻击后七天全线告吹。

# 韶关保卫战

## 李 振※

日军于桂柳会战后，积极补充整理；同时以桂境日军，分向湘南、粤北集中。迄一九四五年一月上旬，日军以第二十七师团于茶陵攸县附近，第六十八师团（系第五十七旅团）于耒阳附近，第四十师团于道县及零陵附近，第一〇四师团于清远附近银盏坳东西地区，集中完毕；同时粤海之日军独立第八、第十四、第十九等旅团，亦蠢蠢欲动，企图采取分进合击战法，向我湘粤赣边区进攻，打通粤汉铁路，备作为内陆撤退线。

当时，第七战区司令长官部驻韶关市原第四战区司令长官部旧址。第十二集团军总司令部驻韶关以东大塘圩。第十二集团军总司令部直辖的教导团（团长余伯泉）及补充团（团长凌育旺），控置在韶关附近地区，作为机动部队。

韶关地区防守部队为两个军：第六十五军（军长黄国梁、副军长李振，辖第一五四、第一六〇、第一八七三个师）与第六十三军（军长张瑞贵，辖第一五二、第一五三、第一八六三个师）并列。由清远县以东的滃江口经百步梯、汤圩、良口圩、牛背脊圩至龙门之线占领防御阵地，阻止日军由广州继续北犯。

另在韶关市设警备司令部，由孔可权任司令，张泽深任副司令，指挥韶关市武装警察及曲江自卫大队，担任韶关警备任务。

当一九四四年七月，日军进攻湖南衡阳时，蒋介石电令余汉谋，选

---

※ 作者当时系第七战区第十二集团军第六十五军副军长兼韶关守备指挥官。

派副军长一员，指挥一师以上兵力，固守韶关，以配合衡阳方面的作战。余汉谋即电令第六十五军：着由该军副军长李振率第一八七师即开韶关，并指挥韶关警备司令部、第十二集团军总部教导团及补充团，严密组织防御，固守韶关。

因部队交替防务和行军需时，第一八七师于十月初才到达韶关。我（李振）立即率领第一八七师师长张光琼、韶关警备副司令张泽深及各团长详细侦察地形，并在现地进行研究后，策定韶关守备计划大要如下：

为固守韶关以策应湖南方面的作战，决以主力保持于韶关以北的大黄岗山、凤凰山、大小帽山，以一部守备韶关市及东西河地区。

兵力区分：

城防指挥官，韶关警备副司令张泽深。指挥第十二集团军总部教导团、韶关市武装警察及曲江县自卫大队，守备韶关市区。

大黄岗山地区指挥官，第一八七师师长张光琼。指挥该师以主力守备韶关以北的大黄岗山、凤凰山、大小帽山。以第五五九团（团长陈醴泉）担任铁桥以东地区的守备，并对曲江大桥及铁路桥顶做爆破准备，以备必要时在撤退后将两桥爆破。

河西地区守备指挥官，第十二集团军总部补充团团长凌育旺。指挥该团（欠一营）守备芙蓉山、莲花山。

各守备部队应在各该守备区构筑坚固工事，组成严密火网。

预备队：第十二集团军总部补充团之一营，控置在市区内。

第十二集团军总部库存沪式山炮两门及炮弹数十发拨给第十二集团军教导团使用，由该团组织训练。

十二月底，占领广州的日军为配合其由湖南南下部队作战，向滃江口—龙门我主力军阵地进攻。第六十三军及第六十五军主力奉命向和平、连平、全南方面转移。日军遂进占英德、翁源。当第六十三军及第六十五军主力转移时，余汉谋率其第七战区长官司令部及第十二集团军总司令部由韶关移驻江西龙南。同时北路日军之一部继续南下，窜抵韶关以北之坪石。至此，韶关已陷于日军南北夹击态势中。

一九四五年一月中旬，北路日军以主力由坪石沿公路南下，一部经梅花、乳源，由西北包围韶关。南路日军则以主力由英德沿公路北上，一部由翁源出韶关以东大塘圩，从东南包围韶关。我即命令各守备区严阵以待，准备消灭来犯之敌。一月中旬末（具体日期忘记），日军陆空配合，步炮兵协同，先向韶关东北两面发起进攻。北面之敌向我大黄岗山阵地攻击，虽然来势颇猛，但因我军处于居高临下的有利地形，且准备日久，工事坚固，火网严密，迫使敌在我火力瞰制下进行仰攻，激战竟日，敌未得逞。东面之敌由东河坝向火车站附近高地及铁路桥以东高地我军阵地进攻，该地区守备部队支持整日，伤亡较多，遂令其于夜间利用夜暗分两路撤退：一路经曲江大桥，一路经铁路桥撤回韶关市区。撤退后，即将两桥爆破。第二天，北面之敌继续向我大黄岗山阵地攻击，战斗较前激烈，双方均有伤亡。我第五六一团副团长黄远谋即于是日阵亡。但敌在我火力瞰制下仰攻，伤亡更多。又经一日战斗，敌仍未能得逞。南面之敌于是日拂晓由飞机场以南强行渡河，向我飞机场既设阵地进攻。由于遭到我西河道的侧防火力及沪式山炮的突然袭击，伤亡甚众，战斗终日，仅占领飞机场一角。是日将近黄昏，接到余汉谋来电，大意是从战局发展来看，韶关再无死守必要，在取得一定代价后，应即相机撤退。我即转令各部于是夜分两路：一路沿东河河道，一路向韶关东北仁化方向撤退。由于日军在夜暗一般不敢大胆行动，加以大雨的掩护，使我军得以安全撤出韶关。时为一月二十六日。到达仁化稍事整顿，即经扶溪圩、百顺继续向南雄后撤。

韶关保卫战，为粤汉铁路沿线的最后一战，由于韶关的撤守，粤汉铁路遂全线沦陷，使敌达到打通陆上交通线的目的。直到八月日本侵略军投降，余汉谋始率部重返韶关市。

# 赣江两岸追击战

## 鲁 元※

一九四五年夏，盟军在欧洲已击败德意；在亚洲，美军大举反攻。在中国战场，日军在湘西惨败。敌军为缩短防线，集中兵力，先后从南宁、福州、温州撤出。七月，湘、赣、粤边区之敌，亦沿赣江北撤。第九战区电令各军，严密堵截。第五十八军遵照战区部署，积极制定歼敌行动。

七月六日，赣州方面之日军，以右纵队循赣江西岸，主力与辎重循赣江东岸大路，以左纵队循赣（州）遂（川）公路北撤。

十二月，第九战区向第五十八军下达电令："着该军即开赴安福、天河备战。"十六日，军率新编第十师抵安福，新编第十一师到达天河。当令新编第十一师控置于天河及其以东地区，并沿永新河及其东南地区，构筑工事，对西及西南警戒；新编第十师位置安福东南地区，机动使用。同时，电令第一八三师，以一个团守备吉安，主力沿禾水北岸，由卢家洲、禾埠岭、鸡笼山、神岗山之线，占领阵地；并由禾水岭南岸天华山亘刘家岭、万花山、石井之线占领阵地，向泰和方面严密警戒。军指挥所位置于安福。

当第五十八军正严阵备战时，日军已窜达泰和地区，与我第三十七军激战中。

---

※　作者当时系第五十八军参谋长。

## 驰援宜春之战

沿赣江我各友军，均有严密部署堵击日军计划，敌亦知其北撤，必到处遭受我军堵击，为此采取四出窜扰，以进为退之策略，牵制赣江沿岸中下游之我军。醴陵敌军，倾巢出动，向宜春进犯。二十日，窜至桐木。第九战区司令长官部电令第五十八军，立即派队驰援宜春。我军在距桐木三十里处，与先头五六百之敌遭遇，出敌不意，我众敌寡，敌正拟突围逃窜，敌后续部队约六七百赶到，遂与我激战。我官兵勇往直前，杀得敌人胆战心惊，夺路向万载方向逃窜。我当以一部进驻宜春，不数日，复有数百之敌，窜抵洋江，为我驻宜春之新编第十师张运柱部击溃，宜春局势因而安定。

## 吉安战役

七月二十四日，沿赣江两岸北撤之敌，先头部队约六七百人，窜抵枫林桥附近，与我警戒部队发生战斗。夜间，敌退至凤凰圩以北地区。军令新编第十一师由天河经官田、栗桥向东搜索攻击，新编第十师以第三十团由南山驱逐由泰和窜来之敌。当新编第十师到达固江以南地区时，新编第十一师全部亦到达横江渡、高塘圩一带，分别发生战斗。二十六日，迫近禾水之敌，由耒埠桥附近泅水强渡，我第一八三师守军，乘敌泅渡时，集中火力扫射，毙敌甚多。敌陆续增至四千余，我凭河阻击，敌乃向我阵地两翼迂回，赣江东岸之敌，亦向我侧背攻击。第一八三师第五四八团团长王光伦，以一部驰往增援，将敌大部击毙江中。敌旋向曲濑、卢家洲附近猛攻，以密集炮火，掩护步兵渡河。防守卢家洲附近之第五四九团第六连，伤亡殆尽。敌突过禾水后，新编第十一师转移于梅塘地区，第一八三师移至曲濑、烈马山、南沙附近。当时，敌为达到安全北撤，以有力之一部，四出窜扰，牵制我军，使主力及辎重能迅速北撤。军为指挥便利计，指挥所由安福进至固江，部署吉安保卫战。

当令第一八三师余建勋师长以第五四九团及新编第十师之第三十团，部署吉安迤西地区，担任外围战斗；以第五四八团坚守吉安城郊。二十八日，敌先头部队猛攻第五四九团，因第三十团尚未来到，兵力薄弱，敌得以中央突破，向两翼包围，将第五四九团围困于右花山一带。第五四九团团长陈绍桓，沉着应战，反复搏斗，终将敌军击溃，使敌不敢滞

留吉安外围。坚守吉安城郊之第五四八团团长王光伦，当敌溃退时，以
一个营迅过浮桥袭敌，正有敌帆船三百余只，向神岗山驶来，遂在中山
码头一带，向帆船猛烈射击，使敌无法登陆，船上敌军家属的哭喊声，
震荡江面。此时岸上之敌，无法接近吉安城郊，遂向曲濑猛扑，曲濑防
线被突破，使吉安四面受敌。

为确保吉安，电令王团必须全力固守，王光伦团长当表示与城共存
亡的决心，并增强防御配备。二十九日晨，我空军大批机群，临空助战
轰炸敌阵，并扫射沿江船只。王团长在空军轰炸敌军时，派队向文峰
（文天祥宗祠所在地）之螺丝山敌军猛攻，颇有斩获，同时肃清十里亭之
敌。第五四八团向敌进攻时，第五四九团派出部队协力第五四八团战斗。
三十日，吉安附近之敌，纷向北窜，吉安得以无恙。第九战区司令长官
部，以本军在作战中能英勇杀敌，完成任务，通令褒奖。

## 吉安、高安间追击战

吉安保卫战结束后，奉薛长官电令："吉安交由第三十七军接防，着
第五十八军立即追击由赣江北退之敌。"军于九月一日，命令第一八三师
向赣江西岸之敌追击，新编第十师由吉安渡江，向赣江东岸之敌追击，
新编第十一师随军司令部沿赣江西岸向峡江前进。

第一八三师之第五四九团，追至二十里铺，第三营营长杨保鸿，与
敌接战后，敌军猛扑反攻，七连连长张锡昌、八连排长张繁清等负重伤；
第一营营长万寿攻占虎形山、狼口时，二连连长邓定平、一排长张一民，
相继负伤，但杨、万两营，仍奋力追击，敌军连夜向北逃窜。

四日，军指挥所进至村前圩。当日新编第十师第二十八团张体贤营，
协同第一八三师右支队攻占阜田；陈绍桓之第五四九团，攻占三一〇五
高地。敌失去制高点，即分两股北逃。第一八三师尾追逃向峡江之敌，
新编第十一师尾追逃向罗田之敌。军指挥所进至路口地区东北时，第一
八三师已攻占峡江城，新编第十一师亦攻占罗田。军指挥所判断：敌军
主力，必经新喻（今新余）逃向高安。当令第一八三师向高邮市、高安
方向追击；新编第十一师经黄土湾，向清江追击。十日，军指挥所进至
清江。奉薛长官电令："着军指挥所位置于樟树镇，督令各师相机进击南
昌。"十一日，新编第十一师追至黄沙岗东北高地，一鼓作气将敌驱至锦
江北岸。第一八三师对高安之敌攻击，髻头山之战，三失三得，最为
惨烈。

追击战告一段落，第九战区司令长官部电示：第一八三师归还新编第三军建制，新编第十一师调樟树镇整补。

## 高安、南昌间追击战

八月一日，我赣江东岸追击部队新编第十师师长侯镇邦，在吉安附近渡江后，时水东尚有敌后卫部队，我因缺少渡船，当令第二十九团团长常正德率部先行渡江。常团长立即向水东敌之后卫部队猛攻，并以一部迂回敌后，将该敌击溃。师指挥所及黄学文之第二十八团、龚德敏之第三十团，先后渡江，常团在前，龚团跟进，敌之主力向吉水溃退。当退至八都圩后，因受我常、龚两团围击，乃分股北逃。当常、龚两团进至雷公庙、黄江桥时，师指挥所进至水口。六、七两日，我军在白姑岭、海仙山一带，与敌激战竟日，敌向北撤。八日，我攻克新淦（今新干）城。副营长杨思义阵亡，重伤排长四人。十日，常团进至樟树镇。十一日，丰城之敌五百余，四出奸淫劫掠，常团即向丰城攻击。十三日，追至小港口，遭到敌军顽强抵抗，我第二营连长王焕章、排长毕忠等阵亡。十四日，我进至大港口。十六日，我军进攻潭岗寺、孙家庄时，双方均以全力拼搏，我连长张金龙、张辉汉，排长杨开勋、李志昂等阵亡。正部署兵力，加紧围歼战时，忽奉薛长官电令，敌已全面无条件投降，当令各师停止攻击。赣江两岸追击战，遂告结束。

# 在赣西南堵击日军

许俊陶[※]

一九四五年七月，侵华日军拟由赣南退守九江，我第三十七军第一四〇师奉令沿赣江截击。当时我任第一四〇师第七一九团第九连连长，亲身经历了这场战斗。现就记忆所及，作如下几个片段的回忆：

## 遂川凉民亭的苦战

一九四五年七月十二日，赣州日军一个师团撤回九江集结，第三十七军奉命布防于遂川、万安一带，截击日军，计划消灭日军于赣江西岸。但因时间紧迫，调动频繁，难以完成战略部署。师确定以少量部队，把守遂川凉民亭一线高地，阻止日军一天，让我后方部队有充裕的时间布防。团长杨伯超直接指令营长将这个艰巨任务交我第九连执行，并由第八连拨两个排，另配一个重机枪排，一个迫击炮排组成加强连，约三百余人，担此重任。我接受任务后，立刻回连召集各排长、班长、事务长传达任务，讲明任务的艰巨，做好战前准备工作。大家信心百倍，决心完成上级交给的重大任务。散会后，我立即带队出发。当天下午到达凉民亭，马上派出监视哨，同时派两名便衣活动于南康县大坪东车站附近，侦察敌情。然后命各排、班进入阵地，构筑防御工事。入暮后，便衣侦探张贵生回连报告：日军宿营大坪东车站附近各村，联队部驻东站内，估计四五千人，距我阵地约十五华里。大敌当前，重任在身，全连官兵，

---

※ 作者当时系第三十七军第一四〇师第七一九团第九连连长。

通宵达旦，加固工事。拂晓前吃饭完毕，准备迎击日军，天明后，我去第二排（前哨排）阵地视察，检查工事是否坚固，火力配备是否恰当。正和罗排长巡视时，发现日军在冲口一个小高地，用望远镜对我进行观察。我判断日军快向我进攻了，侦察者估计是个前卫指挥官。我即返回指挥所，分头转令各排、班进入阵地。一会儿侦察回连报告，日军正向我方前进，进至相距一千公尺时，以大炮对我阵地猛轰，掩护步兵疏散前进。当敌人进至八百公尺时，我军用六○炮、重机枪、少数轻机枪还击；待攻击大部队进入我火力网后，才全面发射，打得日军尸横遍野。日军先后五次向我阵地进攻，每次用一个中队或两个中队，在飞机大炮掩护下，拼命争夺我前哨据点。第四次冲锋时，日军三百多人，包围我第二排，罗树清排长被日军用战刀砍成数块，全排只剩下在伙房的三个伙夫，其余全部壮烈牺牲。日军攻占我前哨阵地后，对我主阵地全面进攻，步步逼近，战斗十分激烈。为了鼓舞士气，我率第一排身先士卒，跃出战壕，实行反冲锋，压倒敌人气焰，阻敌于山腰一带。在出击中，伤亡十分惨重，第一班全部阵亡，第二、第三两班伤亡过半，排长负重伤，日军第五次冲锋又告失败。苦战到午后四时三十分，完成了阻滞日军一天的任务，于是下令撤退。这次战斗，伤亡是惨重的，但却争取了时间，使我军的战略部署得以完成。

## 巧夺万安城

凉民亭战斗后，因本连减员过多，难以恢复元气，团长决定将团部特务、搜索两个排，拨归第九连建制，机动使用。整编就绪后，于同年七月中旬，命我率第九连开往万安县之虾蟆渡配合第六十师待机收复万安。奉令后，我将老弱士兵和笨重行李，全部留守，会同营部行动。我率部队轻装出发，半日行军，到达虾蟆渡口。河岸斑竹很多，利于防空。隔河观察，判断对岸驻有日军，但敌情不明，决定找群众协助，派便衣队过河侦察。傍晚，据我侦察员张贵生回连报告：日军从赣州出发，日前才到达，当天晚上，就到处烧民房。敌军烧民房，是退却的先兆，这是日军历年来一贯的暴行。我和排长研究后，决定在天亮前将部队渡过河去，分散潜伏于万安城墙脚一带，伺机袭击，出奇制胜。但没有船只怎么办？讨论结果，大家都同意泅水过河。因全连人人会游泳，士兵多数是湘江流域的人，原驻长沙东乡时，夏季常常用竹筒四个，捆在胸前当水袋，学过海军水上战法，今天正好运用。于是乘夜伐竹，各做各的水袋。下水时，只带一支枪，五十发子弹，两个手榴弹。外衣全部脱下留守，身着背心、短裤，并规定过江上岸后的集合地点。一切准备完毕，于午夜十二时下水。江水凉爽，流速迟缓，官兵奋力向对岸接近，登陆就是胜利。大约两小时后，大都上了岸，一部分人流下五六里，有三人失踪。集结完毕后，分配各排、班任务，攻击时，分进合击，虚张声势，出敌不意。天明后，日军大部向吉安方向退却，仅留小部队掩护。我连趁机以一个排追击，两个排进万安城搜索。待友军赶到时，我已收复万安城。通知他们，已电告军部，请暂驻城外。我带领一个班，反复在城内搜索日军驻过的房屋，走进一幢意大利的天主教堂，该处是日军司令部驻过的地方，一切东西都保存完好。而万安许多民房，被退却的日军放火烧毁，片瓦无存，人们无家可归，怨声载道。眼见日军暴行，使我痛心疾首，身为军人，怎能忍受这奇耻大辱！下令，对民众的财产，不许乱动一点。战场清扫完后，奉军长电令，将城防交第六十师，回团归建。正行军之际，一个民众报告，有一个掉队的日本兵，在村里讨饭。于是派第三班长王少舟带领士兵三人去捉，交代要捉活的。不料日军顽强抵抗，利用灶头向王班长开枪射击，该组以枪还击，打中日军右手腕，失去反抗能力，被我活捉。当即查明该俘虏是日军联队部陆空联络班长神川山秀，大阪人，缴获三八式步枪一支，子弹数十发，联络信号布板数块。当即受到上级传令嘉奖，赏五万元法币，刚好够买一头大肥猪，给全连官兵加餐。

## 吉安神岗山截击战

收复万安后，部队推进到吉安郊区。我第七一九团负责阻击日军水上运输的任务。一九四五年八月二日，日军从赣州沿江东下的四百余艘大小木船，满载日军的家属和钨砂、白糖、干酱、油料等物资，想经九江运输回国。船上有日军数百人护航。团部命令第七连和第九连占领江畔高地——神岗山，截击日军船只，并指定由我统一指挥。我当即和七连连长粟安岐研究部署：第七连在左翼，第九连在右翼；如截击成功，第九连仍在原位不动，第七连趁机夺船并过江到对岸掩护，防止日军登岸反扑。日军船队一艘接一艘地东下，待大部分木船进入我防区前面，才下令突然袭击。日军措手不及，死伤无数，后面的几艘，听到枪声，察知被我袭击，掉转船头，忙靠对河上岸，就地与我对抗。这时我团部立即派部队从上游过江，准备全歼。日军护航部队少，且过于分散，只好弃船逃走，保护眷属向兴国方向逃遁。丢下几百只大小船，作为送给我抗日即将胜利的贺礼。清点日军船只，约计有钨砂一百余船，白糖几十船，罐头食品百余船，军部指示除钨砂外（闻后来运上海），其他物资全部搬运到河滩上，分类堆好，点交团部。输送连搬运了几天，才完成任务。此次缴获的战利品，是我团抗战以来缴获最多的一次。

# 第一集团军在南昌九江地区受降纪要

卓　立　陶任之　黄丽天　张　楫※

## 日本投降前第九战区敌我概况

湖北东南部、湖南东部、江西西部，在抗日战争期间属第九战区范围，司令长官为薛岳，司令长官部设在长沙。一九三九年至一九四一年，日本侵略军曾三次向长沙进犯，均被击退。一九四四年，日本为了打通大陆与东南亚的交通线，好与在太平洋的侵略军联系，又向粤汉湘桂线进犯。守卫在粤汉湘桂线地区的中国军队，向广西、贵州撤退。第九战区司令长官部迁移到湘、赣、粤交界的桂东、汝城地区。

第一集团军是云南地方部队，原辖陆军第六十军、第五十八军和新编第三军等三个军。每军辖两个师。总司令为卢汉。该集团军曾参加过武汉外围战及三次长沙会战。第六十军还参加过鲁南台儿庄战役。武汉外围战后，第一集团军归第九战区指挥。一九四〇年，总司令卢汉率第六十军调滇越边界防守（该军原辖第一八二、第一八三、第一八四等三个师，卢汉只率领第一八二、第一八四两个师调滇越边界，第一八三师改属新编第三军，仍在第九战区）。第九战区设第一集团军副总司令部，统率第五十八、新编第三军两个军，副总司令先为高荫槐，后为孙渡。日本投降时，第一集团军建制及师以上指挥官姓名如下：第一集团军副

---

※　卓立当时系新编第三军参谋长。
　　陶任之当时系新编第三军副参谋长。
　　黄丽天当时系新编第三军第一八三师参谋长。

总司令孙渡，参谋长赵锦雯；第五十八军军长鲁道源，参谋长鲁元，副参谋长龚襄华；新编第十师师长萧本元，副师长魏沛苍，参谋长杨协；新编第十一师师长侯振邦；新编第三军军长杨宏光，副军长张与仁，参谋长卓立，副参谋长陶任之；第一八三师师长余建勋，副师长杨兆麒，副师长甄绍武（兼政治部主任），参谋长黄丽天；新编第十二师师长唐宇纵，副师长关竹青，参谋长沈剑鸣。

按当时的决定，第一集团军是接受日本侵略军第十一军司令官笠原幸雄所指挥的军队投降。第十一军代表其军司令部到达南昌的部队，第十三师团独立混成第二十二、第八十四、第八十七旅团，第七步兵旅团，分布在湖南、江西、广西各地。

一九四五年，以希特勒、墨索里尼为首的轴心国在欧洲无条件投降后，日本帝国主义眼看着败亡的命运难免，打算将在华中、华南和印度支那的侵略军撤回。同年秋，在广东、赣南的日军，沿赣江向南昌、九江撤退，企图由九江水运回国。

第五十八军及新编第三军的第一八三师曾在赣江两岸阻击北撤之敌。第一八三师由战区司令长官部直接指挥，与第六十师（属第三十七军）共同守卫遂川城和机场，曾阻击第一批北撤日军。遂川阻击战暂告一段落后，第一八三师又奉令调守吉安，阻击第二批北撤日军。因我军英勇奋战，打破了日军进入吉安市区的企图，不得不改道由吉安、安福之间向南昌撤退。

八月中旬，第五十八军进至宁冈附近地区，第一八三师进至峡江附近地区。新编第三军（欠第一八三师）先在万载、分宜、上高等地区进行阻击，以后进至高安地区。第一集团军副总司令部驻在上高。

八月十六日，我军奉到命令：日本投降，停止进攻，第五十八军向南昌、新编第三军向九江前进，前往接受日军投降。官兵欢欣鼓舞，立即向目的地前进。

## 南昌受降

南昌受降，是第五十八军军长鲁道源代表第九战区司令长官薛岳，接受日本侵略军第十一军司令官笠原幸雄所指挥的军队的投降。

南昌是江西省会，是江西的政治、经济、文化、交通中心。古有"襟三江而带五湖"的描述，为我国中南重镇，战略地位极为重要。当时为日本侵略军独立步兵第七旅团驻守。

第五十八军军长鲁道源代表第九战区司令长官薛岳受降，是当时中国陆军总司令何应钦根据薛岳的建议下达的命令。命令指定鲁道源为受降官，参谋长鲁元为受降指导官。第五十八军受命后，即遣新编第十师先进入南昌城；军司令部及新编第十一师亦随后进入南昌。与此同时，中国陆军总司令部转来蒋介石的命令，略谓江西省政府主席曹浩森率省政府人员由重庆前来南昌接收政权及日军物资，命第五十八军协助。

为了部署接受日军投降和协助江西省政府接收等事宜，在举行受降仪式前，第五十八军曾召集笠原幸雄和他的参谋长中山贞武及所属师团长、旅团长、参谋、后勤等人员开了会。第五十八军的师长、团长、参谋、后勤人员，新编第三军副参谋长陶任之，江西省政府人员也参加了会。会上，主要规定在南昌的日俘和日侨的集结地区，给养供应，收缴武装的日期，兵器存放地点等问题。日方顾虑日俘解除武装后惧怕我国人民报复，要求准其持木枪和木棒在集结地区警卫。我方答复：我国人民由我方进行教育说服，不使发生报复行为，所请不准。日方又提出日军军官的佩剑，许多是祖传的纪念品，请免予缴交。我方答复"不行"。日方又顾虑日俘在集结地如时间过久不能回国，衣服破烂后需要缝补，请发给针线。我方答复："可以考虑供给。"总之，在会上我方如何规定，日方只能答复"是"，而不能说半个"不"字。

九月十四日，在南昌城内洪都大礼堂举行受降仪式。我方第五十八军各部队主要负责人、新编第三军副参谋长陶任之、江西省政府主席曹浩森及省政府人员、报社记者等参加了受降仪式。当时在场的大约二三百人。会场中央前方设受降官座位，座位前设长桌，上设文具等品。我方人员在长桌上方坐定，鲁道源亦入座。此时，笠原幸雄率所属师团长、旅团长及幕僚人员，由我方人员指引，徒步进入会场，恭恭敬敬地向鲁道源行鞠躬礼，然后，双手呈交投降书。鲁道源接受投降书后，简单地向笠原幸雄等讲了话，略谓：日本侵略中国八年，使我国人民遭受空前灾难。现在日本无条件投降，这是历史发展的必然结果。望日军按照规定行事，不要违犯这些规定。笠原幸雄立正听令，答复"是！是！"然后，又恭恭敬敬地鞠躬，面呈死灰色，默默地退出会场。八年来，日本侵略者铁蹄所至，烧杀抢虏，奸淫妇女，无恶不作。我军官兵同全国人民一道浴血抗战，日夜盼望胜利，得以重建家园。我方官兵今天亲眼看到日本侵略军头目俯首投降，感到说不出的喜悦，都道："也有今日！"

受降仪式后，第五十八军驻南昌的主要任务，是协助江西省政府接收政权及日军所缴物资，于同年十一月任务完毕。忽接到薛岳转来蒋介石的命令，大意是说：新编第三军撤销；该军所属新编第十二师及军直属部队并入第一八三师，并把第一八三师改归第五十八军建制。改编完毕后，第五十八军经南浔线由九江渡江到安徽桐城合肥整训待命。一九四六年夏，又奉命由桐城合肥开赴津浦线，驻守徐州以南宿县、蒙城地区。这是蒋介石为了发动内战的一个具体措施。

## 九江受降

九江受降，是由新编第三军军长杨宏光接受的上述日本侵略军第十一军司令官笠原幸雄及其所统率的驻九江部队和由广西、湖南方面退向九江的日军的投降。

一九四五年八月十六日，新编第三军在高安接到向九江前进，接受日军投降的命令。奉命后，立即准备出发。原拟取道奉新、安义、德安向九江前进，但因当时驻安义的日军联队长山田乙三报称，他还没有奉到命令，不能让路。我军着眼于大局，不为小敌牵制，遂决心改经上富、干州、九岭、柘林渡修水，再经黄老门沿南浔路到九江。

敌人刚投降，对我军敌对情绪一时未能消除。我军为了慎重起见，到达九江外围沙河即停止前进。并命第一八三师经德安向九江前进（到达后进驻九江市区），新编第十二师在九江附近地区做好作战部署。然后派军使持命令至九江，命令驻在该地区的日军指挥官前来沙河接受命令。

九江是南浔铁路终点和赣北物资集散地及水陆交通中心，为日军兵站要地，囤积作战物资很多。当时驻有日军独立混成第八十四旅团，旅团长中尾小六，参谋长十二纠。

次日晨，中尾小六及十二纠前来沙河晋见军长杨宏光，报告驻九江日军情况，并接受指示。杨军长当即指示将所有驻九江日军驻地绘成要图：武器一律缴存仓库；解除武装后的日俘、日侨集中在彭泽附近地区，让出军营，打扫干净，待我军进驻；统限三日内完成呈报，日军如期办妥。

九月三日，我军浩浩荡荡进入九江。军长杨宏光、参谋长卓立乘车缓缓而行，人民扶老携幼，夹道欢迎我军入城，人山人海，道为之塞。门前、窗口、屋顶、树干上到处都有观众，鞭炮齐鸣，欢呼声不绝。有高呼口号的，有举手表示敬意的，有高兴得落下眼泪的。有一个七十多岁的老翁，举起右手拇指说："久不见汉官威仪，今日得见国土重光，死也无憾了！"他的话表达了人民群众的心情。

九月四日，笠原幸雄由汉口乘专轮到九江，次日在九江柴桑巷我军司令部举行了受降仪式。受降官为军长杨宏光，陪同的有参谋长卓立，第一八三师师长余建勋、新编第十二师师长唐宇纵、副师长关竹青，并有一部分团长、营长、连长及参谋、后勤人员参加了仪式。日军随同笠原幸雄前来的有该军参谋长福富伴藏，步兵第八十四独立旅团长中尾小六及该团参谋长十二纠等。在仪式上，笠原幸雄呈递了受降书，并解下腰间佩剑，双手呈献给杨宏光军长，然后，按杨军长的指示退下。以后，据一位日本兽医中尉说，日本刚宣布无条件投降时，在汉口、九江的日军沉没了一部分武器在长江中。又说，笠原幸雄呈献给杨军长的那把佩剑，是八百年前铸造的，是天皇赐给他的，笠原幸雄极其珍视，原打算沉没，当时有人进言说，万一将来中国追索这口佩剑，不好答复，不免于罪责。因此，才没有沉没。

在九江投降缴械的日军，计有第十三、第五十八两个师团及独立混成第二十二、第八十四、第八十七等旅团，还有海军、空军各一部及后勤机关、野战医院等。

解除武装的日俘，大部指定在湖口、彭泽，一部分在长江北岸湖北省黄梅境内集结，待命遣送回国。

为了搞好接收日军所缴物资的工作，我军特组织接收处，下分武器、弹药、器材、车辆、船舶、马匹等组。接收分两步进行：第一步，先派军官视察日军现有状况，看其是否已全部解除武装，有无异状，以防不测；再视察仓库情况。视察中发现守卫仓库的日军尚持有步枪，当即令其解除，不准留一枪一弹，然后在仓库门前贴上我军封条。这些仓库，分布在九江市郊、庐山、湖口、长江北岸。第二步，开仓按照日军册报数逐一清点。所有接收事宜，大约进行了两个星期。

在接收中，我方感到困难的一个问题是军马的管理。我军所接收的日军军马共六百多匹，没有饲养调教的经验。因此，规定日军交马时，连同饲养兵一同暂时交给我们。等到我方饲养人员熟悉后，再将日方饲养兵归还集结地点。同时，还规定日军派兽医随同工作。

总计解除武装的日俘六万三千多人，军马六百多匹，步枪三万多支，轻重机枪两千多挺，各种火炮一千多门。弹药、器材及其他军用物资二百多个仓库。各种车辆（包括卡车、战车、小汽车、摩托车等）三百余辆，各种船舶（包括轮船、小火轮、小汽艇、小驳船等）一百多艘。工厂、场站修理所等一百多个。

新编第三军初到九江时，国民政府相继由重庆派来了各色各样的

"接收大员"，但因日军未解除武装，未交出物资，开始时尚未露面。到我军将要接收完毕时，他们纷纷到新编第三军司令部。有的说要接收行政机关，有的说要接收后勤物资，有的说要接收车辆，有的说要接收船舶……接收机关遍布各处，他们贴出来的接收布告、公告，五花八门，形形色色。新编第三军负责人认为：要交出他们所要的东西，须有司令长官的命令，而且要按册列数清点交接。他们说，只要把仓库连同册子交给他们就行了，不必清点。他们的企图，显然是要浑水摸鱼，从中得利。正商谈中，突然接到薛岳转来蒋介石的一道命令，大意说：撤销新编第三军，把军司令部、军直属部队和新编第十二师一律归并第一八三师，然后把一八三师改属第五十八军建制，限三日内整编完毕具报，不得延误。与此同时，薛岳派了第九十九军到九江接收新编第三军防务。这显然是派来监视新三军裁编的。在这种情况下，新编第三军只好依令裁编，并把从日军手中接收过来的物资交给那些"接收大员"。这是一九四五年九月下旬的事。

新三军裁编完毕后，把第一八三师改归第五十八军建制，于一九四五年十一月，由九江渡江开往安徽合肥桐城地区整训。

第一八三师在九江曾接收了日军所交的九四式山炮十二门，成立了一个炮兵营。薛岳嫡系的第九十九军垂涎欲滴。薛岳令拨八门给第九十九军，该军派人追至桐城接收，第一八三师只好照拨。国民党军队派系之间的争夺和歧视非嫡系部队的情况，由此可见一斑。

在南昌、九江受降期间，第一集团军副总司令部由上高经樟树移南昌，再由南昌移九江。一九四六年四月，云南入越受降的第六十、第九十三两个军调往东北，孙渡也奉命率副司令部各处及直属部队特务团（团长王有春），通信营（营长李国梁）前往上海。船运经葫芦岛到锦州。后在锦州成立第六兵团司令部，第九十三军军长卢浚泉升任该兵团司令官，原新编第三军军长杨宏光升任兵团副司令官。原第一集团军副司令孙渡调任热河省政府主席，副总司令部撤销，原副总司令部各处及直属部队特务团、通信营编入第六兵团司令部。

## 日俘、日侨的管理及遣返

为了管理日俘、日侨，第九战区司令长官部于一九四五年十一月在彭泽设立了"日俘、日侨管理处"，任命黄丽天为主任，余荣光为副主任，科长、翻译官张楫。由第九战区司令长官部派一个兵站支部，负责补给日俘、日侨的给养。以后又在湖口设立了一个日俘管理处，杨兆麒为主任。在彭泽集结的日俘，主要是在九江投降的日军独立混成第八十四旅团所属部队，另外还有日侨约三千人。日俘、日侨的总负责人是中尾小六，日俘联络人是少佐桥本，日侨联络人是增田虎雄。所有日俘、日侨的住所，都是临时搭盖的草棚，中间区为日侨居住，四周是日俘居住。日俘、日侨负责人每周向管理处汇报日俘、日侨情况，其中包括工作及遵守纪律等等。日俘、日侨都是等待中国政府派船遣返回国的。在彭泽期间，管理处规定日俘、日侨在集结地（由彭泽县城至马当地区）开荒种植粮食作物及蔬菜，并修筑该地区的交通道路。管理处还对日俘进行教育，使他们认识侵略中国所犯下的滔天罪行。遣送前，又对日俘进行了准许随身携带物品的总检查。一九四六年六月，日俘、日侨遣送完毕，管理处也就结束了。

附录一：

# 闽海抗战大事记

## （一九三七年九月至一九四五年八月）

### 一九三七年

**九月一日**

△　厦门警备司令部成立，由驻军第一五七师师长兼任司令。

**三日**

△　日舰"羽风""若竹"等二舰，驶入厦门港，炮击白石、胡里山炮台，我发炮还击，日舰"若竹"号被屿仔尾炮台击沉。

**八日**

△　日伪军一千余人登陆进犯宁德三都澳岛，被守军保安第二旅第二团击退。

**十四日**

△　日军巡洋舰一艘、驱逐舰三艘炮击厦门港胡里山要塞。

**十月二十六日**

△　日军水兵百余人在金门后浦登陆，守军被击溃，县长邝汉逃走，金门失陷。

**十二月八日**

△　日驱逐舰、炮艇各一艘，炮击厦门五通，守军还击，炮艇被击沉，驱逐舰被击伤。

### 一九三八年

**一月**

△　驻守漳州、厦门第一五七师调离，第七十五师接防，厦门警备司令由副师长韩文英接任。该师第二二三旅第四四五团担任厦门守备任务。

**五月十日**

△　日军第五舰队以"妙高"重巡洋舰、"苍龙""加贺"航空母舰

等三十一艘作战舰艇，载两千余人在三十余架飞机掩护下，由海军少将宫田喜一指挥，在厦门五通、泥金、浦口登陆，与守军第七十五师鏖战，占领禾山、何厝、莲板。第七十五师副师长韩文英、团长水清浚负伤，警备司令部参谋长楚怀民、营长宋天成殉国，守军退守云顶岩、金鸡山、江头之线。

**十一日**

△ 日军增援部队由息筼筜、黄厝、塔头登陆，围攻白石、胡里山炮台，下午，日军进占厦门市区。

**十二日**

△ 厦门尚未撤出部队，仍在胡里山炮台、高崎等处据守，下午，胡里山炮台失守。

**十三日**

△ 厦门高崎失守，屿仔尾炮台仍在我军手中，坚持发炮击敌。

**十四日**

△ 厦门屿仔尾炮台火药库及炮台被炸毁，守军撤出。

# 一九三九年

**四月十四日**

△ 日海军陆战队进犯同安澳头，被守军保安纵队第六团第一大队击退。

**六月二十七日**

△ 日舰突破闽江口封锁线，占领川石岛。

**七月五日**

△ 伪"和平救国军"进占平潭县城。

**八月二十三日**

△ 日伪军在东山岛登陆，遭到守军第七十五师第二二五旅第四四九团阻击。

**二十六日**

△ 中国军队第七十五师第二二五旅旅长史克勤率部驰援东山岛，向敌发起反攻。

**九月四日**

△ 中国军队第八十师和保安纵队一部合力克复平潭县城。

△ 在中国军队第七十五师奋力反攻下，日伪军退出东山岛。

**二十二日**

△ 日伪军二度占领平潭县城。

**十一月三十日**

△ 日军及伪军黄大伟部进犯诏安县，守军抵抗不力撤出，诏安失陷。

**十二月七日**

△ 中国军队第七十五师师长韩文英率部克复诏安县城。

# 一九四〇年

**二月五日**

△ 中国军队第八十师再次克复平潭县城。

**十二日**

△ 日伪军三次入据平潭县城。

△ 日伪军两千余人再次在东山岛登陆，遭到中国守军抵抗。

**十三日**

△ 日伪军再次占领东山岛。

**十四日**

△ 中国军队第七十五师第二二五旅第四四九团向东山岛敌军发起反攻。

**十五日**

△ 中国军队收复东山县城。

△ 中国军队收复平潭县城。

**十七日**

△ 伪军黄大伟部三个团在海澄县港尾登陆，中国守军第七十五师对其进行围击、劝降。

**十九日**

△ 入侵海澄港尾伪军向我投诚，被改编为暂编第十三师。

**十一月二十九日**

△ 驻漳州第七十五师夜袭厦门日军，击毙指导官松原敬等两名，俘敌两名，伤多名。

# 一九四一年

**一月九日**

△ 日伪"和平救国军"又攻陷平潭县城。

**二月八日**

△ 中国军队第七十五师第二二四团又收复平潭县城。

**四月十九日**

△ 日军第四十八师团在连江县琯头、东岐、亭江、黄岐半岛登陆，第十八师团之第二十二旅团在长乐县登陆，中国守军抵抗不力，长乐县城陷落。

**二十日**

△ 连江、福清县城陷落。

**二十一日**

△ 马尾守军海军陆战队第二旅退守鼓岭，马尾陷落。入夜，福州市区陷落。

**二十三日**

△ 日军进江洋，旋即撤回福州。

**五月六日**

△ 中国军队第二十五集团军第一纵队，在纵队司令李良荣率领下到达闽江左岸的大目埕，继续进至兰田。

**七日**

△ 中国军队第七十五师两个团与日军在柯岭激战至八日。

**十三日**

△ 省保安纵队反攻福清县城未果。

**十四日**

△ 李良荣纵队推进至江洋。

**十五日**

△ 日军由福州经峡兜、琯口至永泰塘前袭击中国军队野战医院，省保安纵队前往堵击，日军退回福州。

**二十一日**

△ 日军一个加强联队分两路进犯闽侯大湖地区。

**二十二日**

△ 李良荣纵队装备团第三营在秦洋歼敌百余人。

△ 两路日军会合于大湖。

**二十五日**

△ 李良荣纵队完成对大湖日军包围，遂发起攻击，展开逐屋战，毙敌三百余人，敌向白沙逃去，中国军队装备团副团长郭志雄殉国。

**六月十五日**

△ 日军由宦溪向降虎行进，第七十五师在降虎北十里处峡谷伏击，

毙敌百余人，俘敌军官二人。

**七月一日**

△　日军秋元联队进犯福清县东张塔山，被守军省保安纵队第二团击退，击毙敌秋元联队长，敌伤亡百余人。

**十六日**

△　日军再次进犯东张，东张陷落。

**十九日**

△　占据东张日军进犯半岭省保安纵队第一团阵地，被击退。

**二十四日**

△　日军津川联队三百余人攻击塔山守军阵地并施放毒气，被击退。

**八月二十五日**

△　省保安纵队向盘踞福清县城日军发起攻击。

**九月一日**

△　占据福州日军开始撤退。

**二日**

△　中国军队收复福清县城，日军登舰遁去。

**三日**

△　中国军队收复福州、长乐、连江。

**二十七日**

△　中国军队收复平潭县、莆田的南日岛。

**十二月八日**

△　厦门日军在鼓浪屿的龙头、田尾、内厝澳三处登陆，占领鼓浪屿。

# 一九四二年

**一月八日**

△　中国军队驻漳州第一〇七师派部从嵩屿渡海袭击厦门日军，一路破坏敌机炮阵地，直捣鼓浪屿占领工部局，毙副总巡捕长忠村贞夫和官兵百余人；另一路从禾山攻击前进，毁敌炮台多处，毙敌百余人。

**十三日**

△　第一〇七师派部袭击金门，炸毁日军油库。

**三月十八日**

△　第一〇七师派部袭击厦门日军，毁其军事设施多处。

## 一九四三年

**六月九日**

△ 中国保安部队在东山岛俘敌测量队员波多茂、海日政松、石田次郎三人。

**八月二十六日**

△ 日伪军在宁德三都登陆,被击退。

**十月十二日**

△ 日伪军进犯罗源鉴江、宁德的三都、金沙、象港、白水等地,被击退。

## 一九四四年

**三月二十八日**

△ 闽南中国突击部队袭击鼓浪屿,捕获工部局巡捕一名。

**四月一日**

△ 省保安纵队突击部队袭击厦门禾山日军机场和伪保安团团部,俘伪保安团团长何炳荣,毙敌多名,缴获一些步枪、手枪。

**九月二十七日**

△ 日军混成第六十二旅团在旅团长长岭喜一指挥下在连江登陆,中国军队第八十师抵抗不力,日军攻陷连江,向潘渡、汤岭推进。

**二十九日**

△ 中国军队第八十师在潘渡、汤岭一线与日军激战,日军连夜向降虎、梅洋进犯。中国军队第二三九团第一营第一连退守宦溪,在降虎与敌激战,全连殉国。

**三十日**

△ 中国军队第二三八团第二营在莲花峰占领阵地与退守宦溪南面第二三九团第一营协同作战。

**十月一日**

△ 宦溪南面中国守军阵地失守,营长张稚生殉国。

**三日**

△ 中国军队第八十师各部撤出阵地,退守小北岭、大湖一线。

**四日**

△ 日军占领福州。中国军队据守小北岭。

五日

△ 长乐县失陷。

十一月二十六日

△ 福清县失陷。

二十八日

△ 中国军队收复福清。

# 一九四五年

三月

△ 中美合作所第七特种训练班突击队袭击莆田湄州湾敌占乌丘屿，缴获大批海洋资料。

五月十七日

△ 中国军队第八十师向福州发起反攻，日军退往连江。

十八日

△ 中国军队收复福州、长乐。

十九日

△ 中国军队收复连江。

二十日

△ 日军一部窜入罗源，又一部陷霞浦。

二十一日

△ 日军主力四千人撤往福安方向，中国军队在宁德八都阻敌。

二十四日

△ 日军主力在福安下白石搭浮桥渡白马河，中国军队第八十师先头部队赶到阻击。

二十五日

△ 中国军队第八十师后续部队赶到白马河投入战斗。

二十六日

△ 日军丢弃辎重，渡过白马河退往霞浦。

二十九日

△ 日军主力入据霞浦。

六月三日

△ 日军撤出霞浦。

八日

△ 日军入据福鼎。

十日

△ 日军退出福鼎，向浙江平阳北撤。

七月八日

△ 驻厦门日军德本光信第四一三大队在海澄、漳浦登陆，遭到中国军队第七十五师一个营和中美合作所第六特别训练班四个教导营截击。

十一日

△ 日军德本光信大队窜至漳浦亭圩。

十二日

△ 日军进犯佛昙。

十三日

△ 日军进入漳浦。

十四日

△ 日军陷云霄县城，退往诏安。

十七日

△ 日军陷诏安县城。

十八日

△ 日军向广东方面撤退，在分水关遭到盟军飞机轰炸，死伤百余人。

附录二：

# 南昌会战大事记

## （一九三九年三月中旬至五月上旬）

## （一）日军进攻南昌

**三月十七日**

△ 日军第一一六师团五个大队，海军陆战队数百，舰只三十余艘，汽艇五十余只，由鄱阳湖水道向吴城进攻，以策应其他部队向南昌进攻。

**二十日**

△ 日军炮兵在澄田赉四郎指挥下，在修河北岸各渡河点同时开火，南岸中国守军炮兵随之还击。

△ 日军第一〇六师团从永修西艾城、虬津渡过修河，与中国守军第七十六师、第一〇五师进行激烈战斗，日兵占领第一线阵地，工兵进行架桥。

△ 日军第一〇一师团从涂家埠开始渡河，与中国守军第一四二师在阵地前展开了激烈争夺战。

△ 日军第六师团主力由箬溪向武宁东北中国军队第七十二军、第八军阵地攻击。

**二十一日**

△ 日军第一〇一师团前进两公里，中国守军向西面山区撤退。

△ 日军战车集团渡过修河，加入第一〇六师团对五谷岭中国守军攻击。当日战车至岭下桥宿营。

**二十二日**

△ 日军战车集团到达奉新。

**二十三日**

△ 日军第一〇六师团经滩溪、新民、安义到达奉新。

**二十四日**

△ 日军第六师团与中国守军第十九师在杨洲发生激烈战斗。

二十六日

△ 日军第一〇一旅团经白马庙、乐化、蛟桥到达赣江对岸。第一〇一师团主力经万埠、长埠、石鼻、璜溪绕至南昌西南生米街渡过赣江。

△ 日军第一〇六师团主力经大城到达南昌东南曾家渡渡过赣江。

△ 日军战车队到达南昌市西赣江大桥，做进攻南昌准备，赣江大桥被守军炸毁。

△ 日军第六师团一部进至安义以西乾洲。

二十七日

△ 日军第一〇一师团从南北两个方向攻占南昌。

△ 日军第六师团一部进抵靖安。

二十八日

△ 日军第六师团一部进抵武宁以东聂家、新宁镇。

二十九日

△ 日军第六师团攻占武宁。

四月二日

△ 日军第一〇六师团第一一一旅团由奉新攻向高安，与中国军队第五十一师多次战斗后，占领高安。

五日

△ 日军第六师团一部到达武宁修河南岸。

## （二）中国军队反攻南昌

四月十七日

△ 重庆军事委员会下达反攻南昌命令。

二十二日

△ 中国军队第十九集团军第四十九军和第七十四军各一部由石头岗、高邮市间北渡锦江，向生米街、万寿宫、大城一带攻击；第七十四军主力指向高安。第一集团军以第一八四师、新编第十师向奉新攻击，新编第十一师一部向滩溪挺进。第三十集团军以主力向武宁之敌攻击。

二十三日

△ 中国军队第三十二集团军第十六师及预备第十师之一部由抚河、赣江中间向北攻击，第七十九师及预备第五师之一部由武阳渡、谢埠市间渡过抚河向西攻击。

二十六日

△ 第七十四军第五十一师收复高安。

**二十八日**

△ 中国军队第七十九师进攻南昌，在水网地带受阻，师长段朗如改变作战计划，欲组织突击队袭击南昌，未被上官云相总司令采纳。

**五月一日**

△ 蒋介石电令将段朗如以贻误军机罪，军前正法。限五月五日前攻下南昌，要上官云相总司令到前线督战。

**二日**

△ 上官云相将其集团军总司令部由临川北移至李家渡。

△ 下午第一〇二师在师长柏辉章指挥下收复向塘、市议街，何平指挥第十六师一度收复潭埠，遂又丢失。

**四日**

△ 第二十九军军长陈安宝指挥第二十六师、预备第五师、第七十九师一部，于黄昏时开始攻击南昌。

**五日**

△ 预备第五师中午到达江门桥，午夜接近南昌的外围，并破坏了铁丝网。

△ 第二十六师第一五二团于拂晓突进南昌新龙机场，击毁敌机三架，第一五五团于九时突进至火车站。

**八日**

△ 日军第一〇一师团在飞机、装甲部队、炮兵支援下从南昌城与莲塘出动，夹击第二十九军。第二十六师伤亡严重，师长刘雨卿左腿负伤，军长陈安宝腹部中弹牺牲，军参谋长徐志勋决定向中洲尾、市议街突围。

△ 攻入南昌城内一部中国军队，因无后续部队接应，亦被迫退出。

△ 第四十九军预备第九师收复牛行车站。

**九日**

△ 重庆军事委员会分别电令第三、第九战区：南昌作战即行停止。第三十二集团军归还第三战区建制。

附录三：

# 上高会战大事记

## （一九四一年三月中旬至四月上旬）

**三月十五日**

△ 日军第十一军第三十三师团、第三十四师团、独立混成第二十旅团开始对南昌西南锦江两岸高安、上高一带第九战区所属罗卓英第十九集团军，进行短切突击，以巩固南昌外围的占领地区。

△ 北路日军第三十三师团由安义向奉新进攻，午时占领。中国军队第七十军进行阻击。

△ 南路日军独立混成第二十旅团由赣江与锦江合流点发起攻击，渡至锦江南岸向西进攻。

**十六日**

△ 中路日军主力第三十四师团沿湘赣公路向高安西犯。

**十七日**

△ 中路第三十四师团攻占高安，随之继续西进。

**十八日**

△ 北路第三十三师团，因四月初要调华北参加晋南会战，其第二一四联队开始撤回。

**十九日**

△ 南路独立混成第二十旅团在樟树以北地区遭到中国军队第四十九军第二十六师的包围攻击，伤亡甚大。又遭到第七十四军第五十一师李天霞部有力抗击无法前进。

△ 北路第三十三师团第二一五联队开始撤回。

△ 中国军队第七十军预备第九师、第十九师到达棠浦、南茶罗一带，向官桥、泗溪敌后方攻击。

**二十日**

△ 中路第三十四师团在泗溪、官桥一线强渡泗水，其侧后遭到中国军队第七十四军第五十七师猛烈打击，第二一六联队之第二大队，大队长白木下重四郎以下几乎全部被击毙。

△ 南路独立混成第二十旅团到达灰埠，西向石头、杨柳坪、界埠

方向前进，与中路之敌会合。

**二十一日**

△ 中路第三十四师团抵上漆附近，中国军队第七十四军之第五十七师、第五十八师奋勇阻击，死守上高外围核心阵地。

**二十二日**

△ 中路第三十四师团到达上高城东北白茅山一带，日军师团指挥所设于上高北约十公里毕家庄。

**二十三日**

△ 中国军队第七十二军韩全朴部到达战场。

△ 日军主力第三十四师团被中国军队九个师包围在以毕家庄为中心，南北十里、东西三十里地方。

△ 第三十四师团长大贺茂请求增援，第十一军即调返回安义第三十三师团前往上高。

**二十五日**

△ 日军第三十三师团第二一五联队由伍桥何经村前街向官桥、棠浦疾进。被包围之第三十四师团向东北包围线突围，我第七十军包围线被迫放开一部，两部敌军会合。

△ 第十九集团军总司令罗卓英督率所部以极迅速行动，对会合敌军复完成第二次包围，并对之猛攻。

**二十六日**

△ 中国军队第七十四军攻占泗溪，协同第十九师、第七十二军将敌压迫于官桥、南茶罗一隅。

**二十七日**

△ 被包围日军向中国军队第一〇七师与新编第十五师接合部逆袭，突破缺口，向东撤退。中国军队各师于村前街、杨公墟、龙团墟、高安各要点及公路附近设伏截击、堵击，敌军死伤惨重。

**二十八日**

△ 日军第三十四师团野炮兵阵地被第七十四军攻入，全部敌军被击毙，其殿后部队被全歼，岩永少将负重伤。

**二十九日**

△ 日军第三十三师团撤退到泗溪西北，处处遭到中国军队猛烈攻击，弹药用完，仅靠空投继续作战。

**三十一日**

△ 中国军队第七十军克复村前街。

**四月一日**

△ 中国军队第四十九军克复高安、祥符观。

**二日**

△ 第四十九军克复西山、万寿宫、赤街。第七十军攻占奉新。

△ 以短切突击进攻上高中国军队第十九集团军的日军第三十四师团、独立混成第二十旅团、第三十三师团，遭到惨败后逃回原驻地。

**十日**

△ 日军第十一军司令官园部和一郎因上高战役失败被免职，由陆军省次官阿南惟畿接任。

附录四：

# 浙赣会战大事记

（一九四二年五月十五日至八月三十日）

**五月十五日**

△　日军为打通浙赣路和清除衢州空军基地的威胁，发动了浙赣战役。浙江方面，日军以五个师团和三个混成旅团的兵力，分五路向浙赣线发起全面进攻。

△　日军第七十师团从奉化向嵊县、新昌进犯，第二十二师团从绍兴东关沿曹娥江进犯，河野混成旅团从绍兴经枫桥向诸暨进犯，第十五师团从萧山经浦阳江进犯，分别遭到我第八十八军、第四十九军、暂编第九军和第二十军一部的阻击。

**十六日**

△　日军第一一六师团从富阳开始行动。

△　嵊县沦陷。

**十七日**

△　日军第三十二师团从富阳附近出发，尾随第一一六师团行进。

△　诸暨沦陷。

**十八日**

△　日军第一一六师团攻占分水、桐庐，进犯建德西部地区。

△　日军第十五师团、第七十师团沿浙赣线向金华、义乌以东地区集结。

△　第三战区奉统帅部命令，避免在金华、兰溪决战。战区主力开始西撤，部署在衢州决战。

**二十日**

△　东阳沦陷。

**二十一日**

△　我义乌、东阳附近守军向金华、兰溪、永康、武义撤退。

△　浦江沦陷。

**二十二日**

△　永康、建德相继沦陷。

△ 我第三十二集团军之一部，从安徽向淳安、衢州南下参战。

二十三日

△ 金华城内发生大火，彻夜不停。

△ 我第十集团军军部撤出金华。

△ 武义沦陷。

二十五日

△ 日军第二十二师团及河野混战旅团由金华以南向汤溪、古方迂回突进，第七十师团向金华攻击，第十五师团向兰溪攻击。我第七十九师、第六十三师坚守金兰阵地，抗击日军。

△ 占领建德的日军第三十二师团分向寿昌、淳安方向推进，企图抄我后方向江山、玉山进犯。

二十六日

△ 我暂编第九军、第八十八军及第二十八军之一部，在金兰线阻击日军，主力回避作战，向衢州方向集结。

△ 汤溪沦陷。日军向龙游西进。

二十七日

△ 日军第十五师团、第七十师团、第二十二师团及河野混成旅团各一部向金华、兰溪猛攻。我守军第八十八军将士奋勇抵抗。

△ 龙游沦陷。

二十八日

△ 我军决定放弃金华、兰溪，主力向北山转移。

△ 日军第十五师团中将师团长酒井直次，上午在兰溪北侧三叉路口，踏响我军埋设的地雷，当日身亡。

△ 寿昌、兰溪沦陷。

二十九日

△ 金华沦陷，日军主力向龙游及其以南地区集结。

△ 我第二十六军三个师，第四十九军二个师，第十集团军一部，第八十六军、第八十八军各一部，在衢州集结完毕，广大爱国官兵准备与日军决战。

三十一日

△ 南昌方面，日军第三师团、第三十四师团渡过抚河，向东南进攻，夹击浙赣线的中国军队。

六月一日

△ 我衢州守军第八十六军军长莫与硕，以第十六师阵地被敌突破，

擅自离开衢州战场，沿通往江山的公路逃走。第三战区司令长官部命其即日重返衢州，但由于日军已形成对衢州的半包围态势，无法回转。蒋介石下令军长莫与硕、参谋长胡炎立即免职，押解重庆军法审判。

**二日**

△ 我金华敌后部队克浦江。

△ 赣东日军占领进贤，沿浙赣线向东进犯。

**三日**

△ 原拟四日与日军在衢州决战，但三日晚第三战区接奉统帅部命令："避免衢州决战。"战区遵令改变部署，主力撤出防线，诱敌深入，分头截击。

△ 日军向衢州发动全面进攻。第十五师团、第二十二师团进至乌溪江右东岸高地一线，一部进入左岸。河野混成旅团右翼部队在樟树潭向西南高地铁路线进攻。第一一六师团进至衢北衢江左岸，第三十二师团进至衢北五公里之姜家坞附近。日陆、空军猛烈轰击衢州，阵地多处被毁。我军与敌激战，死伤惨重。

△ 是夜起倾盆大雨，乌溪江涨水。日军第十五师团一部在涨水时抢渡乌溪江，转移至西岸。

△ 我第七十九军暂编第六师与日军今井支队在赣东桐源圩、碾坪墟附近遭遇，敌右侧受到很大威胁，遂以其主力转移于抚河左岸，会同竹原支队向三江口南侧转移。日军岩永支队沿浙赣线向东乡前进，第三师团主力向临川转进。

**四日**

△ 连日大雨不止，河水猛涨。日军河野混成旅团在乌溪江东岸，第一一六师团在衢江一带，均无法渡河。第十五师团渡河部队在乌溪江西岸与我守军第七十四军第五十七师、第五十师各一部发生遭遇战。

**五日**

△ 日军第十五师团从正面猛烈攻击衢州城，并使用毒瓦斯弹。衢州城墙高约十米，宽约五米，城墙外侧环有很深的护城河，我军凭城门附近的坚固阵地顽强抵抗。

△ 衢州城处于日军四面包围态势，我守军第八十六军奉命突围撤退。军部命令第十六师第四十六团团长谢士炎带领一部兵力留在城内与敌保持接触，其余分两路向溪口方向第七十四军防地撤退。

**六日**

△ 我第八十六军突出重围，是日晨抵达第七十四军防地。

△ 南路日军第十五师团逼近衢州城墙，我第十六师第四十六团官兵与敌拼杀，奋勇抵抗，团长谢士炎、营长宋汉武相继阵亡。

△ 入晚，日军先后攻占衢州南大门及中南门。午夜，日军占领衢州北门及城墙西北角，后又占领衢州东北门，我军仍英勇奋战，敌未能突入城内。

**七日**

△ 是日晨，日军占领衢州。

△ 赣东日军向陶沙圩、杜家围、白马寨一线突进，我第五十八军退守秀才埠、丰城一线。

**八日**

△ 赣东日军第三十四师团一部占领崇仁。

**九日**

△ 常山沦陷，日军分路向江山进犯。

△ 赣东日军攻占宜黄。

**十日**

△ 江山沦陷。

**十一日**

△ 我第四十九军率第二十六师、第一〇五师沿衢浦公路南下，向福建撤退。

△ 赣东日军两千余人猛攻南城，我第一九四师平射炮营在南城以西之庙前附近奋力阻击，将敌击退。

**十二日**

△ 江山、常山日军分两路并进，南路向广丰进犯，北路向玉山进犯。下午玉山沦陷。

△ 赣东日军第三师团攻占南城后，向金溪转进。

△ 我第九战区司令长官部命令第四军、第五十八军、第七十九军分别向崇仁、宜黄、临川之敌进攻。

△ 第三战区司令长官部命令第一〇〇军主力由金溪向临川、浒湾之敌进攻。

**十四日**

△ 日军攻占广丰，继续向上饶进犯。

△ 第三战区司令长官部从上饶转移到福建建阳。午夜十时，上饶沦陷。

**十五日**

△ 日军分别在上饶附近、广丰东北地区和玉山西南地区集结。

△ 日军小薗江混战旅团从龙游向丽水进犯。

△ 赣东我第九十师攻克崇仁。

**十六日**

△ 赣东我第四十九师、第七十四师在广丰附近阻击日军前进，我第五十九师攻克宜黄，续向临川之敌进攻。

△ 赣东日军第三十四师团攻占鹰潭、贵溪，岩永支队向横峰突进。

**二十一日**

△ 赣东我第四军击退临川南郊车家岭、叶家桥、七星桥一线之敌，进据五星塘、罗溪桥，迫近城垣。

**二十三日**

△ 南城日军向金溪、浒湾以南茅排方向进犯，企图围攻我第四军，以解临川之围。我第七十九军一部尾击自南城西进之敌，我第四军以全力歼灭南城、浒湾来犯之敌。

**二十四日**

△ 我第四军迅速转移至茅排南北一线。

△ 日军小薗江混成旅团攻占丽水，奈良支队占领碧湖机场。

**二十八日**

△ 赣东我第四军右翼之岳口、左翼之梨溪两要点被日军突破，另一股日军向谭坊、宜黄疾进。

**三十日**

△ 赣东日军攻占宜黄、崇仁后，集结兵力，准备进攻我第五十八军，以解除其侧背之威胁。

**七月一日**

△ 日军津谷支队沿浙赣线西进，是日至横峰与东进之岩永支队会合，至此浙赣路全线被日军打通。

**四日**

△ 赣东我第九十师猛攻宜黄，与第七十九军协力攻克宜黄城。

**五日**

△ 赣东我第五十八军西渡富水，向荷湖圩西南山地转移，攻击敌之左侧；我第四军向马鞍圩、白坡、焦坑，第七十九军第九十八师向崇仁、潘桥，分别攻击敌之侧背；我第一九八师控制宜黄，暂编第六师攻击南城。

**七日**

△ 赣东日军攻占永泰、石口。

△ 我浙东敌后部队收复新登。

**八日**

△ 赣东我第七十九军攻克崇仁。

**九日**

△ 赣东我军攻克南城，江西省保安纵队攻克永泰、樟树。日军分向浒湾、临川、三江口、抚河一线退却。

**十一日**

△ 日军小菡江混成旅团自丽水东进，是日攻占温州。

**十二日**

△ 日舰十余艘载海军陆战队在温州登陆。

**十三日**

△ 重庆国民政府军事委员会命令，赣东中国军队停止攻击。

△ 日军攻占瑞安。

**十五日**

△ 浙东敌后部队克桐庐。

**十七日**

△ 日军原田混成旅团向寿昌以东地区移动。

**十九日**

△ 我军克复建德。

△ 赣东我军收复横峰、弋阳。

**二十一日**

△ 寿昌再度沦陷。

**二十八日**

△ 日军原田混成旅团自龙游南犯遂昌、松阳。

**八月一日**

△ 遂昌沦陷。我军开始部署反攻。

**二日**

△ 日军原田混成旅团与丽水奈良支队主力会攻松阳，遭到我暂编第九军第三十四师的抵抗。是日松阳沦陷。

**三日**

△ 赣东我军攻克临川。

**四日**

△ 我军的主阵地已撤至广丰和铅山南面的仙霞岭一带。

**五日**

△ 日军第十五师团、河野旅团分别从江山、八都向仙霞关、浦城进攻。

**六日**

△ 日军向仙霞岭顶峰进攻，我军凭有利地形奋勇抵抗。

**七日**

△ 日军用飞机、大炮并使用毒瓦斯弹攻击，是日攻占仙霞岭顶端公路上的一点，我守军两翼阵地未动。

**九日**

△ 我第一〇五师奋力反击，与第二十六师、预备第五师协力战斗，日军处于三面包围之中，不支败退。我军收复仙霞岭后，乘胜向八都、江山进击。

**十日**

△ 我第八十八军收复石仓源，日军退守松阳。

△ 日军以攻为守，配合撤退。玉山日军西犯珠川镇，常山日军北犯华埠，与我第一四五师交战。上饶日军北犯郑家坊，与我第一四六师交战。

**十一日**

△ 上饶以南我第二十六军先后在上官桥、冷滩、坑口等地重创日军，日军被迫退守上饶城。

**十五日**

△ 我暂编第三十三师克复温州，日军小菌江混成旅团退守丽水城。

△ 日军大本营下令浙赣线日军全线撤退。

**十九日**

△ 在上饶、广丰、玉山方面，日军第十五师团、第二十二师团主力开始撤退，向衢州附近集结。玉山附近的日军第三十二师团，石门市附近的日军河野混战旅团，均先后开始撤退，向衢州附近集结。

**二十二日**

△ 赣东方面的日军，是日起开始向抚河一线撤退。

△ 我军攻克玉山。

**二十三日**

△ 我军收复江山、常山。

**二十七日**

△ 集结在衢州的日军，是日起开始撤退。

△　日军撤退时,在衢州等地使用细菌武器。

△　日军原田、小蒾江混成旅团开始从松阳、丽水撤退。

△　赣东日军已撤至南昌附近集结。

二十八日

△　日军沿衢江两岸撤退,到达龙游南北一线。

△　我军收复松阳、遂昌、缙云、宣平、衢州。

二十九日

△　我军收复龙游。

三十日

△　沿衢江两岸撤退的日军,全部撤至金华、兰溪地区集结。

△　至此,浙赣战役结束。日军除固守金华、兰溪外,敌我双方恢复战前态势。

附录五：

# 湘粤赣边区作战大事记

（一九四五年元月上旬至二月上旬）

**元月三日**

△ 日军第四十师团为进行长途偷袭粤汉路南段，编成四支挺进部队，其中三支由湖南道县出发，一支从零陵出发。

**十一日**

△ 日军第四十师团第二三五联队自江华附近开始向乐昌、坪石间突进。

**十三日**

△ 日军第四十师团分陷兰山、临武。

**十五日**

△ 日军第二十七师团从茶陵攻向江西莲花，继而进攻永新、遂川、赣州。

**十六日**

△ 日军第二十七师团第一联队在高垅地区遭到中国军队第五十八军袭击。

**十七日**

△ 日军第一〇四师团由潖江口向粤北进攻。

**十八日**

△ 日军第四十师团铃木武夫挺进队在宜章以南武阳东北，被中国守军包围，经过激战突出包围，占领湖南省境至燕塘十二公里铁路险要区段。

△ 日军第六十八师之第五十七旅团沿铁路攻向郴州。

**十九日**

△ 日军土屋诚一挺进队攻占坪石向东至罗家渡一段铁路。

△ 日军第二十七师团步兵第二联队向遂川迂回，在茶陵东南严塘一带，遭到中国军队第四十四军第一四一师狠狠打击，延长到遂川时间，联队长樱庭子郎后被免职。

△ 日军第二十七师团另部占领莲花。

　　△　日军第一〇四师团从广东四会、步兵第八旅团从花县出发，攻向韶关。第一〇四师团攻占清远。

**二十日**

　　△　日军第四十师团两个联队在道县东的芒铺，遭到中国军队暂编第五十四师攻击，至嘉禾县南的塘村圩又遭到新编第二十师的攻击。

　　△　日军第二十七师团由莲花攻向龙田、沙市、澧田。

**二十一日**

　　△　日军香月则正挺进队攻占良田镇车站。

　　△　日军第四十师团攻占乐昌。

**二十二日**

　　△　日军第二十七师团两个联队占领永新。

　　△　日军第一〇四师团沿北江进攻，占领英德。

**二十四日**

　　△　日军第四十师团第二三六联队到达良田镇，与其挺进队会合。

　　△　日军第一〇四师团进攻韶关，与中国守军第一八七师、第一六〇师在韶关东、南、西三方，及火车站发生激烈战斗。

**二十五日**

　　△　日军第五十七旅团攻占郴州，中国守军第九十九军撤向三都煤矿地区。

**二十六日**

　　△　日军第一〇四师团第一六一联队占领韶关。

**二十七日**

　　△　日军第五十七旅团进攻三都煤矿地区和永兴。

**二十八日**

　　△　日军第二十七师团先遣联队到达遂川机场附近，与中国守军发生激战。

**二十九日**

　　△　日军第二十七师团步兵第三联队占领遂川于田机场，中国守军第四十师后撤。

**三十日**

　　△　日军第二十七师团与遂川城内中国守军第一八三师进行战斗后，将遂川县城占领。

　　△　中国军队第三十七军副军长李棠指挥第六十师攻克乐昌至坪石间的九峰镇，进至乐昌附近。

二月一日

△　日军第五十七旅团占领三都煤矿。

△　日军第四十师团第二三五联队攻占始兴。

二日

△　中国军队第三十七军新编第二十师收复良田车站。

三日

△　日军土屋诚一挺进队攻占南雄及机场。

△　中国军队暂编第五十四师攻克宜章，并协同第四军围攻坪石，在塘田战斗中击毙挺进队长香月则正少佐及其全体成员。

五日

△　日军第五十七旅团开始进攻永兴。

△　日军第四十师团第二三五联队攻占大庾。

△　日军第二十七师团第三联队渡过章水向赣州发动进攻，中国守军第一〇二师即与其展开巷战。

六日

△　日军第五十七旅团占领永兴。

△　日军第二十七师团占领赣州，其一部由赣州南进，途中遭到中国军队第四军层层抗击。

七日

△　日军第四十师团第二三五联队攻占南康之新城及新城机场。

△　日军第二十七师团第三联队进入南康。

八日

△　日军第二十七师团第三联队到达新城东北六公里之青云埠。

九日

△　日军第四十师团第二三五联队，与从遂川、赣州过来的第二十七师团第三联队会师于新城。

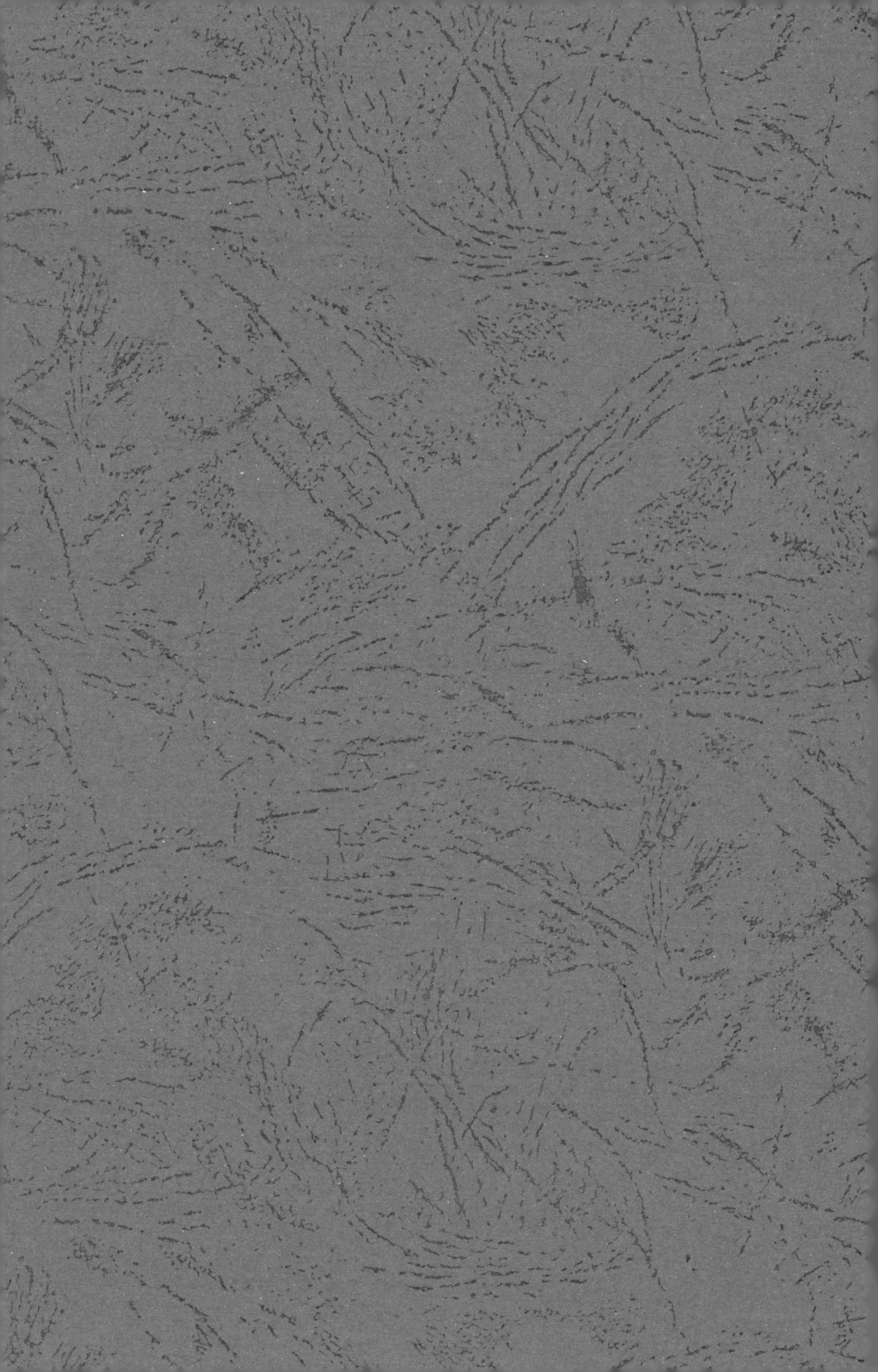